中国百村调查丛书

『九五』国家社会科学基金重点项目

『十五』国家重点图书出版规划项目

中国古村调查

中国百村调查

中国百村调查丛书·黄湖村

古泽云梦的城边村

A Village of Once-swamped YunMeng

主　编／胡顺延
　　　　王先洪

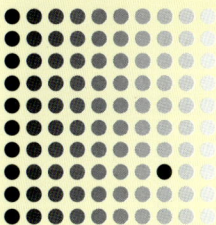

社会科学文献出版社
SOCIAL SCIENCES ACADEMIC PRESS (CHINA)

本书编辑委员会

顾　　　　问／水延凯

主　　　　任／刘义明　钱银芝

副　主　任／王先洪　王建强

副　主　编／（按姓氏笔画排列）

　　　　　　丁晓炎　王松云　苏格清　李圣桥

　　　　　　罗大荣　栾桂海　高　静　徐金汉

　　　　　　黄六毛　熊主武

本书编写组

主　　　　编／胡顺延　王先洪

副　主　编／高　静　苏格清　李圣桥　熊主武

工 作 人 员／王　莉　郑兵林　曹艳芳　吴　军

　　　　　　鲁以雄　曾凯军

各章撰写者／第一章　　　王先洪

　　　　　　第二章　　　李圣桥

　　　　　　第三章　　　高　静

　　　　　　第四章　　　熊主武　鲁以雄

　　　　　　第五章　　　王先洪

　　　　　　第六章　　　王先洪　高　静

　　　　　　第七章　　　王先洪　熊主武

　　　　　　第八章　　　高　静

　　　　　　第九章　　　王先洪　熊主武

　　　　　　第十章　　　苏格清　蔡跃进　李圣桥

　　　　　　第十一章　　蔡跃进　熊主武　王先洪

　　　　　　第十二章、第十三章　　　王先洪

　　　　　　　　　王　莉　吴　军　曾恺军

黄湖村委会办公楼

禽业养殖基地

鱼、鸡、猪配套养殖基地

村民承包的鱼池

星星幼儿园

村民住宅二楼客厅

黄湖村老年人活动中心

黄湖村示意图

黄湖社区医疗服务站

总　　序

中国百村经济社会调查，是继全国百县市经济社会调查之后，又一项由中国社会科学院组织协调的大型社会调查研究项目。进行这项大规模调查研究的目的，同样是为了加深对我国国情的认识，特别是为了加深对我国现阶段农民仍占总人口 70% 的农村社会的认识。

1988 年初，中共中央宣传领导小组提出，为了拓宽拓深对社会主义初级阶段理论的认识，要进行国情调查。中国社会科学院接受承担了这项工作，指派专业人员进行策划、拟定开展国情调查的方案，并于 1988 年 4 月在全国社科院院长联席会议上，向全国社会科学界发出了"开展县情市情调查"的倡议，得到了各省、市、自治区社会科学院、党校、高校和政策研究机构的响应和支持，并得到国家社会科学基金会的资助，被列为"七五"国家哲学社会科学重点课题（以后又列为"八五"国家哲学社会科学重点课题），从此，此项大规模的国情调查就在全国 31 个省、市、自治区开展起来。

1988 年 8 月，在全国范围内选定了 41 个县市作为国情调查的第一批调查点。8 月在郑州召开了首次国情调查协调会议，会议主题是讨论如何开展此项调查，怎样选点、怎样调查、调查内容和调查方法，与会代表对此项国情调查的重要意义目标作了进一步的讨论，还就如何组建调查专业队伍等问题交流经验；会议还讨论修定了统一的县、市情调查提纲和调查问卷。

1989 年 5 月 24～25 日在南京召开了第二次国情调查协调会议。会议是在南京师范大学校园里开的，由当时中国社科院分管政法社会学片的副院长郑必坚同志主持，会议集中讨论了本次国情调查成果的编写方针问题，与会者结合已写成的《定州卷》等初稿，进行了热烈争论。最后确定，国情丛书的编写方针是，以描述一个县（市）1949年以来，特别是改革开放以来的政治、经济、社会、文化的发展状况为主的学术资料性专著。实事求是，以描述为主，要具有科学研究价值、实用价值。会议还决定，本丛书正式定名为《中国国情丛书——百县市经济社会调查》。

1990年8月在北京西郊青龙桥军事科学院招待所召开了第三次国情调查协调会议。出席这次会议有总编委会的主要成员和各地分课题组的负责人共80余人。会前中国社科院党组决定了总编委会的组成人员，主编丁伟志，副主编陆学艺、石磊、何秉孟、李兰亭，何秉孟和谢曙光为正副秘书长。经过多方协商，丛书由中国大百科出版社出版，出版社总编辑梅益等领导同志给予了极大的支持，并于1991年成立以谢曙光同志为主任的中国国情丛书编辑部，专事于这套丛书的编辑出版工作。该编辑部后来成为总编委会事实上的日常办事机构。

本次会议的主题是研讨如何定稿。丁伟志同志在会上提出了这套丛书要在坚持正确的政治方向的同时，坚持严肃认真的科学态度，从实地调查到写作、定稿都要贯彻真实、准确、全面、深刻的方针，并为此作了详细的阐述。经过讨论，大家一致通过这个方针，认为这是实现这项大型经济社会调查既定目标的保证，也是检验每项调查、每本书稿的标准。为了保证丛书的质量，会议还确定，各地的书稿定稿后，先送总编委会，由总编委会指定专家进行审阅，通过后再交出版社编辑出版。本次会议还就第二批调查点的布点问题作了认真部署。

青龙桥会议以后，各课题组对初稿按总编委会的要求进行了认真的修改，第一批书稿陆续送到北京。经何秉孟同志为首的专家审稿组的认真审阅，丛书编辑部编辑加工，第一本《中国国情丛书——百县市经济社会调查·定州卷》在1991年4月正式出版。20世纪30年代，社会学家李景汉教授曾写过《定县社会概况调查》，定州卷则是描述了30年代以来特别是1949年以后40多年的经济社会的变迁状况。

1991年4月，总编委会在河北省香河县中国科学院大气物理所的工作站召开了第四次国情调查协调会议。其时，国情调查的第二批点 21 个县市的调查已在各地展开，会上总结了国情调查 3 年来的经验和教训，对第一批点还未定稿的几个县市作了如何扫尾的安排，对第二批点的调查和写作提出了规范化的要求，特别强调从第二批点开始，都要求对城乡居民进行 500～700 户的问卷调查，今后问卷由总编委会统一印制，抽样、调查方法由总编委会数据组统一规定。经过大家讨论，认为强调县市调查要有居民家庭问卷调查，这是使本项调查更加科学规范，并能获得更深层第一手资料的保证。大家一致同意，从第二批调查点起，没有城乡居民家庭问卷调查及其数据分析的，不能通过评审和出版。会议上总编委会对第三批调查作了部署。

　　1991 年 9 月总编委会在中国社科院报告厅举行了《中国国情丛书——百县市经济社会调查》定州卷、兴山卷、诸城卷、海林卷、常熟卷首批 5 卷成果发布会。丛书总编委会顾问邓力群、中国社科院副院长刘国光、著名学者陈翰笙等专家学者与上述 5 卷的主编和调查点的党政负责同志共百余人出席了会议。著名经济学家董辅礽、文献专家孙越生等学者对丛书首批成果作了评述。专家们对这项大型国情调查首批出版的成果都表示了充分的肯定和赞赏。从此，这套丛书就在国内外公开发行。

　　1993 年 7 月，总编委员会在中央党校召开了第六次国情调查协调会议。在会前，考虑到此项国情调查已经进行了 6 年，各地涌现了一批从事此项调查的专业骨干，他们都有继续长期进行国情调查，并作进一步研究的希望和要求，为了便于交流和研讨问题，经过酝酿并得到中国社会科学院的批准，决定成立中国社会科学院国情调查研究中心，由陆学艺任主任，何秉孟、谢曙光为副主任，北京和各地的一部分专家（多数是从事此项调查的）为研究员，聘请丁伟志、邢贲思为顾问。在协调会议期间国情调研中心举行了成立大会。此次协调会主要是研究讨论并解决调查点的调研、写作中的问题。考虑到前两批点，调查已经完成，但由于研究分析和写作、统稿等方面的原因，有些卷的质量达不到要求（有连续三次退回修改的），而调查的材料已有 3～4 年了，所以会议要求，第一、二批点未完成写作任务的，都要求再做新的调查，要把近几年的变化写进去。会议还布置了第四批点的调查。

到 1994 年底，有约 50 个县市完成了调研和写作，出版了 30 余卷。就全国范围说，100 个县市调查的布点工作已经结束，但各地的课题组仍在继续进行调研和审稿工作。开始时总编委会商定，每个省市自治区根据人口区划的不同，部署 2～5 个调查点，要求选取不同经济发展程度，不同类型（山区、丘陵、平原等）和有各种代表性的县市，以求全面、准确的反映整体国情。1995 年以后，总编委会根据各地调研的实际情况，又陆续批准了一些新调查点，以求填平补齐，使布点尽可能达到合理。另外还有一些是由于丛书出版以后，社会反响很好，有些市、县的领导主动要求列为调查点，如新疆的吐鲁番市、广东的珠海市等，总编委会根据总的布局平衡，也批准了一些新点，所以到最后全国一共布点 108 个。

1994 年以后，总编委会的几位同志曾先后到湖北、新疆、广西、辽宁、山东、广东、江苏、云南、江西、海南、黑龙江等省区，同当地社科院、党校的同志一起走访了这些省区被调查点县市的领导和群众，听取他们对丛书的意见，也参加一部分书稿的评审会或出版后的发布会。各地对本丛书调研、写作和出版都很重视，给予了很高的评价，有不少卷被当地评为社会科学优秀著作，得了奖。

从 1988 年 2 月，中国社会科学院开始酝酿组织这项大型国情调查时起，直到 1998 年 10 月到最后一卷出版，历时 10 年零 8 个月，终于完成了这项国情调查任务，这是中国自 1949 年以来进行的少数几次大规模经济社会调查之一。先后共出版了 105 卷，总数 4000 多万字。后来，经过总编委会和国情丛书编辑部的同志开会评议、协商，从中减去了五本。所以，最后送交全国社会科学基金会作为最终成果的是一百本。当时预定的目标，是希望通过对 100 个县市经济社会政治文化等方面的调查，对 1949 年以后特别是改革开放以来所取得的成就以及现代化建设中面临的各种矛盾、问题进行全面系统的调查研究，从多种角度，各个层面来提供第一手的真实准确的资料和数据，以便进一步摸准摸清我国的基本国情，拓宽加深对于社会主义初级阶段理论的认识。可以说，这个目标是基本实现了。这100本国情丛书，每一本都是以描述一个县（或市）的历史和现实发展状况为主的学术资料性专著，它既可以作为制定政策和发展战略的依据，也可以作为全面研究基本国情或研究社会科学某一方面专题的资料，亦可作为进行国情教育的基础参考书，所以这套丛书既具有实用价值，又有科学研究价值。因为它是在 20 世纪 80 年代 ~ 90 年代真实记录分布在全国 31 个省市自治区的各种类型，各种发展水平的 100 个县（市）的实际状况和发展轨迹，这些资料来之不易，十分珍贵，所以这套丛书又具有保存价值，历史愈悠久，其价值愈可贵。

国情丛书出版以后，受到国内外学术界的欢迎，认为这是社会科学界的一项很重要的学术资料基本建设，具有十分重要的学术价值。广东省社科院的一位领导说，将来这套丛书的资料和数据能培训一大批博士，硕士出来。实际工作部门的同志也很欣赏，诸城市委的领导，在读了《诸城卷》之后，认为这部书是诸城的百科全书，应该是诸城干部特别是市委市府的领导干部必读的书，对熟悉市情，对做好工作，以及对外交流都很有意义。中国社会科学院在建院 20 周年，评选建院以来优秀成果时，给《中国国情丛书——百县市经济社会调查》颁发了特别荣誉奖。

国情丛书总编委会原来有个设想，在 100 个县市情调查告一段落以后，要组织相应的课题组，对这 100 个县市调查提供的资料和数据，分门别类，进行纵向的专题研究，写出如农业、工业、社会、文化、教育、科技等专题研究专著，最后进行综合研究，写出集大成的国情分析报告。90 年代中期曾经启动过几项专题研究，但因人力、财力等各方面的原因，此项研究计划并没有付诸实施，这是美中不足的一个方面，有待以后弥补。

1996 年当百县市调查基本告一段落的时候，课题组内外的一部分专家提出，百县市经济社会调查是一项重大的学术成果，对认识国情有很重要的价值。但一个县市，上千、几千平方公里，几十万、上百万人口，所以，对县市经济社会的调查，总体上属于中观层次的调查。对农村基层情况的调查还是比较少。而中国是一个农民占绝大多数的大国，改革开放以后，农村率先改革，这 20 年，农民变化最大，农村基层社会变化最深刻,这是决定中国社会主义现代化命运的基础,是弄清国情必不可少的。如能在百县市情调查的基础上,再做 100 个村的调查,从微观层次上对这些村、乃至村里的每个农户在改革开放以来的变化状况加以调查,经过分析,全面系统地加以描述,形成村户调查的著作,这就更有意义了。百村调查是百县市经济社会调查的姐妹篇,两者结合起来研究,将相得益彰,对加深认识中国的基本国情,就更加完整了。对此建议,总编委会的几位同志经过几次研究,认为这个意见很好,而且很及时。于是做了两件工作:一是组织一个课题组,到河北省三河市行仁庄进行试点调查,形成村的调查提纲,调查问卷和写作方案,以便为将来开展此项调查作准备;二是在 1997 年 7 月写出了《中国国情丛书——百村经济社会调查》的课题报告,向国家社科基金会申请立项,基金会的领导同志认为这个创意很好,很有价值。但因为此时国家社科基金"九五"重点课题都已在 1996 年评审结束,立项时间已过,不好再单独立项。后来经过总编委会同国家社科基金会反复协商,基金会考虑到百县市经济社会调查课题组很好地完成了任务,考虑到再作一次百村调查是百县市国情调查的继续,很有必要。所以,于 1998 年 10 月特殊批准了百村经济社会调查这个课题,补列为国家社科基金"九五"重点项目,并专门下批文确认,批文为 98ASH001 号。

"百村经济社会调查"立项后,就受到各地社会科学界,特别是原来进行百县市经济社会调查的单位和专业工作者们的欢迎,至今已经有 30 多个单位组织了课题组,并已陆续选点、进点、开展了村情的调查。

"百村经济社会调查"的目的,同样还是为了加深对全国基本国情的认识,特别是要对全国农村、农民、农业的现状和发展有一个科学的认识。"不了解中国农民,就不了解中国社会"至今仍不失为至理名言。现阶段的农民境况到底怎样?他们在做什么?想什么?特别是他们将来会怎样变化?中国的农村将怎样实现社会主义现代化?不同地区的状况是不同的。我们要通过对不同地区、不同类型、不同发展程度的农村进行调查研究,来描述反映中国 50 年来农村、农业、农民变化的状况。

行政村是中国农民世世代代繁衍生息的最基本的地域单元,也是构成中国农村社会最基础层次的政治单元。80 年代中期以后，农村实行了村民自治，由全体村民直接选举村长和委员，组成村民自治委员会。实行民主选举，民主决策，民主管理、民主监督。10 多年来，中国的村民自治已经做出了很大的成绩，积累了很多经验，造就了农村社会安定有序的政治局面，所以，党的十五届三中全会称赞村民自治是中国农民的又一个伟大创造。

行政村还是一个事实上的经济实体。它的前身是人民公社下属的生产大队。原来在政社合一体制下，既有组织生产经营的经济功能，又有行政功能。改革以后，农村实行家庭联产承包责任制，在生产大队一级组织村民自治委员会。法律规定，村委会是土地集体所有的承担者，是土地的发包单位。这些年实践的结果有多种情况，一种是有些集体经济比较雄厚的村，在村民自治委员会以外，还组建有农工商公司或（合作）经济委员会，同受村党支部（或党委）领导，村是一个比较完整的经济实体，但这类村是少数。现在全国绝大多数村的状况，村已不是完整的集体经济、生产经营单位，村作为集体所有土地的发包单位，把土地（包括山林等）分包给农户，农民家庭成为自主生产经营的实体。其中的一部分行政村，还有一部分经济职能，对农业生产实行统一灌水排水、统一机耕、统一供种、统一植保等社会服务。而在经济不发达和边缘山区，行政村连这类社会化服务也办不到，只是一个基层的行政单位和土地发包单位。

农村实行家庭承包责任制以后，已经 20 多年了，总的发展是好的，农村有了很大的变化，但各地区村庄的发展过程和发展状况千差万别，农户分化的状况也是千差万别。我们这项百村经济社会调查，就是要通过对这 100 个村及其农户的调查，对这些村自 1949 年以来，特别是改革开放以来的政治、经济、社会、文化的变化过程、变化状况"摸准、摸清"，经过综合分析，通过文字、数据、图表把这个村过去和现在的状况如实地加以描述，既能通过这个村的发展展示农村 50 年、20 年来发展的一般规律，也能展示这个村特有的发展轨迹。

现在展示在大家面前的是一套与《中国国情丛书——百县市经济社

会调查》有着天然联系的关于现实中国农村的调查研究成果，经与制版者反复酝酿，最后定名为《中国百村》丛书，后缀所调查的村名。每本书有一个能概括该村庄内在特质的书名，如行仁庄是一个内发型村庄为基本特质的村落类型，我们就把这一卷定名为《内发的村庄》。

　　《中国国情丛书——百村经济调查》同样是一项集体创作、集体成果。参加这项大型国情社会调查的，有国家和各省、市、自治区的社会科学院、大学、党校以及党政研究机构的社会科学工作者，同被调查地区的党政领导干部相结合，并得到他们的支持和帮助，并且要由被调查行政村的干部和群众的积极配合，实行专业工作者，党政部门的实际工作者和农民群众三结合，才能共同完成这项科学系统的调查任务。

《中国百村经济社会调查》

总编辑委员会

2000 年 12 月

目　　录

目　录

目　录

第二编　专题调查报告和个人访谈

目　录

第三编　问卷调查分析

前　　言

　　自改革开放，尤其是实行家庭联产承包责任制以来，云梦的农村同全国广大农村一样，发生了翻天覆地的变化，产业结构、经济结构呈现多元化，生产方式、经营方式呈现多样化，农村经济得到长足发展，农民生活得到大步提高。但是，随着农村改革的深化和发展，新矛盾新问题也不断出现，农村经济发展缓慢，农户间的收入增长不平衡；富余劳动力日益增多，农业增产不增效的现象比较严重。如何应对改革中不断出现的新矛盾新问题，总结20多年来的农村改革经验，寻求解决新矛盾新问题的策略措施，不断推进农村经济的发展，使农民走上小康社会的富裕之道？正值此时，"中国百村经济社会调查"总课题组孝感分课题组的专家学者们，于2000年6月13日来云梦县选点，商定"百村调查"的子课题。通过对全县的村落进行摸底调查，经过反复比较分析，于2001年5月8日确定具有一定地区代表性的县城边缘农村黄湖为调查点。随即搜集有关资料，分别召开县、镇、村三级领导班子会议，做好群众的宣传动员工作，积极支持和配合课题组的同志做好有关工作，以期很好地完成此项科研任务。

　　党的"十六大"胜利召开，确立了全面建设小康社会的宏伟目标，并强调指出，建设现代农业，发展农村经济，增加农民收入，是全面建设小康社会的重大任务。这使我们深刻地认识到，做好"三农"工作，是农村工作者的根本任务和头等大事，而要做好"三农"工作，必须首先读懂"三农"这本书，从而使我们进一步认识到做好"百村调查"这个课题的重大意义，更加坚定了我们和课题组做好"黄湖村调查"这个子课题的决心。

　　5年来，课题组的同志们进行了艰苦细致的工作，他们翻阅大量有关文献，搜集整理资料，入村串户访谈，分析比较研究，辛勤笔作耕耘，撰写成了30余万字的科研成果。

本书主要是通过对调查点黄湖村的宏观背景、经济、政治、文化、社会等的变迁过程与现状，富余劳动力的转移，经济实体的发展和经济环境的创建等状况的调查研究，来展示我国中部平原地区村庄变迁中的实际面貌的。书中抓住了黄湖村建制稳定，农业结构调整较大，经济实体较多，劳动力转移迅速，经济环境良好等5个特点，对黄湖的基本情况，经济结构和社会结构，农业经济和非农产业，农村产业结构调整和农村富余劳动力转移，社区组织和社区精英，农村自治和社区管理，社区文化和社区教育，家庭与家族，婚姻与生育，居民的生活方式与生活质量，社区基础设施与公共事业，社区习俗与社会风气等，从多角度多层面描述和展示了该村在中华人民共和国成立以来，尤其是改革开放以来的社会变迁和社会转移的过程。

我热切而认真地阅读了这本书稿，所受启发很大，得益匪浅，认为这是帮助我们农村工作者读懂"三农"的一本很重要的辅导书，对于我们进一步了解农村，继续推进农村经济发展；了解农业，继续推进农业结构调整和劳动力转移；了解农民，继续引导农民走全面建设小康社会的致富之路，构建和谐社会，具有重大参考价值和指导作用。

刘义明

2005 年 5 月 31 日

导论　村落研究和黄湖村调查

第一节　村民自治的小康村建设

"村"，亦称村庄或村落，是农村居民的居住聚落，农村社区的基本单元。村有自然村与行政村之分，自然村是按农村居民居住状态而划分的自然聚落，是农村居民生活的基本单元；行政村（即村民委员会，它在理论上、法规上是一种"基层群众性自治组织"，但事实上却是农村行政管理的一个层次）则是按行政管理需要而划分的行政聚落，是农村社区管理的基本单元。本文所论述的村或村庄、村落，不是指自然村，而是指行政村。

21 世纪初，中国已进入全面建设小康社会的新时期，农村的任务就是全面建设村民自治的小康村。要搞好村民自治的小康村建设，就有必要探讨一下村民委员会（以下简称"村委会"）的发展历程、基本类型，以及如何搞好村民自治的小康村建设等问题。

一　村委会的发展历程和趋势

1. 村委会的产生和发展

1978 年以后，以包干到户为主要形式的农业家庭承包责任制在农村迅速发展，到 1983 年已有席卷全国 93% 的生产队。由于包干到户强化了家庭作用，作为人民公社基本核算单位的生产队已丧失了生产和分配功能，社会作用日益弱化。因此，迫切需要建立新型乡村社会组织和管理体制以适应变化了的新情况。1980 年，广西壮族自治区罗城、宜山等县村民，在全国率先改革了生产大队管理体制，进行了直接选举，组建了村委会。这种组织形式一经出现，立即得到了当地党政机关和中央的重视。1982 年 12 月，村委会进入了《中华人民共和国宪法》。1983 年 10 月，中共中央、国务院发出了

《关于实行政社分开建立乡政府的通知》，规定建立乡、镇人民政府作为基层政权，普遍成立村委会作为群众性自治组织。由于《宪法》对村委会只有一个原则性规定，对于村委会如何选举，如何运转，它的职能是什么，等等，都未详细说明。因而，20 世纪 80 年代初各地建立的村委会，往往方法各异，形式多样，许多地方用乡镇政府指定或任命的方法代替选举，有的干脆只是给生产大队换个名字和招牌，致使许多村委会徒有虚名。这说明，中共中央、国务院《关于实行政社分开建立乡政府的通知》的下达，并不表明真正的"基层群众性自治组织"——村委会已经诞生，而只是标志着人民公社体制即将终结。到 1984 年底，全国基本完成了政社分设工作，共建立乡、镇政府 9.1 万个，村委会 92.6 万个。至此，农村人民公社制度实际上已不复存在。[①]

经过若干年实践和酝酿之后，1987 年 11 月第六届全国人大常委会第二十三次会议通过了《中华人民共和国村民委员会组织法（试行）》［以下简称《组织法（试行）》］，决定自 1988 年 6 月 1 日起试行。《组织法（试行）》共 21 条，它对村委会的性质、职能、与基层政权的关系、村委会的人员组成、产生办法和任期等都作了具体规定。《组织法（试行）》是中国关于村级社区组织的第一部专门法律，它是真正的"基层群众性自治组织"——村委会诞生的重要标志。此后，各地根据《组织法（试行）》的规定，民主选举村委会，建立健全各种规章制度，使村委会建设逐步走上了规范化道路。据民政部门统计，到 1995 年底全国建立村委会 931716 个，村干部 400.4 万人，[②] 平均每村有干部 4.3 人。

1998 年 11 月，第九届全国人大常委会第五次会议针对《组织法（试行）》过程中出现的问题，在对该法进行修改、补充后通过了《中华人民共和国村民委员会组织法》（以下简称《组织法》），并决定自公布之日起施行。《组织法》共 30 条，其修改、补充的主要内容是：①增加了村委会要"实行民主选举、民主决策、民主管理、民主监督"的规定。②增加了"中国共产党在农村的基层组织，按照中国共产党章程进行工作，发挥领导核心

---

① 参见胡绳主编《中国共产党的七十年》，中共党史出版社，1991，第 506、511～512 页。
② 王振耀等主编《乡镇政权与村委会建设》，中国社会出版社，1996，第 85 页。

作用；依照宪法和法律，支持和保障村民开展自治活动、直接行使民主权利"。③增加了乡、镇人民政府"不得干预依法属于村民自治范围内的事项"的规定。④增加了"任何组织或者个人不得指定、委派或者撤换村民委员会成员"和"届满应当及时举行换届选举"的规定。⑤增加了有关选举主持者；候选人及其名额，投票和当选票数，投票和计票方法；对破坏选举的处理；罢免村委会成员等四个问题的规定。⑥将有关村民会议的条文修改为"召开村民会议，应当有本村 18 周岁以上村民的过半数参加，或者有本村 2/3 以上的户的代表参加，所作决定应当经到会人员的过半数通过"。⑦原第十一条被分为两条，增加了"村民会议每年审议村民委员会的工作报告，并评议村民委员会成员的工作"的规定；将提议召集村民会议的人数，由"1/5 以上"改为"1/10 以上"；规定了必须由村民会议讨论决定的八个方面的事项。⑧对村委会成员增加了"廉洁奉公"要求。⑨对村规民约的要求改为"讨论决定的事项不得与宪法、法律、法规和国家的政策相抵触，不得有侵犯村民人身权利、民主权利和合法财产权利的内容。"⑩将"收支账目应当按期公布，接受村民和本村经济组织监督"，改为"村民委员会实行村务公开制度。村民委员会应当及时公布下列事项，其中涉及财务的事项至少每六个月公布一次，接受村民的监督"，并列举了应当及时公布的四方面内容，还对村民查询、违法责任等作了明确规定，等等。与《组织法（试行）》相比较，《组织法》不仅内容更为丰富、全面，而且规定更为科学、合理，更便于实际操作。

　　中国乡村社区组织，自古以来大多实行"乡政村治"体制，即乡级是基层政权组织，村级是官民相兼的自治组织。实践证明，这种体制比较适合中国国情。但是，在实施《组织法》前后，这种乡政村治体制发生了两个根本性转变：一是，由"官"重于"民"转变为"民"重于"官"。在实施《组织法》之前，无论是古代、近代还是现代，村级组织负责人基本上是由政府任命，他们的任务主要是完成政府下达的各项任务。在实施《组织法》之后，村委会成员则应该转变为由村民直接选举，他们的任务也应该转变为主要为村民服务。二是，由"村自治"转变为"村民自治"。在实施《组织法》之前，"村自治"历来是由那些有权势、有土地的殷实大户、能写会算的乡绅，以及各种依附于权贵的人士所操纵，一般村民实际上处于无权地位，这种"自治"主要调整政府与地方的关系。在实施《组织法》之后，"村民自治"应该是村民的自治，村民应该享有"民主选举、民主决策、民主管理和民主监督"的权利，它调整的主要是政府与村民的关系。显然，《组织法》赋予"乡政村治"以全新内容，是"乡政村治"体制发展的一个崭新阶段。

2. 村委会的发展趋势

自1983年10月实行政社分开、普遍建立乡镇政府和村委会以来，已经走过了20年的发展历程。1984～2003年，全国乡、村两级社会组织的发展情况（见表1）。

表1　1984～2003年全国乡、村两级组织的发展情况

年份	乡、镇（个）	村委会（个）	乡村户数（万户）	乡村人口（万人）	每乡、镇平均			每村委会平均		每户平均（人）
					村数（个）	户数（户）	人数（人）	户数（户）	人数（人）	
1984	91420	926439	18793	80340	10	2056	8788	203	867	4.27
1987	68296	830302	20168	81626	12	2953	11952	243	983	4.05
1990	55838	743278	22237	84142	13	3982	15069	299	1132	3.78
1992	48250	806032	22849	84799	17	4736	17575	283	1052	3.71
1994	48075	802052	23165	85549	17	4819	17795	289	1067	3.69
1995	47136	740150	23282	85947	16	4939	18234	315	1161	3.69
1996	45484	740128	23438	86439	16	5153	19004	317	1168	3.69
1997	44689	739447	23406	86637	17	5238	19387	317	1172	3.70
1998	45462	739980	23693	86868	16	5212	19108	320	1174	3.67
1999	44741	737429	23811	82038	16	5322	18336	323	1112	3.45
2000	43735	734715	24149	80837	17	5522	18483	329	1100	3.35
2001	40161	709257	24432	79563	18	6084	19811	344	1122	3.26
2002	39054	694515	24569	78241	18	6291	20034	354	1127	3.18
2003	38316	680561		76851	18	—	20057		1129	—

资料来源：乡镇和村委会个数、乡村户数分别引自《中国统计年鉴1995》第329页、《中国统计年鉴1999》第379页和《中国统计年鉴2003》第411页；乡村人数引自《中国统计年鉴1995》第59页、《中国统计年鉴1999》第111页和《中国统计年鉴2003》第95页。以上各年鉴，均为北京中国统计出版社相应年度出版。2003年的乡镇个数引自《中华人民共和国行政区划简册2004》第5页；村委会个数引自《中国乡镇统计资料2003》第3页（系2002年年报数，即2003年年初数）；乡村人口数引自《人民日报》2004年2月27日。每个乡镇平均的村数、户数和人数和每个村委会平均的户数和人数，是根据以上数据计算出来的。

表 1 中的数据说明，1984～2003 年全国乡、村两级组织的发展趋势是：
①乡镇数量呈下降趋势，2003 年比 1984 年减少 58.1%。反之，规模逐步扩大，平均每个乡镇的村数增长 80%，人数增长 1.28 倍。②村委会数量在起伏中逐步下降，2003 年比 1984 年减少 26.5%。反之，规模有所扩大，平均每个村人数增长 30.2%。课题组认为，随着城镇化的迅速发展，交通、通讯等基础设施的进一步改善，这种趋势还将长期、持续地发展下去。

二　村委会的基本类型

对村的分类标准和基本类型，学者们的看法往往大不相同。①

课题组认为，划分村落类型的主要标准，应该是经济发展和政治民主状况。21 世纪初的中国乡村，从经济发展状况看，大体上可分为 4 种类型，即富裕型、小康型、温饱型、贫困型；从政治民主状况看，大体上可分为 5 种类型，即村民自治型、精英治理型、官民兼治型、寡头控制型、多元分散型。这两种标准交叉，在理论上可形成 5 类 20 种村落（见表 2）。

表 2　21 世纪初村的主要类型

类　型	村民自治	精英治理	官民兼治	寡头控制	多元分散
富裕村	√	√	√	×	×
小康村	√	√	√	×	×
温饱村	√	√	√	√	√
贫困村	×	×	√	√	√

注：√表示可能，×表示不大可能。

其中，具有现实可能性的有 5 类 14 种村落。

1. 村民自治类

村民自治类，有 3 种村落。即：①村民自治的富裕村，是指严格按《组织法》办事，真正做到村民"自我管理、自我教育、自我服务"，"实行民主选举、民主决策、民主管理、民主监督"，并在经济发展方面已达到富裕程度的村。②村民自治的小康村，是指政治民主方面与前者相同，在经济发

---

① 参见陆学艺主编《内发的村庄》，社会科学文献出版社，2001。

展方面已达到小康程度的村。③村民自治的温饱村，是指政治民主方面与前者相同，但在经济发展方面只达到温饱程度的村。

2. 精英治理类

精英治理类，有3种村落，即：④精英治理的富裕村，是指在村落精英领导下，尽管在村民"自我管理、自我教育、自我服务"和"民主选举、民主决策、民主管理、民主监督"等方面存在着某些缺陷，但在经济发展方面已经达到富裕程度的村。⑤精英治理的小康村，是指政治状况方面与前者相同，在经济发展方面已达到小康程度的村。⑥精英治理的温饱村，是指政治状况方面与前者相同，但在经济发展方面只达到温饱程度的村。

3. 官民兼治类

官民兼治类，有4种村落，即：⑦官民兼治的富裕村，是指村主要领导成员实际上由乡镇政府指定或委派、村内重大问题实际上由乡镇政府或村干部决定，但在经济发展方面已达到富裕程度的村。⑧官民兼治的小康村，是指政治状况方面与前者相同，但在经济发展方面已达到小康程度的村。⑨官民兼治的温饱村，是指政治状况方面与前者相同，在经济发展方面已达到温饱程度的村。⑩官民兼治的贫困村，是指政治状况方面与前者相同，但在经济发展方面处于贫困状态的村。

4. 寡头控制类

寡头控制类，有两种村落，即：⑪寡头控制的温饱村，是指村落的政治权力实际被极少数黑心私营老板、宗族族长、地痞流氓等寡头所控制，村内重大事务主要由这些寡头决定，但在经济发展方面已达到温饱程度的村。⑫寡头控制的贫困村，是指政治状况方面与前者相同，在经济发展方面处于贫困状况的村。

5. 多元分散类

多元分散类，有两种村落，即：⑬多元分散的温饱村，是指村落在政治方面呈多元分散状态，村民各行其是，但在经济发展方面已达到温饱程度的村。⑭多元分散的贫困村，是指政治状况方面与前者相同，在经济发展方面处于贫困状况的村。

另外，在现实中不大可能出现的有6种村，即村民自治的贫困村、精英治理的贫困村、寡头控制的富裕村、小康村、多元分散的富裕村和小康村。

三　努力建设村民自治的小康村

目前，村民自治小康村建设中存在的主要问题是：村庄规模过小，村庄经济落后，政村关系不顺，干部素质偏低，村民缺少自治意识。因此，要搞好村民自治的小康村建设，就必须从以下几个方面入手。

1. 扩大村庄规模

村庄规模过小，是阻碍村民自治小康村建设的区划性原因。表 1 的数据说明，2003 年全国村委会平均 1129 人。1998 年，日本町、村平均 10800 人，其中规模最小的町、村平均 3100 人。[①] 与日本相比较，中国村庄规模过小，不仅不利于经济发展，不利于基础设施、公用设施的合理建设和使用，不利于村民生活质量的提高，而且不利于政治民主的发展。

据有关学者研究，我国乡村人口将出现逐步减少趋势。如果全国村的数量，在 2001 年后平均每 10 年减少 30% ~ 40%，那么，2010 年、2030 年和 2050 年村的数量就将减少到 42 万 ~ 50 万个、26 万 ~ 35 万个和 15 万 ~ 24 万个，每个村的人口就将增至 1500 ~ 1800 人、1700 ~ 2300 人和 2000 ~ 3200 人。这就是说，即使在 2001 ~ 2050 年长达半个世纪的时期内如此大幅度地减少村的数量，到 2050 年按最高预测计算村的人口规模，也只能达到 1998 年日本町、村平均人口规模最低档次 3100 人的水平。这说明，努力减少村的数量，扩大村的规模，应该成为我国乡村长期坚持的方针。当然，实行这种方针必须以发展经济为基础，以完全自愿为前提，以循序渐进和因地制宜为原则，绝不可操之过急，单纯依靠行政命令强制推行。[②]

2. 发展村庄经济

村庄经济落后，是阻碍村民自治小康村建设的经济性原因。据对全国 68190 户农村家庭的调查，2002 年人均纯收入 2476 元。其中，800 元以下占 7.03%，800 ~ 1200 元的占 11.14%，1200 ~ 3000 元的占 51.68%，3000 ~ 5000 元的占 20.07%，5000 元以上的占 10.09%。[③] 如果以 3000 元为小康标准，那么未达小康的约占 70%。这样落后的村庄经济，是不利于村民自治的。

---

①　参见胡顺延等著《中国城镇化发展战略》，中共中央党校出版社，2002，第 168 页。

②　参见胡顺延等著《中国城镇化发展战略》，中共中央党校出版社，2002，第 173 页。

③　《中国统计年鉴 2003》，中国统计出版社，2003，第 367 页。

要发展村庄经济，就必须认真贯彻《中共中央关于完善社会主义市场经济体制若干问题的决定》，完善农村土地制度，长期稳定并不断完善以家庭承包为基础的经营体制，逐步发展规模经营；健全农业社会化服务、农产品市场和对农业的支持保护体系，积极推进农业产业化经营，形成科研、生产、加工、销售一体化的产业链；深化农村税费改革，加快县乡机构和农村义务教育体制等综合配套改革；改善农村劳动力转移的环境，为农民创造更多就业机会。只有村庄经济得到了更大发展，村民自治的小康村建设才有了可靠的经济基础。

3. 理顺政村关系

政村关系没有理顺，是阻碍村民自治小康村建设的体制性原因。目前，村的政治、行政任务繁重是一个普遍现象。县乡党、政、群、团机构都有权向村布置任务，要求对本组织、本部门的工作达到某种标准（简称"达标"），并有权督促、检查工作，致使村委会整天忙于"催粮派款"、"刮宫引产"以及各种接待任务，根本无法集中精力于村民自治工作。所谓"上面千条线，下面一根针"，就是这种状况的生动写照。然而，村委会并没有完成这些任务的手段和条件，往往被迫采用一些强迫命令作法，致使许多地方干群关系十分紧张。

乡镇政府行政干预过多，是政村关系没有理顺的另一重要表现。乡镇政府对村民事务的干预无所不在，其中最突出的表现是对村委会成员的选任和撤换。据报道，从 1999 年 9 月 28 日到 2002 年 5 月 1 日，湖北省潜江市 329 个村中由 269 个村选举产生的 187 名村委会主任和 432 名副主任或委员，被乡镇组织因个人违规而撤换（免职、停职、降职、精简、改任他职等），接替他们的 619 名人员全部由镇党委、政府、党总支、村支书等组织或个人任命。[①] 当然，这只是一个突出事例，但是这种现象的普遍性却是一个不争的事实。

《组织法》规定，"村民委员会协助乡、民族乡、镇的人民政府开展工作。"乡镇政府"不得干预依法属于村民自治范围内的事项。"但是，它对政村双方各自的"准"和"不准"缺乏明确法律规定。同时，《组织法》只

---

① 《报刊文摘》2002 年 9 月 18～21 日，第 1684 期转载。

是一部实体法，仅对村委会的选举和自治事宜做了一些原则性规定，在许多方面都缺乏可操作性的具体规范。因此，要杜绝乡镇政府行政干预过多等现象，只有从体制上、法律上理顺政村关系（如实行乡镇自治，制定《村民委员会选举法》、《"村民委员会组织法"实施细则》等），才能彻底解决这个"老大难"问题，才能使村民自治的小康村建设有了体制上和法律上的保证。

4. 提高干部素质

干部素质偏低，是阻碍村民自治小康村建设的组织性原因。村干部素质偏低的主要表现是：年龄偏大、文化偏低；部分村干部政治水平低、工作能力差；部分地方"富人治村"现象相当普遍；少数"村官"不择手段地敛财。他们利用手中的权力，在"招待费里'抠'"，"返还款中'分'"，"集资款中'提'"，"保险费里'藏'"，"工程款里'捞'"，"'黑地'里'淘'"，"土地批租中'寻'"，"变卖财产中'削'"，[①] 直至堕入犯罪泥坑。

值得庆幸的是，在全国新一轮村委会换届选举中村干部素质有了显著提高。但是，要从整体上提高村干部政治、思想、文化素质和自我管理、自我教育、自我服务能力，还是一个长期、艰巨的任务。要完成这一任务，必须大量培养和输入较高文化程度的村干部，力争经过若干年努力做到每个村有3个大专以上文化程度的村干部。必须加强对村干部的培训、教育和管理，使多数人真正成为遵守法律和政策，办事公道，廉洁奉公，热心服务的好干部。只有村干部素质得到了较大提高，村民自治的小康村建设才有了组织上的保证。

5. 加强村民教育

村民自治意识不强，是阻碍村民自治小康村建设的社会性原因。四川一调查表明，农村有52.9%的人没有专门学习过村委会组织法，有60.6%的人认为村规民约不起作用，有63.63%的人认为现行条件不利于村民自治，有40%的人认为在现行条件下村委会不能履行好职责，许多人尚不清楚村委会是村民自治组织。[②]

---

① 王洪松：《这些"村官"缘何落马?》，《人民日报》2003年9月24日，第16版。
② 杜洪：《依法推进村民自治》，《人民日报》2003年5月14日，第16版。

村民自治意识不强的原因是多方面的，有文化程度问题，有政治觉悟问题，有传统习惯和落后意识问题等等。然而，更根本的原因在于，选举与村民的个人利益没有很好地联结起来，或者是多数村民尚未真正认识到自己根本利益之所在。因此，要搞好村民自治的小康村建设，就必须做到：普及九年义务教育和成人教育，不断提高村民的文化程度；加强政治思想教育，调动村民当家作主的积极性和主动性；宣传有关村民自治的法律、法规和政策，使广大村民明确自身的权利和义务；纠正和查处换届选举和村民自治过程中的违规违法行为，使广大村民在村民自治的实践中，不断提高自己的政治觉悟和自治能力。

第二节　选点依据·研究方法·全书结构

课题组所选定的村落调查研究对象黄湖村，处于村民自治的小康村位置。黄湖村属云梦县城关镇所辖。云梦县地处湖北省中部偏东，属江汉平原汉北地区，汉江的支流涢水（亦称府河），汉丹铁路和316国道皆纵贯全境。在我国的县级行政单位中，云梦的经济社会发展处于中上等水平，在我国的中部地区具有一定的代表性。黄湖村位于云梦县城西门外，汉丹铁路以西，府河以东，方圆2.25平方公里。

一　选点依据

黄湖村具有五个方面的特点。一是行政建制稳定。自中华人民共和国成立以来，虽经历了由初级社到高级社、生产大队，再到村的行政建制变迁，但其行政区划和自然村没有变化。二是姓氏比较集中，宗族意识淡薄。该村7个村民小组，则有4个村民小组姓黄，两个村民小组姓徐，1个村民小组为罗、周、王等其他姓氏。三是农业结构调整较大。自改革开放以来，该村围绕"经济调活、农民调富"的目标，以市场为导向，对原有农业结构进行了大幅度调整。如改农田为鱼池200亩，蔬菜基地40亩，乌鸡养殖基地36亩。四是经济实体较多，劳动力转移比例较大。实行家庭联产承包责任制后，在富余劳动力日益增多、人多地少收入低的情况下，村委会及时转变自身职能，一方面大力招商引资，创办经济实体；另一方面积极组织部分富余劳动力外出务工经商。近几年来，村集体年平均纯收入 63 万元，转移劳动力 275 人，占全村实有农业劳动力人数（不包括在校学生）52.4%。当前，种田农户的公粮水费全由村集体资金缴纳，村组干部的工资及村集体办公费用不向村居民户摊派，公共事业资金也由村集体出资解决。农户没有社会负担，年户平均纯收入过 2 万元，人均纯收入 5000 元。78.4% 的居民户新盖上了 2 层以上的楼房，户平均建筑面积 166 平方米，人平均 37.3 平方米。52% 的户安装了程控电话，接近 28% 的户购置了移动电话，74% 的户安装了有线电视。五是经济环境良好。村领导班子重视经济环境建设，村内水电资源充足，交通运输通畅方便，通信网络设施齐全，信息灵通。村内还建有驾驶协会、养殖协会、老年协会、计生协会、村民代表议事会、村民监事会、村民理财小组、民调会、治保会等多种组织，便于解决村居民生产经营和日常生活中出现的困难与问题，处理矛盾纠纷，维护经济社会秩序和企业安全，促进村内经济正常迅速发展。近几年来，村内无欺行霸市、违纪违法现象，无刑事犯罪案件发生。

实行改革开放以来，黄湖连续被评为湖北省"500 强村"、"500 强明星村"，被湖北省委组织部命名为"双带工程示范基地"。

鉴于以上特点和两个文明建设的成果，课题组选定黄湖作为本课题的研究对象。

当前国内外关于农村社区的研究，已成为许多社会学专家学者长期研究的重点课题，并取得了丰硕的成果。费孝通教授主持的农村研究、小城镇研究对农村经济体制改革和农村城市化产生了重大推动作用。陆学艺教授主编的《改革中的农村和农民》一书，通过对 13 个全国著名村庄变迁的调查，分析研究了转型社会中的农民分化和流动的问题，划分了农村现代化进程的四个阶段，提出了对农民分层的看法，这对我们进一步认清国情，认识农民和农村各个阶层在社会主义现代化建设中的地位与作用，有着重大的理论指导意义。折晓叶同志的《村庄的再造》，通过对典型村落的个案研究，提出了"村庄再造"的构想。这些学者的研究成果，为我们进行本课题研究提供了极有价值的参考。我们希望在这些成果的基础上，通过对黄湖村的调查，对我国中部平原地区村庄的变迁进一步在微观上进行深入、全面、翔实的调查研究和描述。

本课题研究对于反映中国农村改革开放 20 多年来的深刻变化，了解中国中部平原地区人多地少的村落的社会变迁及其发展趋势，为党政部门提供决策参考和理论支持，为学术研究提供事实依据，从而加速农业现代化进程，具有一定的理论意义和实际意义。

二　研究方法

本课题为个案研究，课题组综合运用文献分析、实地考察、访谈、座谈、家庭和个人问卷调查等实证研究方法，实行访谈和问卷相结合，实地考察和文献分析相结合，一般调查和典型调查相结合，定性研究与定量研究相结合，并运用微机等现代技术手段对相关资料进行统计分析。

1. 文献分析

课题组对所要查阅的国内外有关中国农村社会变迁的文献、资料进行分类整理。在云梦县直、城关镇直、黄湖村直三级有关部门、单位、家庭、个人等搜集查阅有关文献资料，如云梦县志、统计资料、城关镇年鉴、黄湖村历年人口登记册、黄湖历年统计年报、家谱等等。

2. 访谈

课题组成员与黄湖村所在的县、镇、村三级主要负责人分别进行座谈，全面了解黄湖的有关情况，听取他们对课题研究工作的建议，并深入到选点村进行实地访谈。访谈按预先拟定好的提纲进行。访谈的对象为村民、村干部、乡镇干部、务工经商者、专业户和经济实体专业技业人员、运输驾驶员、群众组织负责人等，以求得充实而有价值的第一手材料。

3. 问卷调查

问卷调查，是本课题研究的主要方法。2002 年 6～12 月，课题组对全村 351 户进行了全数问卷调查，取得有效样本 318 个，调查内容包括家庭结构、生产经营规模、劳动与就业、收入与支出、耐用消费品、住房面积、思想观念、社会意识、村落活动参与以及村民人际关系网络等。2003 年 1～4 月，对全村 16 岁以上村居民 970 人进行了全数问卷调查，调查内容包括个人基本情况、思想观念与政治态度、志愿和要求、文化教育和业余活动、婚姻和生育、迷信与科学等。在调查前，对所有参与调查的人员进行了技术培训。在调查中，一般由调查者指导被调查者填答问卷，遇有无能力填答者，则由调查者对被调查者进行讯问，代笔填答，力求真实准确。

通过以上方法与途径所取得的材料，按照理解社会学的方法，分析社会环境和各种制度的变化对村居民生活所具有的实际意义，研究村居民对政治、经济、社会环境的意义的解读及其主体价值的形成和行动原理，从而对社会现象与村居民的社会行动之间的逻辑关系进行描述。

课题组从 2000 年 4 月第一次进入黄湖村，到本书稿完成，用了 5 年零两个月的时间。2002 年 7 月 15 日～18 日进行试调查；8 月 13 日～12 月 28 日进行户卷正式调查；2003 年 1 月 5 日～4 月 27 日进行个人问卷正式调查，5 月 9 日～8 月 27 日进行了访谈调查；2003 年 9 月 5 日～12 月 29 日进行了 4 次补充调查；2004 年 4 月 15 日～21 日作了最后调查；2005 年 5 月 10 日～11 日采集了村落、村居民的部分图片。

三　全书结构

黄湖村调查是中国"百村调查"的子课题，按照总课题组的宗旨和要求，我们从社会学的角度对黄湖村落进行了分析研究，该村处于村民自治的小康村落类型坐标上。本书各个编、章、节从经济、政治、村落文化、社会、社会意识等角度多层面展示该村社会变迁、社会转移过程中的实际面貌，论述家庭与村落的结合原理及相互关系的各个侧面的特征，判断该村落的历史位置，预测该村落未来的变迁方向。

第一编为总调查报告。全面描述和展示了黄湖在中华人民共和国成立以来尤其是改革开放以来的社会变迁和社会转移的过程及其现状，并由此预测其发展趋势。

第一章"概述"。主要描述村落的宏观背景，即历史文化背景、区域环境和经济地理、人口数量和素质等，以展示该村的典型性和代表性。重点描述和分析区位条件、人口数量素质的发展变化，以突现村落政治、经济、社会、文化变化发展的基本因素。

第二章"经济改革、调整和发展"。首先从历史角度描述村落经济体制的变革，展示农村生产单位从土改后的家庭经营到合作化、人民公社化时期的集体合作经营。从改革开放后的家庭承包经营的再分化直至村户双层经营体制的完善过程。重点从经济制度上阐述当前农村家庭在生产经营上的自主性、多样性及对村集体的依靠性。接着分析占有结构的变化和土地资源利用与管理存在的问题给村落经济发展带来的影响，分析经济结构的变化，即所有制结构的改革、产业结构的调整、劳动力结构的变迁，给村落经济发展带来新的活力。最后描述户村经济的发展状况，分析户村经济的关系及其发展前景。

第三章"政治机构和村务管理"。首先在第一、二节分别分析了村党组织、村委会领导人的产生方式及其在村级管理中所处的地位，"两委"职能的划分界限及其相互关系；运用党的领导原理，分析村党组织及其党员在村落经济、社会发展中的重要作用。第三节分析村青年团、民兵、妇女联合会、治保会、民调会等政治组织与村落经济社会发展的关系及其所发挥的重要作用。第四节分析村规民约的性质、特点、施行，村务决策的依据、执行过程；分析村务公开的内容、方式及其意义；分析村务公开的机制及其在村务民主决策和民主监督中的重要作用，表现村落的民主管理程度和村民当家作主的自治权利。第五节分析村落与镇政府之间的关系，即村委会对镇政府工作的协助，镇政府对村委会工作的引导、支持和帮助，表现村落与地方政府之间的密切关系。

第四章"社会组织"。通过村驾驶协会、养殖协会、老年协会、计生协会等社会组织的基本概况、功能及其活动开展的描述，表现村民自治的主动性、积极性及其在村落政治经济社会活动中发挥的重大作用。

第五章"社会分层和社会流动"。首先描述土改以来社会分层的历史演变过程和不同历史时期的划分标准，重点分析改革开放以来农民阶层结构的分化现象及引起分化的原因。第二节根据职业、资源占有标准划分村落的社会阶层，并分析各个阶层的形成机制，经济状况、社会资源、政治地位的差异，论述村落社会阶层的异质性。第三节分析劳动年龄人口流动的就业类型、形成流动的原因及对村落的重大影响。

第六章着重研究社区精英的成长变化及其对推动村落经济社会发展的历史作用。第一节从历史的角度分析研究黄湖社区在不同历史时期所涌现出的政治精英、经济精英、文化精英的时代特征、形成因素和历史作用。第二、三、四节分别分析当代几种精英的现状特点、形成机制及其对当前村落经济、政治、文化发展的重大影响和所发挥的重大作用。

第七章的第一、二节分别描述村落教育、文化发展变化的历程，分析教育、文化对村居民素质和村落经济、社会、文化生活的重大影响与社会意义。第三节从历史的角度，对比分析改革开放前后科学技术的引入和应用情况，论述科学技术的推广和应用将成为加速村落经济发展的重要之道。第四节首先对村落自中华人民共和国成立以来不同历史时期的医疗制度、医疗机构、医疗人员、医疗就诊方式及变迁过程进行描述，突现了黄湖村落医疗卫生变化的轨迹，接着分析村居民目前的健康和医疗卫生状况，论述新型合作医疗机制改革在当代农村经济社会发展中的重要性和必要性。

第八章的第一节从择偶标准、范围，结婚程序、方式，离婚、丧偶、再婚等方面分析村居民的婚姻观念随着经济体制的转型而不断发生的更新变化，分析了婚姻的质量及目前存在的必须引起人们注意的几个社会问题。第二节分析家庭的规模、类型、功能、关系及其演变对村落共同体的影响和社会意义，分析家庭存在的几个问题，论述家庭与村落社会的相互关系。第三节从历史的角度分析生育功能在子女数量、初育年龄、哺乳时间的变化，论述村居民生育观念的变化与进步；分析村落对计划生育工作的管理成绩及其存在的问题，论述计划生育管理工作在村落经济和社会发展中的重要战略地位。

第九章"社会习俗"。主要从日常生活、节令、庆祭、人际关系等方面描述村落社会习俗的演进过程，表现村落的文明程度和丰富多彩的文化生活，村落内团结互助、和睦相处的文明风气，论述人际关系在生产经营中的重要作用。

第二编为专题调查报告和个人访谈，主要是分专题具体描述黄湖政治、经济、文化教育等方面的历史发展与现状；记录几位访谈对象的生活经历与业绩，以补充反映黄湖政治、经济、文化的发展变化。

第三编为问卷调查分析，主要是收录整理了 318 个有效户访调查问卷样本和 590 个有效个人调查问卷样本的珍贵资料，并做了有关必要的分析和说明。

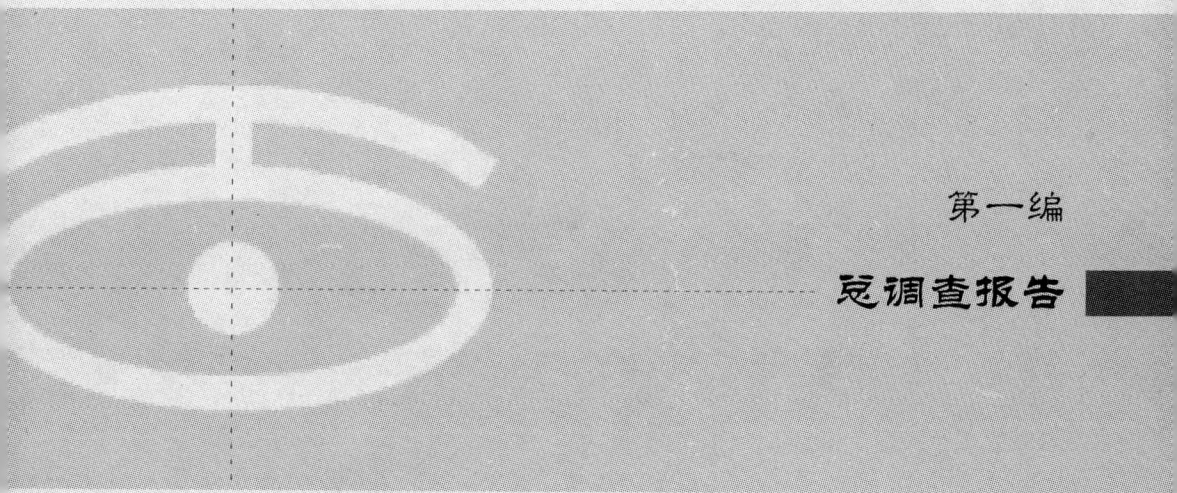

第一编

忘调查报告

第一章 概 述

我们将在本章重点描述黄湖村的由来与变革、区位环境与自然资源、人口数量与人口素质等因素，从而展现黄湖村发展变化及形成今日现状的历史背景、自然环境和社会生态环境。

第一节 黄湖村的历史背景

课题组调查的对象，是古泽云梦中的黄湖村，它坐落在今日湖北省云梦县城的西门外，与县城地域紧紧相连，所以称之为城边村。课题组在本节将要研究的是黄湖村的历史状况，以了解该村落形成的历史条件及对其后来发展的影响。

一 云梦泽的形成与演变

历史上的云梦泽研究者一般认为，在远古时代，长江中游存在一个跨江南北的大云梦泽，方圆八九百里，它大约形成于大禹治水的洪荒时期。

据《史记·五帝本纪第一》记载，尧之时"汤汤洪水滔天，浩浩怀山襄陵"，这描绘的大约便是当时大云梦泽的掠影。《淮南子·本经训》言"尧使羿诛凿齿于畴华之野"，并将"畴华"注释为南方大泽，即指云梦泽。进入人类历史时期，大约大禹治水以后，许多河流被疏通，特大洪水逐渐消退，水域辽阔、广及两湖的大云梦泽解体，大江南北出现了由泥沙淤积而成的一些"高地"，将大泽分割成几个相对独立的湖泊沼泽群，古云梦泽便是其中形成的几个自成体系的小单元湖泊沼泽之一。也就是说，后来所谓的古云梦泽便是远古时期的大云梦泽逐渐淤积分割而成的独立体。

"云梦"一词的出现是在云梦泽形成以后许久。对于"云梦"一词的来由与含义，说法很多。有的说，楚人因生活在沼泽地区，经常遇到云雾，感觉好像迷失于梦幻中一样，于是便把发生同一现象的相邻地区称为"云"或"梦"。据考古，楚语称泽为"梦"，"云梦"就是"云泽"。后来，随着汉语言的规范，在其后加"泽"，就是云梦泽。有的说，江北为"云"，江南为"梦"。有的说，江南江北随处都可叫做"云"或"梦"。有的说，"云"当是地名，即古云（云同鄟、郧）国；"梦"是楚地方言，指草泽。"云梦"的本义是指春秋早期的云国之"梦"，从而可以得知"云梦"这个词，既是地区名，又是泽名，是以泽为特征的地区名。

"云"、"梦"在古文献《左传》、《战国策》中出现过多次。如《左传吴入郢》中有"楚子涉睢济江，入云中"；《左传宣公四年》中有"云夫人使弃诸梦中，虎乳之"；《战国策江乙说于安陵君》有"于是，楚王游于云梦"。

在三国六朝时期，逐年淤积起来的江汉平原发生了巨大变化。南北朝前期，这里只有竟陵、江陵、沔阳、京山、安陆等几个县份；到了后期，仅一个安陆县就分置出了云梦、应城、汉川、孝感、汉阳、安陆等六个县。这就是说，曾为洪荒的古泽得到较大的开发，人口也得到极快的发展，荒坡湖滩得到了一定程度的利用。后来，随着南宋经济重心南移，人们在这里大量围湖造田，从而加速了云梦泽的解体消失。但这里地区辽阔，仍有不少地方人烟稀少，荒湖野洼密布，较大湖泊也不算少，直到16世纪的明朝中叶，还有几百里以上的大湖。

中华人民共和国成立之前，古云梦泽遗迹地域常闹水灾，人民穷困潦倒，无力抵御洪涝灾害，过着流离失所、四处逃荒的生活。直到1949年后，人民作了国家的主人，修建了巨大的荆江分洪工程和杜家垱分洪工程，筑起了强固的长江、汉水大堤，整治了洞庭湖的堤垸、河道，修治了江汉平原的东荆河，进行了府河（涢水）及其他河流的改道，并开挖了汉北河，从而有效地控制了洪水泛滥，把原来的荒湖沼泽变成了一马平川的良田。如今两湖平原，即古云梦泽的遗迹地域，已成为全国著名的粮油仓库之一。

由湖泽淤积形成的肥沃田野，成为该地区村落经济发展的天然资源。

二 云梦古城的历史变迁

关于云梦古城的由来，历来说法也不一致。历史上的学者大都认为是楚王城，即春秋时期，吴国攻入楚国郢都，楚昭王逃奔于云时，为楚所筑，其遗址在今环云梦县城东北一带。但今日也有学者否认了此说。他们说，据考古材料及文献资料推测，不是春秋时期为楚昭王所筑的楚王城，而是建筑于战国中晚期为抵御秦的进犯的防守之城，在今云梦县城的东北边，距今已有两千几百年的历史，可能在秦国进攻郢都之前的一些时候，为楚国人所筑，以防御秦军的进犯，但后来并未能成为抵御秦兵的据点，而同郢都一起沦落于秦。秦统一六国后，便在这里设置了安陆县，属南郡。秦始皇二十八年（前219年）东巡回咸阳时，经过此地，在此安歇过，故历史上便有"云梦宫"之说。古云梦城在今安陆县城东南，从战国晚期至秦汉期间，为安陆县的政治中心，今云梦地在那时属安陆县。南北朝时期的西魏大统十六年（公元550年），建都关中的鲜卑族西魏政权，在安陆南境地区设置云梦县，因古云梦城而得"云梦"县名，并传延至今。

据《云梦年鉴》综述，云梦建县以来，行政建置比较稳定，仅在唐初的武德年间到贞观年间，北宋中期的熙宁年间到元祐年间，两度将云梦县并入安陆县，每次撤并大约20年。中华人民共和国成立后，从1960年8月至1961年12月，国务院决定撤销云梦县并入安陆县，时间近一年半，其他期间皆立为县。云梦古为荆州之域，周为云梦荆州泽，春秋时属郧国，战国时属楚国，秦代属南郡，汉代、两晋时属江夏郡，南朝刘宋孝建三年（公元454年），属安陆郡，西魏时新设立的云梦县属安州（安陆）郡。自此，从北周、隋、唐直至北宋，云梦县皆隶属安州。北宋宣和元年（公元1119年），安州升为德州府，直到1911年清朝终结，云梦县皆隶属德安府。民国期间，云梦县隶属湖北省江汉道，湖北省第五行政督察区（区署驻随县，1936～1949年改称第三督察区）。1949年4月，云梦解放，隶属中原解放区江汉区鄂中专署；同年8月设立孝感专区后，一直属孝感地区。1959～1960年，随孝感专区并入武汉市。1993年4月，孝感地区改为孝感市，隶属孝感市，直至现今。

云梦古城的文化底蕴成为该地区村落的政治文化发展的历史资源。

三　黄湖村的由来与发展

黄湖村有比较悠久的历史。600年前，这里就有罗、王、周、张、管、涂六姓人家，紧靠府河东岸，因罗姓人烟最多，便取名为罗家巷。据罗氏族谱载叙，罗本妘姓，祝融之后，周初封为罗国，始以为姓氏，封襄之宜城，徙江陵之枝江，东周乃定长沙。后徙豫章，即南昌郡，子孙繁衍散蔓而居者遍及各省。有文贤、文显二公自大明洪武二年，即公元 1369 年，由江西吉水而入楚北，散居各地。由此推来，罗家巷的罗氏人家在这里已有 600 多年的历史。那时的府河流域，已航运通达，商贸活跃，居住在罗家巷的人们，男耕女织，兼业搬运，过着安定而吃穿不愁的日子。后来，即 500 年前，唐代功臣徐茂公的后代第一支子孙，自麻城迁徙到罗家巷。因距罗家巷之北边约两公里处，有一条小商业街叫伍姓街（因居住着张、王、熊、邱、叶伍姓而得名），便在罗家巷与伍姓街之间，即距罗家巷北边的 100 米处建筑房舍安居下来。刚来此地的徐姓人家不善种地，却有着一定的手艺和商业头脑，便凭着西有府河，北有伍姓街，东有县城之地利，先后办起了槽坊、作坊、缸园，生产白酒，制作农家具，烧制陶器，发展起工商业来。由此该地经济迅速活跃起来。后来，徐氏家境日益富裕，便在罗家巷北边扩置房地产业，人丁日渐兴旺，迅速发展成为四邻认同的徐家垱。再后，即 400 年前，有一居住在汉川汈汊九垱的黄姓户，因土地纠纷犯下命案，为逃避官司合家来到罗家巷，妻室三儿两女一家七口，投入当时一般富的罗姓大户，受雇推车种地，以养家糊口。4 个月后，他们转徙到距罗家巷以北 1 里地的周家垱。半年后因生存困难又回到罗家巷，一边打工，一边在此开荒种地，从此定居下来。经过长期的垦地种植，辛勤劳作，繁衍生息，兴家立业，其发展渐渐超过罗姓，并成为此地第一大姓氏。

后来因府河经常涨大水，泛洪浸入岸边的村湾，黄、徐两姓便在各自的村湾四周取土加高村湾地基，以防御水淹。据说经过了大约一百年时间，村湾地基逐年升高，而湾村四周由于多年取土所造成的洼地，便形成了两条各长 400 多米的环形水带，分别护绕着这两个村湾。由此，人们分别称它们为黄家湖（取代了原罗家巷名）和徐家湖。在国民党统治时期，黄家湖、徐家湖及其东北边的周家垱、吴家垱，南边的白合口，东南边的杨家大路湾，统属为一个保，即云梦县第 15 保，由黄家湖的富农黄子寿任保长。其中黄家湖分为 4 甲，徐家湖 2 甲，周家垱 1 甲，吴家垱 1 甲，白合口 1 甲，杨家大路湾 1 甲。中华人民共和国成立前夕，黄家湖（包括小黄家）、徐家湖、张家垱、周家垱，居住着黄姓 100 户，徐姓 50 户，罗姓 12 户，王姓 2 户，管姓 3 户，涂姓 1 户，共 168 户人家。

1949 年 4 月，云梦解放；6 月底，由云孝县改称云梦县，全县分为 12 个区。同年 8 月，全县划分为 6 区 1 镇，辖 31 个乡，黄家湖、徐家湖属第 6 区伍姓乡。1951 年开始土地改革，黄家湖、徐家湖，属云台区伍姓乡，有 173 户人家。1956 年，建立黄湖农业合作社，包括黄家湖、小黄家、周家垱、张家垱 4 个自然湾村，183 户，属云梦县城关镇人民政府委员会所辖。1958 年，建立人民公社时，黄湖农业合作社改为黄湖生产大队，白合口、杨家大路、徐家湖一起并入黄湖生产大队，共 7 个自然湾村，分为 8 个生产队，隶属包括城关镇在内的红旗人民公社（原云台区）的伍姓管理区。1959 年，城关镇独立建制，从红旗人民公社分出。1960 年，云梦县并入安陆县，改名为云梦镇，黄湖随之隶属安陆县。1961 年，云梦县复置，云梦镇更名为城关镇，黄湖又随之隶属云梦县。这一年，白合口和杨家大路两个自然湾村从黄湖生产大队划出。1964 年，建区改小公社时，黄湖改属云台区伍姓人民公社。1975 年，实行撤区并社，黄湖又改属城关镇人民公社伍姓管理区。1979 年 2 月，撤销城关镇人民公社，黄湖属县河人民公社。1981 年，黄湖改为伍姓棉花原种场黄湖大队，划属城关镇所辖。1984 年，云梦全县撤销人民公社，改设区、乡，黄湖大队于当年 12 月改名为黄湖村，包括徐家湖、黄家湖、小黄家、周家垱等 4 个自然湾村，属城关镇伍姓乡所辖。1987 年，云梦全县撤区并乡，设立乡镇，自此，黄湖村一直属城关镇所辖，社区规模和村名再没有变更过。

从以上的历史演变过程来看，黄湖村的历史呈现如下几个特征：一是历史悠久，有着比较深厚的村落文化底蕴；二是姓氏集中在罗、徐、黄三大家族，这三大家族对该村落发展变化有着极其重要的影响；三是黄湖人有史以来则有务农之余兼营工商业的传统和能力，为今日黄湖实行劳动力转移创造了历史条件。

第二节 区位环境和自然资源

云梦在远古时期为云梦泽东北一隅。成为一片淤积平原后，云梦位于江汉平原东北部，其区位条件、地理环境、自然资源，对该地区的经济发展造成极大的优势。

一　区位条件

云梦县地处中原腹地，是湖北省东西和南北的交通要道，又是我国中部大都市武汉的西北门户，历史上就是商旅过往之地，官驿通衢之所。

云梦境内的水路航运，历史以来十分发达。现通航河流有府河、老府河、汉北河、县河和新店内河 5 条，境程 126.7 公里。其中最大的河流是涢水，全长 270 公里，因其经德安府城安陆进入云梦平原，故又称府河。它是汉水的支流，自随州环潭发源，经安陆自北向南纵贯入云梦北境内的蔡家河，然后沿县境西缘和南缘流入汉水，再进入长江，流经云梦县境 54.5 公里。历史上云梦人民把府河视作经济生命之河，它是趋向武汉市的水上通道，也为云梦县冲击淤造了西部河畈和南部湖区的肥沃农田。但历史上的府河也曾是一条给云梦人民带来洪水灾难之河，洪水泛滥之时，则冲毁庄稼，淹没村庄，导致人民流离失所，食不饱腹，衣不裹体，苦不堪言。中华人民共和国成立后，当地人民政府带领人民已把府河完全改造成为经济繁荣发展的富庶之河。当今云梦县境的府河段，在丰水期可运行 30～50 吨级机动驳船，枯水期可通行 3～4 吨的木船。在云梦县境内的府河沿岸，建有道人桥、护子潭、隔蒲潭、白合口、伍姓街、义堂等 6 个港埠。在历史上，即陆路交通不发达的时期，水路曾起过事关云梦经济命脉的作用。1949 年后，尤其是在改革开放后，陆路交通得到飞速发展，水路运输便逐步趋向萎缩。即使这样，现可运营的仍有 5 个港埠，年吞吐量约 31.53 万吨。

其次是汉北河，1969 年冬季开挖，全长 94.4 公里，是云梦南端的过境河流，从西边的肖李港入境，东边的牛路河口出境，进新沟入汉江，境程 5.2 公里，常年可通 80～100 吨级客、货机动驳船。

第三是老府河，即 1959 年府河改道后遗留的一段旧河道，自护子潭大坝至肖李湾船闸，全在县境内，长 18 公里，常年可通行 50～80 吨级机动驳船。

第四是县河，全长 50 公里，全在县境中部地区。原来起自北河分流，流经县城南门，然后东去伍洛寺、李家店、练港口，至干河岭出境孝感蜈蚣桥，入澴河。1970 年从沙河口改道南行，至云梦大闸入府河。县河自伍洛寺至云梦大闸 11 公里，其河道可通行 10 吨左右船舶。

第五是新店内河，境程为 9 公里。

云梦的陆路交通更是发达。清末民国初期修建的川汉铁路路基，横穿云梦县境南部的东西，1928 年改修汉宜公路，借基行车。1958 年始建的汉丹铁路于 1966 年全线通车。这条铁路穿越云梦县境的线路有两段，一段从三邑镇到永兴镇横穿南部县境，长 12.4 公里；一段从隔蒲潭至界牌店纵横县境南北，长 28 公里，两段共长 40.4 公里。汉丹铁路在云梦境内建有下辛店、隔蒲、云梦、义堂、界牌店 5 个车站，均为中间客货四等站，并修建了铁路货场两座，年吞吐量 78 万吨。

就公路网络而言，316 国道自北向南纵贯云梦县境，乘车向东南去孝感市只需 25 分钟，去武汉市也只需 90 分钟左右。正在筹建之中的汉十（武汉至十堰）高速公路，即将在云梦县境开口，竣工后，该县向西去十堰，即湖北省西部边境只需六七个小时。另外，县级公路四通八达，可直通各个乡村集镇。

就空中航线而言，去县城东南 60 公里处有武汉天河国际机场。

这些得天独厚的区位条件，都将促使云梦成为华中大都市武汉的经济辐射圈内的卫星城之一。

黄湖村位于这水、陆、空交通十分发达的云梦县城的西郊，东有汉丹铁路紧紧擦身而过，西边紧靠府河东岸，县城出西门的县级公路穿村而过，可谓水陆空三路交通便利，又由于地域紧接县城，村内基础设施十分齐全，这些为村内物资流通、招商引进、富余劳动力转移、经济文化发展等等，都带来了无比优越的区位条件。

二 地理环境

云梦县境，其北与安陆相接，南与汉川相邻，西与应城交界，东与孝南相望。其南北长 52.8 公里，东西宽 19.8 公里，呈北部和南部较宽、中部略窄地势，形状犹如巨人的一只向北迈出的大脚。云梦县全境 604.24 平方公里，总体来讲，地势低平，地貌形态简单，皆可称为平原。它北高南低，但差距不大，最高处为境东北的枫梓岗，海拔 76.2 米；最低处为境东南的北湖垸，海拔 19 米。全境可分为 3 个地貌区。其东北境为垄岗波状平原区，此区的垄岗大致为南北走向，垄岗与沟谷相间发育，沟谷边坡平缓，地面呈波状起伏。就土质而言，岗顶一般为马干土、黄泥土和浅黄棕壤性第四纪粘土；塝坡和冲地为白散土、面黄土、白散泥和面黄泥。所以此地大多种植棉花和杂粮。其西北部和中部为河谷冲击平原地区，该地区的土质多为潮砂土和潮砂泥土，大多适宜种植大小麦和杂粮。其南境和东南境为河流下游、湖积平原区，该地区的土质为粘土泥、潮土、灰潮土，非常适宜于种植水稻，可谓该县的粮仓基地。

云梦县境地处东经 113°37′～113°52′，北纬 30°45′～31°12′，属副热带季风气候区过渡性气候带。夏季由热带暖气团控制，冬季由极地冷气团控制，而春秋两季却受暖气团和冷气团互相交替过渡性影响，该县境内又无影响局部气候地面阻碍因素，故春、夏、秋、冬，四季分明，雨水充沛。据该县 30 年的测量数据，境内年平均气温为 15℃，最高年度为 20℃，最低年度为 12.2℃，极端高温 38.6℃，极端低温为 -14℃。年平日照量为 1993.6 小时，占可照时数的 46%。年平均降雨量为 1100 毫米左右，春夏雨日多，雨量大；秋冬雨日少，比较干燥。月平均降雨量最高在 7 月份。全年无霜期 247 天，自然气候宜人，非常有利于农业生产。

城关镇为云梦县首脑机关所在地，是云梦县的政治、经济、文化中心，也是云梦最发达的城镇。而隶属城关镇的黄湖村庄，紧依城关西门，由东向西，即村庄房舍东起穿县城西门而过的汉丹铁路线，西至由北向南流去的府河之东岸，组合成长长的"1"字形系列，大多为 2～3 层的砖混结构楼房，其间稀疏地夹杂着陈旧而矮小的砖木结构平房。村庄北边是一条由县城向西延伸的县级公路，跨过府河大桥，通向西边的各个乡镇及其村落。黄湖村落沿公路边的一排房子，是面临公路即坐南朝北而筑的，其间有些户开着小商店或超市。再其后有 4 排房舍，排列整齐，貌似街道，但排与排之间却不是相向开门，而是一律坐北向南的，其貌不似乡村，却又不是城镇街巷，这是 1972 年所谓全村房屋改革调基时形成的布局，不过那时全是平房而没有楼房。楼房是在 1984 年后逐步由平房改建成的。公路的右边即北边，是村内民营企业基地，有涵管厂、纸管厂、塑料厂、再生棉厂、面粉厂、饲料加工厂、禽业养殖场等，其厂房与公路南面的村庄房舍相对。村落全境方圆为 2.25 平方公里，耕地在村舍的南面和企业基地的北面。由于村落紧连县城，向西的县级公路紧沿村庄的右边即北边穿村而过，故大多数农户购置了脚踏三轮车，将自家所产蔬菜和农副产品送往县城或附近其他集镇销售。尤其是拥有 80 台农用汽车的 70 多个运输专业户，就凭着这条公路优势外出到县城、省城及周围城市跑运输，可早出晚归，极为方便，成为该村居民发家致富的一条极其重要的大道。

黄湖村落一角

三　自然资源与主要物产

云梦县的国土面积为 604 平方公里，占湖北省全省国土面积的 0.32%。其中耕地 375459 亩，占全县总面积的 41.44%；园地面积 231 亩，占全县总面积的 0.03%；林地 3495 亩，占全县总面积的 0.38%；居民及矿工用地 8803 亩，占全县总面积的 9.71%；交通用地 118640 亩，占全县总面积的 1.31%；水面 398273 亩，占全县总面积的 43.96%；未利用地 28655 亩，占全县总面积的 3.16%。从以上结构来看，该县属典型的农业区域用地格局。

云梦县境内的生物资源主要为农林作物、家畜、家禽及水生物鱼、藕等动植物。农作物主要为水稻、棉花、油菜、麦类、豆类等。自改革开放以来，由于市场经济的日益发展，临近集镇的村落农户改种蔬菜的越来越多。

林业主要为人工种育林及村落中的散植树木，其主要品种除土生土长的杨、柳、桑、榆、槐、桃、梨树等外，还有引进的水杉、池杉、落羽松、樟树等。水生物主要是鱼和菱藕。鱼的品种主要为鲫鱼、鳊鱼、草鱼、鲢鱼、鲤鱼等，其野生鱼已越来越少，主要是由人工养殖的。另外，有少量的龟、鳖、蚌、虾。水生植物主要是菱角和莲藕。畜禽以鸡、鸭、猪、牛为主，马、羊、兔、鹅不多。此外，也生产有一定数量的药材，其品种有半夏、桑葚、艾叶、元花、麦冬、枸杞、女贞子、益母草等。

云梦县域内，地下蕴藏着丰富的石膏、岩盐、芒硝等矿物资源。据探查，石膏储量为1048.5万吨，岩盐储量为1077.09万吨，芒硝储量为5359万吨。此外，建筑河沙、高岭土（亦名瓷土，俗称观音土，可用作建筑、陶器等原料）、玄武岩（用作石棉原料），也得到勘查。现已得到利用和开发的岩盐，年产精盐3.2万吨；年运出建筑河沙280万吨。

县域内的水资源由河川径流、地下水、天然水三部分组成，年均总量约为46.13亿立方米。其中河川径流量44.14亿立方米；地下水补给量0.22亿立方米；天然水量1.77亿立方米。县境内主要有府河和汉北河两大水系。府河自县境西北流入并纵贯全县；汉北河横穿县境南端，这两大水系使县境成为东、西、南三面环水之势，灌溉和滋润着县域内2/3的农田。

据《云梦县志》载，中华人民共和国成立初期，有湖泊32个，水面3万余亩。后经过水改湖田，湖田又退耕还湖，现仅存水面2200余亩，成为精养鱼池和水产养殖基地。

县境内建有小一型水库1处，流域面积50平方公里，总库容为279.6万立方米；小二型水库5处，流域面积27.86平方公里，总库容为222.4万立方米。另外，还有丰富的地下水资源，多为重碳酸型低矿化中性淡水，储量为2.46亿立方米，可分层取水，分别用于灌溉、工业用水、饮用水。

城关镇是云梦县最大的城镇，面积32平方公里，耕地面积15373亩。它因位于曲阳水之阳，故又称曲阳。早在4000多年前，就有人类在此繁衍生息。它的水电资源相当充足。城区内有11万伏的变电站2座，总容量为6.25万伏安。有自来水厂两座，日供水量可达10余万吨。石油液化气供应站4处，灌装储量能力达140吨。有市话程控交换机1.8万门，建成了移动电话网和无线寻呼网、直拨电话、无线传真等邮电设施。经过20多年改革开放的云梦县城关镇，已具备以家具型材、有机化工、商贸娱乐、蔬菜食品、彩印包装、禽业加工为主的支柱产业，这些都为城边黄湖村的经济发展创造了一定的条件。

　　黄湖村的国土面积为 2.25 平方公里，但现有耕地面积仅 436 亩，人均 3 分地。其中可耕种面积 236 亩，农植已不是该村主业，而按人平分包到户，大多作为蔬菜和油料种植基地。另外 200 多亩改作鱼池，承包到养殖专业户从事养鱼业经营。黄湖村位于云梦县中部偏西的府河东岸，属河谷冲击平原地区，土地肥沃，水源充足，又临近县城，故虽然耕地不多，但皆可作为供给县城蔬菜的黄金基地，田地的经济收入远远胜于边远乡村的粮食种植收入。黄湖的菜农每日上午赶集卖菜，下午归来下地种植，极为方便，可以做到出售、种植两不误，这是离集镇较远的乡村所做不到的。黄湖西边的府河盛产建筑河沙，即每年夏季大水过后，都积有深厚的黄沙，黄湖的村民们，便在秋干水枯的季节进行大量开采，这时周围的建筑单位及要建房的人们纷纷来进行采购。村内的运输专业人员也忙了起来。尤其是由于紧靠县城，城区内的发达企业给黄湖的村民进城就业或打工带来了极大的机遇，给村内富余劳动力的转移创造了极好的条件。

　　优越的区位条件，良好的地理环境，丰富的自然资源和物产，使得黄湖这个城边村落，除了具有同其他城边村落相同的与县城经济关系紧密，城镇化趋向明显的一般特点外，还有其更突出的特点，即耕种面积少，富余劳动力多；种植粮食的少，种植蔬菜的多；纯农户的少，农工商兼业户的多；村内办企业的少，从外引进的企业多。

第三节　人口的数量与素质

　　自中华人民共和国成立以来，随着国民经济的迅速发展和社会文明的进步，黄湖村的人口数量和素质都有着巨大的变化。

一　人口数量的增长

　　据 2002 年统计，云梦县拥有人口 58 万，其中农业人口 46 万，人口密度为每平方公里 960 人，是湖北省人口密度最大而国土面积最小的县份；城关镇拥有人口 10.98 万人，其中农业人口 29810 人，人口密度为每平方公里 3431 人，是全县人口密度最大的乡镇；黄湖村落拥有人口 1400 人，其中农业人口为 1195 人，非农业人口为 205 人，人口密度为每平方公里 622 人，低于全县人口平均密度。黄湖村的国土面积占全县总面积的 3.73%，占城关镇总面积的 7%，而人口仅占全县总人口的 0.24%，占城关镇总人口的 1.2%。从这组比例数据也可以看出，黄湖村的人口相对密度是较小的，但是它的人均耕地却只有 0.3 亩多地，而全县人均耕地是 0.64 亩。其原因何在？就在于黄湖村因濒临县城而为县级企业和人口密度最大的城关镇发展镇级企业占用土地所致。

今日黄湖包括的徐家湖湾、黄家湖湾、张家垱、周家垱 4 个自然村，在云梦刚解放时，共有 167 户人家，833 人，其中男 417 人，女 416 人。根据城关镇统计所的历年人口统计资料，可以了解到黄湖村自中华人民共和国成立以来的人口历年变化情况，详情见表 1-1。

表 1-1 黄湖村 1949~2004 年人口变化情况

单位：人，‰

年份	户数	总人口			人口自然变动				迁入	迁出
		合计	男	女	出生	死亡	增长	增长率		
1949	167	833	417	416	22	8	14	—	—	—
1950	170	842	422	420	21	12	9	11.0	—	—
1951	173	856	430	426	24	10	14	16.6	—	—
1952	173	861	428	433	11	7	4	4.7	1	—
1953	173	870	433	437	19	10	9	10.5	—	—
1954	175	883	437	446	19	9	10	11.5	3	—
1955	180	890	440	450	17	6	11	12.5	—	4
1956	183	902	446	456	18	6	12	13.5	—	—
1957	187	916	455	461	21	8	13	14.4	1	—
1958	276	1193	597	596	32	27	5	5.5	272	—
1959	272	1047	521	526	0	146	-146	-122.3	—	—
1960	254	975	485	490	0	72	-72	68.7	—	—
1961	186	770	380	390	0	3	-3	-3.1	—	202
1962	268	901	449	452	11	5	6	7.8	125	—
1963	270	900	448	452	0	3	-3	-3.3	5	3
1964	273	893	442	451	22	6	16	17.8	—	23
1965	275	957	470	487	23	7	16	17.9	48	—

续表 1－1

年份	户数	总人口			人口自然变动				迁入	迁出
		合计	男	女	出生	死亡	增长	增长率		
1966	273	960	476	484	26	9	17	17.8	—	14
1967	270	989	471	518	39	10	29	30.2	—	—
1968	271	1064	529	535	62	10	52	52.6	25	2
1969	273	1084	541	543	33	11	22	20.7	—	2
1970	273	1087	539	548	23	7	16	14.8	—	13
1971	275	1105	541	564	22	7	15	13.8	3	—
1972	276	1108	543	565	21	10	11	10.0	—	8
1973	280	1109	543	565	23	11	12	10.8	—	11
1974	286	1165	558	607	20	9	11	9.9	45	—
1975	284	1138	540	598	21	10	11	9.4	—	38
1976	287	1156	548	608	15	6	9	7.8	9	—
1977	290	1170	555	615	14	7	7	6.1	7	—
1978	293	1190	569	621	23	5	18	15.3	4	2
1979	296	1218	587	631	24	4	20	16.8	13	5
1980	301	1233	596	637	15	7	8	6.6	9	2
1981	303	1243	601	642	16	9	7	5.7	3	—
1982	303	1249	606	643	16	8	8	6.4	—	2
1983	305	1256	611	645	13	9	4	3.2	4	1
1984	326	1260	614	646	15	10	5	3.4	3	4
1985	330	1283	625	658	29	9	20	15.9	3	—
1986	331	1302	636	666	33	12	21	16.4	1	3
1987	340	1315	643	672	26	11	15	11.5	—	2
1988	354	1338	656	682	29	3	26	19.8	2	5
1989	361	1345	658	687	14	4	10	7.5	—	3
1990	357	1340	655	685	5	11	－6	－4.7	1	—
1991	357	1335	654	681	8	9	－1	－0.8	—	4
1992	357	1332	653	679	6	8	－2	－1.5	2	3
1993	357	1327	651	676	7	9	－2	－1.5	—	3
1994	357	1319	646	673	5	9	－4	－3.0	8	12
1995	357	1310	641	669	9	15	－6	－4.5	3	6
1996	354	1290	630	660	8	12	－4	－3.1	10	26
1997	354	1274	621	653	7	17	－10	－7.8	3	9
1998	355	1273	620	653	11	4	7	5.5	—	8
1999	355	1261	615	646	6	11	－5	－3.9	2	9
2000	355	1244	608	636	5	12	－7	－5.6	1	11
2001	353	1221	597	624	7	10	－3	－2.4	—	20
2002	351	1195	566	629	5	12	－7	－5.7	3	22
2003	351	1193	564	629	16	9	7	5.9	8	17
2004	351	1189	561	628	14	8	6	5.0	10	20

从表 1 - 1 可以看出，黄湖在 1949 年以来的 54 年间的发展变化呈现出两个特征，即 1950～1974 年的 25 年间，呈现出"两高一低"的人口增长特征，而 1975～2004 年呈现出"两低一高"的特征。

1. "两高一低"的人口增长特征

1950～1958 年为第一生育高峰。这 9 年间黄湖人口平均出生率为 23.1（‰），而死亡率为 12（‰），人口自然增长率为 11.1（‰）。1949 年黄湖村人口为 833 人，截至 1958 年，除去迁入的 273 人外，人口发展到 920 人，净增 87 人，其中新出生人口 182 人，形成了第一个人口生育高峰。这是新中国成立以后，社会经济制度发生根本性变化，国民经济得到迅速发展，人民生活条件得到明显改善，医疗卫生事业和教育事业不断发展，人口增长由无计划向有计划发展变化的结果。

1959～1963 年为人口生育低谷期。由于连续三年自然灾害和严重的经济困难，在这 5 年间，出现人口年均出生率仅为 2.9‰（其实仅 1962 年新出生 11 人，其他 4 年均为 0 生育），而死亡率上升为 39.2‰的不正常现象。1958年全村人口为 1193 人，1959 年比 1958 年减少了 146 人，1960 年比 1959 年减少了 72 人，1961 年比 1960 年减少了 3 人，再除去因分队而迁出的 202 人，人口规模缩小到 770 人，比中华人民共和国成立初期的 833 人还少 63 人。1962 年有所回升，生育率为 14.3‰，死亡率为 6.5‰，人口自然增长率为 8‰；但 1963 年生育率又下降为零，人口自然增长率又下降为 -3‰。这段时期成为中华人民共和国成立以来人口生育低谷期。

1964～1974 年为第二次生育高峰。黄湖在这 11 年间出生人口 314 人，年均出生率为 28.2‰，而死亡人口 97 人，年均死亡率为 8.6‰，净增 217 人，人口自然增长率达到 19.6‰，成为中华人民共和国成立后的第二次人口生育高峰。尤其是其间的 1968 年仅一年新出生人口 62 人，出生率为 62..7‰，成为中华人民共和国以来人口生育最高峰；而死亡人口 10 人，死亡率为 10.1‰，人口自然增长率达到 53‰。这个时期人口的高速增长，一是由于经历了三年自然灾害，国民经济逐渐恢复，人民生活水平得到改善和提高；二是由于农业基础地位得到进一步巩固，"以粮为纲"的农业生产得到高度重视，农业生产劳动者需要大量补充；三是由于政府鼓励人口生育，人们受着"人多热气高"、"人多力量大"的广泛舆论影响，都希望能"人

"丁兴旺",家庭发展。同时,在这个时期,农村广泛开展合作医疗和爱国卫生运动,积极进行卫生知识宣传,提高了村民的医疗保健意识,能做到有病早治,无病早防,人们的健康水平得到极大提高,人均寿命逐渐延长,死亡率逐渐下降。

黄湖村所经历的这"两高一低"的人口增长曲线,总的反映了黄湖村从20世纪50年代到70年代初期的人口发展状况,同全国各地一样,由1949年前的高出生率、高死亡率、低自然增长率的人口再生产类型转向了高出生率、低死亡率、高自然增长率的人口再生产类型。若照此速度发展,现代中国不久将会出现"人口爆炸"危机,从而带来极为严重的后果。为此,党和政府制定了一系列控制人口过快增长的计划生育政策,在全社会推行计划生育。

2. "两低一高"的人口增长特征

从20世纪70年代中期到新世纪初期,黄湖村的党组织和村委会(前期为队委会),遵循党和国家颁布的计划生育政策,采取各种有效措施,全力推行计划生育,使村内人口呈现出低、高、低的发展趋势。

1975～1984年为人口出生下降期。这10年间,年均人口出生率为14.5‰,死亡率为6.2‰,人口自然增长率为8.3‰,下降幅度较大。但由于第一次人口高峰的影响,那个时期的新出生人口进入生育期,虽然生育水平逐渐下降,但是人口规模继续扩大,全村人口增至1260人。但无论怎样,突现了推行计划生育的明显效果,人口生育速度得到暂时的控制。

1985～1989年为人口生育小高峰。在这4年间新出生人口131人,年均出生率回升到25.3‰,是上一个十年间的年均出生率的1.7倍,仅低于第二个高峰的2.9‰;人口死亡率保持在7.6‰,人口自然增长率又回升到17.7‰,比第一次人口生育高峰期的人口自然增长率11.1‰还要高出6.6‰。之所以出现这次人口生育反弹,主要有三个方面的原因:一是受第二次人口生育高峰的影响;二是在生育政策执行上由于受到来自各个方面的阻力而出现摇摆;三是在农村推行土地承包责任制过程中,村民中的那种传统的小农经济的子女经济价值意识又有所复苏,以家庭经营为主的方式,使他们感到还是人多、劳动力多的好。

1990～2002年为人口增长稳步下降期,在这13年间,年均人口出生率为5.2‰,死亡率为8.2‰,人口自然增长率下降到－2.8‰,并且自1999

年以后一直保持着这种稳定的状态。也就是在这 13 年中，除只有 1998 年的人口自然增长率为 5‰以外，其他年份皆为负增长率。黄湖村的人口生育得到有效控制，其主要原因有三点：一是村级党组织和村委会切实加强了计划生育工作；二是村民在农村经济体制改革的深化过程中深深认识到实行计划生育，控制人口发展与改变家庭经济状况，提高家庭生活水平的密切关系，那些家庭经济困难，难于致富而仍在温饱线上挣扎的，十有八九是超计划生育的家大口阔户；三是随着社会主义精神文明的向前推进，村民们逐步打破了重男轻女，生男可以"传宗接代"，生女会"绝户"的旧有传统观念，树立了生男生女都一样，男的也可以上女家的新观念，所以不再有因追求生男孩而导致多生的现象；四是村内到大城市打工的年轻人日益增多，他们看到并且真正体会到城市居民少生少育的轻松和工作生活上的洒脱。

黄湖村后期所经历的这"两低一高"的人口生育下降曲线，反映了黄湖村自 20 世纪 70 年代中期实行计划生育控制人口增长以来的人口发展状况，随同全国整体人口发展趋势，由 70 年代中期前的高出生率，低死亡率、高自然增长率的人口再生产类型，转向低出生率、低死亡率、低自然增长率的人口再生产类型，并在推行计划生育控制人口自然增长率方面走到了许多地方的前面。近几年来，黄湖村的农业人口规模一直控制在 1300 人之内，并呈逐年下降趋势，2002 年竟下降到 1195 人，加上在国有企业或事业单位退休下岗而返乡居住或就业的非农业人口 205 人，共 1400 人左右。

二 人口素质的提高

1. 人均寿命的延长

随着村民生活水平的提高，医疗保健意识的增强，国家医疗设施的改善和医疗技术的普遍提高，村民的人均寿命得到逐步延长。20 世纪 70 年代以前村民人均寿命在 59 岁左右。进入 70 年代，人均寿命在 61 岁左右；进入 80 年代，人均寿命延长到 63 岁；到 90 年代，又延长到 65 岁；进入 21 世纪，基本达到 67 岁。据统计，至今 80 岁以上的老人有 17 人，占全村人口总数的 12.1‰；70～79 岁的老人有 47 人，占总人数的 33.6‰；66～69 岁的老人有 34 人，占人口总数的 24.3‰，即超过 65 岁的老人有 98 人，占人口总数的 70‰，而 70 年代以前，超过 60 岁的老人也只占人口总数的 70‰。

2. 文化素质的提高

关于村民所受学校教育的历史资料，村内没有记载档案，但我们可以从现有人口统计册子中查找出现有在册人口的文化水平情况。现仅就农村中的常住人口（农业人口）1195 人的文化水平进行年龄分段统计分析，可以看出黄湖村人口文化素质的逐步提高情况（详见表 1 - 2）。

表 1 - 2 黄湖村 2002 年人口文化状况

文化 年龄	未入学		小 学		初 中		高 中		大专以上		合计
	人数 （人）	百分比 （％）	人数 （人）	百分比 （％）	人数 （人）	百分比 （％）	人数 （人）	百分比 （％）	人数 （人）	百分比 （％）	
73 以上	27	71	11	29	—		—		—		38
68 ~ 72	10	28	24	67	2	5	—		—		36
60 ~ 67	13	14	64	71	12	13	1	1	—		90
50 ~ 59	2	1	100	71	36	26	2	1	—		140
40 ~ 49	1	0.5	34	18.6	126	69	21	12	—		182
30 ~ 39			5	3	167	92	10	5	—		182
20 ~ 29			6	3	130	82	12	8	10	6	158
16 ~ 19			3	2	47	37	74	58	4	3	128
7 ~ 15			98	48	93	45	14	7	—		205
1 ~ 6	34	94	2	6	—		—		—		36
合 计	87	—	347	—	612	—	135	—	14	—	1195

资料来源：城关镇统计所《黄湖村历年人口统计册》。

从表 1 - 2 中可以看出，在 16 岁以上的人口中，年龄越大的，文盲所占比例越大，年龄越小的，文盲所占比例越小，到 40 岁以下的便没有文盲；年龄越大的文化水平越低，年龄越小的文化水平越高，这就正好显示了中华人民共和国成立后的黄湖村人口文化水平的逐年提高。据 74 岁的第一任村党支部书记邱发明老人回忆，刚解放时，只要是上过一年半载学的，都算作是有文化的，在村内也只有 20% 的人，最高文化水平也不过是高小毕业；而 80% 的人是文盲。他自己当时就是文盲，还是后来村里办夜校识字班扫的盲。

表 1 - 2 中所显示的 73 岁以上的老人有 38 人，他们在 1949 年时正是 20 ~ 30 岁左右的人，其中文盲则有 27 人，占这个年龄段人数的 71%，至于比前面邱发明老人所说的 80% 少了 9%，大概就是后来办识字扫盲班的结果。

68 ~ 72 岁这个年龄段的有 36 人，中华人民共和国成立时他们正好 15 ~ 19 岁，刚刚错过上学的年龄，他们有求学文化的欲望，却受到家庭生产劳动的限制，不过由于有业余识字学文化的条件，他们一般都能通过上夜校学习，达到小学文化水平，并达到了 67% 的比例。

60～67 岁这个年龄段的有 90 人，中华人民共和国成立时刚好 7～14 岁，正是上学的年龄，但由于那个阶段的农村，经济刚刚复苏，教育刚刚兴办，村民对教育文化的认识也不是很高，适龄学生大多读完小学就出校门了，所以至今属于那个年龄段的人，小学文化程度达到了 71%，而初中文化程度的只有 13%，读完高中的仅有 1 人。

50～59 岁这个年龄段的有 140 人，他们正要读初高中时，恰遇三年严重自然灾害和经济困难；50～55 岁的正要读初高中时，恰逢"文化大革命"，故这个年龄段的大多数人只读完小学，占这个年龄段的 71%；初中人数仍然不多，只有 26%；高中也只有 2 人。

40～49 岁这个年龄段的有 182 人，文盲只有 1 人，小学教育基本普及；初中文化程度的占 69%，是上一个年龄段的 2.65 倍；高中文化程度的占 12%，是上一个年龄段的 12 倍；45～49 岁的在初高中学龄段正处于"文化大革命"的中后期，40～45 岁的正处于"文化大革命"的后期，因为受"文化大革命"时期知识"越多越反动"的影响，认为不识文化不行，但书读多了也"没用"，故那时具有初中文化程度的占多数，读高中的少，更没有上大学的。

这种影响一直延伸到 30～39 岁这个年龄段的，初中文化竟占这个年龄段的 92%，基本实现了初中普及，但读高中的很少，仍然没有上大学的。到了 20～29 岁这个年龄段的，其学龄期正好处于中国改革开放最活跃的阶段，人们越来越认识到学习文化和发展经济的重要关系，他们认为有了钱，楼房可以不做，生活可以过得简单点，首先要送孩子上学读书，读好了书，培养出了人才，才可以拥有一切。所以这个年龄段的 158 人中，只有 6 人是小学文化程度，占这个年龄段人数的 4%，而 96% 的具有初中以上文化程度，其中初中占 82%，高中占 8%，大专以上占 6%，也就是说从这代人起，黄湖村开始有了大学生。

黄湖人的文化素质越来越高，16～19 岁这个年龄段的高中生达到了 74 人，占 58%，上大专的 4 人，占 3%。此外不够上学年龄的儿童大多上了学前班，还有 2 人提前上了小学，这是历史上所没有的重视文化教育的好现象。

3. 继续教育环境的改善

黄湖村人重视文化素质的提高，不仅表现在重视子女进校学习和深造上，而且表现在对村民的继续教育上。村委会每年除设置有九年义务教育扶贫款外，还安排有 6000 元左右的专项资金，用于村干部的管理技能培训，党员的宗旨教育，个体工商业者的职业道德教育，运输人员的有关专业培训和安全教育，农业生产者和养殖人员的科技培训，育龄夫妇教育，全村村民的法制教育，全民健康教育等。同时，教育设施日益完善，据 318 户的问卷统计，安装有彩色电视机的有 235 户，覆盖率为 74%。有少部分农户有黑白电视机，二者合一，电视机人口覆盖率基本达到了 90%。村民们劳动之余，可从电视银幕上得到政治、经济、文化、社会等各个方面的知识和信息，对人口素质的提高具有极为重要的主导作用。

三　人口发展的趋势

据多方人口学家和社会学家的科学预测，中国未来人口发展的趋势，在 21 世纪 40 年代，将会出现三个高峰，即人口数量增长形成高峰，老龄人口增长形成高峰和劳动力增长形成高峰。那么，作为中国乡村之一的黄湖村的人口发展趋势将是怎样的呢？

就目前黄湖村的人口规模而言，近年来农业人口为 1200 人左右，加上返乡的非农业人口总共 1400 人（因返乡的非农业户口本来就是 1949 年以来由村内农业人口转非农业人口出外的），人口增长率一直呈现负增长的态势。但不可忘了，中华人民共和国成立以来的这段历史上，黄湖村人口生育出现过两次高峰和一次反弹，由 1949 年的 833 人增加到 1400 人，是那时人口数量的 1.68 倍，虽然小于全国人口的增长速度，但形成今天的这个人口基数还是不算小的。今后黄湖村的人口增长率保持在目前这种负增长态势上，还是有很大难度的。这是因为：第一，全国人口增长的势头仍然不减，人口发展的惯性会使黄湖村人口规模扩大；第二，村内的育龄妇女（15～49 岁），目前有 405 人，这个基数过大，且持续增长，如不采取有力措施控制住这一时期可出生子女数，将会使黄湖村人口规模扩大；第三，随着市场经济的发展，流动人口数量将会越来越大，人口生育容易形成无序状态，以致形成人口生育失控。所以在计划生育工作上仍不可放松，必须始终不渝地贯彻执行国家的计划生育政策，抑制住人口的发展惯性。

就人口的老龄化而言，这将是黄湖村人口发展方面的一个最为突出的问题。据2002年在册登记人口统计，黄湖村60岁以上的老年人口达180人，占全村总人口（1400人）的12.9％。据有关资料显示，2000年我国老年人口占全国总人口的10.2％，并发出警报，我国人口已经进入老龄化的前期阶段。而时隔两年，黄湖村的老年人口则已达到12.9％，可见黄湖村的人口老龄化的趋势是很快的，具有基数大，增长快，负担重等特点。根据黄湖村人口目前年龄的推算，按人口规模控制在1400人左右计算，死亡率保持在9‰左右，那么2012老年人口将增加到13.9％；2022年将增加到17％；2032年将增加到21.6％；2042年将增加到31.5％，比预测同期全国老年人口比例27.45％还要高出4个百分点，该村的老年人口将由180增加到441人。形成人口老龄化高峰，将左右着黄湖村的整体经济发展和全面实现小康建设的目标。

就劳动力人口发展而言，这也是黄湖村今后10多年内的一个突出问题。根据黄湖村现有农业人口当前年龄的推测，在16～59岁的劳动力人口中，1992年为668人；2002年达到790人；2012年将达到861人，2020年后将趋于平缓，除去在校学习，智力低下（为数很少）等原因不能参加劳动的人口除外，实际劳动力人口比年龄结构中的劳动力人口要少。在近10年内，劳动力人口将逐年增加，而农村劳动力需求量将呈逐年下降的趋势。这主要表现在：一是，村内耕地逐年减少，1951年耕地为824亩，1992年减少到570亩，至今又减少到436亩，人均只有3分多地；富余劳动力越来越多，且由于医疗卫生事业的发展，村民的体质日益增强，如今60～70岁的老年人大多可以参加田间劳动，实际上村内的耕地也只由这些老年劳动者和部分接近老年的劳动者耕种着，而其余青壮年劳动者大多离开耕地另寻出路，如有的外出打工，有的从事个体工商，也有小部分年轻妇女在家赋闲。二是，农业生产技术和劳动效益提高，过去需要两三个人甚至三四个人干的活，如今一个人则可干完，从而农业劳动力需求日渐减少。三是，农业经营已呈现出向规模经营的方向发展，由"刀耕火种"或曰"人力操作"向全面机械化的方向发展，这将更多地节省劳动力，从而使农业劳动者失业现象会大量增加。由农业劳动者转向非农业劳动者需要一个重新教育、重新组织、重新适应的较长时间的进程，这都将给该村的经济发展带来一定的暂时的困难。

第二章　经济改革、调整和发展

第一节　经济制度的变革

一　减租减息和土地改革

任何一种新的社会制度的产生，都必须有一定的历史条件作为前提，经济制度的建立，同样也是如此。黄湖村经济制度的形成和建立，与我国其他地方一样，是在中国共产党领导下，推翻旧的统治，并以中国共产党领导的、以工农联盟为基础的人民民主专政的基础上建立起来的，其具体标志就是 1949 年 4 月 9 日云梦县城的解放。

当时黄湖农民的基本情况如下。

（1）给人打工种田，人数约有 140 人，占劳动力人数的 37.3%，其中有 40 人为长工，100 人为短工。

（2）推独轮车，人数约 50 人。由于黄湖村靠近县城，附近还有一个伍姓码头，从事运输业的人较多。

（3）织布，主要是妇女，一般是从市场上买回棉纱织成布匹，然后到市场上出售。家庭资本大一点的一般在 4~5 天上一次市场出售棉布，购进棉纱；资本小的天天都要上市场。

由于黄湖人多地少（1949 年耕地面积为 772 亩，其中水田 37 亩，旱地 735 亩），故外出打工者众多，43 名长工中有 34 人，100 名短工中约 70 名是在外村打工。打工报酬，长工有两种，一种是每年获得 700 斤左右的稻谷，另一种是在一年时间里给土地所有者无偿劳动半年，这半年的收成归土地所有者，另外半年劳动的收成归打工者所有。短工的报酬为打工一个月获得 150 斤左右的粮食。

1949 年后，在伍姓乡农会的具体指导下，开始了减租减息退押活动。具体做法是：①减地租，无论是谷租还是钱租，减免25%，时间一般减免一年（1949 年），也有减两至三年的；②减借贷利息，主要是对高利贷者的盘剥，无论是"月加一"、"月加二"、青苗债，都先减到月加一，然后减利息一半；③典当回赎，凡农民低价当给地主、富农的土地，按原价赎回。农民从这些活动中减轻负担约 50400 公斤粮食。

1950 年冬，黄湖开始土地改革，在伍姓乡农会和土改工作组的具体指导下，由贫协组长黄华林、黄传云、吴德云、黄子树带领贫协会员，丈量土地，调整插花田，将没收地主的土地分配给缺田少地的农民。

通过土地改革，原在封建制度压迫下的黄湖农民，从地主手中夺回了失去的土地，成为新社会的主人。从此，黄湖发生了翻天覆地的变化，出现了崭新的面貌。

农民获得土地和其他生产资料后，生产积极性大大提高，从而促进了农业生产的恢复和发展，农民生活也得到了提高。其具体情况可见表2－1。

表 2－1　1949 年与 1952 年农业生产情况

年　份	粮食播种面积（亩）	单产（公斤）	总产（百公斤）	农业总产值（百元）
1949	827	180	1237	361
1952	898	198	1504	440

资料来源：根据《黄湖历年统计年报》整理。

从表 2－1 可以看出，1952 年与 1949 年相比，粮食单产增长了 10%，总产量增加了 22%，农业总产值增加了 22%。

二　农业合作化运动和人民公社制度

土地改革完成后，黄湖村于 1952 年冬至 1953 年春进行了复查。很显然，复查的结果和全国其他地方一样，作为小农经济的分散生产方式，必然会产生分化现象，新的富农产生了，同时有一部分农民却又丧失了土地。要避免过大的分化现象的出现，使广大贫困的农民能够克服困难，迅速地增加生产，就必须动员农民组织起来，按照自愿和互利的原则，走互助合作的道路。

黄湖村的农业互助合作始于 1953 年，最初是简单的劳动互助组，特点是规模小，一般只有 4~5 户，大约有 30 多个，主要是临时性、季节性的互助。农忙集体耕作，农闲就分开。这种互助形式，以劳力、牲畜或生产工具为中心，互相帮助，共同劳动，没有正式的记工制度，只是大体上的等价交换。

1954 年 7 月 24 日，黄湖村成立了第一个初级合作社。最初入社户数大约有 34~40 户，占全村户数的比例不高。初级社的特点是土地入股，统一经营。在初级农业合作社里，土地仍然是农民的私有财产，牲畜和大农具一般也是为农户自己所有，但却不是分散使用，而是归合作社集中统一使用。因此，合作社就可以组织集体生产，从而提高了劳动生产率，促进了农业生产。

1955 年下半年，党中央下达了《关于农业合作化问题》的指示，中共孝感地委相应地发出了《关于全面规划，加强领导，积极迎接农业合作化高潮的指示》。广大农民走社会主义道路的积极性高涨，不少初级社转为高级社，即规模较大、取消土地报酬、实行按劳取酬的完全社会主义的农业社。黄湖参加高级社的户数达到了 170 户，800 多人，耕地面积 700 多亩。

高级合作社在农业生产中发挥了更大的优势。制定和实施农副业生产发展规划，改革耕作制度，推广双季稻，实现油稻稻、麦稻稻三熟制。社与生产小组签订包产合同，实行责任制，具体落实"按劳分配，各尽所能"的分配政策。坚持"勤俭办社"，财务公开，降低生产成本，增加社员收入。对孤寡老人实行"五保"（保吃、保穿、保医、保教、保养）。此举于 1956 年 3 月 7 日由中共云梦县委向全县推广。

1958 年 9 月，云梦县成立了 7 个人民公社，黄湖成为"红旗人民公社"的"黄湖生产大队"，由 8 个生产小队组成。

人民公社初期，开展"大跃进"运动，干部群众的生产劳动热火朝天，不仅白天劳作生产，夜晚也要在田间"挑灯夜战"。当时大搞农具改造，如推广双铧犁、独轮车、条播机、圆盘耙、插秧机等。1963 年黄湖成立了"农科所"，其专职技术员（主要是下乡知青）有 3~4 人，实验田 3 亩，主要是研究棉花和水稻的生产技术。各个生产队也有实验基地，由一名生产队长兼技术员。1973 年创造出亩产皮棉 200 多斤、油菜 300 多斤的历史。1977

年，在"农业学大寨"运动中，为了确保干旱年间的粮棉丰收，并结合当年黄湖村房屋建设，对高岗地、低洼水凼、冷浸地实施了农田基本建设，彻底地改造了"汛期水茫茫，汛后蒿草塘"的积水湖地及斜坡弯垅，修建了村村相连的晴雨路，形成了"田成方格沟成直线"，便于机耕便于排灌便于运输的农田格局。在狠抓农业的同时，兴办加工厂，恢复副业生产，如办起了轧花厂、米粉厂、榨油厂，组建了农机队，大力发展运输业和河沙业，集体增加年收入 4 万元。改革开放前，黄湖拥有大型农业机械、中小型机械近 30 台套（不包括 7 个生产队拥有的农用机械），价值近 5 万元。

三 家庭承包责任制改革

黄湖实行集体承包责任制始于 20 世纪 80 年代初，改革的进程也是曲折的，主要反映在当时对联产承包政策的执行和理解上。

1980 年 10 月，黄湖根据上级部署，开始推行联产计酬、专业承包和包产到户的农业生产责任制，尽管有上级文件，黄湖的责任制改革也不是一帆风顺的，这是因为人们对此误解为是"走资本主义道路"，使得改革的过程比较曲折。

黄湖推行家庭联产承包的过程主要经过了以下几个阶段：

（1）包工到组（小队）。由生产小队规定在一定时间内必须完成的作业数量和质量以及完成后应得的报酬，包给作业组，生产大队根据承包者完成任务的好坏分别给予奖惩。

（2）包产制。主要是包产到组，生产队将一定生产项目包给作业组去完成，作业组对产量（或产值）承担责任，产品由小组统一分配，作业组完成任务后，按规定取得报酬，超产得奖，因管理不善完不成任务者受罚。当时分为 15 个小组，耕牛、农具、机械分到小组，土地按人头分，实行两年。包产到组责任制把责权利结合起来，对解决作业组之间的平均主义，发挥社员的积极性，提高农业产量，起到了积极作用。但是，这种责任制形式，生产队仍然为基本核算单位。包产以内的实物和现金仍实行统一分配，社员之间的劳动报酬如何公平分配仍是问题，于是实行了包产到户和包干到户两种形式。所谓包产到户，是以社员（农户）为单位向生产队承包一定的生产任务，劳动成果中包产部分，由生产队统一分配，超产部分的全部或部分作为奖励分给承包的农户。所谓包干到户，农户是基本核算单位，将土地、牲畜农具等固定到农户，农户除独立完成全部生产过程外，还负责完成国家征购和集体提留公共积累任务，全部产品中除了征购粮和集体提留公共积累及其他费用外，剩下部分全部归承包农户所有。

（3）专业承包联产计酬责任制。这种形式是在生产队统一经营的条件下，分工协作，充分发挥社员特长。由于黄湖地处县城西部郊区，运输业、工商业比较发达，因而生产队从事的行业比较多，这就为社员选择提供了可能。生产大队按照劳动力的擅长和能力，承包耕地、企业等等。各业的承包，按照方便生产、有利经营的原则，分别包产到组、到户、到劳，包产部分统一分配，超产部分受奖，减产部分受罚。以包产到户或包干到户为基础的家庭联产承包责任制是一直比较合理的责任制形式，比较适合当时农村生产力实际，因而很快在黄湖推广开来。1982 年 4 月，黄湖普遍签订了农业生产责任制合同，将种植计划、收购指标、集体提留分解到各个农户。

家庭联产承包责任制的实行，极大地提高了农民生产的积极性，黄湖的经济总收入、总纯收入和人均收入都得到了极大提高（具体情况见表2－2），其间各组根据自身具体情况（人口变动和土地征用），每隔 5 年调整一次。

表 2－2　责任制前后农民收入情况

项目 年份	人口（人）	总收入（百元）	总纯收入（百元）	人均纯收入（元）
1980	1233	2216	1842	149
1981	1243	2376	1561	126
1982	1249	4917	4531	363
1983	1256	5880	5445	434

资料来源：根据《黄湖历年统计年报》整理。

四　村户双层经营体制的建立和完善

随着农户家庭承包责任制的不断完善，人民公社体制逐步解体，到1984年 12 月，黄湖生产大队改名为黄湖村。尽管在很多农户眼里，此举不过是名称的改变，但无论怎么说，由生产大队改名为村，就标志着黄湖双层经营体制的建立。由于黄湖村非农产业相对比较发达，农民家庭成员非农产业就业比较充分，因此双层经营的形式比较多。统分结合的双层承包经营，实行统一种植计划、统一肥水管理、统一供应生产资料；分散组织生产、分散管理。1985 年后随着专业生产程度的提高和市场竞争机制的转换，一些生产项目由集体统一经营或改为专业组经营。

20 世纪 80 年代初，黄湖村根据实际情况，在一些合适的项目上实行专业承包，而没有一刀切地搞平均主义。

1982 年，全村菜田、粮田、水面承包到户、到劳的面积分别为这三项土地面积的 80％、70％和 50％，家庭承包的农户基本上是兼业型的。承包户有多个劳动力的，分别承包不同的专业。以家庭的收入分类，农业和非农业收入各占一半的户最多，以农业为主要收入的户次之，以非农收入为主的户较少。村集体采取以工补农或以工建农或价格补贴等办法，使承包农户在同一个集体组织中付出同等劳动可取得同等收入。

由于黄湖村副业比较发达，因而非农企业比较多，这种在 80 年代初期开始普遍实行、持续时间比较长、不断完善并受到农民欢迎的基本经营模式，将集体企业的生产资料所有权与经营权相分离，使企业在经营上的责权利结合，实行自主经营，自负盈亏。其内容包括厂长任期目标责任制和企业承包制结合，将企业经营权落实给厂长个人和承包集体，两者共享盈利，共担风险；企业自我积累，尽可能通过企业留利，使企业有自我发展、自我改造的能力；将职工收入、企业效益和企业积累直接挂钩；企业实行民主管理和岗位责任制。

第二节 土地结构的变迁

一 1949 年以来土地占有结构的变迁

1. 土地改革前的土地占有状况

土地改革以前，黄湖的土地问题主要表现在三个方面。一是土地所有权的高度集中。在黄湖，有 86％的农户是缺田少地的。在有地的农户中，各种成分占地也是不相同的。地主、富农占有的土地质量较好，并且在外村他们也有土地，多数是水田和上等地。二是土地经营的分散化。虽然土地所有权集中在少数人手中，但是，农村土地仍然是一家一户分散经营。在黄湖，每个农户的4亩6分多地，并且这不到5亩的土地分散在不同的位置上。这种分散经营的直接后果就是梁漱溟先生所说的"土地使用不太经济"，"既减少了耕地面积，又妨碍耕作，不便灌溉，有阻农业进步，弊害甚大"。[①] 三是地租率高。地租率一般在50%左右，最高的可达到70%～80%。农民负担重，陷入贫困之中，这种贫困又进一步造成农民出卖自己的土地。

要解决这三个问题，人们曾提出不少解决方案，这些方案概括起来主要有三个，即通过土地改革以抑制和清除土地集中；通过农民的经济合作以改变农业分散经营；通过土地改革及减租减息以缓解农民过重的负担。正因为如此，我国实施了消灭封建地主的土地所有制，实行"耕者有其田"的土地政策。

2. 土地改革后的土地占有变化

1950年开始的土地改革，使黄湖的土地占有结构发生了根本性的变化。土改后，贫农、中农占有的耕地占全部耕地的85.4%，人均0.9亩；而地主和富农只占有全部土地的14.6%，人均1.5亩（地主人均0.2亩，富农人均3.66亩）。农民成为土地和其他基本生产资料的所有者，因而生产积极性大大提高，农业生产得到了迅速发展。

从1954年开始，以土地入股、统一经营为特点的农业合作社的兴起和发展，使黄湖的土地占有结构又发生了巨大的变化，土地归村集体所有。在人民公社化和改革开放时期，因国家经济发展的需要，一部分土地被国家征用，具体情况见表2-3。

从表2-3中可以看出，随着云梦县城经济的迅速发展，城区面积的扩大，直接导致了黄湖土地被征用，耕地面积呈日益缩小的趋势，并突出表现在两个时期。

（1）1971～1976年，主要用于修建堤防、兴建公路、建厂房。

（2）1984～1995年，主要用于建厂、发展村办企业、建学校。

黄湖的土地结构大体没有很大变化，如表2-4所示。

---

① 梁漱溟：《乡村建设理论》，见《梁漱溟全集》第2卷，山东人民出版社，1990，第530页。

表 2 - 3　黄湖村耕地占用情况

用 地 原 因	用 地 性 质	用地时间(年)	用地面积(亩)
建铁路大闸	占地	1973	1
修建堤防	占地	1971～1981	45
建齿轮厂	征地	1974～1978	31
建云威水泥厂	征地	1976、1984	137
建公路	占地	1975	5
建化机厂	征地	1976	30
建农药厂	征地	1976	3
建县河供销社	征地	1978	6
建伍姓管理区	征地	1978	3
建伍姓预制厂	征地	1984	15
建云梦县水厂	征地	1984	17
建伍姓小学	征地	1994	34
养殖	占地	1995	13
建桂花潭桥	占地	2002	7
村民建房	占地	1980～2002	15
其他	占地	1971～1984	23
合计			385

资料来源：根据《黄湖历年土地使用统计表》整理。

表 2 - 4　黄湖土地结构

单位：亩

年 份 用 地	1957	1962	1975	1985	1990	1995	2000	2004
水　田	37	380	320	12	45	120	120	120
旱　地	749	362	652	632	448	251	215	196
鱼　池	100	100	80	80	10	120	120	120
合　计	886	842	1052	724	503	491	455	436

资料来源：同上。

二　土地资源利用和管理现状

从表 2 - 5 中可以看出，2000 年农业人口为 1244 人的黄湖，耕地面积仅有 491 亩，人均耕地仅为 0.39 亩。地处城郊，人多地少的矛盾对土地资源及其管理带来许多问题。

表 2 - 5　2000 年黄湖土地利用情况

单位：亩，%

用　途	合　计	耕　地	林　地	工业用地	沟　渠
面　积	491	455	15	11	10
百分比	100	93	3	2	2

（1）农民种田的积极性不高。黄湖村农民种田积极性不高的原因有：一是随着云梦城关经济的发展，黄湖人进城，外出寻找工作的机会相对比较多，由于农业与其他行业比较利益导致黄湖人不愿种田；二是每户所耕种的土地面积太小而无规模经济，因而不愿加大对土地的投入，但又由于人们普遍把土地作为自己养老防老的最后屏障，不愿意放弃自己所承包土地的经营权。村民这种对土地的态度，决定了对土地的粗放经营和掠夺式经营，甚至撂荒。

（2）耕地面积逐年减少。随着城关镇城市化的发展，黄湖村的耕地面积已从 1949 年的 840 亩减少到 2000 年的 491 亩。造成耕地面积减少的主要原因有：①企业发展占地；②基础设施建设用地；③村民建房及其他用地。

（3）土壤污染仍然比较严重。随着黄湖土地上企业数量的不断增加，黄湖的污染越来越严重。有一段时间，天上飘的，地下流的，地上堆的基本上被污染物所污染。目前尽管经过治理，但是污染仍然比较严重。水泥厂的灰尘，农药厂的污水以及人们的生活垃圾都对黄湖村的土地、空气、水造成很大污染，直接受污染面积达 200 亩，导致粮食减产，有的地甚至绝收。另外，农户房前屋后无排水设施，村民居住区内污水横流，直接影响到人们的生活和身体健康。

（4）农田基础设施建设很不完善。1977 年，在"农业学大寨"运动中，为了确保干旱年间的粮棉丰收，并结合当年黄湖村房屋建设，对高岗地，低洼含凼，冷浸地实施了农田基本建设，彻底地改造了"汛期水茫茫，汛后蒿草塘"的积水湖地及斜坡弯垱，修建了村村相连的晴雨路，形成了"田成方格，沟成直线"，便于机耕、便于排灌、便于运输的农田格局。但是随着农业生产承包制的推行，到 20 世纪 90 年代中期，基础设施毁坏较为严重，路变窄，渠变浅，直接影响到农业生产的进一步发展。从 1995 年开始，随着村级经济的发展，黄湖又重新重视农田基础设施建设，实现了沟渠硬化，涵洞暗化，改变了原来怕旱、怕渍的现象。

第三节　经济结构的调整

一　所有制结构的改革

所有制结构是经济结构的基础，所有制结构的变化直接影响到经济的发展。马克思认为，任何一种社会制度下的任何一个经济部门，其经济活动都是以一定的所有制经济形式为基础的。黄湖村的经济发展，同样也是建立在一定的所有制基础之上的。

1. 改革开放前的所有制结构

1949 年 9 月，在黄湖主要是土地私有的小农经济。以土地为标志的生产资料主要集中在 4 家地主、4 家富农等少数人手中。

1950 年土地改革后，黄湖实现了耕者有其田，土地归劳动者所有的结构。

1958 年 8 月在完成社会主义改造的基础上，成立了人民公社，黄湖实行生产资料归集体所有的单一所有制结构。尽管其间土地的所有者及范围曾经有过变动，即初期为公社所有，中后期为大队所有，但都是在一定范围内的集体所有。

2. 改革开放后的所有制结构

1983 年以后，黄湖实行家庭联产承包责任制。随着改革开放的不断深入，其所有制结构日益复杂化，经济成分多样化。

（1）国有经济。国有经济主要是以联营的形式进入到黄湖的经济活动中。例如 1994 年与江西省春和武山鸡场（全民所有制）联合出资共同经营，成立了"湖北省云梦县城关镇黄湖实业公司五湖乌骨鸡养殖场"；与云梦县水泥厂合作，成立了黄湖装卸运输服务站，直接参与国有企业经营活动。

（2）合作经济。在黄湖，存在着多层次、多形式的合作经济。表现为：在所有制问题上，有集体所有制的合作经济，又有不触动单位、个人生产资料所有权的联合经济；在分配上，有实行完全按劳分配的，也有以按劳分配为主，劳股分红相结合的；在合作的内容上，有实行劳力联合的，也有实行资金联合的。在生产联合以外，还出现了供销、储运、技术、服务、产品加工等环节的合作，有搞专业性合作的，也有搞综合性合作的；在合作形式上，有跨行业、跨地区、跨所有制合作和联合的。

（3）个体私营经济。个体私营经济在黄湖经济总量中占举足轻重的地位。由于特殊的位置环境，黄湖私营经济发展比较迅速，其中运输业和服务业最为突出。由于 1972 年汉丹铁路段修建，在黄湖东南不到 1 公里处修建一个铁路货场，同时陆续有工厂在黄湖土地上建成，这就为黄湖运输业的发展提供了条件。随着家庭联产承包责任制的实行，原来在运输队从事运输的农户凭借原有的各种关系继续从事货场或企业的搬运，从而产生了一批从事运输业的私营业者，其中不少人凭借着自己的聪明才智积累了一定的财富。同时，由于临近城关，有相当一部分农户从事蔬菜、日用百货的销售。

二 产业结构的调整

黄湖实行家庭联产承包责任制以前，长期维持以种植业为主的单一经济，农业总产值中种植业占 90% 左右，牧、林、副、渔各业合计占 10% 左右。产业结构的变化，起于农业合作化时期。农业合作化后，即进行专业分工，农业分队，其他业分组，当时有副业组，加工组，运输组等。大队向多种经营投入了一定的人力、物力和资金，但比重不是很大。旧的生产结构的真正突破是在农村实行家庭联产承包责任制以后。

1. 产业结构

黄湖产业结构的发展变化以下面几个年份的情况来进行比较。

1949 年，即刚解放时，黄湖可说是单一的种植业，只有少量的养殖，即家庭零星养猪、养鸡鸭而已。农业总产值为 3.61 万元，其中种植业则占 95%。

1960 年，即大跃进后的困难时期，黄湖以种植业为主，农业总产值为 4.22 万元，其中种植业占 87.4%；养殖业为 0.61 万元，占 12.6%。

1970 年，即"文化大革命"中期，黄湖仍以种植业为主，村民放弃了养殖，而由生产大队集体办副业。农业生产总值为 8.56 万元，其中种植业为 7.7 万元，约占 90%；副业为 0.86 万元，约占 10%。

1980 年，即改革开放初期，黄湖的产业结构虽然仍是种植业和副业，但两者的比例开始发生巨大变化。农业总产值为 22.16 万元，其中种植业为

12.6 万元，占 57%；而副业上升到 43%。这个时期的副业主要是生产大队集体兴办的棉花、油料、粮食等加工业和农机服务业（运输）。

1985 年，即实行家庭联产承包责任制后的第三年，黄湖的农业产业结构发生巨大变化，种植业产值所占比例大大缩小，而副业产值所占比例日益扩大。同时，养殖业和渔业也开始大步发展（家庭开始成规模地养鸡、养猪）。如农业总产值为 58.85 万元，其中种植业为 21.84 万元，占 37.1%；养殖业为 7.1 万元，占 12.1%；副业为 28.5 万元，占 48.4%；渔业为 1.41 万元，占 2.4%。

1990 年，即国民经济的宏观调控时期，黄湖的种植业所占比例又大幅回升，养殖业也有很大发展，而副业大幅度萎缩，渔业处于停滞状态。具体地说，农业总产值为 54.37 万元，其中种植业为 35.76 万元，占 65.8%；林业为 0.5 万元，占 0.9%；养殖业为 16.17 万元，占 29.7%；副业为 0.5 万元，占 0.9%，与 1985 年的副业产值相比，竟缩小了 56 倍（这标志着村集体的加工业和农机服务组织已经瓦解）；渔业为 1.44 万元，占 2.6%。1995 年，是我国改革开始走向深化的时期，黄湖的种植业和养殖业都有很大发展。如农业总产值为 130.985 万元，其中种植业为 109 万元，占 83.2%；林业为 0.5 万元，占 3.8%；养殖业为 16.7 万元，占 12.7%；副业为 4.575 万元，占 3.5%；渔业为 0.21 万元，占 0.2%.。

1999 年，即我国居民已初步达到小康水平并将开始进入全面建设小康社会的前夕，黄湖的农业产业呈现多业化发展，不过，而仍以种植业为主。如农业总产值为 194.28 万元，其中种植业为 111 万元，占 57.1%；林业为 0.6 万元，占 0.3%；养殖业为 36.7 万元，占 18.9%；副业为 45.79 万元，占 23.6%；渔业为 0.19 万元，占 0.1%。

以上的一组数据来自黄湖历年上报资料。以这组数据做如下分析。

（1）黄湖的农业产业在实行家庭联产承包责任制之前，其结构基本是单一的种植业，直到 20 世纪 70 年代，才有点副业，这大概是因该村田少人多，种植业供给不足，生产大队极力想发展副业，以补充不足，但由于受到体制限制，发展非常缓慢。一直到农村进入改革的年代，尤其是实行家庭联产承包责任制之后，黄湖的农业产业结构开始发生巨大变化，呈现多业化的发展，从而农业总产值成数倍增长。如 1960 年的农业总产值只是 1949 年的 1.3 倍，即增长了 0.3 倍；1970 年是 1960 年的 1.8 倍，即增长了 0.8 倍；而

1980 年是 1970 年的 2.6 倍，即增长了 1.6 倍；1990 年是 1980 年的 2.5 倍，即增长了 1.5 倍；1999 年是 1990 年的 3.6 倍，即增长了 2.6 倍。这就是说，实行改革开放后，黄湖的农业总产值每隔 10 年翻两番多到翻三番多。

（2）黄湖的农业产业结构，虽然呈多业化发展，并且改革初期曾一度比例下降为 28%，但最终仍是以种植业为主，占农业总产值的 57%。黄湖农业是根据自己的实际，因地制宜，发展具有自己优势的种植业的。

（3）禽养业和副业是黄湖农业产业结构的重要组成部分，自改革开放以来，黄湖的禽养业一直呈逐年发展趋势；副业呈由发展到下降最后再发展的趋势，1999 年，这两业共占农业总产值的 42.5%。而林、鱼养业难以发展，这大概因为黄湖是平原，无山地，多湖沼，不宜发展林业；而虽然适宜于发展鱼养业，但因投资大，设施不完善，技术跟不上，生产经营风险大，故始终发展不起来。

2. 种植业结构

黄湖的农业产业主要是种植业，并且其结构比较单一，基本是以种植粮棉作物为主，具体情况见表 2−6。

表 2−6　黄湖种植业结构分布

单位：亩，%

年份	水稻		小麦		棉花		油菜		合计	
	面积	百分比	面积	百分比	面积	百分比	面积	百分比	面积	百分比
1949	37	7	348	62	114	20	64	11	563	100
1955	37	4	683	65	250	24	88	8	1058	100
1960	332	39	275	32	126	15	127	15	860	100
1965	756	45	367	22	384	23	175	10	1682	100
1970	456	40	287	25	354	31	40	4	1137	100
1975	581	40	389	26	402	27	99	7	1471	100
1980	97	7	839	61	350	25	92	7	1378	100
1985	50	5	329	31	450	42	241	23	1070	100
1990	95	11	253	30	328	39	176	21	852	100
1995	224	35	25	4	160	25	240	37	649	100
2000	234	36	50	8	120	19	240	37	644	100
2004	104	21	0	0	85	17	308	62	497	100

注：2004 年油菜 308 亩中含蔬菜 143 亩，实际油菜占 33%，蔬菜占 29%。

资料来源：根据《黄湖历年统计年报》整理。

从表 2-6 可以看出，在 2000 年以前，黄湖的种植业以粮棉为主，尤其是在人民公社的初期和中期，水稻和小麦的种植面积占种植总面积的 66%～70%；棉花占 14%～27%；油菜占 3.5%～15%。20 世纪 80 年代初到 90 年代初，粮食种植面积占种植总面积的比例大幅度缩小，只占 30%～60%，尤其是水稻种植面积大幅度下降，由原来的 38%～45% 下降到 5%～11%。而棉花种植面积的比例有所上升，即为 25%～42%；油菜比例也上升为 6.7%～22%。进入 90 年代中后期，水稻种植面积的比例又回升为 34%～36%，而小麦的比例下降为 4%～8%。总的来看，粮食种植面积的比例下降为 38%～44%；棉花种植面积的比例下降为 18%～24%；而油菜种植面积的比例却上升到 37%，与水稻种植面积的比例相差不大。但到 2004 年，粮食面积大幅下降，而蔬菜面积大幅剧增，因为蔬菜种植收入大，据调查，有一农户用 1 亩地种蔬菜，年收入超过 1 万元。

表 2-6 显示，改革开放之前，粮食种植面积所占比例皆在 65% 以上，只是水稻与小麦之间比例相应变化，即水稻种植比例大，小麦种植则比例小；水稻种植比例小，小麦种植则比例大。两者合计所占比例在 65%～70% 之间上下滑动，这一方面符合黄湖的种植传统；另一方面反映了集体计划经济和"以粮为纲"年代的特点；另外还显示了黄湖人的一个种植习惯，即上半年种植小麦，下半年种植棉花，棉花与小麦接茬的种植方法，在表 2-6 中我们可以看出，在改革开放前，种植了多少面积的小麦，就必然相应地种植面积相差不大的棉花，这样既可高度地利用地力，又能同年获得粮棉收成，而种植水稻就不能同年种植棉花。当然，一年两茬，既种小麦又种棉花，劳动强度大，肥源要充足，但这在公社集体化时期是不能考虑这些难处的，所以说，这种种植结构也正好反映了那个时期的特点。但实行改革开放后，尤其是实行家庭联产承包责任制后，农户能自己决定种植什么，这样，种植结构就发生了巨大变化。20 世纪 80 年代中期，黄湖的水稻种植面积只占 4.7%，小麦占 30.7%，合计粮食的种植面积也只占 35.4%，比改革开放前只缩小了一半。而棉花占种植总面积的 42.1%，油菜占 22.5%。这个时期之所以棉、油的种植面积大幅度扩大，只能说是当时棉、油的出售价格比水稻好，也就是说收益较大。因此，反映了人们对市场的认识，也就是说，人们种植的指导思想不再是受计划经济左右，而是受市场经济的影响。到 90

年代中后期，粮食种植面积又有所回升，而棉花种植面积缩小了一半，这与市场变化有着密切的关系，黄湖人开始倾向于市场的需要而种植，什么赚钱种什么。

　　3. 工业及其他行业

　　黄湖的工业、运输业、建筑业及服务业出现于 20 世纪 70 年代，发展于 80 年代，壮大于 90 年代。表 2－7 显示，在 90 年代中期，黄湖的运输业发展最快，其产值占非农业总产值的 82%；其次是工业，其产值占非农业总产值的 53%；其他行业发展较慢。90 年代后期，各行业都在发展，但产值所占比例，建筑业和商业呈上升趋势，运输业和工业呈下降趋势。

表 2－7　黄湖非农产业发展情况

单位：万元，%

产业 年份	工业		建筑业		运输业		商业		服务业		合计	
	产值	百分比	产值	百分比	产值	百分比	产值	百分比	产值	百分比	产值	百分比
1980	10	15	5	8	50	76	1	2	—	—	66	100
1985	50	37	3	2	80	59	2.5	2	—	—	135.5	100
1990	80	37	12	6	120	56	3.4	2	—	—	215.4	100
1995	240	53	27	6	176	82	9.5	2	5	1	457.5	100
1999	1563	34	1305	29	1136	25	52.5	12	50	1	4579	100
2004	1648	33	1320	27	1216	24	725	15	65	1	4974	100

　　资料来源：《黄湖历年统计年报》。

表 2－8　黄湖农业产值与非农业产值变化对比

单位：万元，%

产值 年份	农业产值		非农业产值		总产值	
	产值	百分比	产值	百分比	产值	百分比
1980	22.16	25	66.0	75	87.16	100
1985	58.37	30	135.5	70	194.35	100
1990	54.37	20	215.4	80	269.77	100
1995	130.99	22	457.5	78	588.49	100
1999	194.28	4	4579.0	96	4773.48	100
2004	215.00	4	4974.0	96	5189.00	100

　　资料来源：同上。

表 2 - 8 显示，黄湖的总产值中非农产值在 80 年代初就开始超过农业产值。但是，乡镇村办企业很不稳定，大多数是通过行政手段发展起来的，因而上得快下得也快，致使企业存在许多问题。

（1）体制有缺陷。少数乡镇村办企业带有人民公社时期的"综合厂"特征。企业资产虽属集体所有，但乡村党政干部自然成为集体企业的代表，对企业资产的使用、支配、经营收益、分配等基本由干部决定。其具体表现为企业产权关系模糊，政企不分，职责不明；企业自主权无法保证，职工主人翁意识淡薄，凝聚力差；企业额外负担过重。

（2）机制不健全。没有执行《乡镇企业法》等有关法规，无法做到依法治企，机制也不健全，职代会形同虚设。乡、村干部主宰企业干部用人、报酬分配等。管理层的裙带关系、家族化趋向没有制度予以制约和监督，造成财务混乱，分配不公，集体资产大量流失及决策失误。一些企业法人犯罪，企业破产，除当事人自身法制意识不够强、素质低下、权力过大等原因外，监督机制、制约机制不健全也是个重要原因。

（3）干部、职工素质低。乡镇企业干部和职工文化程度、技能水平低下。据调查，70% 的村办企业厂长仅为初中文化程度，企业管理干部、职工大多是昔日农民。20 世纪 80 年代早、中期，在计划经济体制下，利用农方、工方联营，为大工厂加工些初级产品，如聘用"星期日工程师"来支撑乡镇企业，加之机制上灵活，"船小好掉头"，使乡镇村办企业红火一时。然而 10 年后，进入市场经济的信息社会，外部环境变化极快，竞争日趋激烈。在这种风浪下，企业小，产品单一、陈旧，管理缺水平，人才素质低下的"小船"是绝对经不起风浪的，因而企业关门、倒闭也是必然的。不少国有大中型企业在这种风浪中尚且陷入困境，绑靠大船的乡镇村办企业则更是雪上加霜。出现乡镇村办企业停滞、萎缩，其原因大致有以下三点。

第一，思想观念滞后。主要是占大头的个体私营企业主存在"小富则安，小满则喜"的思想，缺乏办大企业、创大业的勇气、胆识和魄力，无新思想和大作为。

第二，整体素质不高。从科技和管理水平看，乡镇村办企业普遍存在设备技术落后，人才紧缺，创新能力差，产品附加值低，市场竞争力不强。特别是个体私营企业大多数仍处于作坊式生产、家族式管理，缺乏竞争力，因而严重制约了企业的发展。从规模上看，大都缺乏规模大、效益好的骨干"龙头"企业支撑。从产品看，多为无路货产品，而科技含量高、附加值高的名牌产品少，往往出现有市无价。

第三，资金紧缺。当前，制约企业的发展有两个重要因素。一是资金不足，乡镇企业大部分是靠同行拆借、高息集资等办起来的，生产经营所得的利润大部分要用于偿还借贷和增加固定投资。二是市场不景气，产品积压，资金回笼慢。金融改革的深化，乡镇企业向银行贷款难度增大，企业的流动资金不多，举步维艰，有的企业因资金不足，即使产品有市场也无法扩大生产规模。

三　劳动力结构的变迁

自改革开放以来，随着家庭联产承包责任制的实行，社会主义市场经济体制的建立和发展，黄湖的劳动力结构发生了巨大变化，这主要表现在行业分布和地域分布的变化上。

1. 劳动力的行业分布变化

表 2-9 中显示，从事种植业、工业的劳动力比例呈下降趋势，从事养殖业、运输业，尤其是商饮业的劳动力比例呈上升趋势，建筑业的劳动力比例稳定在 10% 左右。从而看出劳动力大多向商饮业的方向转移。

表 2-9　黄湖劳动力分布状况

单位：人，%

行业 \ 年份	1985		1990		1995		2000		2004	
	人数	百分比	人数	百分比	人数	百分比	人数	百分比	人数	百分比
合　　计	755	100	781	100	770	100	759	100	773	100
种 植 业	281	37	258	33	254	33	250	33	248	32
养 殖 业	43	6	43	6	47	6	42	5	60	8
工　　业	160	21	130	17	115	15	97	13	83	11
建 筑 业	104	14	78	10	69	9	80	10	75	10
运 输 业	75	10	98	12	108	14	106	14	102	13
商 饮 业	57	7	124	16	95	12	104	14	109	14
经济管理	15	2	15	2	15	2	15	2	15	2
其　　他	20	3	35	4	67	9	65	9	81	10

资料来源：根据《黄湖历年统计年报》整理，下同。

2. 劳动力的地域分布变化

由于黄湖地少人多，所以打工的人很多。具体情况见表 2 - 10。

表 2 - 10 劳动力的地域分布状况

单位：人，%

地域＼年份	1985		1990		1995		2000		2004	
	人数	百分比	人数	百分比	人数	百分比	人数	百分比	人数	百分比
合　计	755	100	781	100	770	100	759	100	773	100
本　村	604	80	456	58	428	55	417	55	428	55
本　镇	124	16	84	10	89	17	98	13	121	16
本　县	6	1	5	1	5	1	5	1	4	1
本　省	13	2	134	17	141	18	111	14	105	13
外　省	8	1	102	13	107	14	128	17	115	15

据 1998 年资料统计，农村转移劳动力中，小学以下文化程度的占 21.45%；初中文化程度的占 58.7%；高中以上文化程度的占 19.6%。

3. 劳动力的收入变化

从表 2 - 11 中可以看出，关于人均收入，种植业增长率最高的是 1990 年，为 72%，2004 年下降到 1%；养殖业增长率最高的是 2000 年，为 32%，2004 年下降到 17%；工业增长率最高的是 1990 年，为 71%，2004 年下降到 11%；建筑业增长率最高的是 2000 年，为 67%，2004 年下降到 25%；运输业增长率最高的是 1995 年，为 67%，2004 年出现负增长，为 - 13%；商饮业增长率最高的是 2004 年，为 40%；经济管理增长率最高的是 1990 年，为 66%，2004 年只有 20%。这种变化说明，在 20 世纪 80 年代中后期，即农村实行家庭联产承包责任制后的前几年，种植业、工业、经济管理三种行业最为红火。90 年代初期，由于市场经济的孕育和发展，运输业最为红火，经济管理也仍存在一定的发展趋势。90 年代中后期，建筑业最为红火，养殖业也有比较大的发展。进入 21 世纪，商饮业最为红火，建筑业仍保持一定的发展趋势。劳动力分行业年人均收入的变化呈现出劳动力收入与市场经济和经济体制改革密切相关的特点。

表 2 – 11　劳动力分行业的年人均收入状况

单位：元，%

行业＼年份	1985 人均收入	1990 人均收入	1990 增长率	1995 人均收入	1995 增长率	2000 人均收入	2000 增长率	2004 人均收入	2004 增长率	年人均增长率
种　植	1250	2150	72	2750	28	3520	28	3570	1	32
养　殖	2100	2500	19	3100	24	4100	32	4800	17	23
工　业	4200	7200	71	8400	17	10800	29	12000	11	32
建　筑	7200	11000	53	13500	23	14400	67	18000	25	40
运　输	15000	18000	20	19200	67	24000	25	21000	– 13	25
商　饮	3600	4800	33	6500	35	6800	5	9500	40	28
经　管	3500	5800	66	8400	45	10000	19	12000	20	38

资料来源：根据黄湖历年上报材料整理。

第四节　户、村经济的发展

一　家庭经济的发展和收支结构的变化

1. 农户收入水平

表 2 – 12 显示了黄湖村 2001 年的农户收入分布特征。在此需要说明的是，被调查者一般不愿意公开家庭经济情况，318 份户卷中的收入统计数据，比农户实际收入普遍要低 5000 ~ 10000 元，其主要根据是大多数被调查户没有把家庭成员外出打工的收入记入家庭收入中，或者只记入了除生活费用外而剩下的寄回家中的结余收入。如果说一个打工人员在外生活费用每月平均 400 元，一年就接近 5000 元；没有把村集体为他们上交的公粮水费作为家庭收入；没有把自产的生活资料计入收入。

表 2 – 12　2001 年黄湖农户收入分组分布

单位：百元，户，%

收入	合计	30 以下	31 ~ 50	51 ~ 99	100 ~ 199	200 ~ 299	300 ~ 399	400 ~ 499	500 ~ 990	1000 ~ 1990	2000 以上
户　数	318	3	15	51	144	35	24	19	17	7	3
百分比	100	1	5	16	45	11	8	6	5	2	1

资料来源：318 分户卷调查资料统计。

2. 农户收入来源

据 318 分户卷调查统计，2001 年黄湖 318 户家庭收入共 1002.16 万元，户均 3.1514 万元，其收入主要来源于四个方面。

（1）从村集体得到的收入。实行家庭联产承包责任制后，农户从村集体直接得到的收入已微乎其微，只有 1000 元，占 4 个方面总收入的 0.01%。不过隐形收入还是比较大的，农户的公粮水费皆由村集体缴纳，这就等于各农户从村集体得到了一笔收入。

（2）家庭经营性收入。家庭经营性收入，即以家庭为单位而进行的生产经营、加工运销等方面的收入，共有 747.07 万元，占 4 个方面总收入的 74.5%。其中出售农产品 53.1 万元，占 7%；牧业产品 50.27 万元，占 6.7%；渔业产品 27.35 万元，占 3.7%；加工业收入为 41.2 万元，占 5.5%；建筑业收入为 7.38 万元，占 1%；运输业收入为 174.03 万元，占 23%；商业服务业收入为 125.93 万元，占 17%；其他经营性收入为 267.81 万元，占 35.8%。

（3）劳务性工资收入。劳务性工资收入，即劳动者通过打工性劳动所获取的现金报酬，其收入共为 238.09 万元，占 23.8%。此项收入已成为农户收入的一个很重要的方面，日益呈现为发展的趋势。

（4）其他非生产性收入。其他非生产性收入，是指户籍在外的亲属寄回的供给款，亲朋的赠送款，国家或集体的扶助款、救济款、土地征用补偿款，借贷赢利款，财产租赁或出售所得款等方面的收入，共为 16.9 万元，占 4 个方面总收入的 1.7%。

从以上的一组数据可以看出，2001 年，黄湖居民的收入大致处于中等偏上水平。若除去其他非生产性收入，其他三个方面的合计收入为 985.16 万元，户均收入约 3.1 万元。其中以家庭经营性收入为主，而在家庭经营性收入中，又以运输业和商业服务业收入为主，合占 40%。种植业产品收入只占有 7% 的比例，这足以说明黄湖的经济结构已完全随着市场经济的变化在变化。不过，种植业产品收入，在农业产品收入中所占比重较大，为 41%，这是因为黄湖处于县城边缘，蔬菜需求量大，距离市场近，销售快，价格好。

3. 农户支出水平

据 318 份调查户卷统计，农户在 2001 年的支出在 10000 元以上的占

60.4%，不到 10000 元及其以下的占 39.6%，大多数的农户支出水平在 5100～29900 元之间，即中等水平，占 77%，具体情况见表 2 – 13。

表 2 – 13　2001 年农户支出分组分布

单位：百元，户，%

支　出	合　计	30 以下	31～50	51～99	100～199	200～299	300～399	400～499	500～599	600～999	1000～1990	2000 以上
户　数	318	5	22	98	101	44	16	9	4	10	7	2
百分比	100	1.6	7	31	32	14	5	2.8	1	3	2	0.6

资料来源：318 分户卷调查资料统计。

4. 农户支出结构

据 318 分户卷调查统计，2001 年黄湖 318 户家庭的总支出为 873.33 万元，户均为 2.7463 万元，其支出主要包括五个方面。

（1）生产性支出。关于生产性支出，合计 398.79 万元，占总支出的45.8%。其中经营性支出 383.86 万元，占此项支出的 96%；生产性固定资产支出为 14.93 万元，占 4%。在经营性支出中，农业经营性支出 62.9 万元，占生产性支出的 16.4%，其中种植业支出 6.1 万元，占农业性支出的9.7%；牧业支出 42.5 万元，占 67.6%；渔业支出 14.3 万元，占 22.7%。非农经营性支出 320.96 万元，占经营性支出的 83.6%，其中运输业支出 75万元，占非农经营性支出的 23.4%；商业服务业支出 23.25 万元，占7.2%；工业支出 9.51 万元，占 3%；其他支出 213.2 万元，占 66%。

（2）缴税支出。关于缴税支出，因为农户的公粮水费和"五统"是由村集体收入缴纳的，故实际只有第二产业和第三产业的缴税支出，共 48.44万元，占总支出的 5.6%，这说明黄湖农户的负担是很轻的。

（3）上交、提留支出。在农户中，一般没有上交和提留，只有企业租赁户才有少量的，共 5.27 万元，占总支出的 0.6%。

（4）其他社会负担支出。在农户中，一般也没有其他社会负担，只有部分企业有少量的，共 0.86 万元，占总收入的 1‰。

（5）生活消费支出。生活消费支出总计 419.97 万元，占总支出的48.2%。其中，食品支出 166.72 万元，占生活消费支出的 39.7%；衣着支出 28.94 万元，占 7%；耐用消费品支出为 12.97 万元，占 3%；建房支出 40.32 万元，占 9.6%；交通通讯支出 8.46 万元，占 2%；医疗保健支出 36.76 万元，占 8.8%；文化娱乐支出 2.73 万元，占 0.7%；教育支出 50.12 万元，占 11.9%；人情往来支出 30.58 万元，占 7.3%；其他消费支出为 42.37 万元，占 10%。从而可以看出，黄湖人的消费结构的比例依次为：食品支出，教育支出，建房支出，医疗支出，其他支出（主要是指烟酒、用电及生活日用品等），人情往来支出，娱乐支出比例最小。

据调查统计，在农户的支出中，除占总支出的大约 8% 的生活物品是自产的农产品外，其余皆是从市场购来的，也就是说市场化经济达到了 92%。

二 村集体经济的发展和收支结构的变化

1. 村集体经济收入状况

表 2－14 村集体经济收入结构

单位：万元，%

年份＼项目	经营性收入		企业租赁收入		其 他		合 计	
	金额	百分比	金额	百分比	金额	百分比	金额	百分比
1995	2.20	4.0	30.36	54.8	22.88	41.3	55.44	100
1996	—	—	36.66	90.4	3.88	9.6	40.54	100
1997	1.58	3.5	35.35	78.1	8.33	18.4	45.26	100
1998	1.02	1.9	41.04	78.3	10.37	19.8	52.43	100
1999	2.21	3.7	47.47	79.0	10.37	17.3	60.05	100
2000	1.58	2.5	46.44	74.0	14.70	23.4	62.72	100
2004	2.10	3.6	43.90	75.7	12.00	20.7	58.00	100

资料来源：根据黄湖历年财务报表整理。

从表 2－14 可以看出，黄湖村集体经济发展比较快，从 1995～2000 年，村集体收入从 55.44 万元增加到 62.72 万元，增长了 13.1%，其中企业缴给村集体的租赁收入增幅最大，为 53%，到 1999 年一直呈上升趋势，2000 年开始约有下降。村级租赁制企业是黄湖的经济特色，成为黄湖村集体的主要收入。而村集体生产经营性收入所占比例很小，如 1995 年，只占总收入的

4%，1999年占3.7%，2000年约占2.5%，2004年只占3.6%。这就从一个侧面反映出黄湖村集体经济逐步从生产经营领域退出，转向通过耕地、鱼池等资源的发包及资金、房产、企业设备等集体资产的租赁、投资、入股等风险小收入相对稳定的方式和途径进行发展。这种非经营化的经济发展方式，说明黄湖村集体经济的发展是求稳的，这也就同时反映了黄湖村集体经济的主动经营和竞争能力是比较弱，其收入渠道也是比较狭窄的，从而也就决定其集体经济的发展是缓慢的。就村领导班子的指导思想来讲，他们认为年收入只要能解决村内的基本设施建设和日常办公费用及村干部的工资就行了，将主要精力放在发展村级和居民户致富的服务之上，这就是黄湖政治和经济改革的一个重要方面。

黄湖村集体有7家企业，全实行租赁制，因此，黄湖集体经济收入的主要来源为租赁企业的租赁费，占整个集体收入的80%左右。而经营性收入所占比例不大，只有2%~4%。其他收入的来源项目居多，如建房管理费、征用土地款、补偿款、政府部门返回款等，这些都只能作为补助性收入。

2. 村集体经济支出情况

表2－15　村集体经济支出结构

单位：万元，%

项目 \ 年份	1995		1996		1997		1998		1999		2000		2004	
	金额	百分比	金额	百分比	金额	百分比	金额	百分比	金额	百分比	金额	百分比	金额	百分比
纳　税	11.37	20.3	17.55	41.8	14.08	34.1	21.36	41.6	13.40	30.6	14.09	27.2	18.00	33.0
公积金	—	—	5.28	12.6	7.30	17.7	1.85	3.6	4.07	9.3	5.99	11.6	4.50	8.3
办　公	2.52	4.5	2.74	6.5	2.14	5.2	1.69	3.3	0.65	1.5	1.50	2.9	1.60	2.9
接　待	4.83	8.6	1.54	3.7	2.94	7.1	1.84	3.6	1.48	3.4	1.51	2.9	1.50	2.8
经　营	10.96	19.6	1.30	3.1	1.08	2.6	1.47	2.9	1.83	4.2	8.36	16.2	7.00	2.8
资　产	11.76	21.0	2.83	6.7	3.78	9.0	12.25	23.9	11.31	25.8	8.29	16.0	5.50	10.0
工　资	5.56	9.9	5.12	12.2	7.58	18.4	8.57	16.7	6.60	15.1	6.69	12.9	8.20	15.0
计　生	0.97	1.7	0.69	1.6	0.53	1.3	0.52	1.0	0.58	1.3	—	—	1.20	2.2
农田建设	6.77	12.1	0.55	1.3	0.35	0.8	0.57	1.1	0.60	1.4	0.11	0.2	2.50	4.6
其　他	1.20	2.1	4.41	10.5	1.44	3.5	1.19	2.3	3.27	7.5	5.19	10.0	4.50	8.3
合　计	55.94	100.0	42.01	100.0	41.22	100.0	51.31	100.0	43.79	100.0	51.73	100.0	54.50	100.0

资料来源：根据黄湖档案资料统计。

从表2－15中可以看出，黄湖村各项支出中缴纳税金所占比重最大，为20%～42%，年均32%，其中包括村集体为农户所缴纳的公粮、水费和"三提五统"。其次为固定资产投入，年均占16%。再次就是干部工资，年均占14%。

从表2－14和2－15中可以对照看出，黄湖的村集体支出基本是在随着收入的变化而变化的，并且由超支逐步走向有一定结余的方向发展。如1995年的支出为收入的100.9%，即超支了0.9%；1996年的支出为收入的103.6%，即超支了3.6%；1997年的支出为收入的91.1%，即结余了8.9%；1998年的支出为收入的97.9%，即结余了2.1%；1999年的支出为收入的72.9%，即结余了27.1%；2000年的支出为收入的82.5%，即结余了17.5%；2004年的支出为收入的94%，即结余了6%。另外，就支出的总体而言，年支出基本控制在50万元左右，其中公益费、生产经营性支出在逐步增加，而办公费、接待费在逐步减少或呈稳定状态，干部工资增幅不大，这说明村领导班子注重开源节流，重点放在生产与服务上。

三 村集体和农户经济关系的现状与存在的问题

就当前的现状来讲，村集体和农户之间的经济关系虽不如集体化时期那样紧密，但仍然存在着相互作用，共同发展，"大河涨水小河满"的重要关系，这具体表现在以下几个方面。

1. 土地

土地至今仍然是黄湖农户经济发展的平台，更是村集体经济发展的平台。土地虽然归集体所有，但首先必须满足农户承包的需求。作为村干部必须明确，发展村集体经济的目的其实仍然是为了服务于农户经济的发展。就农户而言，要承包土地，包多包少，必须由村集体决定和平衡；在承包过程中，若出现撂荒、转包或土地纠纷等问题，必须靠村集体调剂和处理。如1995年以来，农户退出100亩地，村集体便将其改建成精养鱼池，再发包给养殖专业户。就村集体而言，若为发展村集体经济而引进或兴办企业，则需要有关农户让出一部分承包地，但这必须征得农户的同意和支持，并解决好农户的损失和就业问题。

2. 公共基础设施

公共基础设施关系着家家户户乃至整个地区经济发展的速度，而公共基础设施建设是个体农户无法单独进行的，必须靠村集体组织进行。黄湖村集体的经济基础比较好，其公共基础设施建设基本上是由村集体经济承担的，未要农户进行过摊派，只是遇有大型水利建设或重大防汛抗旱时，才要农户拿出部分劳力或资金。黄湖的公路交通、水电、通信等设施都比较完善，长期以来，村集体每年都拿出年收入的10%用于公共基础设施维修和建设。因而，据318分户卷调查统计，70%的农户认为发展集体经济重要和非常重要。

3. 科技信息

在当前市场经济发展异常活跃的环境下，农户非常关注科技信息，渴求科学技术和市场经济知识，而这些同样靠村集体组织学习和培训。据村干部介绍，村集体每年都组织农户分别进行种植技术、养殖技术、驾驶技术等方面的学习培训。另外，村集体组织全村居民户安装了有线电视、电讯网络，使村民能及时地获取各种信息。

4. 经济环境

无论是户经济还是村集体经济的发展，都需要有良好的经济环境，而良好的经济环境，既靠村集体组织建设，同时又需要农户的积极参与和维护。据318份户卷调查统计，农户在遇有安全或经济纠纷等问题时，有90%的农户是把求助于村党组织和村委会放在第一位的。

总之，村集体经济在村民心中占有很重要的地位，村民们认为，村集体经济发展了，经济基础好了，农户的社会负担就轻，甚至会没有什么负担；反之，则会落在农户头上。村集体富了，公共基础设施就能建设得好，发展家庭经济才有条件，农户都能收益。

但是，户村在经济关系上也存在着一些矛盾。据村干部们反映，农村第二轮土地延包即将开始，当前已不同以往，即国家开始减免农田的公粮水费，要求承包土地的农户会越来越多，而村里的土地越来越少，难以满足和协调农户的需求。另外，部分农户认为种地再不会有什么负担，村集体经济也就没什么必要积累了，便要求分配甚至分光集体收益。而村干部们认为，村集体若无经济收益和公共积累，一切村内工作则无法运转，公共福利事业则无法进行，社会活动则无法开展。

第三章 政治机构和村务管理

中华人民共和国成立以来，村级政治机构在不同的时期发生了一些不同的变化。从黄湖村的情况看，农业合作化和人民公社时期，村政治组织设置有党支部、合作社管理委员会（或大队委员会）、团支部、民兵连和妇女联合会。农村改革以后大队管理委员会改称村民委员会，另外四个机构原名保留，并增设了治安保卫专委会、民事调解委员会和民主理财小组。这些组织都是对村庄社区公共事务进行管理的公共权力机构。那么，在不同的历史时期，这些机构的职能和作用发生了哪些变化？作为最基层的公共权力机构，在进行村务决策、实施村务管理时如何运作？在这个过程中村与镇之间又是怎样的关系？这些就是本章所要研究的问题。

黄湖村委会办公楼

第一节 村党组织

在村级政治机构中，党组织居于核心领导地位。1949 年以后，随着土地改革和农村集体化的进行，中国共产党在农村逐步建立了党的组织体系，以实现和保证党对农村的领导。人民公社体制的形成，使党在农村的领导和组织体系进一步严密和完善。正是通过建立在严密组织和严明纪律基础上的党组织体系，中国共产党才得以将分散的农民组织起来，纳入整个国家体系中。废除人民公社以后，农村基层党组织的体制没有重大变化，农村党组织的地位也没有发生变化。但是，党组织作为社区事务管理机构，其职能发生了新的变化。

一 村党组织的产生、职能及其变化

1956 年 7 月，黄湖建立了自己的第一个党组织"黄湖农业合作社党支部"。支部成立之时，仅有邱发明、黄传进两名党员。邱发明为第一任支部书记。1958 年 9 月，黄湖党组织更名为"黄湖大队党支部"。1984 年更名为"黄湖村党支部"。截至 2001 年，黄湖村党支部共有党员 34 名。

黄湖村党组织在 45 年的发展历程中，共产生了 4 任支部书记，其具体情况见表 3 - 1。

表 3 - 1 黄湖历任支部书记基本情况

姓 名	性 别	出生年月	文化程度	入党时间	起任年龄	任 职 时 限
邱发明	男	1928.2	小学	1956.7	29	1956.10 ~ 1960.5
徐克安	男	1931.5	小学	1958.8	30	1960.8 ~ 1985.12
黄兴旺	男	1955.8	初中	1977.7	30	1986.1 ~ 1994.12
徐金汉	男	1962.10	高中	1983.8	33	1995.1 ~ 2004.12

从表 3 - 1 中可以看出，在 4 任支部书记中，徐克安的任期是最长的。1972 年，他同上级主管领导发生冲突，出言不逊，被上纲上线为反党、反毛主席，因而被撤职。后经调查而无事实根据，9 个月后重新被任命为支部书记。他在任的 25 年间，经历了中国社会的三个特殊历史时期，即 20 世纪 60

年代初国民经济困难时期、"文化大革命"时期以及拨乱反正、改革开放起步时期。由于中国社会在此期间处于动荡时期，所以在他55岁从支部书记岗位退下来时，并没有斐然的政绩。但从他脸上那刻满沧桑的皱纹中，我们似乎读懂了一名农村普通党员的信念支撑。

课题组在调查中了解到，黄湖村党组织领导的产生方式有两种。一种是任命型。在20世纪五六十年代，邱发明、徐克安等人就是由上一级党组织（如区乡党委、管理区党总支）直接任命的党支部书记。另一种是上级提名选举型。这种方式的基本程序是，在党支部任期届满之前，由上级党组织派人到村了解本届党组织及领导人的工作情况，了解各方面的看法和反映，根据换届选举要求和上级党组织及领导人的意向，并征求有关方面意见，提出下届党组织领导人的候选人。同时做工作将上级领导的意志转换成选举人的意志，然后召开党员大会进行投票选举。黄兴旺、徐金汉等人就是通过这种方式被选举为黄湖村党支部书记的。

黄湖村自建立党组织以来，通过任命和上级提名选举的方式，还产生过数名副书记和支部委员。由于历史档案的缺乏，我们无法弄清历届党组织中其他领导人的任职详情，只是通过健在的原村干部回忆而了解到，四十多年来黄湖村党组织中的职数是不固定的，有时仅有书记、副书记而没有支委，有时仅有书记加上一名支委而没有副书记。本届党支部在1995年产生时也只有一名书记和一名副书记，到1997年增选了一名副书记，1998年又增选了一名支委。截至2001年，黄湖村党支部领导人共有6名，即书记徐金汉，副书记黄六毛和罗大荣，支委杨华英、黄连清和徐新平。

45年来，黄湖村党组织在村级管理中，始终居于主导地位，党的书记是事实上管理本村事务的主要决定者，即"一把手"。但是，在不同历史时期，党组织在村级治理过程中所发挥的职能作用却有着不同的特点。

人民公社时期，黄湖村党组织的公共职能由于社区事务不多而比较简单，但"党政合一"、"政社合一"的体制又使村党支部包办了全村的所有事务。其特点是：①强调"以阶级斗争为纲"，通过带有强烈阶级斗争色彩的政治教育和动员，以激发农民的劳动热情和积极性，而且，乡村许多非政治性事务也纳入到政治任务的范畴；②村党组织直接领导和管理经济，行使对本社区的社会管理等职能；③党支部的职能具有全能性，即不仅管理公共事务，而且渗透到个人生活领域，直接干预个人事务。

据几位在改革前任职的老干部介绍，当时村党组织最主要的职能就是直接领导和管理经济。曾任黄湖农业合作社党支部书记的邱发明谈到，20世纪50年代末，党组织的主要职能就是根据上级指示搞建设。他印象最深的是带领全体社员做了三件事：抓农业生产，兴修水利，淘铁砂（大办钢铁）。曾任黄湖大队党支部书记的徐克安也谈到，在他任职的二十多年时间里，党组织的主要职能就是通过政治教育和动员，激发农民的生产积极性。在十年"文化大革命"期间，虽强调"以阶级斗争为纲"，但落脚点还是在农业生产上。他印象最深的是带领全大队社员做了两件事：农业生产和推广农业机械化。所不同的是，当时把这两项任务都人为地上纲上线，纳入到政治任务的范畴。

随着农村改革和人民公社的解体，黄湖村党组织的职能发生了重大变化。一是由"以阶级斗争为纲"逐渐转变为以经济工作为中心。二是在实行家庭经营的条件下，村党组织不再直接从事生产经营的管理。三是村民的自主性增强，村党组织不得随意干预个人事务。四是村内公共事务不断增多，公共职能有所扩展。调查中，我们看到一份关于黄湖村党支部职责的文件，其中做了五条规定。

第一，认真贯彻党的路线、方针、政策和上级决议，深化农村改革，全面发展农村经济。

第二，领导农村社会主义精神文明建设，做好村民的思想政治工作，用社会主义思想占领农村阵地。

第三，抓好村支部自身的思想、理论、组织和作风建设，做好全村党员的教育、管理和发展工作。

第四，负责村、组、村办企业干部的教育、培训、培养、推荐、考核、选拔和监督工作。

第五，领导村民委员会、共青团、妇代会、民兵连等组织，支持、帮助他们依照法律法规和章程开展工作。

可以看出，农村实行了家庭联产承包责任制后，村党组织直接从事生产经营管理活动这一职能随之消失，其主要职能转变为从宏观上指导、支持和引导，帮助村民合法经营，勤劳致富。在这个时期，从一定意义上讲，村党组织的权力范围有所缩小，其影响力也相应减弱。

黄湖村党组织在近 50 年的变迁中，其职能变化的突出特点，在于是否直接参与管理本社区的生产经营活动，而这个特点又取决于可供村集体自主经营的村庄社区公共资源。人民公社时期，农村最基本的生产资料的所有权和经营权同属集体，村级党组织就必然地要履行组织生产经营的职能。经济体制改革以后，随着土地所有权与经营权的分离，这一职能消失。20 世纪 90 年代以后，黄湖由于村办集体企业比较红火，集体经济发展比较迅速，这就使村级组织具有一定量的可供自由支配的社区公共资源，从而为村党组织再次直接参与管理和组织生产经营活动提供了可能性和现实性。在组织管理过程中，黄湖村党支部办了两件被广大村民称道的实事，一是较大程度地改变了村庄内的基础设施和公共环境；二是集体承担村民的公粮水费。正是凭借着自己的治理能力，党支部一班人在村民中的影响力和威信又逐步得到很大的增强和提高。农村改革以后，黄湖村支部还有一个重要职能，这就是鼓励帮助党员带头致富和带领群众致富，即"双带"工程。实施"双带"工程，重点是调动各党小组中党员的积极性，使他们发挥先进分子的模范带头作用。

二 党小组的构成及其作用

黄湖村党支部下设 4 个党小组，第 1、2、3 小组各 8 人，第 4 小组 10 人。这 4 个党小组是在 1994 年依据村民小组的分布情况划分的。其主要作用，一是向村民传达村支委会的有关会议精神；二是配合村委会下达的任务，在村民中起督促、带头作用。党小组平时不定期地召开小组会议，在遇到中心学习任务时，党小组开展的活动稍多一些。一般情况下，一年最多开一次会。由于黄湖的许多党员自身是个体户或专业户，有的常年在外，平时很难集中，并且村民居住非常集中，有些上传下达的任务，支部直接找党小组长，党小组长配合村民小组长一起向村民贯彻。党小组在村党支部与村民之间发挥着重要的"桥梁"、"纽带"作用。

1993 年，根据孝感市委要求，黄湖村开展实施党员带头致富、带领群众致富的"双带"活动。"双带"活动要求，每个党员要与 1～2 个贫困户结成帮扶对子。在帮扶过程中，带头致富的党员可利用技术、劳力等优势，帮助扶持对子户脱贫，进而致富。每年年初，村支部与党员签订一份责任书，到年终支部召开总结会时，每名党员必须汇报"双带"情况，支部以此作为对党员进行考评的重要依据。通过"双带"活动，黄湖村的党员为村民架起了脱贫致富的桥梁，受到村民的交口称赞。

三　党员的现状和发展趋势

表 3－2　2002 年黄湖村党员的基本情况

单位：人，%

项·目	合计	性　别		年龄(岁)						文 化 程 度		
		男	女	20～29	30～34	35～39	40～44	45～52	53以上	小学	初中	高中
人　数	34	31	3	3	5	5	3	8	10	9	18	7
百分比	100	91	9	9	15	15	9	23	29	26	53	21

从党员的整体文化程度看，大多数居于中等水平。从黄湖村党员的个体素质看，他们大多数有一技之长，这就为他们率先致富创造了条件。据调查，34 名党员中有 60% 的家庭比较富裕，家庭收入高于全村平均水平；有 30% 的家庭收入与全村平均水平一致；仅有 10% 的家庭低于全村平均水平。

从以上状况可以看其发展趋势。第一，党员的年龄呈梯次发展，并日趋年轻化。第二，党员的整体文化程度在短期内不大可能提高，甚至有降低的趋向。在 35 岁以下的 8 名党员中，仅有两名是高中毕业或肄业；29 岁以下的 3 名年轻党员中，没有一个是高中文化程度，都是初中毕业或肄业。第三，从总体上看，大多数党员都堪称当地的经济能人。他们率先致富，从而为村民做了较好的示范，在一定程度上起到了共产党员的模范带头作用。

第二节　村民委员会

在村级管理体系中，党组织负责贯彻执行党的领导意志，社区具体事务由社区日常管理机构负责。在人民公社时期，公社、生产大队和生产队三级组织分别设立了管理委员会这一生产管理组织。但在"党政合一"的组织架构下，拥有决策权的公社和生产大队党组织实际上管理着所有事务，公社和大队管委会却形同虚设。1984 年废除人民公社体制后，实行"乡政村治"，村一级建立村民自治组织，由村民自我管理。

一 村民委员会的产生、职能及其变化

1984 年初，云梦全县撤销人民公社，改设区乡。同年 12 月，所有生产大队改为村，生产队改称村民小组，黄湖大队随之更名为黄湖村并建立村民委员会。

在村级领导体系中，村民自治组织领导人的产生方式不同于村党组织领导人的产生方式，有其自身的特点。1984 年以前，农业合作社社长、大队委员会主任基本上都是由上级指定或任命。农村改革以后，根据《中华人民共和国村民委员会组织法（试行）》（以下简称《村组法》）的规定，村民委员会属于村民自治性组织，乡镇政府与村民委员会之间是指导关系。这就意味着由乡镇政府直接任命村民委员会领导人缺乏合法性基础，村民委员会成员必须由村民直接选举产生，并由此取得合法性。依据《村组法》的规定，黄湖村村民委员会领导人的产生经历了两种方式的演变。

第一种方式是领导提名选举型。通过选举产生领导人的关键环节是候选人的提名。《村组法》规定，村民委员会成员必须由村民选举产生。但是，村民委员会选举工作一般由乡镇和村党支部负责和领导，在村民委员会选举过程中，乡镇和村党支部往往通过主导候选人提名并做工作来影响选举结果。这种选举被认为是"指选"、"派选"，即选举只是对预先的安排进行一次形式上的合法性认可。黄湖村 1985～1996 年的两届村委会就是这样选举产生的。这种方式的民主程度虽然不是很高，但毕竟从形式上已开始突破领导直接任命的传统模式，体现了基层民主政治的一大进步。

第二种方式是竞争选举型。这种方式的关键在于领导和主持选举的机构只是根据法律精神确定规则，并不确定候选人。候选人由选民直接提名，并通过投票、发表治村演说等方式进行竞争。正式候选人的确定，由村民代表会议预选产生。最后，直接由村民进行无记名投票，差额选举产生新一届村民委员会。现届村民委员会的成员就是通过这种方式选举产生的。

在黄湖村调查时，我们着重了解了 1999 年村委会第四次换届选举大会

的情况。1999 年 10 月 28 日，黄湖村举行第四届村民委员会换届选举大会。由于这是全县第一个实行公开"海选"的示范村，城关镇全体干部和镇属村、街主职干部都到黄湖现场观摩，县委组织部、民政局的领导也到场指导。大会由村党支部书记徐金汉主持，党支部副书记、村民选举委员会成员罗大荣介绍选民登记和候选人的产生情况。据介绍，全村登记的本届选民共761 人，当日到会场的选民 568 人，超过选民半数以上。为保证选民尽可能行使自己的民主权利，在会场设置 4 个投票箱，对不能到会的老、弱、病、残选民则另设一个流动票箱，每个票箱指定 3 个人负责。对因外出务工经商不能回村参加投票的选民采取委托投票的办法，被委托人凭委托投票证代为投票，但每人接受委托票不得超过两人，候选人和未到会的选民不得接受委托。这一届村委会成员候选人的产生，经过了村民的两轮投票。第一轮由所有的选民个人直接提名（即"海选"）。参加提名的选民共 527 人，他们提出了 50 名初步候选人，其中村委会主任候选人 15 人，副主任候选人 19 人，委员候选人 16 人。第二轮由村民代表会议投票选举产生正式候选人。1999年 10 月 23 日，黄湖村召开村民代表会议，根据村民委员会主任 1 人、副主任 1 人、委员两人的职数和每项职务差额 1 人的选举原则，村民代表会议对选民提出的 50 名候选人进行投票预选，产生了 7 名正式候选人。村委会主任正式候选人有吴云松、黄六毛；副主任正式候选人有黄连清、黄伟；委员正式候选人有刘秋英、杨华英、徐新平。这 7 名正式候选人将在选举大会上提交全体选民直接投票选举。

选举大会上，罗大荣郑重地宣布了村民委员会成员当选的三个必备条件：①村民委员会成员必须是本村有选举权和被选举权的村民；②遵守宪法、法律、法规和政策；③具有一定的组织领导能力，廉洁奉公，作风民主，办事公道，身体健康，热心为村民服务。随后通过了黄泽云为总监票人，涂有财、吴德华、徐家兴为监票人，罗大荣、徐云蜀为唱票人，黄贵鹏、罗亚子为计票人。以上程序完成后，接着由正式候选人向村民各进行5～8 分钟的竞职演说。演说完毕后向选民发放选票，由选民划票、投票。为保证选民的民主、公开、合法和有效，投票之后把 5 个票箱全部集中到选举大会的会场，当众开箱验票，当场公开唱票、计票，并宣布选举结果。

根据存档的原始资料记载，1999 年换届选举大会共发出选票 761 张，收回选票 745 张，其中有效票 740 张（含弃权票 3 张），无效票 5 张。7 名正式候选人得票情况是：吴云松 93 票，黄六毛 629 票，黄连清 582 票，黄伟 88 票，刘秋英 165 票，杨华英 559 票，徐新平 517 票。其中黄六毛、黄连清、杨华英、徐新平 4 人得票均超过有效票的半数。因此，大会宣布，黄湖村第四届村民委员会由他们 4 人组成。黄六毛当选为村民委员会主任，黄连清为副主任，杨华英、徐新平为委员。宣布以后，与会的城关镇主要领导当场向这四位同志颁发了省人民政府印制的行政当选证书。

从黄湖村第四届村民委员会换届选举过程看，通过竞争—选举的方式产生该村行政领导，体现了民主的基本精神。特别是现场发表竞选演说，当场投票计票，当场宣布选举结果，当场颁发当选证书，这些环节的公开透明，体现了民主程序的规范化，相对于过去任命和指派干部的方式，其民主化、制度化程度大为提高。

黄湖村在人民公社时期，大队委员会的基本职能与大队党支部是完全一致的。农村改革以后，村委会与村支部的职能才有了较为明确的界限。《村组法》规定，村民委员会的主要职能是办理本村的公共事务和公益事业，调解民间纠纷，协助维护社会治安，向人民政府反映村民的意见、要求并提出建议。同时要协助乡镇政府开展工作，管理本村属于农民集体所有的土地和其他财产，支持和组织农民发展生产。依据《村组法》，黄湖村村民委员会对自己的职能做出了 12 条规定：

（1）向村民宣传法律法规和国家政策，教育和推动村民依法履行义务，依法纳税，服兵役，实行计划生育。

（2）依法对属于村集体所有的土地进行发包，管理属于村民集体所有的土地、水利设施和其他公共财产，制止非法占用土地以及破坏公共设施、公路等行为，教育村民爱护公共财物，合理利用自然资源，保护和改善生态环境。

（3）办理本村的公共事务，整治村容村貌，兴办文教、卫生、社会福利等公益事业，做好拥军优属工作，落实"五保户"供养政策。

（4）组织实施村的发展规划，开展多种经营，推广科学技术，组织村民大力发展多种形式的合作经济，依法引导个体经济和私营经济的发展，并加强监督管理，保护他们的合法权益。

（5）关心儿童和青少年的健康成长，保护未成年人的合法权益。

（6）维护村民的合法权益，向镇人民政府或政府部门反映居民的意见、建议和要求。

（7）召集和主持村民会议、村民代表会议并报告工作，执行村民会议、村民代表会议的决议。

（8）依法调解民间纠纷，搞好村民之间、村际之间的团结。

（9）组织制定和执行维护社会治安的措施，搞好综合治理，协助公安、司法部门打击各种犯罪活动，维护社会秩序、生产秩序和生活秩序。

（10）对依法剥夺政治权利、管制、缓刑、假释、取保候审、监视居住、保外就医的人员进行监督、教育。

（11）教育村民发扬艰苦朴素、勤俭持家的优良传统，破除封建迷信，移风易俗，大力倡导节俭办婚事丧事，树立讲科学、讲文明的新风尚。

（12）组织和监督村规民约的制定和执行，开展创建市级文明村的社会主义精神文明建设活动，对村民进行爱国主义、集体主义和社会主义教育。

黄湖村村民委员会的职能随着农村改革的不断深入和发展而发生变化，其主要特点表现在公共事务不断增多，公共职能不断扩展。在家庭经营体制下，村级治理者虽然不再直接从事生产经营管理活动，但村民与村委会的内在联系并未割断。这种内在联系主要表现在村民需要村级治理组织为自己的生产经营提供各种公共服务。正是基于村民的这种需求，村委会的职能就再也不仅仅是坚定不移地贯彻执行领导的指示，而是转为立足本社区实际，着重于本村事务与公益事业的治理。黄湖村村委会的 12 项职能，从一定意义上讲，都是为村民服务的措施。这表明，黄湖村村委会职能变化的根本点就在于，由"管理指导型"转变为"引导服务型"。如村委会根据本村临近城镇集贸市场的区位条件和市场需要，引导村民发展蔬菜种植业，兴建蔬菜大棚，实行科技种植；改造鱼池，发展养殖；建立驾驶协会，发展运输。并根据村民需要，举办驾驶技术、种植技术、养殖技术等培训班，聘请县里有关部门的科技人员进行讲课或到实地进行技术指导，从而提高了村民的有关素质和技能。村委会的引导服务，极大地促进了农户经济的发展。

2000 年，黄湖村为减轻集体负担，村干部由 10 人精简到 6 人，这 6 人中除支部书记徐金汉和副支部书记罗大荣为党支部专职成员外，其余 4 人既是党支部成员又分别是村委会主任、副主任、会计、妇联主任，因此党支部委员会和村委会关系非常密切，党务、村务基本融为一体，"两委"既有不同的工作职责，又能统一协调，相互配合，共同完成"两委"确定的工作任务。

此外，在这里还要顺便提一下的是，黄湖村民在中华人民共和国成立初期，宗族观念开始淡化，农业合作化以后已消失，家族意识日益淡薄，这大概是因为处于县城边缘，受到县城文化的影响。改革开放前，由于受"以阶级斗争为纲"的政治教育影响，村干部（生产大队干部）主要由上一级组织根据出身成分好、政治思想好、生产组织能力强的标准任命干部，村民也以这三条来评判干部的好坏。改革开放后，在"以经济建设为中心"的正确路线指引下，村干部的产生经历了由上级组织指定候选人，通过村民选举，到直接由村民选举的竞选，其主要条件是能领导村民致富、廉洁奉公、作风正派、办事公道。从而看出黄湖的村级组织和领导班子在农业合作化以来，历来是根据政治和经济标准来确定的。在人民公社时期，党支部书记邱发明未能领导好大队的经济生产，甚至出现饿死人现象，而受到撤职处分，甚至判刑。在改革开放初期，党支部书记徐克安，未能正确引导该村的经济体制改革，村办企业和村级经济严重滞后，徐克安开始向个人利益倾斜，从而受到撤职处分。总之，村落的治理者是能而廉者上、庸而自私者下；能带领村民致富者受拥戴，自私者、无能者遭淘汰，无论家族大小或什么姓氏都是这样。

二　村民小组的构成及其作用

村民小组是村委会的下一个层级设置，相当于过去的生产队。1981年，黄湖大队开始试行分田。起初的分田并未到户，只是由大集体分到小集体。在试行中，将原8个生产队各一分为二，大约18～22户为一个生产小组，原生产队集体所有的固定财产，如拖拉机、水泵、脱粒机等都按村民人数比例分到16个生产小组。黄湖大队的这种做法原本是想固守传统的"集体经济"模式，但随着农村经济改革大潮的推动，分田到户的联产承包责任制已成为方向。1983年底，黄湖大队开始分田到户，实行对农户的承包责任制，并根据改革的要求和本地实际，将原有的16个生产小组合并为7个生产小组。1984 年，随着黄湖大队更名为黄湖村，7 个生产小组也改名为村民小组。在 2000 年以前，7 个村民小组各设一名小组长。村民小组长与过去的生产队长是同一级干部，但其职能和权限已经大为减弱。过去的生产队有固定资产，有队长、副队长、妇女队长、民兵排长、计工员等干部，每个管理层实际上是生产大队行政系统的延伸。现在黄湖村的村民小组基本上已经没有固定资产，干部也只设组长一职，其基本职能主要是为村里收取各种税费。另外涉及组内成员公益之事，如季节性的生产指导，纠纷的调解，组织开会传达上级指示等，也是组长的职责。

村民小组长比较轻松，这是因为带刚性的公粮水费任务由村集体统筹交纳。1984 年，建在黄湖村辖地的云梦县水泥厂开办第三产业，占用了第一、二、三、七等 4 个组的田地，村集体用与水泥厂分成的利润统筹交纳这 4 个组村民的公粮水费。1990 年，湖北齿轮厂扩建征地，占用第四组田地，当年第四村民小组公粮水费全免。第五、六两个村民小组的田地也不多，于是全体村民的公粮水费皆由村集体统一交纳，这从很大程度上减轻了村民小组长的工作难度。

小组长都是由本组中有威望、敢于负责、正直踏实的人担任。他们不脱离生产劳动，生活在村民之中，村里每年给补贴 1000 元，其收入主要靠自己通过劳动去解决。7 个小组长大多数有一技之长，一组组长黄贵明是养鱼专业户，二组组长涂有财是蔬菜种植专业户，三组组长罗亚子是汽车驾驶员，四组组长黄泽云是个体工商户，五组组长徐云蜀和六组组长徐家新也都是汽车驾驶员，七组组长吴德华在家务农。据介绍，在 2000 年以前，村委会对村民小组的领导主要是通过对小组长的领导来落实。每年年初，村委会与各村民小组组长都要签订一份责任状。

后来，由于体制的变化，村干部与小组长之间不可能采取传统的命令——服从方式，为了取得小组长对村里工作的配合，村干部往往必须借助于制度安排之外的资源，如亲情、友谊、一定的物质刺激等。在谈到土地承包到户前后的队长或小组长工作情况时，有的小组长深有感触地说："过去是队长指手画脚，安排农活，检查质量，完成任务，争取先进。那时，干部管群众，很威风。现在反过来了，是干部求群众"。可见，村民小组长相对于生产队长，其职能与作用大为弱化。2000 年，为落实中央关于减轻农民负担的政策，根据县、镇两级政府文件的有关精神，黄湖村撤销了村民小组长这一级干部。村里的各项工作由村民委员会向村民落实。村民有什么困难可以直接找村干部或村委会解决。村委会直接面对村民并服务于村民，意味着在黄湖村延续了四十多年的生产队长、村民小组长这一级领导干部职务已成为历史。

第三节　其他政治性组织

黄湖村政治组织系统中，还包括共青团、妇联、民兵连。这三个组织都是在党支部和村委会直接领导下的群众团体或准军事组织。在中国社会发生变迁的半个世纪中，这些组织的职能和作用也在发生着变化。

农村改革后，村级公共管理的内容发生变化。随着公共事务的增多，相应产生了一些新的组织机构，如治保会、民调会、理财小组等。这些组织在为村民提供公共服务、维持社区内正常的生产生活秩序等方面起到了重要的作用。

一　村的共产主义青年团和民兵组织

黄湖村的共产主义青年团成立于1953年，当初仅有7名团员。邱发明是第一任团支部书记。在团支部成立后的十年间，基本上没有开展大型的活动。到1964年管正斌任团支部书记后，团的活动才比较规范。据管正斌回忆，在他担任团支部书记的三年间，团员增加到30多名，支部下设4个团小组。当时的团支部开展活动比较频繁：①经常组织团员学习毛主席著作；②组织村内青年开展健康的文体活动；③组织青年突击队在府河边上开荒造田；④在青年中开展扫盲和普及文化的活动。人民公社时期，团组织在青年人心目中具有极高的威信，年满14岁的青年纷纷要求入团，都以加入团组织为荣。当时的团支部围绕党组织的中心工作，在统一青年思想、组织青年投身社会主义建设方面起到了不可替代的积极作用。现在的黄湖村团支部，已拥有135名团员，其中男性75人，女性60人；初中文化108人，高中文化26人，大专文化程度1人。在调查中，我们看到一份"黄湖村团支部1998年工作计划"，对全年工作做了这样的安排：第一，结合学雷锋、植树造林等活动，开展"青年志愿者"服务；第二，迎"五一"、庆"五四"，开展一系列文体活动，发展一批新团员；第三，组织防汛抗旱青年突击队，推荐优秀团员加入党组织；第四，召开团办实体经验交流会，举办科技培训班，加强学习。但是据该村团员介绍，计划安排的工作有许多落实不了。在黄湖村，青年大多外出打工经商，到春节才回村，这就使得共青团组织很难开展活动。遇到上级团组织下达的指令性活动任务，村团支部也只能临时组织在家的青年应付参加。可见，在农村改革以后，村团组织的作用大为弱化。

黄湖村的民兵组织成立于1954年，当时称为基干民兵，第一任负责人是复员军人林家成。民兵组织成立之初，适逢百年未遇的洪涝灾害。当时，府河涨大水，以民兵和共青团员为骨干的青年突击队在堤上日夜巡逻，积极投身抗洪抢险，为保卫家园、保卫村民的生命财产安全做出了贡献。在农业合作化和人民公社时期，作为村里的准军事组织的民兵连，一直保持着自己的建制。民兵连下设民兵排，民兵排通常以生产队为单位设置，并且配有民兵排长。"文化大革命"前，村里的民兵只有组织，没有装备。在"文化大革命"期间，根据"以阶级斗争为纲"和"无产阶级专政下继续革命"的需要，云梦县武装部对黄湖大队民兵组织进行了武装。有了武器装备，民兵们参加训练的积极性空前高涨，平时巡逻放哨、生产突击都争先恐后地冲锋在前，成为黄湖村民兵组织历史上最威风的辉煌时期。现在的黄湖村共有民兵126人，他们都是18～35岁的男性村民。民兵连长由团支部书记徐新平兼任。民兵中18～25岁的有88人，占民兵总数的70%；25～35岁的有38人，占30%。民兵连的主要职能，一是维护村内的社会治安和安全事务；二是担负突发的急、难、险、重任务。1998年汉江抗洪抢险，民兵连组织由十几人参加的突击队在汉江堤坝奋战七天七夜，受到县、镇两级党组织的表彰。民兵连现在没有武器装备，为了应付突发的治安事件，村里出资为民兵连配备了4套迷彩服以及雨衣、胶靴，还配备了两支电警棍。近些年，由于绝大部分年轻人常年在外，民兵们基本上没有参加训练。一般情况下，民兵连的常规任务比较单一，每天组织4个民兵从下午6点到第二天早上6点，分两班坚持夜间12个小时在村庄社区内义务巡逻，提醒村民防火防盗，维护村内社会治安。

二 村妇女联合会

黄湖村的妇女联合会成立于 1956 年，第一届妇联主任是时年 23 岁的周保玉。她虽然只有小学文化程度，但是人很精明，思维也比较敏捷。农村改革前，黄湖大队下设的 7 个生产队中，都配有妇女队长。她们是：周莲香、罗桃珍、杨桂蓉、柯桂珍、江云华、蔡金珍、杨华英。村妇联组织的职能主要有：①动员组织妇女积极投身社会主义建设；②帮助妇女识字学文化，开展扫盲活动；③维护妇女儿童的合法权益，解决邻里纠纷。村妇联的这些职能主要通过对各生产队妇女队长的领导来实现。

毋庸置疑，在奉行"男尊女卑"信条几千年的中国社会，要把妇女从封建的沉重枷锁下解放出来，让她们走向社会，投身新农村的建设，基层妇联组织做了很多细致的工作。黄湖大队曾涌现出一批女突击队员、女青年突击手、女民兵。她们头顶着属于自己的"半边天"，与男性村民一起为黄湖村的建设出力流汗，做出卓越的贡献。

1984 年以后，生产队改为村民小组，原来生产队的妇女队长都被撤销。全村的妇女工作基本上集中于村妇联主任一人身上。村妇联组织的职能也发生了变化。据现在的黄湖村妇联主任杨华英介绍，村妇联组织的日常工作有两个方面。一是组织妇女参加村人口学校的培训，学习计划生育法律法规、生殖保健、家政知识、养殖技术，对村民发放计划生育宣传资料。二是每年对已婚育龄妇女进行两次生殖健康检查（实为孕检），每月到户对新婚、孕妇和节育妇女进行检查并跟踪服务。由于实行家庭经营，村内妇女或外出打工，或忙于农活和家务，村妇联基本上没有时间单独组织妇女开展学习活动，但对育龄妇女进行的每年两次生殖健康检查，一直抓得比较紧。

由此可见，农村改革以后，基层妇联组织在提高农村妇女的基本素质、动员和组织农村妇女勤劳致富方面的职能逐渐弱化，村妇联组织的职能逐渐单一化地负责全村的计划生育工作，而妇联主任实际上也成为主要负责计划生育的干部。

三 村治保会、民调会等组织的构成、职能和作用

黄湖村的治安保卫专委会由 3 人组成。团支部书记、民兵连长徐新平兼

任治保会主任，另有两名团员徐建波、黄贵州任治安员。治保会下设治安巡逻队，由 7 名青年民兵组成，每天夜晚轮流在村内义务巡逻。巡逻分为两班轮流，上夜班从下午 6 点至午夜 12 点，下夜班从午夜 12 点至清晨 6 点。巡逻队值班有比较规范的值班记录和交接班制度，每逢重大节假日，巡逻队坚持昼夜 24 小时值班制。治安巡逻队的 7 名队员都是"青年志愿者"，他们没有任何经济待遇，都是自觉参与村内的治安保卫工作。治保会的基本职能是负责村内的安全保卫、反盗、防盗、防火、守护战备通讯线路。这几年，由于"法轮功"邪教分子活动比较猖獗，治保会多了一项重要的政治任务，即监督村内的几个"法轮功"参与者，制止邪教分子相互串联，防止他们破坏村内的政治、经济、生活秩序。由于治保会与民兵连的基本职能绝大部分重合，所以黄湖村将治保会和民兵连合二为一。

民调会的全称是人民民事调解委员会。顾名思义，这是一个直接服务于村民的组织。黄湖村的民调会由 8 个人组成，村委会副主任黄连清任民调会主任。原 7 个村民小组长黄贵明、涂有财、罗亚子、黄泽云、徐云蜀、徐家新、吴德华等为民调员。民调会的主要职能包括：①培训各村民小组的民调员（每年培训 1~2 次）；②调解未触犯法律属民调范围的民事纠纷，如家庭不和睦、宅基地纠纷、邻里纠纷、村民间的纠纷等。根据民调工作性质的要求，民调员一般由本村的德高望重、正直守法、并具有一定文化水平和表达能力的村民担任。2000 年以前，黄湖村的 7 个民调员都是兼职，他们既是村民小组长，又是民调员。2000 年黄湖撤销村民小组长这一级干部后，他们都成为专职民调员。尽管他们不再承担服务村民的公共职责，不再组织村民小组会议"上情下达"，但在村级政治组织与村民之间，民调员这一特殊身份依然起着"下情上报"的桥梁作用，而民调会则是现阶段维护村庄社区稳定和秩序不可或缺的一个组织。

几年来，黄湖村民调会调解了村内发生的大小几十起民间纠纷。最为村民称道的是秦金霞与黄银明纠纷案的调解。1999 年 8 月 20 日上午 9 时，本村司机黄银明在县水泥厂装发货现场驾驶农用车时，不慎将 44 岁的女村民秦金霞撞成重伤。事发后，双方达成协议，秦住院治疗的一切费用由黄承担。秦金霞在住院治疗期间，用去医药费近 7000 元全部由黄银明承担。一个月后，秦出院在家休养时，提出要黄银明继续承担她出院后在家的疗养费、误工费、营养补助费 5000 元。黄认为秦的要求太过分并且担心会无休止地索要疗养费，使他不能接受以致发生纠纷。为调解这一纠纷，民调会主任黄连清先后三次到双方家中做工作。前两次工作成效不大，双方各执己见，认为自己有理。特别是秦的态度比较强硬，甚至准备诉诸法律。后来，黄连清第三次上门，在涂有财、罗亚子两位民调员的协助下，向双方陈述利害关系，让他们明确各自应负的责任，才使双方达成口头协议。据黄湖村《治安、民事纠纷受案查处登记簿》记载，2000 年 9 月 28 日上午，秦金霞、黄银明一起来到村委会办公室，由黄连清向他们宣布调处结果：①黄银明承担秦金霞住院治疗期间的医药费、营养补助费、误工费；②秦金霞出院的后期治疗费、误工费、营养补助费等合计 2200 元由黄银明负担，今后秦金霞发生任何事情不得再找黄银明；③此次调解双方达成一致意见，为终调。双方当事人签字生效，不得反悔。《治安、民事纠纷受案查处登记表》上，秦金霞的大红手印和黄银明的签名，意味着僵持了长达一年多的这起民事纠纷获得了令双方当事人满意的调处效果。

黄湖在 1999 年初成立了民主理财小组，由 7 人组成，组长是现任党支部书记徐金汉，副组长秦道俊，成员有徐火山、吴云松、徐贵金、罗亚子、黄兴安，其职能是审核和监督本村的财务账目。关于民主理财，黄湖村还专门发文拟定了《民主理财小组工作制度》，其中规定：第一，村民民主理财小组是在村党支部、村委会领导下的群众性组织，对本村的财务有着审核监督的作用；第二，民主理财小组对村委会的财务开支是否适当，有着建议和管理的权力；第三，村委会的重大活动项目在 5000 元以上的开支必须由村民理事会、监事会、民主理财小组共同讨论决定；第四，民主理财小组对本村的账目和农民负担等有关情况要经常过问和检查，发现有越轨行为立即纠正；第五，民主理财小组成员每月定期碰头一次，通报本月工作情况，就当月村委会的开支情况进行审核，并做好记录；第六，民主理财小组对本村当月经济收支情况集中审理好后，立即张榜公布，使其真正做到账目日清月结。

据介绍，黄湖村民主理财小组每个月底集中半天或一天的时间对本村当月的财务开支情况进行审核，并将经济收支情况向村民公布。民主理财小组副组长秦道俊已 70 多岁，曾在黄湖村担任过 20 多年的会计。他为人正直，精通农村基层财务工作，在村民中享有一定的威信。因此，村中财务账目的审核工作主要由他负责。除了每个月小组成员的碰头会，每年的 6 月份和 12 月份，村委会都要把秦道俊请到村委办公楼，将半年和全年的财务账目搬出来，请他监管收支。三年来，在民主理财小组的审核和监督下，黄湖村村内财务管理秩序理顺了，非生产性费用减少了，杜绝了不合理的开支。长期以来，影响农村干群关系的焦点，就是村级财务管理混乱。随着民主理财小组的介入和财务向村民公开，村级组织的理财有了透明度，增强了村民对基层党组织的信任感，干群矛盾得到了缓解。

第四节　村务管理与村务公开

村务管理即村庄公共事务的管理。村级政治组织依据什么行使权力，怎样做出决定，怎样付诸实施，这些都是村务管理的基本内容。村务管理就是要使村民通过管理自己内部的事情实现当家做主的权利，以达到自我管理、自我服务、自我教育的目的。村民要实现自我管理，必须对自己管理的村庄事务充分了解并积极参与，即参与民主决策、民主监督。这就引出了村务公开的问题，即公共权力的主体应该向村民公开村内公共事务的完成过程。

一　村务管理与决策

黄湖村党支部和村委会在对社区公共事务的管理过程中所依据的管理规程，主要包括两个方面：一是来自农村社区外的国家法律、党的政策、政府文件和领导指示；二是来自农村社区内部的章程、制度、规定等。黄湖村比较注重通过建立规章制度管理村内事务。其规章制度主要有两类：一类是1990 年制定的村规民约；另外一类是村务管理的各项专门性制度。

在这些制度中，对村民具有普遍指导作用（意义）的是村规民约。村规民约的突出特点是通过对村民权利义务的界定，告诉村民有权做什么，应该做什么，通过对有关奖励与处罚行为的规定，对村民的行为进行引导。为了让全体村民都熟知村规民约，黄湖村将其编排为通俗易懂的"四字歌"：

村规民约，大家制定，严格遵守，照章执行。

违法犯罪，终生遗恨；遵纪守法，合格公民。

植树造林，造福子孙；损一栽五，另加罚金。

抹牌赌博，变坏祸根，小偷小摸，耻辱一生。

搬弄是非，不得人心，如有纠纷，服从调停。

摊点占路，阻碍通行，打场晒粮，上道危险。

来村建设，热情欢迎，遇事商量，不得强行。

有事外出，莫忘锁门，贵重物品，妥善保存。

防火防盗，时时小心，嘱咐孩童，注意安全。

坏人坏事，勇于斗争，遇有险情，挺身向前。

公粮税费，不得拖欠，义务用工，服从调遣。

人多田少，惜土如金，全面开发，立体经营。

计划种植，必须完成，科学管理，方是能人。

适龄青年，踊跃参军，保家卫国，应尽责任。

爱堤护堤，如同眼睛，守好大门，全民重任。

圈养禽兽，不扰四邻，邻里和睦，胜过朋亲。

互谅互让，不可强争，因小失大，防微杜渐。

婆媳和睦，男女平等，不养老人，一世骂名。

少生优生，注重保健，无儿莫愁，养老保险。

封建迷信，害己害人，淫秽物品，不看不听。

新建改建，先批后行，乱建滥占，退基还田。

爱护公物，节约水电，人走灯熄，回头检点。

婚丧嫁娶，一切从俭，大操大办，债台难填。

减少疾病，讲究卫生，村容村貌，四季常新。

以上村规，约己束人。自觉遵守，争创文明。

这朗朗上口的416个字，涵盖了村庄社区公共事务的各个方面，为规范村民"自我管理、自我教育、自我服务"的自治活动提供了权威性的依据。

为配合村规民约的施行，黄湖村还制定了关于村级组织职责和村务管理制度：①党支部的工作职责；②村委会的工作职责；③村民调解治保委员会的职责；④村治安巡逻队的工作职责；⑤村妇联工作的职责；⑥村财务管理制度；⑦村接待管理制度；⑧报纸、杂志订阅规定；⑨村宅基地、坟地管理制度；⑩村干部周末学习制度；⑪村干部考勤制度；⑫村务公开制度；⑬村党员"双带"制度；⑭党员"三会一课"制度；⑮村干部驻点（企业）工作制度；⑯村干部述职和党员评定制度；⑰村"两会一组"工作制度；⑱村党员干部党风廉政工作规范。村里建立了村务公开栏，所有职责和制度全部上墙。同时，在村务管理过程中，这些制度又从墙上走下来，村干部依照制度职责行使权力，村民则依照制度监督干部，群众与干部相互约束，共同促进村务管理的规范化。

在村务管理中，村务决策是关键的一个环节。黄湖村的村务决策大致可分为三种类型。

第一，一般性日常村务，通常由书记、村委会主任、副书记三人组成的权力核心商议决定，有时由书记和村委会主任两人商议决定，有些事甚至由书记一人决定，事后给分管的职能干部打个招呼。在这类村务决策中，书记徐金汉是决策的主导者。因为书记全面负责，是村里的"一把手"，具有"拍板"的权力。所以，尽管村干部有所分工，但村民或政府领导有事都喜欢到办公室或家中找徐书记。许多日常的一般性事务，徐书记往往自作决定。遇到相对重要或复杂的事，他根据情况同村委会主任等其他村干部通通气，协商一下便做出决定。村民们普遍认为村里的事一般由书记和村委会主任特别是书记说了算，徐金汉本人也坦率地承认，一般日常性村务主要由他说了算。

第二，重要的村务，召开支委会和村委会集体讨论决定。两委会主要由书记召集并提出预案（偶尔也有村委会主任召集的情况），两委会干部在会上进行充分讨论，最后由书记根据讨论情况拍板定夺。在这类村务决策过程中，书记居于主导地位，起着核心作用。

第三，特别重大的村务，由村两委会和村民代表联席会议决定，有时也请城关镇干部参加。在召开联席会议讨论重大村务之前，一般由村两委会事先讨论提出预案，村民代表可充分发表意见，讨论结果由书记最终拍板。有时讨论重大村务，由两委会根据议题内容随机指定与其有关联的村民代表参加。这种随机指定村民代表的方式虽不规范，但它毕竟是村民参与村级事务民主决策的一种形式。在决策过程中，村支部和村委会若能比较充分地听取村民代表的意见，那么在决策的执行过程中，就必然能够得到村民的支持和谅解。1996 年 3 月，为了发展村办企业，壮大集体经济，两委会研究决定以优惠的政策引进武汉天力禽业公司的法人代表田新芳来黄湖创业。由于办厂需占用第五组村民的 4 亩地，村两委会便召集第五组组长、村民代表以及责任田承包人举行联席会议，讨论关于让地（责任田）和对有关村民的补偿问题，经充分讨论达成两点一致意见：一是由村集体对责任田承包人补偿一定数额的青苗损失费；二是该企业用人用工优先考虑第五组村民。会后，6 个承包户毫无怨言地让出了自己的责任田，村里只给他们补偿了当年的青苗损失费，再没有任何人向村里提出额外的补偿要求。支部副书记罗大荣很有感触地告诉我们：村民们都是很朴实的，你给予他们尊重，他们就给予你理解和支持。

上述过程事实表明，黄湖村的重大村务决策主要是以村民意见为依据的，村民的意见和建议被决策者接受，从而直接或间接地对村干部决策的合理性产生重要的影响。从某种意义上说，公共管理就是公共决策的延续。公共权力主体一旦做出了决策，就转入决策的执行过程。根据黄湖村公共决策的类型和方式，该村公共决策的执行过程可以分为四种类型。

第一种是一般性日常村务决策的执行过程。黄湖村一般性日常村务决策执行有两种情况：一种是由书记徐金汉个人做出的日常性村务决策，通常也由他自己负责执行和处理；另一种是主要由村权力核心做出的一般性村务决策的执行，徐金汉往往只发号施令，而由村委会主任或其他村干部具体负责落实，不过，具体由谁去负责对决策的贯彻执行，由徐金汉决定。如果一旦执行过程中出现阻挠和困难，徐书记亦会出面解决，实际上成为决策执行的后盾。

第二种是重要村务决策的执行过程。这类公共决策是由村两委会集体做出的，其执行过程大多是全体村干部一齐上阵，有时也由村两委会指派分管该项工作的某位村干部，有时也可能指派群众组织的干部甚至村民负责具体执行。倘若职能干部在执行决策过程中遇到一些难以解决的问题，这时，往往转由负责全面工作的书记出面处理。正如徐金汉书记所说，"一般村干部解决不了的问题，都交给书记处理"。

第三种是特别重大村务决策的执行过程。这类村务涉及大多数村民的利益，一般由村两委会和村民代表联席会议集体决策，因而在执行过程中，村干部也总是借助村民代表的力量，协助村两委会实施贯彻。从这一特定意义上讲，村民代表在特别重大村务决策过程中，是重要的组织和调控力量。

第四种是国家任务和政府工作的贯彻执行过程。对于这类非常特殊的村庄社区公共事务，村干部必须权衡政府和村民双方的利益。据调查，黄湖村干部一方面竭力维护本村及村民的利益，执行中对较有弹性的工作常采取打折扣的态度和办法，以博得村民的支持和拥护；另一方面，对有刚性的工作任务又不得不采用一些强硬措施，尽力满足政府工作要求，完成国家任务，以获得政府和领导的信任。这样，往往遭到部分村民的反对和不满。为减少村民的不满和反对，黄湖村根据村集体经济实力的情况，尽可能地减免农民负担，政府部门摊派到村民头上的各种规定费款基本由村集体代交。这样做，一是为了实现和完成镇政府的工作要求和目标，二是尽量避免干群之间的矛盾。

黄湖村公共管理的方式大致可以分为以下三种。

首先是动员教育。黄湖村虽然制定有党员、干部政治思想教育和学习的多项规章制度，但党员干部专门的学习活动不多，对村民的政治思想教育活动更少。动员教育工作具体表现为有针对性的说服、劝导和动员，而干部所做的动员教育工作的成效，相当程度上取决于村干部平时积累的人缘关系资源。当然，也与村干部个人的人格魅力、动员教育的方式以及工作水平等密切相关。

其次是奖赏。黄湖村为村民提供的奖赏分为物质福利奖赏和精神奖励两种。物质福利奖赏主要表现在村集体向全体村民统一提供公共服务和物质福利。如，村集体统一为村民交纳公粮、水费，投资农电改造和变压器增容，投资兴修农田水利工程、社区公共生产和生活设施，以改善村民的生产和生活条件。村民普遍反映，村集体近年来兴办了不少公共福利和公益事业，为此，村民对管理者多有褒扬，村干部们也以此引为自豪。同时还采取一些精神奖励，如评比和推荐工作有成绩的村干部与社区组织负责人等为先进人物；给村公职人员或有功人士发鼓励性或纪念性礼品；慰问军属、老干部等特殊村民。

再次是惩罚。黄湖村公共管理的惩罚方式大致分为两类。一是对违规人员实施经济和物质的处罚，这类处罚又分为两种情况：一种是依据政府有关规定而实施的对违规人员的处罚，如对违反计划生育规定的人员和违章建筑的农户的处罚；另一种是依据村级规章制度而实施的对违规人员的处罚。二是对违规违纪人员特别是党员、干部实施的纪律和组织处分。

黄湖村的管理者在管理过程中，根据不同的管理对象和内容，综合运用了动员教育、奖赏、惩罚等多种方式，以引导和规范村民的行为，从而实现管理目标。总的来讲，该村的管理主体较为倚重动员教育手段，并将之作为首选的管理方式。

二 村务公开制度的建立和发展

村务公开是指由村民委员会把涉及村民权益的重要事项和村民关注的热点问题，通过一定的形式告知全体村民，并由村民参与决策和管理，实施民主监督的一种民主行为。1997 年初，在国家和地方还没有明文规定之前，为了增强村级组织的凝聚力，出于"给群众一个明白，还干部一个清白"的考虑，黄湖村两委会就自觉地将村民比较关注的问题予以公开。当时公开的内容只有两项：一是政府和村集体救济的情况，包括五保户特困户的条件、名单以及救济标准；二是村集体经济的收入和支出情况，支出包括村干部的工资和招待费。

1998 年 4 月 18 日，中共中央办公厅和国务院办公厅联合下发了《关于在农村普遍实行村务公开和民主管理制度的通知》，对村务公开的内容和方法做了规定。根据该《通知》的基本精神，黄湖村支委会和村委会商议决定，将公开的村务内容扩展为 6 项，增加了宅基地和坟地审批以及有偿转让的规定，计划生育政策、指标及对象，集体土地和经营实体的承包规定，水电费的管理等。到 1998 年下半年，省、市、县、镇四级党委政府分别发文，强调进一步加强村务公开和民主管理，提出了"村务公开规范化管理"的目标，即从组织、内容、程序和形式等四个方面实行规范化管理。根据各级党委、政府的要求，黄湖村于 1999 年初成立了村民理事会、村民监事会、村民理财小组，同时对"两会一组"的工作制度做出了规定。村两委会对村务公开的内容也作了重大调整，规范为以下 10 个方面。

（1）财务管理。包括村组集体各项发包收入（农、工、副）；各项集资收入；土地转让收入；国家税费负担情况；乡（镇）五统标准；农田水利建设；各项公益事业收支；各项税费及代收资金上交情况；各项救济、优抚款发放情况；村组干部工资、奖金；公务活动招待费开支情况；其他费用开支情况（其中，常规性收支每季度公布 1 次，专项收支在发生的 7 日内公布）。

（2）计划生育。包括年度人口计划及生育指标安排；孕检和节育对象及落实情况；超生或其他违反计划生育政策的处罚情况（其中，人口计划及生育指标于年初公布 1 次，其他情况根据工作需要随时公开）。

（3）土地管理。包括国家征用土地的数量、土地补偿青苗费和附属物赔偿费；征用土地安置土地工的数量、条件、对象；企业和农田水利建设用地中的土地收费、支出情况；村民宅基地安排及收费情况；责任田调整方案及调整结果（一般在发生后 7 日内公开）。

（4）农民负担。包括义务工、劳动积累工分户负担及落实情况；经审批的集资分摊情况（一般在年初公开各项任务分解情况，再根据任务要求对每季度完成情况公开 1 次）。

（5）水电费管理。包括水、电部门核定到户的水、电价；各户用水、用电数量及交费情况；违章窃电、窃水的处理情况（一般每月公布 1 次）。

（6）社会福利事业。上面下拨的救灾救济的数量及安排情况；五保、优抚对象的待遇落实情况（一般在发生后 7 日内公开）。

（7）集体经济项目承包、经营情况。包括村办企业和农、林、牧、渔场等集体经济项目的规模、资产、财务收支情况；个体承包、租赁集体经济项目的公开招标情况；承包年限和应交、已交承包费用的情况（一般在发生 3 日内公开）。

（8）村干部管理。村干部工作职责；村干部年度工作目标；实现目标的措施；目标完成的情况（半年和年底各公开 1 次）。

（9）社会治安、综合治理。包括治安组织；村规民约；信访案件；民事调解；违法违纪情况的查处（及时公开）。

（10）征兵、农转非、招工、入党提干、评先表模等情况，事先要公开政策、条件、数量，事事公开结果。

以上 10 个方面的内容，通常是以设立公开墙或公开牌的形式向村民予以公布。若遇到与村民利益直接相关的局部问题，村两委会就召集理事会、监委会或理财小组的成员以及村民代表召开联席会议进行商讨，形成一致意见后，将决议上墙、上栏公布。三年来，黄湖村通过对组织、内容、形式和程序的规范，已建立了比较完善的村务公开制度，它既体现了村民参与的民主决策，又还知情权于村民，在黄湖产生了明显的社会效益。

首先，村务公开增强了干部群众之间的相互信任和理解。1998年，黄湖村决定将200亩鱼池向村民发包。事先，两委会根据历史发包基数和当时的市场行情，准备以每亩3000元的承包费对外发包。村民听说后议论纷纷，认为上交承包费基数太低。有的村民甚至怀疑村干部收受了他人的好处费，而拿集体经济项目做交易。面对群众的议论，村两委会当即决定召开有村民代表参加的联席会议，对发包底价进行调整。会后，又将鱼池面积、承包年限，以及对黄湖村内外群众不同的发包底价上墙公布，让本村村民和外村人公平竞争。最后本村村民黄先云以5000元的竞价获得承包权。由于对鱼池承包权采取了公开、公平、公正的竞争，村民们以前对村干部的议论和猜测不辩自消了。

其次，村务公开从客观上促进了村干部的廉洁自律。实行村务公开的重点是财务公开。村级财务收支情况是村民最关心、反应最强烈的热点问题。关于财务开支，城关镇政府明文规定，"一次性开支500～2000元以内需经支部书记和村主任两人共同签字"。黄湖根据实际情况，制定了比政府文件更为严格的规定。我们看到，在村务公开墙上的财务公开栏中写着"一次性开支500～1000元需由两委会集体讨论、共同决定"。财务管理制度及执行情况公开了，使得村干部必须严格按照规定办事，花钱不再大手大脚，不敢浪费，这就从客观上保证了干部的清正廉洁，从而大大提高了干部在群众中的威信，进一步增强了村组织的凝聚力。

三 村民理事会、监事会等组织的构成、职能和作用

1999年初，根据村务公开的要求，黄湖村成立了村民理事会和监事会。理事会和监事会成员都是由村党支部和村委会商议后指定的。进入"两会"的条件有三个：必须是村民代表；必须在群众中享有较高的威信；必须有一定的文化水平和参政议政的能力。根据以上条件，村民理事会由5人组成，村委会主任黄六毛担任理事。理事会的主要职能是代表村民行使对本村政务

的民主管理权力。黄湖村《村民理事会工作制度》规定：

（1）村民理事会是在村党支部、村委会领导下的群众组织，对本村的政务起到管理作用，对完成好各项政策性任务起带头和宣传作用。

（2）理事会的职责是密切干群关系，化解农村矛盾，主要职能是积极参与村务管理和民主决策，支持并监督村委会搞好本村的各项工作。

（3）理事会成员与村委会干部必须坚持每月定期活动1次，通报本月村委会工作情况，并做好专门活动记录。

（4）理事会对村委会的政务管理进行评议时，要本着对全体村民负责的态度，讲大局、讲团结，实事求是地给群众一个明白，还干部一个清白。

（5）理事会应广泛了解村民对村政管理的意见，并根据村民的要求经常向村委会提出工作建议。

黄湖村民监事会由10人组成，黄泽云任组长，徐在安任副组长。监事会的主要职能是代表村民行使对本村事务的民主监督权力。

黄湖理事会和监事会的工作制度比较健全，但在实际执行过程中很难做到。如，每月一次碰头会，互通当月工作情况，就只是"纸上谈兵"。从我们调查情况看，村民理事会、监事会的组成人员虽不同，但职能却基本重合。在黄湖村，村民代表会议处于"虚置状态"，实际代表村民参与村务决策、管理和监督的村民自治组织，是村民理事会和监事会。平时，若遇到有重大的公共事务需要商议，村委会可随机通知理事会或监事会的在家成员参加联席会议。理事会和监事会的成员都是经过村民推选的，他们或年龄大、辈分高；或家庭经济条件比较好，在村内的威信比较高；或办事公正，常来往于村民之间并参与矛盾的调解，故而能够代表村民的意志。

据介绍，黄湖村在讨论重大村务时，与会的村民代表自主自治意识比较强，村民代表甚至可以否决两委会的预案。如，1999年9月，村两委会决定将村集体所有的6间危房予以处理，当时两委会商量初步定价为15000元1间。由于这是对集体资财的处理，属特别重大村务，因而村两委会召开了有8名村民代表参加的联席会议共同商讨。在会上，村民代表们纷纷对两委会提交的议题预案进行质疑。有的人认为，随着云梦县城区的扩大，这几间门面房不久会有较大幅度的增值，即使卖也要缓一步；有的人认为，这6间房子是集体所有的固定资产，是老一辈黄湖人留下来的家业，卖房子无异于败业。由于到会的 8 位村民代表一致表示反对，两委会当即取消此项预案。一年以后，由于房子岌岌可危，严重威胁到路上行人的安全，村两委会再次将这个议题提交联席会议讨论。与会的村干部和村民代表认真分析了卖房子的利与弊，经过充分讨论，形成一致意见，决定将 6 间危房即刻处理。2000 年底，6 间危房宅基地以 11.5 万元的价格卖给了引进的两个私营业主。村集体用这 10 多万元钱收购了一家彩瓦厂并租赁创办了饲料加工厂，当年为村集体创收两万元。

从上述事实中我们看到，村民理事会和监事会在重大村务的民主决策和民主监督中起到了不可替代的作用。但从总体上看，"两会"的功能是比较弱化的。由于"两会"制订的规章制度不能落到实处，致使"两会"中的村民代表不能常规性地参与民主决策和民主监督。据了解，"两会"参与村务的决策和监督带有很大的随意性，村支部和村委会若遇到在村民中难度较大的工作，就会想到理事会或监事会的作用，而这样的情况，一年至多也就是一两次。

第五节　村与镇政府之间的关系

20 世纪 80 年代以来，中国农村基层社会管理体制变化的一个重要特点，就是"乡政村治"的治理格局。其核心是乡村之间的关系。《村组法》规定：乡（镇）政府"对村民委员会的工作给予指导、支持和帮助，但不得干预依法属于村民自治范围内的事项"，而村民委员会则要"协助"乡（镇）政府开展工作。可见，法律上的乡村关系再不是直接的行政领导关系，而是上对下的"指导、支持和帮助"以及"不干预"，下对上的"协助"关系。那么，"乡政村治"在黄湖村又是怎样体现的呢？

一　村委会对镇政府的协助

（1）中心工作。中心工作是指来自国家的指令性任务，也是村级组织必须协助政府保证完成的工作。黄湖村的中心工作主要有三项：公粮、水费和工商税的征收、计划生育工作、社会秩序综合治理。这三项工作中，难度较大的是工商税的征收。2000 年，国家下达黄湖村工商税收任务 11200 元。在协助征收过程中，村级组织缺乏制约手段，而为了完成任务，村里只有给村办企业加码，若村办企业实在难以承受，不足部分只好由村集体代为交纳。用村支部书记徐金汉的话说："这些都是钢任务、铁任务，再难也要保证完成"。

（2）来自镇党委、镇政府的地方工作。在镇政府的地方工作中，最重要的是依据法律征收统筹款。统筹款包括五个项目：教育附加、民兵训练、计划生育、乡村道路、军属优抚。1999年，城关镇给黄湖村下达的"五统"经济指标是31620元，这笔统筹款虽由村集体承担，但村干部和村民都表示不满，其原因在于，统筹款年年交，但镇政府对村里基本上没有投入。近几年，村内改路修路全部靠村集体拿钱，镇政府从未投资。关于计划生育费、民兵训练费，一般村民也搞不清楚被用于何处。除统筹款征收以外，还有发展新党员，加强组织建设以及选举镇人民代表等工作，也都由村委会协助镇政府完成。

（3）临时性工作。黄湖村最主要的临时性工作就是迎接检查，自1995年以来，黄湖村党支部和村委会共获得省、市、县、镇各级党委政府授予的荣誉称号达37项。每年要接待各级党委和政府部门的各项各类检查验收达80多次。所以，迎接检查验收几乎成为黄湖村的日常工作。

（4）各种摊派任务。黄湖村每年除了完成上交国家的工商税和镇政府的"五统"外，还要完成政府各部门的摊派任务。我们统计了一下，2000年黄湖村上交各种摊派费共计2.9万元，其中会计代理费4000元，法律服务费2000元，综治费2000元，招商费4000元，防汛费3000元，劳动服务管理费2000元，工商所5000元，县环保局1000元，技术监督局2000元，报刊费4000元。这些只是实际上交的各种摊派，按任务下达远不止这个数。对于政府一些职能部门的摊派，村里一般都要尽量寻找各种理由对其大打折扣。

以上四个方面的工作，镇政府都必须在村干部的协助下才能够完成。在对镇政府工作的协助过程中，黄湖村村干部普遍感到头痛的就是收费问题。一是工商税，二是各种摊派。据介绍，黄湖的村民现在逐渐具有自治意识，法律常识，他们在上缴规费前，往往对收费用途、收费的合理性依据等问题进行质询。作为村干部，为了与上级党委和镇政府保持一致，对村民提出的有些问题又不能如实相告，倘如实相告，唯恐影响干群关系，若不给村民一个最具充分理由的答复，又会增加收费的难度。这种两难的境地使村干部们感到干部实在难当。村干部们普遍不满的问题是各种名目的检查太频繁，2000 年，黄湖村平均每周要接待两次来自上级各部门的检查，每次检查一般都要村干部全天候陪同，这不仅增加了接待费用的开支，还耗去了村干部的大量时间。为此，村支部书记徐金汉告诉我们："真希望自上而下少搞形式主义，让村干部多腾出点时间为村民办点实事"。

二 镇政府对村委会的引导、支持和帮助

在日常工作中，城关镇对黄湖村村委会的引导、支持和帮助主要体现在以下几方面。

（1）组织上的引导。镇政府对村委会的组织引导有五方面。一是干部的换届选举。按规定，村干部尤其是村支部书记、村委会主任应分别由党员和村民选举产生。这一制度原则上意味着基层群众在选择基层领导人过程中的自主性和民主性，意味着乡镇党政部门不能直接干预村级干部的产生。但是，鉴于目前处于由指选到竞选的过渡阶段，为避免出现掌握不住正确标准或方法不当而错选或选举失败的不正常现象，乡镇则派领导干部到村内进行引导，以能选出切实为村民服务、领导村级发展的好干部。据调查，黄湖村所在的城关镇在不违背村干部民主选举产生的总体原则前提下，引导了村党支部和村委会的产生过程，成功地选出了真正让村民满意的干部。二是派遣驻村干部。驻村干部是镇政府的正式工作人员（或称干部），其工资、待遇在乡镇政府领取，工作关系仍保留在镇政府内，他们下到村里与村级组织领导人和村民保持经常的联系，代表镇政府对村政管理进行引导。从 1995 年以来，城关镇曾先后派出张金林、王松云、俞维新等人作为驻村干部到黄湖村。他们通过参加村里召开的会议与村民直接联系和接触的方式，了解村民的意见、建议、愿望与要求，然后将其反映到村级决策组织及镇政府，为乡政管理与村务管理提供决策依据。三是镇领导到村当参谋。据介绍，黄湖村是历届镇党委书记的驻点村，城关镇党委和政府主要领导每年至少两次参加黄湖村里召开的会议，了解村里的经济发展情况和村委会及村民们的要求与实际困难，并进行现场办公，帮助他们解决问题。四是帮助村委会推行政

务。在遇到计划生育、税费交纳、违章建筑处罚等农村社区管理难题和政务时，镇里往往直接派干部支持和协助村干部解决问题。此外，每逢村干部选举或执行特别重大的村务决策时，镇主要领导亲自到场进行引导。1998年，黄湖村在购买县水泥厂预制车间时，因资产交易额度较大，城关镇就指派一名主要领导参与审定、签字和把关。五是镇政府通过制定和贯彻规范性文件以规范村干部的行为。以2000年为例，在黄湖村两委会上学习和传达的镇政府文件有十几个，镇政府通过这些"红头"文件，对村政管理的行为进行规范和政策引导。

（2）行政上的支持。地方政府对村委会的行政支持主要是在政策性和精神上的。在具体工作中，镇政府尽力为村委会提供多种政策性的支持。1998年，黄湖村为发展村办企业，准备在本村兴建一家禽业公司需占地十几亩，城关镇主要领导亲自出面找土地局协商，减少费用近10万元。1999年，村里为解决200多亩高位农田的灌溉问题，修建了300多米的硬化圳渠，镇政府从"预提抗灾排涝费"中划拨资金1万元。此外，城关镇还根据有关政策按每年人均1000元和户均800元的标准返还优抚费。2000年，黄湖村内有义务兵1人，"五保户"两户，城关镇从统筹上交的"军属优抚费"中返还3600元，作为义务兵军属和"五保户"的优抚费。

历年来，省、市、县、镇各级党委和政府曾多次授予黄湖村党支部和村委会各种荣誉，如省级先进基层党支部、市级文明单位、县级文明村、镇级全面优胜单位。书记徐金汉个人当选为云梦县人大代表、县十佳党支部书记、镇十佳干部。对于村组织来说，被授予荣誉称号的意义在于树立村组织在村民中的威信，同时也提高了村庄在当地的知名度，增加了村庄的社会关系资本。保护村干部是镇政府的一项重要工作，选好一个村支部书记很难，镇政府有责任维护村干部的威信。

（3）经济上的帮助。在经济上，城关镇对黄湖村的最大帮助是协调立项、减免税收。村办企业纸管厂属残联企业，残疾人占职工数的50%以上。由于残联企业享受国家税费全免的政策优惠，因而在报批立项的问题上，单靠村组织的力量是远远不够的。为了该厂的立项，城关镇主要领导多次出面做工作，经省、市、县有关部门的多方协调，才获得了省民政厅的认可和批文。立项后，镇政府主要领导又与城建、土地、税务、工商等部门多次协商，争取优惠政策的落实到位。村委会主任黄六毛谈到此事时告诉我们："若没有镇政府的大力支持和帮助，纸管厂根本不可能立项。"

镇对村的经济帮助，还体现在对村里的公益、福利事业给予一定的经费援助。2000 年，黄湖村在全镇 19 个村中率先购买微机，当时城关镇资助 2000 元；村里置办了一套电教设备，镇里资助 5000 元。对于村里的"五保户"，镇上按每人每年 800 元从财政转移支付；对特困户，镇上每年资助 500~800 元，由村里根据实际情况随机补助。此外，镇党政部门还通过学习培训、参观考察乃至个人情感联络等方式影响村干部的行为，通过上述种种方式的综合运用，实现"乡政"对"村治"的影响和调控。

第四章　社会组织

社会组织是社会成员为了达到某种特定目的，将其行为彼此协调与联合起来所形成的社会团体。社会组织一般需有较为稳定的规则与规章制度，组织成员间有相互认同的不同的角色与地位，组织内有被成员共同遵守的合法章程，这几个因素是组织存在和运转的基础，按此标准衡量，黄湖村的正式社会组织有驾驶协会、老年协会、养殖协会与计生协会。

第一节　村驾驶协会

一　基本情况

从 20 世纪 80 年代开始，黄湖村民利用靠近云梦县城的区位优势，在国家政策逐步宽松的形势下，从事个体运输业，经过 10 多年的发展，运输车辆达到 80 多台。为了促进本村运输业的健康有序发展，搞活全村经济，1996 年 5 月经村委会广泛征求意见和反复商议，决定向云梦县机动车驾驶员协会提出成立云梦县机动车驾驶员协会黄湖村分会的申请。该申请于 1996年 5 月 6 日批复，协会成员的基本情况见表 4 - 1。

二　主要工作

黄湖机动车驾驶员协会成立后，其工作主要包括三个方面：一是登记，包括车辆新增与报废等情况的登记；二是培训，包括对会员进行驾驶与维修技术、交通法规和相关法规知识、上级有关文件精神等方面的教育和培训；三是管理，包括年审、交各种税费、责任处理、保险与索赔、经验介绍与典型宣传等方面的日常管理。

表 4 - 1　驾驶协会会员基本情况

类 别		人数(人)	百分比(%)	类 别		人数(人)	百分比(%)
性别	合计	112	100	固定资产(万元)	2～3	24	21
	男	109	97		3.1～4	48	43
	女	3	3		4 以上	40	36
年龄(岁)	合 计	112	100	年纯收入(万元)	0.5	18	16
	18～19	18	16		1.8	6	5
	20～29	20	18		2	48	43
	30～39	40	36		2.5	40	36
	40～49	28	25	驾驶年限	1～5	3	3
	50 岁以上	6	5		61～10	33	29.5
文化程度	合计	112	100		11～15	33	29.5
	小学	8	7		16～20	28	25
	初中	93	83		20 以上	15	13
	高中	11	10				

　　对协会驾驶员的培训每年都如期进行，由县交警大队和驾协统一安排，人员分配到各分会，若有遗漏则进行补训和复训，驾协在培训工作中实际上起着组织者的作用。驾驶员协会成立培训工作领导小组，由县交警大队景少清任组长，副大队长杨俊波任副组长，成员有刘建刚、李健、朱传德、许志云、程幼敏、龚军明、李庆喜等，县协会负责人朱传德任教学办公室主任。

　　除培训外，驾协还要开展一系列相关的行业管理工作。管理工作内容包括传达上级业务主管部门关于安全、违章处罚、检查评比的精神，以及年审交费保险的统一安排。如协会每年都进行优秀驾驶员的评比工作，先由县驾协将评比的标准、时间、要求、组织等通知分会，再由分会推荐呈报并填写审批表，最后开总结表彰大会。

第二节　村老年协会

一　基本情况

　　黄湖村老年协会成立于 1998 年，主要目的是针对老年人的要求协调处理各种事务。随着经济发展和社会进步，老年人的身体状况不断改善，经济条件也不断好转,传统的打麻将娱乐不能满足老年人的全部生活需要,而年轻人与他们又难以沟通,1998 年在原村支部书记徐克安的倡议下,经村支部与县老年人协会联系,成立了村老年协会。村老年协会组织的负责人员有会长徐克安,理事吴德华、孙书华、邱发明、罗大荣(党员,现任村支部副书记)。老年协会会员的基本情况见表 4 – 2。

表 4 – 2 村老年协会会员基本情况

类	别	人数(人)	百分比(%)	类	别	人数(人)	百分比(%)
性别	合计	164	100	政治面貌	合计	164	100
	男	72	44		党员	8	5
	女	92	56		非党员	156	95
年龄(岁)	合计	164	100	生活来源	合计	164	100
	60 ~ 69	104	63		自养	60	37
	70 ~ 79	44	27		子女赡养	94	57
	80 岁以上	16	10		村供养	10	6
文化程度	合计	164	100	生活状况	合计	164	100
	文盲	50	30		幸福	80	49
	小学	99	60		一般	64	39
	初中	14	9		差	20	12
	高中	1	1				

二 主要活动

老年人协会成立后,村委会提供 200 多平方米的房子作为活动中心的场地。平时可在活动中心看报、打乒乓球、打麻将、看电视、下象棋,以及学习了解国家时政新闻。黄湖村老年人群体分为三类:一是在外地工作回家休养的国家工作人员;二是在本县范围内工作回家休养的非农工作人员;三是本村 65 岁以上的村民。

村老年人协会是在县、镇两级老龄问题委员会的指导下,在村党支部和村委会领导下的群众性老年人组织,制定了协会章程,对老年人协会的宗旨和任务、会员权利和义务、协会组织领导等做出了规定。

在农村,老年人年龄大,辈分高,人生阅历丰富,说话有分量,针对性强,能抓住问题的关键,处事公道,令人信服,受人尊敬。他们平时生活在

老年活动中心

村民当中，外出活动较少，能及时发现各种矛盾纠纷并进行调解。村青年人协会成员懂得国家政策，熟悉本地风俗，待人热情，在村民中享有很高的威信。老年人协会的日常活动由威信较高的退休干部和老党员来组织。1999年，本村二组村民71岁的黄华才死亡，按传统习俗，其家人和亲朋想给他留个全身进行土葬，且家中已为他准备好了棺材，而当时正值国家提倡火葬，因此产生了矛盾。协会成员邱发明、孙书华等与村干部一起，买花圈到其家做工作，宣传火葬是新风俗，而且还可以请乐队，总费用比土葬低，最后其家人同意尸体火化安葬。在火化和安葬过程中，协会成员还亲自动手，其家人深受感动，加上村干部也出了面，其家人既获得了面子，又降低了费用，这一事件为在后来实行火葬开了一个好头，也让村民对老年人协会有了一个新的认识。

三　存在的问题

老年人协会尽管是一个经正式批准建立的组织，但总的来说这个组织还是很松散的。调查中问起村中老人，有的知道有老年人协会，而不清楚自己是不是会员。老年人协会在村中的地位，也受到成员以前工作经历和现实社会背景的影响。在调查中碰到的老人，他们对村中事务既有称赞的也有批评和提意见的，但这些批评和意见一般都不可能被村干部知道，说明老年协会并没有把村中所有老人都组织起来，或者说老年协会开展的活动并不多。

从传统习惯来说，中国农民无所谓退休，只要还有一些体力，就要参加劳动。黄湖的老人中，多数都参与家庭生产经营，或者经商做小生意，或者种菜、养鱼，或者从事拉板车等一般体力劳动，在家做家务的多是老年妇女或有退休工资的老人。因为这些原因，也影响到老年协会开展活动的频率。调查中我们感到老年人对集体事务都有自己的想法，但因为自己说了不起作用，多数人也只是把话闷在心里。从长远发展来看，要进一步发挥老年人协会的作用，靠村支部和村委会的更多支持，还要依赖村集体经济与村民家庭经济的发展，以及老年人民主意识的提高。

第三节　村养殖协会

一　基本情况

黄湖的养殖业在改革开放之后有了快速的发展，其中养鸡、养鱼、养猪都有相当的规模。为了解决分散的一家一户养殖过程中遇到的技术、销售、疾病防治等方面的问题，在村委会的号召下，黄湖村委会于1995年4月成立了养殖协会，协会会员的基本情况见表4-3。

表4-3　养殖协会会员基本情况

类　别		人数（人）	百分比（％）	类　别		人数（人）	百分比（％）
性别	合计	54	100	养殖种类	养鸡	16	30
	男	27	50		养猪	16	30
	女	27	50	固定资产（万元）	合计	54	100
年龄	合计	54	100		2～5	40	74
	39～49	50	93		6～10	8	15
	50～55	4	7		11～15	4	7
文化程度	合计	54	100		15以上	2	4
	初中	48	89	年纯收入（万元）	合计	54	100
	高中	6	11		1～2	26	48
养殖种类	合计	54	100		3～4	18	33
	养鱼	22	40		5～10	8	15
					10以上	2	4

协会按照"民办、民管、民受益"的原则,拟定了《协会章程》,凡是承认遵守《协会章程》的养殖户,都可参加村养殖协会。

二 主要工作

村养殖协会成立之后,主要从事以下几方面的工作:

(1)考察参观,引进新的养殖项目。每年由村干部与部分协会成员到全国各地考察参观1~2次,以了解各地养殖业的新变化。如发现有合适的新品种和项目就协商引进,有新的养殖技术则就地拜师学习。1997年,城关镇农业办公室和兽医站组织协会部分成员到武汉东湖区参观学习,掌握新的养殖技术,将原来用青草、下肥养鱼技术改为喂精饲料、打鼓、放音乐、立体养殖等新养鱼技术,使原来每年同一养殖水面只能起一次鱼,发展到现在随时都可以起鱼,保证一年四季有新鲜鱼出售,养殖收益也由原来每亩水面纯利润600元增加到现在的1000元以上。

(2)进行技术培训。一般每年请专家对养殖户进行两次培训。从1998年7月开始,每年请华中农业大学雷建宝教授来村授课一次。建舍、通风、消毒、取暖升温、给料、增氧、育苗、防疫、饮水等饲养过程中涉及的技术,都现场讲解,并将黄湖列为华中农业大学实习基地。平时养殖户既相互交流养殖技术,遇到难题一般由协会出面打电话向有关专家和技术服务机构咨询。

(3)统一管理服务。协会在建舍、建池方面统一规划,统一供种供苗,统一购饲料与药品,定期、集中防疫,对生产工具进行统一安排,协调使用。

(4)开拓市场联购联销。协会作为一个民间组织,充分发挥集体的力量,努力提高养殖户进入市场的组织化程度和抵御市场风险的能力。在产品销售方面,协会积极拓展销售渠道,有专人搜集市场信息,在签订购销合同之后,统一安排各养殖户的销售数量和价格,避免各自为战的恶性竞争。讲求市场信誉,也是协会的工作内容之一。1999年夏,为了按合同规定时间将乌鸡运到广西,协会要求养殖户牺牲暂时利益,组织货源在亏损情况下保证客户需要,从此建起了一个新的稳定的销售渠道。

养殖协会的成立为黄湖的养殖业健康发展提供了保障。现在几家养殖大户都已掌握了专业技能，建立起固定的市场关系，积累了较雄厚的资金，一方面自己致富，另一方面也为集体经济的发展做出了贡献。协会下一步要解决的问题主要是如何带动更多的村民参与，建立品牌，以及寻找更多的销售渠道等。

第四节 村计划生育协会

一 基本情况

黄湖村计划生育协会成立于 1998 年 3 月，是在云梦县城关镇委、镇政府以及云梦县计划生育委员会的指导下，为动员和组织广大居民实行计划生育，控制人口过快增长，提高人口素质，促进人口、经济、资源、环境协调发展和可持续发展而建立起来的一个为计划生育事业服务的非营利性群众组织。

截至 2000 年 12 月，协会拥有会员 188 人，会员联系户 290 户，占全村总户数的 81.7%。协会会员由"五老"（老党员、老干部、老模范、老职工、老长辈）、科技致富带头人和实行计划生育的积极分子组成，占当地总人口的 15% 左右。

村计划生育协会按照"协会建在村上，活动落实到组上，作用体现在育龄居民身上"的要求，大力加强计划生育协会组织建设。该组织配备有 1 名会长，1 名副会长，两名理事。这些人选先从村"两委"成员或"五老"人员中推举出来，然后由会员代表大会选举出理事会成员，再由理事会选举出会长、副会长。村计生协会理事会吸收青年、妇女、民兵、治安等组织负责人、计生会员小组组长、"五老"人员、致富能手和计划生育积极分子参加。理事会的主要组成人员为徐新平、罗大荣，他们同时是村"两委"成员。该组织的具体结构网络如图 4-1。

二 主要成绩

1. 计划生育一直稳定在低生育率水平

全村 7 个村民小组，三年来没有一户出现计划外生育。1998～2000 年，

```
                ┌─────────────────────────┐
                │     黄湖村计划生育协会      │
                └─────────────────────────┘
```

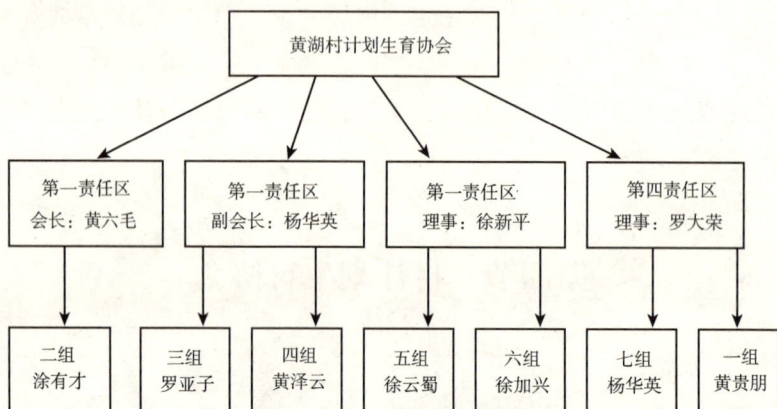

图 4-1　黄湖村计划生育协会结构网络图

育龄妇女平均生孩子1.1人，有30%的家庭领取了独生子女光荣证。年均人口出生率5.8‰，除1998年的人口自然增长率为5.5‰以外，其他两年均为负增长率（1999年为-3.9‰，2000年为-5.6‰）。

2. 广大农民的婚育观念有了明显转变

千百年来"多子多福"的传统观念已基本破除，"重男轻女"、"传宗接代"等旧观念也有很大的改变。"少生优生，幸福一生"正在成为广大农民的自觉追求，计划生育再也不需搞强制命令，不需搞突击活动。

3. 始终坚持"两种生产"一起抓

村计划生育协会普遍开展了以"少生优生、富裕文明、健康幸福"为目标的新家庭计划活动，把计划生育与脱贫致富有机结合起来，不但有效地控制了人口增长，而且促进了经济发展。居民称赞道："计划生育搞得好，小康生活来得早"。控制人口与经济发展走上良性循环的轨道。

在各级党委、政府和全社会的大力支持下，黄湖村计划生育协会已成为云梦县城关镇影响较大的群众组织之一，成为镇计划生育事业中一支不可缺少的力量。

三　主要工作

村计划生育协会根据地缘和专业，划分会员小组和会员联系户，把全村各户密切联系起来。协会会员通过管自己、教子女、帮亲戚、带四邻，组织居民开展自我教育、自我管理、自我服务，把计划生育与发展经济、提高生殖健康水平、建设文明幸福家庭相结合，形成多数人做少数人工作的局面，收到了事半功倍的效果。

1. 发挥自身优势，做细致的群众思想工作

村计划生育协会以协会活动室为阵地，新家庭活动为载体，有计划、有目的地开展各种计划生育活动，并制订了《计划生育村规民约》、《计划生育民主管理工作规范》、《计划生育民主管理职能》、《计划生育民主监督小组工作职责》、《计划生育协会章程》、《协会会员在计划生育民主管理中的职责》等规约，基本实现了计划生育村民自治、建立了民主管理机制。在村党支部的领导下，村计划生育协会发挥会员多、联系广的优势，开展形式多样、内容丰富的宣传思想工作。村计划生育协会会员与周围居民朝夕相处，对居民的思想和要求最了解，并能在茶余饭后、田间地头、工地场所，随时随地做细致的工作。尤其是"五老"会员，有经验、有威信、有时间、能结合实际进行今昔对比，做居民的思想工作。居民称赞"事大事小，'五老'一到就了"。有知识、懂技术的会员现身说法，引导居民正确对待个人、集体与国家利益的关系，少生快富奔小康。协会会员经常登门入户，针对每户的思想障碍，进行耐心细致的宣传教育，把大道理和小道理结合起来，深入浅出，入耳入脑，"一把钥匙开一把锁"，解开居民的思想疙瘩。

2. 落实服务，积极宣传计划生育知识

村计划生育协会遵循"协会的生命力在于活动，协会的凝聚力在于服务"的理论，做到工作和活动常年开展，从不间断，每季召开一次理事会议，每年一次会员大会，协会活动全年不少于 10 次。就他们的具体工作来说，一是落实了培训服务，建立了高标准的人口学校，并配齐了电教设备和电脑，三年来，开展形式多样的宣传活动 300 多次，利用人口学校对 200 多对夫妇进行了计划生育方面的培训；二是为育龄妇女的"三查"提供了全程的免费技术服务；三是社区计划生育服务室对需要避孕药具的和有妇科病的育龄妇女实行跟踪服务；四是为居民的婚育证明、出生证、结婚证等的办理提供免费的办证服务；五是为计划生育困难户提供了最低生活保障金的服务，为促进居民自觉参与计划生育工作提供了保证。协会会员针对每个育龄居民的实际情况，从未婚到新婚、怀孕、生育、更年等不同时期，登门入户做工作。对未婚青年，讲青春期生理、心理发育和性健康知识，讲晚婚晚育的好处。对新婚夫妇，介绍新婚性生活、最佳怀孕期选择等知识，指导他们搞好新婚避孕和优生优育，把避孕药、避孕套、避孕膜等药具送到家里，放到妇女的手上，告诉使用方法和注意事项。对已生育孩子的夫妇，指导他们在产后及时采取上环、结扎输卵管、输精管或其他节育措施。通过会员深入的工作，使每个育龄夫妇都能选用最适宜的避孕节育措施。三年来，村计划生育协会把婚育新风送进千家万户，形成了一个计划生育靠你、靠我、靠她，优质服务为你、为我、为她的良好氛围。

3. 为居民解决生产生活中的实际困难

村计划生育协会以服务为宗旨，在党支部的统一安排下，主动协调社会各方，献爱心，送温暖，帮助居民排忧解难。协会会员大多是志愿者，他们无私奉献，为居民服务，有很高的积极性。他们为计划生育困难户帮种、帮收，解决生产、生活、看病、小孩入托入学等困难。村计划生育协会发挥致富能人的作用，组织居民学科技、用科技，开展"会员带农户"、"先富帮后富"、"手拉手共同富"活动，实施救助贫困母亲的"幸福工程"。一是通过懂技术、会管理、先富起来的会员与计划生育困难户结对帮扶，帮助困难户开辟致富门路。二是通过建立养殖、加工基地，把优良品种和技术辐射到计划生育困难户，帮助他们增加收入。三是牵线搭桥，吸收计生户到村办或民办企业做工，学习技术，增加收入。针对扶贫资金难以到户到人的问题，村计划生育协会发动理事、会员协助村委会，民主确定帮扶对象，落实帮扶项目，使贫困户很快脱贫。村计划生育协会还先后资助了15名面临失学的儿童上学，探索农村"三结合"的路子。总之，服务搞好了，什么事情都好办了，计划生育也就不难了。

4. 积极参与村民主政治建设

村计划生育协会是村里网络最健全、工作最活跃的群众组织之一，协会会员又是村民当中的积极分子，计划生育协会参与村民自治有着独特的优势。一是通过村民小组、会员联系户的活动网络，经常收集居民的意见和建议。二是通过理事、会员、小组长进门入户谈心，随时随地地倾听居民的呼声。三是协会每季度召开一次理事会，征求居民意见，为村里的计划生育和其他各项工作当参谋、出主意。四是协会中许多理事、会员、小组长是村民代表、民主理财小组成员，他们积极参与了村务公开和民主管理，加快了村民主法制建设的进程。据统计，1998～2000 年村计划生育协会理事、会员、小组长参加村"两委"有关决策会议 100 多次，提出意见和建议近千条，其中有 323 条建议已见到实效。村计划生育协会坚持开展"黄湖村群众满意程度问卷调查"活动，对计划生育行政部门的工作进行监督，维护了育龄居民的合法权益。

实践证明，村计划生育协会是党和政府联系居民的桥梁和纽带，是居民自我教育、自我管理、自我服务的重要载体，是新时期加强思想政治工作的有效途径，是推进计划生育和村"三个文明"建设的一支重要力量。

四 存在的问题

1. 部分小组组长领导不力

村计划生育协会成立后，有部分小组组长对计划生育协会在计划生育和基层"三个文明"建设中的作用认识不足，认为当前村计划生育协会主要是抓计划生育工作，而抓计划生育工作最得力的机构是专门的计划生育办公室，只要抓好了计划生育办公室的工作，就可以做好计划生育工作。这不利于该协会的正常工作。

2. 组织建设有待进一步完善

村计划生育协会是在上级的统一要求下，由城关镇政府在 1998 年发文成立的，领导层人选仅仅是村"两委"成员，没有其他方面的代表，发展会员也不规范，只要是育龄妇女，不管你知道不知道，同意不同意，都由村计生员统一填入《城关计划生育协会会员申请表》，再在"村民委员会"一栏中填上"属实上报"并加盖公章，最后由镇计划生育办公室签上"同意入会"的意见就成为正式会员。这不利于该协会的健康发展。

3. 部分会员不清楚自己的权利和义务

由于发展会员的不规范和对协会的宣传不到位，部分会员不知道自己应享受的权利和必须履行的义务。这不利于该协会正常开展活动。

第五章　社会分层和社会流动

中华人民共和国成立以来，经历了由新民主主义向社会主义过渡、社会主义建设、改革开放等几个时期。随着各个不同历史时期的经济、政治、文化、社会的发展变化，黄湖村的社会阶层结构也不断地发生着变化。对于阶层的变化状况进行分析研究，以透视该村的经济、政治、文化、社会的发展，有着特殊的意义。

第一节　社会分层的历史演变

一　土地改革时期的阶级划分

在土地改革时期，中国农村社会的阶级划分，是以马克思主义的社会成员在生产关系体系中所处的地位，特别是生产资料的占有关系及由此决定的社会成员在社会劳动组织中所起的作用和领取社会财富的方式、数量等为标准的。

中华人民共和国成立后，随着中国村庄社会发生的一次大规模的变革，黄湖村从 1951 年冬至 1952 年夏初，进行了一场史无前例的土地改革。土改的目的是为了消灭封建土地制度，把地主占有的大片土地分给没有土地或占地极少的农民耕种，从而解放生产力，发展农业生产，推动农村社会前进。当时中央政府颁布的土地政策是："依靠贫农、雇农，团结中农、中立富农，有步骤、有分别地消灭封建剥削制度，发展生产力。"因而在进行土地改革时，首先就要划分阶级成分。阶级成分是根据家庭占有生产资料的多少与是否存在雇工剥削的情况来划分的。但中国农村地域辽阔，各地域人均土地占有状况不同，所以各地执行土改政策时可以根据当地的土地实际情况进行，也就是说以占有多少土地来划分何种阶级成分是相对而言的。在吴毅所著的《村治变迁中的权威与秩序》一书中就谈到浙北海宁地区占有土地 30 亩被划为地主的规定，而黑龙江省也有占有土地 150 亩仍然是中农的现象。那么黄湖村理所当然就可以依据本村的土地实际情况因地制宜了。黄湖村划分阶级成分同其他地区一样，是以家庭为单位的土地经营情况来划分的。据参加过该村土改的农协会成员邱发明老人回忆，那时根据该村的实际把全村的 173 户划分为雇农、贫农、上中农、中农、下中农、小土地出租、富农、地主等 8 个不同的阶级成分。没有土地和房屋，只能靠给地主家打工干活来维持基本生活的家庭为雇农。占有不到 1 亩耕地的，农具、耕牛等生产工具不齐全的，从自家地里生产的农产品根本不够一家一年的基本生活需要的家庭为贫农。占有 1 亩到不足 5 亩耕地的，好的年成自产的农产品可以勉强维持一年的基本生活需要的，有住房但十分狭小简陋的，农具、家具也很不齐全的家庭为下中农，他们的日子只能说比贫农稍微好一点而已。占有 5 亩到不足 10 亩耕地的，自产的农产品能够供给基本生活需要的，有砖木结构住房，农具、家具也比较齐全的家庭为中农。占有 10 亩到不超过 15 亩土地的，自产农产品除了能供给全家基本生活需要还有剩余的，住房较宽敞且条件较好的，农具、家具都很齐全的，农忙时节有能力请月工或短工但家庭成员都参加劳动的家庭为上中农。占有土地同上中农差不多但出租给别人耕种的家庭为小土地出租。占有 16 亩以上土地的，只雇短工、月工而不雇常年工的，生活富裕，收入的 30% 到 70% 为剥削，家庭成员只参加部分劳动的家庭为富农。占有土地 20 亩以上的，不仅雇有月工、短工，还雇有 1 人以上常年工的，家庭成员都不参加劳动的，家庭生活全靠雇工剥削和收取地租的家庭为地主。地主与富农的最主要的区别界限就在于是否具有雇常年工的能力。根据以上标准，全村 173 户中，所划分的阶级成分，贫下中农为大多数，而其他几种成分都是少数。详细情况见表 5 - 1。

根据当时的政策，没收了 4 户地主的土地 350 亩，而没有没收富农和小土地出租的土地，只是劝说他们出让了土地 30 亩，上中农和中农的土地不变。这样，雇农和贫下中农所分得的土地仍然有限，人均只有 8 分地。从表 5 - 1 中可以看出，经过土地改革以后，地主只有 10 亩土地，人均 0.2 亩；富农拥有 110 亩土地，人均 3.7 亩；上中农拥有土地 90 亩，人均 2 亩；中农

表5-1 土地改革前各阶层户数、人口和土地占有情况

项目 成份	户数 （户）	人口 （人）	土改前耕地			土改后耕地		
			亩	百分比（%）	人均（亩）	亩	百分比（%）	人均（亩）
总　计	173	856	824	100	0.96	824	100	0.96
地　主	4	50	360	43.7	7.2	10	1.2	0.2
富　农	4	30	130	15.8	4.3	110	13.3	3.66
上中农	6	45	90	10.9	2	90	10.9	2
中　农	9	55	75	9.1	1.36	75	9.1	1.36
下中农	127	593	153	18.6	0.26	469	56.9	0.79
小土地出租	1	5	15	1.8	3	5	0.6	1
贫　农	20	75	11	1.3	0.15	60	7.3	0.8
雇　农	2	3	0	0	0	5	0.6	1.66

资料来源：据黄湖参加过黄湖土改的两位老贫农的记忆。

拥有土地75亩，人均1.4亩；下中农拥有土地469亩，人均接近0.8亩；贫农拥有土地60亩，人均0.8亩；雇农拥有土地5亩，人均1.7亩。这一组数据告诉我们，一方面，除被打倒了的地主外，贫下中农和雇农所拥有的土地，从相对的数字来看，同富农和上中农的差距还是很大的，富农所拥有的人均土地是贫下中农的4.6倍；上中农所拥有的人均土地是贫下中农的2.5倍。加之富农和富裕中农本来就农具齐全，经济基础厚实，而贫下中农和雇农，农具仍不齐全，而且从来就没有经济基础和实力，他们仍然难以缩短同富农、上中农的经济差距，也就是说，村里经过土地改革以后，除地主外，其他阶级之间的差距，即经济差距，在一定时期内仍然是存在的。但是从农户拥有土地的绝对数字来看，土地人均最多的也不过3.7亩而已，因全村土地总量有限，人均只有0.96亩，所以想要单从经营土地来做文章，家庭经济无论如何也难以富裕起来。这在此处不是要写的主要范围，所以就不做多论了。

　　土改后，黄湖村的贫困农民，得到的土地虽然不多，尚不能满足他们对土地的需要，或者说一时还难以完全改变他们困难的经济状况，但不论怎么说，他们的家庭经济和社会生活都要比以前的状况好得多，尤其是就政治来说，具有无比重大的意义。首先是改变了原来土地集中在少数人手上的历史，消灭了封建土地制度，摧毁了村落中封建等级制的根基，从此，贫苦农

民们再不是低人一等而是革命中昂首阔步的先进阶级。其次是改变了他们原以为贫穷是命里注定，贫穷则是耻辱的观念；他们认识到剥削制度是他们贫困的根本原因，地主剥削是最可耻的行为，今日打倒了封建地主阶级，消灭了封建剥削制度，今后通过自己的辛勤劳动照样可以富裕起来。因此，他们感到自身的无比光荣，能得到共产党的无限温暖、爱护和关怀，对自身的前途充满着无限的希望和信心。

二　农业合作化和人民公社化时期的阶层划分

土地改革后至农业合作化前，虽然已消灭了地主，但阶级成分依然是存在的。农业合作化后，经过社会主义改造，消灭了阶级，阶级成分不复存在。直至改革前，虽未对社会阶层结构作出划分，但作为政治身份而言，实际存在着工人、农民、知识分子（干部）三个阶层，或者称作两个阶级一个阶层。

土地改革后的一个相当长的历史时期内，土地改革中划分的阶级成分，一直都是存在着很大差别的。1953 年，黄湖村开展农业互助合作运动，当地政府首先动员和组织村里的贫雇农和下中农成立了互助组，实行户与户之间的换工互助，暂时不搞生产资料集中与收益集体化分配。这种互助换工的方式能够解决困难户在农忙时节耕牛、农具缺乏，生产人手不足的问题，避免了耽误季节而减产的现象。参加互助组的农户，能得到当地政府的特别关照，如给予肥料和农机具的支持，减少交国家粮的数额，显示出加入集体组织的农民所得到的经济实惠，尤其是突现了集体农民在政治上的光荣地位和优越感，他们是首先步入集体化道路的农民，令其他阶层的农民无比羡慕。

1954 年 7 月，黄湖村在互助组的基础上开始办初级农业生产合作社。这时，对入社的农户也是讲阶级成分的。对于雇农和贫下中农，则是积极动员他们入社，入社后，他们是社里的主体。中农要求入社的，则要他们在有关会议上自愿表态。上中农要求入社的，要履行一定的手续和程序，先由本人写入社申请书，并考查其态度是否端正、真诚、积极，再经过组织讨论，研究决定，方可入社。至于富农、地主根本就没有资格入社，他们一律被排斥在集体之外。根据这种现象，则可把当时村内的农户分作两大阶层，其一大阶层是社员户，另一大阶层是单干户。社员户其土地入股，仍归各户所有，但是土地的耕作经营皆由集体统一安排，耕牛和大型农具折价入社，统一使用。年终进行分配，社里一年收入的农产品和现金，除留足用于扩大再生产和社员福利的公积金、公益金外，其余全分给社员。其分配方式是按劳动工分分配和入股的土地分红相结合。入社的农户其政治地位基本一样，都享有合作社社员身份的荣誉，得到集体组织的荫庇和关爱，并享有选举社内干部的权利。他们在生产生活上遇到什么困难，能首先得到合作社和当地政府的扶持和帮助，这是单干户所难以得到的。合作社内的农户与农户之间在经济收入上虽然仍有差距，但因分配方式是以按劳分配和按股分红相结合进行的，所以大家都感到比较合理。入社后的农作物产量比以前明显增加，农户生活水平明显提高。而单干户像无娘的孩子一样，享受不到集体的关怀和资助，得凭自己孤身去干。

1956年底，随着全国性的农业合作化高潮的到来，黄湖的5个初级农业合作社转并成一个高级农业合作社。这时无论是游移在外的富裕中农（上中农），还是被排斥在外的地主富农，一起被这集体化的浪潮卷入进来，全村183户的男女农民都成为黄湖村高级农业合作社的社员，各户的私有土地、耕牛和大型农具一律归集体所有。这标志着农业社会主义改造的基本完成，土改时划分的8个阶级成分也不复存在，大家只有一个共同的名称，那就是"社员"。社员们一起参加集体的生产劳动，按劳动力的等级评工记分，即壮年男劳动力（称主劳动力）干一个劳动日可记10分（为满分），壮年女劳动力（称副劳动力）干一个劳动日可记8~9分，老弱及未成年男女劳动力（称附带劳动力）干一个劳动日可记5~7分。年终按各户所得劳动工分进行分配，也就是单一的按劳分配方式，家庭劳动力多的，勤出工的，所得的工分多，分红就多；家庭劳动力少的，出工少的，所得的工分少，分红就少。但吃粮不按劳动工分分配，而是按人口分配，因为在那吃粮定计划的年代，各人的基本口粮必须分发，只是壮年劳动力比老弱病残及未成年劳动力多一点，比小孩及非劳动力更多一点。有的家大口阔户挣得的劳动工分少，所得报酬不够抵口粮钱的，则可以交钱取回口粮，没钱的，也可以将基本口粮领回，将欠下的钱记在该户账上，待下年分红时扣还，这样的农户当时被称为"超支户"。其实进钱的农户也进不了多少钱，一般的户有几十来元，最多的也只有三四百元。这就是说村内农户间在经济上的差距较之以前小了许多。

但是土改时期划分的八个阶级成分在政治上还是有差别的，例如地主富农的子女不能报名参军，上中农的子女参军要慎重考虑，贫下中农的子女参军优先；政府的救济款首先只能照顾贫下中农。

1958 年，随着人民公社化运动的到来，黄湖成为人民公社的一个生产大队，自此以后，在"政社合一"的体制下，集体规模更大，公有化程度更高，集体所有制更巩固，家庭完全失去了经营权和经营能力，村内的劳动力完全滞留在狭窄的耕地上和集体经济的范围内，农户间在经济上几乎没有什么差别，大家住着同一类型的房子，吃着共同生产的粮食，并且都是定量供应，数量相差不多，所以在经济上是不分层的，也难以分层。这个时期主要是政治上分层，从政治身份和户籍身份来划分等级，这就是干部、工人、农民或城市户口（也叫商品粮户口）与农业户口。当然黄湖的居民全是农业户口，但有少数家庭的主要成员是在国家机关或企事业单位工作的干部或工人，其社会地位和经济状况都比纯农民家庭优越得多，所以我们仍然可以把黄湖的社会成员分为干部、工人、农民三个阶层。

干部在黄湖又可分为三类（或叫三个亚层）。一类是指能按月领取国家财政工资，吃国家供应粮，享受公费医疗和城市福利待遇，在国家行政机关或事业单位工作的人员，一般被称作"国家干部"。这些人的户籍和工作，虽然脱离了农村，但其家庭仍然在农村，即黄湖村生产大队，其家属子女虽是农业户口，但理所当然地也享受到他们按月领取的国家工资和某些方面的优越待遇。这样的家庭比那些要等到年终结算才有红分的纯农户家庭的经济状况好得多。同时他们的社会关系广泛，其子女上学，找工作的机会也比纯农户子女多得多，条件好得多。再说，有人在外当干部的家庭，可被称为干部家属，有政治地位，名声好听，令人羡慕，子女好找对象。二类是在国家行政或事业单位工作，能按月领取国家财政工资，但户籍尚在农村，要从家里背粮到单位上班的工作人员，人们称其为"背米袋子的干部"，即不是正式的国家干部，他们的工资要比正式国家干部的低，福利待遇差，没有公费医疗。但是他们比纯农民的经济情况好，社会地位高，一是每月有活钱，收入稳定；二是有等待机会转为正式国家干部的希望。三类是在生产大队或在生产队工作的人员，即生产队干部，他们的户籍和工作都在本生产大队，或者说原本就是吃农村自产粮的农民，没有国家财政工资，只能和社员一样凭记劳动工分，年终和社员一起参加分红。但他们有着一定的权力，能决定社员的劳动活路分派和劳动时间，决定社员的报酬等级和生活物资的分配，决定对社员的奖励和惩罚。社员的入学、参军、婚嫁或外出都必须获得这些干部的许可和同意。升学、招工、转干意味着可以由农业户口转为城市户口，跳出"农门"，但这些都必须经过大队政审，出具证明，所以干部子女的机会比普通社员的机会多。生产大队和生产队里的干部在报酬上当然也比普通社员多，那就是除按同等劳力靠记工分外，一年还可另加 500 分。如果出差或参加公社与县里的会议则另有生活补助费。

工人，是指在国家企业工作、按月领取固定工资、吃国家供应粮的工作人员，他们可以享受劳保福利，医疗费用可以在企业报销。这些人同国家干部一样，户籍和工作虽然不在农村，但其家庭在黄湖村生产大队，其家属子女也可享受到他们每月所取得的工资和某些方面的待遇，这样的家庭也比纯农户家庭的经济状况好，社会地位高，所以每当遇到生产队里来了国家招工指标时，大家都争着去找队里的干部申请名额。

农民，本来是指直接从事农业生产的劳动者，但在合作化和公社化时期，农民是个扩大了范围的概念，不论是否从事农业生产，凡户籍在农村，从事生产队集体劳动的社员，一般都称为农民。直接从事农业生产的劳动者，实行评工记分制。从事搬运、纺织、印染、医疗卫生、文化教育、农业技术指导和大队企业生产的社员，也都按同等劳力评记工分，他们只是劳动分工的不同，但经济和政治待遇一样，他们是同类性质的公社社员。社员隶属、依赖于集体，集体有对社员荫庇的义务和控制的权利。社员只管参加集体的生产劳动，而不必过问生产计划如何安排，农产品如何处理，收益如何分配。他们必须无条件地服从集体对其劳动活路的分派，收益分配的决定，外出活动的控制。

这几个阶层的存在一直延续到人民公社解体前。另外要说明的是，阶级斗争、阶级对立的浓厚意识，土改时所划分的阶级成分间的政治地位的差别意识，也一直延续到改革开放时才开始逐渐淡化。

三　改革开放以来社会分层的变化

1978 年 12 月党的十一届三中全会的召开，标志着中国社会进入了改革开放的新时期。自此，随着经济体制改革的展开和不断深入，社会生活发生着翻天覆地的变化，人们传统的阶级对立意识和阶级观念在日益淡化和消失，一种新的以职业为标准来划分阶层的意识和观念正在逐渐形成。尤其是人民公社解体，普遍实行家庭联产承包责任制以后，农村富余劳动力日益增多，农民重新选择职业的机会日益增多，从而引起以农民为母体的农村劳动力的职业大分化。这种形势的发展促使农村社会研究工作者越来越迫切地要求弄清当前农村出现的新阶层的界限，认识这些新阶层的新状况新特征，以便给党和国家在新时期的方针政策的制定提供与时俱进的依据与参考。就农村整体而言，为适应由传统的计划经济走向市场经济的新形势新特点，从而推动农村现代化的向前发展，我们非常有必要分析研究当代中国农村社会阶层分化的这一重大问题。陆学艺教授在他主编的《当代中国社会阶层研究报告》一书中指明："研究当代中国社会阶层分化问题的目的，应当是为了团结和动员更多的社会力量来实现社会经济的发展目标，是为了建设好现代化的社会主义国家。"这正是我们今天分析研究黄湖村落社会阶层分化的宗旨。

改革开放以来，黄湖农民阶层结构的分化，具体表现在职业结构的变化及其引起的经济收入结构、生活水平线和社会地位等方面的变化。

1. 职业的分化

职业的分化最能反映黄湖农民阶层结构和社会地位的分化。

1981 年黄湖开始实行家庭联产承包责任制。在此之前，这个村落的耕地虽然很少，但大多数劳动力基本上是滞留在农业之上的，虽有少部分人做搬运工，或在队办企业中做工，但仍然是由生产队所指派，只能在队里记工分，不能拿工资，不能个体经营，年终时一起参加农业分配，因此，大家都被称为"农民"，也就是同一个职业。一切社会资源归集体所用，他们没有资源使用权和支配权，所以大家都同属一个阶层。但自实行家庭联产承包责任制以后，村民们又回到了家庭经营这个角度，有了一部分使用和支配资源的权力，原来滞留在农田上的部分富余劳动力开始走出农田，试探性地寻求新的出路。因黄湖村落东靠县城和汉丹铁路，西临府河，所以他们首先转向的是运输业和河沙开采业，经过一段时间的经营，这些人逐渐富裕起来，因而从事运输和河沙开采的人也渐渐多了起来。尤其是当时的运输业极为走俏,挣钱容易,有的村民手上有了钱,便买了农用机动车,专门从事起运输来,后来竟发展成为一个拥有100人80台农用机动车的运输群体。同时村内还出现了养殖群体、建筑群体、工商业群体、服务业群体、打工群体等,再就是滞留在原有耕地上的种植业群体。村内呈现少数人种地多数人新谋职业和出外打工的景象。据318份户卷调查统计,黄湖村民的从业分布如表5-2所示。

表5-2　2002年村民从业分布状况

职　业	人数(人)	百分比(%)	职　业	人数(人)	百分比(%)
运输业	93	11.4	养殖业	23	2.8
建筑业	79	9.7	种植业	249	30.4
工商业	193	23.6	其　他	64	7.8
服务业	117	14.3	合　计	818	100

2. 经济收入结构的分化

在市场经济体制下,随着职业的分化,带来了经济收入结构的分化。在集体化时期,农民不能自主经营,不论干什么活,都只能记工分,而工分的差别也不很大,分配基本处于平均主义状态,所以农户之间的经济收入没有多大差别。生产队的经济收入好大家都好,经济收入差大家都差。但实行以家庭为单位的自主经营后,农民有了自由选择职业的权利。生产劳动积极性极大提高,家庭独立经营活动活跃起来,个人的智慧和能力得以充分发挥与施展,于是农户间原来在同一等级上的经济收入也开始分化。缺乏一技之长和能力且思想保守的农民仍旧守在原来极其有限的一点耕地上,其经济处于贫困状态,甚至感到失去了原来集体的依赖,生活过得很不踏实。具有一定专长和能力且思想开放,有胆识有眼光的农民冲破各种阻力,走出困守了多少代人的耕地,参与极富魅力的市场竞争,闯出一条致富之路,很快改变了原来家庭的贫困状态。课题组深入黄湖村进行逐户调查,仅就2001年的收入而言,有的家庭纯收入在10万元以上,有的家庭却只有一两千元。据318份户卷调查,我们做了有关统计,其具体结果如表5-3所示。

表 5 - 3　2001 年村民纯收入分组分布

户收入(百元)	户数(户)	百分比(%)	人均收入(百元)	户数(户)	百分比(%)
合　计	318	100	合　计	318	100
30 以下	4	1.3	20 以下	32	10.1
31 ~ 50	15	4.7	21 ~ 30	78	24.5
51 ~ 100	64	20.1	31 ~ 40	78	24.5
101 ~ 200	150	47.2	41 ~ 50	47	14.8
201 ~ 300	42	13.2	51 ~ 60	31	9.7
301 ~ 400	25	7.9	61 ~ 100	34	10.7
401 ~ 500	7	2.2	101 ~ 199	11	3.5
501 ~ 999	9	2.8	200 ~ 299	5	1.6
1000 以上	2	0.6	300 以上	2	0.6

如果将年人均纯收入在 2000 元以下的划为下等，则有 32 户，占总户数的 10%；将人均纯收入在 2100 ~ 4000 元的划为中下等，则有 156 户，占总户数的 49%；将人均纯收入在 4100 ~ 10000 元的划为中等，则有 112 户，占总户数的 35.2%；将人均纯收入在 10100 ~ 19900 元的划为中上等，则有 11 户，占总户数的 3.5%；将人均纯收入在 20000 元以上的划为上等，则有 7 户，占总户数的 2.2%。

据 318 份户卷调查统计，人均纯收入最高的户是运输专业户，人均纯收入均在 6000 元以上；其次是养殖业，人均纯收入在 5000 元以上的占 90%；再其次是商业服务业，人均纯收入在 5000 元以上的占 66%；收入最低的是农业，人均纯收入在 5000 元以上的只有 5.9%。

3. 生活水平线的分化

经济收入等级的分化，必然带来生活水平线的分化。人们的生活水平是随着经济收入的变化而变化的，经济收入大小的不同必然会带来生活水平线的不同。据 318 份户卷调查统计，其中有两组数据可以反映出村内居民生活水平的差距，一组数据是关于家庭在 2001 年的生活消费支出，另一组数据是关于村民的建房状况。生活消费水平见表 5 - 4。

如果将人均消费支出在 2000 元以下的划为下等，则有 89 户，占 28%；在 2100 ~ 3000 元之间的划为中下等，则有 118 户，占 37%；在 3100 ~ 4900 元之间的划为中等，则有 71 户，占 22.3%；在 5000 ~ 9900 元之间的划为中上等，则有 33 户，占 10.4%；在 10000 元以上的划为上等，则有 7 户，占 2.2%。

表5-4　2001年村民生活消费支出分组分布

户支出（百元）	户数（户）	百分比（%）	人均支出（百元）	户数（户）	百分比（%）
合　计	318	100	合　计	318	100
20以下	1	0.3	10以下	1	0.3
21～29	7	2.2	11～20	88	27.7
31～49	22	6.9	21～30	118	37.0
50～99	117	36.8	31～49	71	22.3
100～199	130	40.9	50～79	24	7.5
200～299	29	9.1	80～99	9	3.0
300～399	4	1.3	100～149	3	1.0
400～499	2	0.6	150～199	2	0.6
500～999	3	0.9	200～299	1	0.3
1000以上	3	0.9	300以上	1	0.3

在追求平均主义的年代，黄湖村居民的房子统一调整过，基本上都是砖木结构，面积相差不大的同一类型的平房。但经过20多年的改革开放，截至2002年我们进入村庄内调查时发现，绝大多数居民户已按照自己的经济实力进行了改造和重建。其现状是土房6户，占总户数的1.9%；竹木结构2户，占总户数的0.6%；砖木结构59户，占总户数的18.6%；2～3层楼房240户，占总户数的75.5%；三层以上楼房7户，占总户数的2.2%；未做回答的有4户，占总户数的1.3%。其具体面积见表5-5。

表5-5　2002年住房面积分组分布

建筑面积（平方米）	户数（户）	百分比（%）	居住面积（平方米）	户数（户）	百分比（%）
40	4	1.3	20以下	11	3.5
50～60	6	1.9	25～30	25	7.9
65～80	24	7.5	34～50	87	27.4
85～100	20	6.3	52～60	57	17.9
102～150	136	42.8	62～80	66	20.8
154～200	83	26.1	84～100	53	16.7
202～300	39	12.3	105～150	11	3.5
360～400	2	0.6	160～200	4	1.3
500	1	0.3	425	1	0.3
无回答	3	0.9	无回答	3	0.9
合　计	318	100.0	合　计	318	100

318 户中居住面积 10~30 平方米的有 36 户，占总户数的 11.3%，为下等；34~50 平方米的有 87 户，占总户数的 27.4%，为中下等；52~100 平方米的有 176 户，占总户数的 55.3%，为中等；105~150 平方米的有 11 户，占总户数的 3.5%，为中上等；160 平方米以上的有 5 户，占总户数的 1.6%，为上等；未作回答的有 3 户，占总户数的 0.9%。住房质量居于上等的，其内部装修可谓现代化，四壁有木质墙群，天上有石膏吊顶、彩色吊灯；地上有光亮瓷砖；现代化的厨房、卫生间、洗澡间等设施完善，客厅的沙发、彩电、组合音响、挂钟样样齐全。住房质量居于下等的房屋低矮潮湿，室内仍是六七十年代的老式家具，没有电视机、电冰箱等家用电器。

4. 社会地位的分化

改革前绝大多数同处于被领导、被指挥，单一从事生产劳动而无生产经营权、无生产计划安排权、无农产品处理权、无效益分配权的社员地位的农民，经过 20 多年的改革，其社会地位发生了多极变化。

部分有文化有技术有资金懂经营的中年农民，进入县城或在村内兴办起自己的企业，他们集生产管理、计划安排、经营方式、产品处理、收益分配等权利于一身，成为私营企业主，具有这家企业的绝对权威。他们既有对国家缴纳一定数额税款的贡献，又有解决部分农村富余劳动力就业的功劳，受到当地政府的重视和有关部门的支持，令村民们十分羡慕和钦佩。一部分有技术有少量资金的中青年农民，他们从事个体建筑、运输、加工或商业，成为个体工商业者，虽无雇工的规模和能力，但他们也无需求雇于人，能独立生产和经营，很快改变了原来的贫困状态，对村里的经济发展起着重要的推动作用。一部分有文化但无突出技术专长，也无经营资本的青年农民，他们不甘心在村内受穷，也不愿做世代的种田农民，便到大城市去打工学技术，想闯出一条新的致富路来。他们来去自由，不受村组织和家庭的束缚，但在受雇的合同期内，绝对服从雇主的指挥和调遣，只能被动性地劳动，而无权自行生产、自行经营、自行发挥。但他们的经济收入比在家里进行农业生产强得多，文化生活丰富得多，所以出外打工的逐年增多。一部分老弱病残的或是没有什么文化，年龄偏大一点的农民，他们认为自己没多大能耐，只好留守在那点面积不大的耕地上，静心地进行着耕作经营，在社会上他们无声无息，在家庭内不能左右家庭经营和生活，只能起些辅助或补给生活的作用。

从以上所述的四个方面的分化过程来看，引起黄湖农民阶层结构分化的主要因素是经济体制改革下的党对农村政策的调整，农民可以参与市场竞争的社会环境，社会经济的迅速发展，村落处于县城边缘的优势地理环境和村民个人适应市场竞争的能力。所有这些正是我们将在下一节讨论黄湖社会分层的依据。这就是说，引起黄湖社会阶层分化的机制，在于经济制度和政策的安排，如社会主义市场经济体制的建立和发展、允许部分人可以先富起来的政策、引起社会成员分工日益复杂、社会利益不断分化、社会组织多样化，随之加剧了社会流动，从而导致社会差别的扩大和社会不平等的突现，也就出现了边界相对明显的不同群体。

第二节　21 世纪初社会分层的现状

进入 21 世纪后的 2002 年，课题组按照中国社会科学院社会学所"当代中国社会结构变迁研究"课题组提出的以职业分类为基础，以组织资源、经济资源和文化资源的占有状况为标准来划分社会阶层的理论，根据 2002 年本课题组对黄湖进行互访问卷调查所得到的有关资料，我们把黄湖的社会结构大体分为 7 个不同的职业阶层，并对其现状进行了调查研究，现描述如下。

一　村务管理者阶层

村务管理者阶层，主要是指在黄湖村内从事村务管理的党政工作者，共有 6 人。在社会主义市场经济体制下的新时期，他们是村民的管理者，也是村民的服务者。这一阶层是村里的一支精干的管理队伍，他们既是黄湖村的党政主要领导干部，又是兼任村内各种事务管理的一般干部，如团支部书记、妇联主任、财务会计、治保民调主任等一般村务性职务，皆由他们分别兼任，而没有另外安排专职人员，使这支管理队伍精简了 5 人。徐金汉现任村党支部书记，他 1985 年开始在村里任副职工作，1994 年任党支部书记兼村委会主任，1995 年任专职党支部书记，立志为村里干一番事业。黄六毛现任村委会主任，此人很有经济头脑，实行家庭联产承包责任制后，便学习开车跑运输，年收入 10 万元以上，使家庭很快富裕起来。但他想到，自己富了不算富，全村人富了才算富，于是在 1992 年，他参加村内选举，当上了村委会会计，1995 年当上村委会主任。罗大荣现任党支部副书记，此人文化素质高，社会阅历深，有特长，有经济头脑，擅长经营，任职前他从事运输业，年收入近 10 万元，干上几年，便住上了新楼房。他认为自己具备了带领村民致富的本领和以身示范的作用，便于 1995 年回村参选，当上了村党支部副书记。另外，还有杨华英、黄连清、徐新平 3 位村委会副主任，他们都具有高中或初中文化程度，年龄在 27～47 岁之间，热心于村务工作。党支部是村内权力的最高层，是村民的主心骨，负责执行落实党的方针政策，组织村民完成应该担负的社会任务，设计村级发展规划，制订各项规章制度，治理社会秩序，控制人口生育，决策重大事项等。村委会在党支部的领导下抓村级经济建设，如招商引资，发展村内民营企业，为民营企业创建经济环境，提供市场和科技信息，引导村民就业，管理村民生活，处理村民间的纠纷等等。"两委"成员虽有分工不同，但具体开展工作时，6 个成员配合一起干。他们共同致力于村集体经济的发展，村集体年纯收入达 63 万元，用于代交种田农户的公粮、水费，村内的公共事业建设，农田的基础设施建设，村干部的工资和办公费用，村民继续教育经费，贫困户的救济扶持，孤寡老人的五保等。

黄湖村的现任领导班子成员，是 1995 年由村民们按照政治思想好，热心为村民服务，年轻，有文化，懂经济，有致富本领这些条件选举出来的。他们具有带领群众致富的思想和乐于奉献的精神。他们都有一技之长，凭他们的能力或从事运输业，或从事养殖业，或从事商业服务业，个人年收入皆在 10 万元左右，居于上等水平。但是他们在任的年工资收入，书记、主任仅为 12000 元，其他 4 人均为 10000 元，这在村民的个人收入中处于中上等水平。他们任职 7 年，有 3 年连续被孝感市评为"文明村"，被省里评为"湖北省第二届模范村委会"，1997 年被省政府评为全省"500 强"明星村，村办乌鸡养殖场，被省委组织部授予农村党员"双带工程示范基地"。

二 私营企业主阶层

陆学艺先生主编的《当代中国社会阶层研究报告》中对私营企业主的含义阐述道："指拥有一定数量的私人资本或固定资产并进行投资以获取利润

的人，按照现行政策规定，即包括所有雇工在 8 人以上的私营企业的业主"。根据这个定义划分，黄湖的这类社会群体有 10 人。现将其中 8 家（还有两家在外地）私营企业的基本情况列为表 5－6。

陈发勇，男，现年 59 岁，是 1990 年带着弟弟由清明河乡来到城边村黄湖兴办制作玩具填充料企业的。他看中的是此地交通便利，临近县城，水电供应充足，公共设施完善，政策优惠，经济环境好，又有厂房基地。兄弟俩凭着自己的艰苦奋斗，只用了三四年时间，便使这个企业兴旺发达起来，其产品遍销全国各地，并出口到东南亚、韩国、日本、伊拉克、伊朗、美国等国家。1994 年，他将全家迁入黄湖落户，除家庭 4 名主要成员参加其企业生产外，还雇工 6 人，企业越办越红火。我们访问他时，他显露出一种极为令人羡慕的事业成功感地说："搞事业首先要有决心和信心，经受得起挫折和考验。人的事业成功了，不仅是生活水平随之提高，更主要的是实现了自己的人生价值和社会价值，社会上的人都承认你，崇拜你，尊敬你。我现在是共产党员，经常参加村里的主要会议，接受外地客人的参观调查，解决少数人的就业问题，因而我感觉生活得很有价值。"

表 5－6 2002 年黄湖村私营企业主基本情况

项目\姓名	文化程度	企业名称	固定资产（万元）	雇工		家庭职工（人）	年纳税（万元）	年利润（万元）
				人数（人）	月工资/人（元）			
陈发勇	初中	开松玩具厂	30	6~10	900	4	1~3	5~8
陈建安	初中	星星禽业公司	1500	10	500	6	免	10~30
陈德安	初中	安奈尔禽业公司	50	6~10	500	2	免	5~10
吴云松	初中	预制涵管厂	30	5~10	800	2	2~3	8~10
高双安	初中	面粉厂	30	6~9	500	2	1~2	3~6
陈富轩	高中	塑料厂	35	7~9	500	3	1~2	10~15
左环清	高中	残联纸管厂	40	34	500	2	免	11~15
吴学明	高中	电器维修公司	60	8	900	2	3~6	16~20

其他几家私营企业主也是通过租用原村集体企业基地和设备，加上自己的能力、投资和勤奋努力扩建发展起来的。现在，他们的固定资产都在 30 万元以上，固定职工 8 人左右，厂房面积 1300 多平方米。从而可以看出，

该村私营企业主的出现来源于三个方面的因素。一是村集体企业的停滞，因种种原因，曾红火一时的村集体企业停滞下来，要使搁置的成套的企业设备资源转化为活的村集体财富，必须要有运营和管理企业的行家里手，因而村领导班子急切寻求能充分盘活这些资源的人才。二是原先在计划经济的传统体制中就具有较好的文化素质和技术特长，擅长企业管理，时刻想充分显露自己才干从而表现自己的社会价值的创业型人才，在于今经济体制发生根本性变化而可以自由选择职业和经营方式的大好形势下，极力寻找能实现自己的目标和理想的道路和机遇。三是党和政府的可以让少数人先富起来，鼓励个人勤劳致富的政策，开通了那些人才所寻找的实现个人抱负和理想的光明大道。此外黄湖村良好的经济环境，也是私营企业主们得以充分施展才能的重要条件。我们调查组分别访问这些企业主，问到经济环境如何时，他们都高兴地说：我们经常得到当地政府和村党支部的关心和扶持，公共设施完善，基地租金优惠，事务服务周到，除工商税务按政策收取税费外，从没有其他部门来收费或摊派，我们感到轻松和舒畅。

三　个体劳动者阶层

个体劳动者阶层或个体工商户阶层，是指以自己占有或合伙拥有一定数量的资金或者生产资料，从事加工业、运输业、建筑业、商业、餐饮服务业等非农产业劳动和经营的社会群体。其生产经营者主要是家庭成员或合伙者，也有需要少量临时雇工作为补充。

就黄湖村人多田少的特点而言，个体劳动者是农业富余劳动力衍生出来的一个群体。从事农耕的家庭一般只有五六分地，由一个普通劳动力负责耕种也绰绰有余，用不着让全家劳动力成员都困守在这狭窄的土地上，于是留下年龄偏大的长者或没有其他什么特长的家庭成员进行农作，而其余劳动者，则凭借自身的一技之所长，投入非农产业的生产经营的大潮之中。也有嫌种地不赚钱或兼业经营人手不足而将耕地转包给别人，合家从事非农产业生产经营活动的。他们的资本多是家庭有限的积蓄或向亲朋好友借来的，由于没有能力拿取银行贷款，手中资金有限，所以只能进行小规模的个体生产经营活动。他们的经济收入虽赶不上私营企业主，但比起村内其他社会阶层的人都要强得多，年收入一般在两万元左右，经营得好的可达 3 万 ~ 4 万元，最低的也可达 1 万余元。这一阶层的人在黄湖村有 120 余人，是一个处于中上等阶层的社会群体。据村委会所存资料统计显示，现从事运输业的有 58 人，建筑业的有 19 人，餐饮服务业的有 14 人，商业的有 11 人，加工业的有 20 人，其基本情况可见表 5 - 7。

表 5 - 7　2002 年黄湖个体劳动者基本情况

行　业	合计人数（人）	固定资产（万元）				年纯收入（万元）			
	122	1 ~ 3	4 ~ 5	6 ~ 9	10 ~ 18	1	2	3 ~ 4	5 ~ 6
运　输	58	8	24	17	9	10	40	6	2
建　筑	19	3	9	4	3	5	12	2	—
服　务	14	7	3	4	—	10	3	1	—
商　业	11	2	3	5	1	8	3	—	—
加　工	20	15	4	—	1	11	9	—	—

从表 5 - 7 中可以看出，运输业个体劳动者最多，占这个阶层总人数的 47.5%；固定资产最大，10 万 ~ 18 万元的有 9 人，占总人数的 7.4%；年纯收入最高，3 万 ~ 6 万的有 8 人，占总人数的 6.6%，占运输业人数的 12.1%。这个行业的群体出现最早，影响最大。在人民公社时期，村集体有拖拉机 10 多台（套），驾驶员（当时称农机手）10 多人，他们农忙时在生产队里忙耕种收割，农闲时由集体组织出外跑运输。实行家庭联产承包责任制后，集体资产瓦解，农业机械便由原来的几个农机人员合伙买去，经过拆修改装后，专门从事运输。由于改革开放，搞活并发展了市场，随之运输业红火起来，这群合伙跑运输的农机人员都赚了大钱，吸引了村内一些有文化急于寻求致富门路的中青年人，纷纷向他们求学驾驶技术，投入运输行业的队伍之中，一下子使驾驶员发展到近百人，并成立了驾驶协会，成为一支远近闻名的运输队伍，黄湖村被社会誉称为"运输村"。现有个体运输户 58 家，农用车 60 台（套），小汽车（运客）两台。这支队伍成为黄湖村最先富起来的群体，至今，他们都盖上了 2 ~ 3 层的新楼房，装修美观，家用电器齐备，生活设施完善，家中安有程控电话，出外手机在身，一幅现代气派，他们带头改变了村庄的面貌。

其次是建筑业个体劳动者，占这个阶层总人数的 15.6%。其固定资产 6 万 ~ 18 万元的有 7 人，占总人数的 5.7%，建筑业人数的 36.8%。年纯收入

3万~4万元的有两人，占总人数的1.6%，建筑业人数的10.5%。他们手中的资本很小，一般在5万元左右，不能形成规模生产经营，只能在乡镇农村做些小型建筑或维修活，年纯收入接近两万元。

再次是加工业个体劳动者，占这个阶层总人数的16.4%，固定资产一般在3万元左右，10万元以上的只有1人，年纯收入在两万元以内；服务业个体劳动者与加工业个体劳动者的收入情况差不多，固定资产的积累也大致相同。最差的是商业个体劳动者，固定资产最小，年纯收入最低，大多在1万元左右。

就其劳动强度和时间而言，运输业与建筑业劳动强度大，且在室外劳作，没有固定的地点，比较辛苦，但每年只有七八个月的劳动经营活动时间，其他时间可以休闲。而加工、商业、服务业，虽然在室内劳作，无日晒雨淋和流动之辛苦，但需要常年固守岗位，很少得到休闲。然而，这五种行业的个体劳动者，无论是经济收入，生活水平，还是社会地位都处于中等阶层，令村民追求向往。

四　农林牧渔业劳动者阶层

农林牧渔业劳动者阶层，也可被称为农业劳动者阶层，是指以从事种植业、畜牧业、林业、渔业为唯一或主要职业，在承包的集体土地上或水面上从事生产经营活动，以作为家庭全部收入或主要收入来源的社会群体。这个阶层就黄湖村整体而言，是分化出其他阶层的母体，这个母体在村落内已在逐渐走向衰弱。其原因：一是村落内的耕地逐渐减少，人均2分可耕地无法成为村民收入的主要生活来源；二是小规模的土地经营已跟不上时代和科技的发展，因而停留在这有限耕地上的劳动者只会日益减少。据318份户卷调查统计，这类农户有43户，其中纯农户22户，以农业为主兼营他业的21户，仅占调查户卷数的13.5%。其具体情况见表5-8。

从表5-8中可以看出，农业劳动者年龄偏大，文化程度偏低，甚至文盲居多，大多集中在种植业上，几个高中毕业的中年人都集中在养殖业上。种植业者的收入最低，人均收入仅1000元左右；生活水平和消费水平最低，每月生活消费人均大约就是100元左右。他们仍居住在70年代调基统改时的低矮而破旧的平房内，室内没有摆设和现代的家用电器，脱落的墙壁，破

表 5 - 8　2002 年农林牧渔业劳动者基本情况

项　　目		人数（人）	百分比（%）	项　　目		人数（人）	百分比（%）
性别	合　计	119	100	从业结构	合　计	119	100
	男	57	48		林　业	1	1
	女	62	52		牧　业	32	27
年龄	合　计	119	100		渔　业	22	18
	30 以下	1	0.1		种植业	64	54
	31 ~ 44	42	35	文化程度	合　计	119	100
	45 ~ 54	41	34		文　盲	8	7
	55 ~ 59	21	18		小　学	55	46
	60 ~ 62	14	12		初　中	50	42
					高　中	6	5

旧的桌凳和衣柜，显得十分寒碜。畜牧业者比种植业者要好一些，但收入不够稳定，风险大，在饲养中，容易出差错，据有的村民讲，有时不仅赚不了钱，而且容易亏本。养鱼业在农林牧渔业中算最好的职业，科学技术跟得上的话，一年下来，一个专业户能赚上两三万元，只是平时要投入，要管理，还要等到年终时才能有收效和回报，起早摸黑，劳动非常辛苦，所以干这行的人也不太多。

　　另外，还有兼营农业户中留守在家从事种植业的劳动者，大约有 150 人，这主要是一些接近 60 岁的低龄老人和缺少文化的妇女。因家里的壮年劳动力在外打工或从事其他职业，他们便留守在家里从事承包地上的劳作，种植蔬菜或油料作物，作为家庭基本生活的补充，若有剩余便拿到市场上出售，但无需作为家庭的主要生活来源。这类人不是家庭的主要创收者，尽管有些人是家庭中的长辈或家长，但早已失去掌管家庭经济的权利，处于被指挥被支配的从属地位。

五　雇工阶层

　　雇工阶层，是专指常年在私营企业、个体或合伙工商户等非集体，非国有企事业单位受雇做工的社会群体。这个群体大约有 133 人，其家庭大都拥有少量的承包土地和其他生产资料。这个群体的形成大约有三种情况。一是一批处于中年阶段的家庭当家人，因仅靠土地上的微薄收入难以维持全家人的生计，还有孩子的入学费用，老人的赡养，住房的维修或改造，这都需要他们去寻求增加家庭收入的门道。可是，他们一无资金，二无技术或专长，于是投亲靠友，凭着一身力气出外打工。其年龄在 30～40 岁之间，大约有45 人，占这个阶层总人数的 33.8%。二是一批刚走出学校或走出学校不久的青年人，他们认为黄湖村没有他们发展的天地，因为土地少，企业规模小，学不到什么技术，所以决定直接出外闯荡，说不定能闯出一片天地来。但是，这些只有初高中文化程度刚踏入社会的"小牛犊"，大多只能进入私营企业、个体或合伙工商户从打工做起，到实践中去获取一技之长，事后才有独创事业的可能。这类人年龄在 16～20 岁之间，大约有 42 人，占这个阶层总人数的 31.6%。三是一批尚未结婚或结婚不久的年轻人，有的要筹集结婚费用，有的要偿还结婚欠下的借款，有的为建设婚后小家庭，从而走上外出打工之路。其年龄在 21～29 岁之间，大约有 41 人，占这个阶层总人数的30.8%。而 40 岁以上的外出打工者只有 5 人，仅占这个阶层总人数的3.8%，他们都有一定的技术专长，或有一定的社会关系，工资比以上的三类人都要高。

以上所描述的黄湖村的雇工阶层，皆是指该村以村民身份出外给私营企业主、个体或合伙工商户打工的人员，他们以为给熟知的同村人或周边人打工不好，面子难看，空间小，工资低；而到较远的大都市，市场大，视野开阔，能多方位选择雇主，利于自己能力的发挥与发展。再说，在大城市工作，名声好听，有人问其家属说："你家×××到哪里发财去了?"对方会昂着头挺精神地回答说："到××大城市去工作了!"课题组对这些在外地打工者的年龄，文化程度，工作地址，行业分布，所得工薪，做了一个比较细致的调查统计，其具体情况请见表5-9、表5-10。

黄湖村民在外雇工阶层大多集中在广州、深圳和武汉，女性比男性多，年龄大多在18～40 岁之间，文化程度一般为初中毕业。就其收入来看，可将他们分为三个层次。第一个层次为年薪 1.2 万～2 万元的，也就是说月工资达到 1000 元以上的，这个层次的人既有初中以上学历，又有技术专长，并且全是男的。例如，陈华林，男性，38 岁，中专毕业，在福建一家私营企业从事管理工作，除该企业供给生活外，年薪两万元。黄金柏，男性，44岁，相当于初中文化程度，1982 年开始就外出打工，有一定的建筑技术和专

表 5 – 9 黄湖村民在外雇工层基本情况

工作地址			行业分布			文化结构		
地址	人数(人)	百分比(%)	行业	人数(人)	百分比(%)	文化程度	人数(人)	百分比(%)
合计	133	100.0	合计	133	100.0	合计	133	100.0
武汉	14	10.5	工业	57	42.9	小学	3	2.3
广州	34	25.6	建筑	12	9.0	初中	126	94.7
深圳	13	9.8	服务	26	19.5	高中	2	1.5
上海	6	4.5	餐饮	10	7.5	中专	2	1.5
北京	2	1.5	商业	10	7.5			
其他	64	48.1	其他	18	13.5			

表 5 – 10 2002 年黄湖村民在外雇工层年薪情况

性别 \ 年薪(百元)	合计	40~50		60		70~80		90~100		120~200	
		人数(人)	百分比(%)	人数(人)	百分比(%)	人数(人)	百分比(%)	人数(人)	百分比(%)	人数(人)	百分比(%)
合计	133	15	11.3	39	29.3	62	46.6	14	10.5	3	2.3
男	59	4	6.8	13	22.0	26	44.0	13	22.0	3	5.1
女	74	11	14.9	26	35.1	36	48.6	1	1.4	—	

长,现在武汉一家建筑公司作管理,除包生活费外,年薪两万余元,劳保福利齐全,还享有参与业务议事的权利。不过这层人为数甚少,只占雇工层人数的 2.3%。第二个层次为年薪 0.6 万 ~ 1 万元的,也就是月工资为 500 ~ 900 元的,其女性大多从事密集型的手工劳动,男性大多数从事密集型的体力劳动,他们都有一定的文化,也或多或少地懂点技术,所以月工资大多在 700 元左右,所在企业管吃管住。这层人为多数,占雇工层的 86.5%。第三个层次为年薪 5000 元以下的低收入者,即月工资只有 400 元左右,他们文化水平低,没有技术,只能干点简单的粗活,这层人占雇工层人数的 11.3%。

据在外打工的家属们反映,在外打工的人非常辛苦,很少有休息日,食宿虽是老板供给,但吃住条件很差,一个月难得吃一次肉,有时患病也不能请假;待遇低,没有奖金和劳保福利;政治上没有地位,只能听从老板支配,无权过问企业生产计划与企业发展实况,无权提出建议和批评。尤其是有妻室老小的当家人,由于终年在外劳作,不能照看家庭,只能领点工资寄回家去。而部分在建筑业打工的人，要等到年终才能结算，有的甚至遭拖欠而拿不到工资，叫人哭笑不得。

另外，村内企业也有少量雇工，大约 60 人，全是来自外地。

六　无职业和未充分就业者阶层

无职业和未充分就业者阶层，是指在劳动年龄内（男女皆为 16 ~ 60 岁）有劳动能力，但没有从事职业性劳动，或者未能完全从事职业性劳动的社会群体。这个群体可分为两个小层，第一个小层是无职业者，第二个小层是未充分就业者。据 2002 年 5 月入户调查统计，前者大约有 82 人，未充分就业者有 55 人，分别占劳动力总数的 9.4% 和 7.5%。

无职业者的出现有四种情况。一是刚读完初中而未能或不愿继续升入高中学习的小青年，他们既不愿留在农村种地也无需他们种地，但又无社会阅历和什么技术特长，故尚待在家中赋闲，等待将来有可信赖的在外打工打得好的亲朋或乡亲带领他们去"闯天下"。他们的家长十分担忧，怕闲着的时间长了容易走岔路。但是这类小青年不多，只占这个群体的 10% 左右。二是刚从村外接进来的新媳妇，家中不需要她们种地，她们也不愿种地，但一时又难以找到适合自己能力或自己所想干的职业。再说她们又是刚过门的媳妇，其公爹公婆也不想让她们出远门闯荡，故只好在家中吃着闲饭。这类人为数较大，大约占这个群体的 40%，不过这种现象只是暂时的。三是原在国有或集体企业后因下岗回乡而未重新就业的中年人，他们回到家中一时无事可做，又自以为文化水平不高，年龄不大不小的，出外再就业也难，只好暂在家中赋闲。他们有的每月只有百来元的生活费，有的分文无有，因而生活上十分困难。这类人为数不多，大约占这个群体的 10%。四是因家庭生活过得去而甘愿在家中操持家务的年龄偏大一点的妇女，做点饭，带孙子，若没有孙子带的，便串门聊天或打点小牌。她们不用操心家庭的经济收入，生活得很开心。但由于生活来源依赖于家庭，因而也就没有独立的经济地位和支配经济的权力，其生活质量的高低，要取决于家庭中的主要经营者。这类人为数也较多，约占这个群体总人数的 40%。

未充分就业者的出现有两种情况。一是因丈夫在外打工，而自己需要一方面料理家务，另一方面守种家中的一点承包地的中青年妇女。据她们讲，其承包地一年之中只需三四个月的田间劳作，其他大半时间是闲着无事的。二是年龄在50岁开外，不想出远门就业而就近做点临时工的男性劳动者，如到建筑工地做小工，河沙地给运输车装沙，货栈做装卸工，然而这些活既无固定地点，也不是常有干的，也就是说，他们不可能每天都找到活干，只能半忙半闲，因而他们的收入微薄，生活没有多大保障。

七　无劳动能力或丧失劳动能力者阶层

无劳动能力或丧失劳动能力者阶层，是指因病、残而无劳动能力或因年龄过大而丧失劳动能力的社会群体。根据村委会人口资料和实地调查，这个群体大约有68人，其中男性22人，女性46人；80岁以上的11人，70～79岁的24人，60～69岁的26人，60岁以下的病、残者7人。根据其现状，可将他们分为三个小层。

第一小层是超过劳动力年龄，虽无能力参加田间劳动，但家境殷实、子女孝道也无需参加生产劳动的人。这类老人的主要任务是看家，带孙子或帮忙做点饭，如果这几件事都没有时，便上村中的小茶馆聊天或打点小麻将。他们生活上没有忧虑，饭食由儿子供给，零花钱由嫁出的女儿给。他们是这一阶层中生活得最快乐的人。但他们有时伤感，一是感觉失去了往日执掌家政时的辉煌，在家庭中再不能做到说了算，想干啥就干啥，支配不了子女的活动，参与不了家庭大事的决策；二是生活上依赖子女，总觉得缺少了独立感和理直气壮。但不管怎样说，他们的生活是幸福的，是令大多数老人羡慕的，这类人占这个阶层总人数的50%。

第二小层是虽已超过劳动力年龄，年老体衰，但其子女无能力赡养或不愿赡养而仍需靠自己参加劳动以维持生计的人。他们心理负担十分沉重，经济十分拮据，生活十分艰难。这类人约占这个阶层总人数的25%。

第三小层是既超过劳动力年龄又体弱多病和年龄虽然不大，但因病、残而完全丧失劳动能力的人。他们既无收入来源和个人积累，又无人赡养，或暂时有人赡养，但不稳定和可靠。这类人又可分为三种情况：一是有子女但子女无能力赡养或不愿赡养的病弱老人，他们生活上十分艰难，精神上十分痛苦；二是无子女而靠亲戚和村集体结合供养的孤寡老人；三是靠父母供养的年龄不大的病弱残疾人。后两种人虽然当前都有人供给，但他们都十分担心和忧虑，这是否终身可靠。村集体的供养尚无条件形成制度，谁也不能保证长期做到；亲戚的供给要看其经济变化状况，这也是个变数；父母的供给不能终身，父母不在了，他们的供给靠谁？以上所说的这三种情况的人约占这个阶层总人数的25%。

第三节　社会流动

关于社会流动，美国社会学家索劳金把它定义为社会位置的转移。具体地说，就是指社会成员从某一种社会地位移向另一种社会地位的现象。这种现象是经济发展和社会进步的反映。科学技术的进步和生产力的发展能引发社会流动；而社会流动越充分，越能推动科学技术的进步和生产力的发展。

但是在改革开放前，我国农村的社会流动是极其有限的。在极其严格的计划经济体制下，农民受着政治身份和户籍制度的约束，很难有社会流动，只有极少数的农民子女通过入学读书，十年寒窗，考入中专、大学，或者入伍当兵，或者进厂当工人，才有细微的社会流动。而这种难得的社会流动，还必须有极好的社会背景，如家庭出身好，个人政治思想好，社会关系好（指流动者的亲属、亲戚都没有历史问题，出身成分好，没有现行不良行为等）。不具备这些条件者，是无法流动的。一般户籍在农村的农家子女，即使读完初中、高中而未被中专、大学录取的，或虽学有专长的人，最终也只能回到自己的户籍所在地，做世代的农民。在这种背景下，改革开放前的黄湖村，即使人多地少，处于县城边缘，也未曾有过大的社会流动。但实行改革开放后的黄湖村，尤其是在人民公社解体实行家庭承包责任制后，劳动力得到了解放，农民有了生产经营权和职业自由选择权，其生产积极性和经营灵活性得到了极大的发挥，于是出现了前所未有的社会流动。

我们这里所说的社会流动，主要是指劳动年龄人口从农村向城镇或城市的地域流动及其职业的分化转移，从而引起的社会经济和政治地位的变化现象。

一　人口流入和流出的数量、种类和原因

这里所说的人口流动，是指劳动力从农村向城镇或城市的地域流动。

1. 人口流入的数量、种类和原因

党的十一届三中全会以后，尤其是实行土地承包责任制以后，黄湖村随着市场经济体制的建立和发展，实行对外开放，招商引资，从而出现了社会向村内的劳动人口的流动。据 2002 年的调查统计，流入人口达 123 人，为当年黄湖人口总数的 10%，这些人可分为以下四种类型。

第一种为个体工商业者。这类大约有 15 人，占流入人口总数的 12.2%，分布在加工业、商业、运输业、建筑业、餐饮服务业等几个行业。他们大多来自远离县城的边远农村，一是因种地收入太小，二是有着现成的技术和手艺，三是看中了黄湖村地处城边的繁华优势，于是凭着与黄湖村民的亲缘关系来到此地。

第二种为私营企业者。这类大约有 20 人，占流入人口总数的 16.3%，其中企业主 6 人，家庭成员参与企业的 14 人。自 1995 年实行村办企业租赁制以来，先后有 6 个村外私营企业主来黄湖租用村办企业基地和设施，个人投资改建或扩大设备，兴办起 6 家企业。这 6 家企业主见此地经济环境好，公共设施完善，交通便利，是个办企业的好地方，便将其家庭成员也带入到黄湖。

第三种是雇工人员。这类共有 67 人，占流入人口总数的 54.5%，其中男 52 人，女 15 人。他们大多来自本县外乡镇的农村，也有少数人来自湖南、河南的边远山区。有的是由与老板有亲戚关系或相熟的人引荐来的，有的就直接是老板的亲戚。这样，老板与雇工双方都认为可靠放心。另外，流入的打工人员，只有残联纸管厂和玩具填充物开松厂雇有女工，因这两家企业多是手工计件活，其他企业多是重体力活，用的全是男工。

第四种是土地租种人员。这类大约有 21 人，占流入人口总数的 17%。黄湖村有近 160 亩低洼水田没有村民承包，1995 年，便租赁给汉川市麻河镇的 8 家农户来耕种。麻河镇是湖区，那里的农民习惯并善于种植水稻，尤其擅长于种植莲藕。实行土地承包责任制后的麻河，莲藕年年丰收，可是由于当时的人们还不懂市场经济，市场信息闭塞，莲藕市场未能打开，堆积的莲藕售不出去，一年的辛苦白吃了。这 8 家农户出外找生路，探听到黄湖村有闲置的水田，而云梦县会种植莲藕的人不多，云梦县城及其周边市场的莲藕短缺，于是他们决定来黄湖租种这些水田。后来，他们见这里环境宽松，租赁费不高，莲藕销售价又好，收入可观，便安营扎寨，将家小迁来。村委会把他们看作跟自己的村民一样关心和爱护，帮助将其子女安置到附近的学校就读，使他们无后顾之忧。

从以上所述来看，流入黄湖的劳动年龄人口中，私营企业主、个体工商业者和土地租种人员，看重的是这个村处于县城城边，有着良好的经济地理环境，完善的公共设施，便利的交通网络，尤其是临近的繁荣的集贸市场，以提供他们发展事业的条件。至于打工人员皆是由村内企业吸引来的，在这些企业打工，能使他们获取比在原居住地更多的收益。据来自清明河的一对打工夫妇所讲，他们原来在家种地，一年的收入至多只有五六千元，但到这里打工后，两人的工资可拿到 1.2 万元，企业还供给工作餐。

从地域角度来讲，这些流入人口大都从偏远的农村而来，黄湖处于县城边缘，在一定程度上，有着城市化的气息，可谓从农村到城镇的过渡地带，因此可以说，流入人口大都有追求城市化的上升移动的追求和愿望。

2. 人口流出的数量、种类和原因

农村经济体制改革的开展和深入，使那些被封闭了多年的黄湖村民异常活跃起来，尤其是一些中青年人想到外面去闯世界，找到能发挥自己才能和致富的门道。于是他们将不多的承包地交给父母或转让给亲朋耕种，自己向外流动。据 2002 年村委会的资料统计，自改革开放以来，向外流动的有 207 人（不包括升学、入伍、提干的），其中，男 88 人，占 43%；女 119 人，占 57%。年龄在 20 岁以下的 57 人，占 27.5%；21～30 岁的 80 人，占 38.6%；31～40 岁的 58 人，占 28%；41～49 岁的 12 人，占 5.8%。

就流出人口的从业结构来看，可分为七种类型。

第一种类型为私营企业主和管理人员。这类有 10 人，占流出人口数量的 4.8%。他们的年龄在 28～42 岁之间；文化程度为初中 3 人，高中 4 人，中专 2 人，大专 1 人。有 3 对夫妇在县城从事电器维修、安装和服装、毛线经营。还有 4 人分别在武汉、新疆、福建等地的几家大企业从事管理工作。

第二种是服务业（餐饮、家政）人员。这类有 43 人，占流出人口数量的 20.8%，其中，男 6 人，女 37 人；年龄在 18～49 岁之间，大多为 30 岁左右的女性；皆具有初中以上文化程度。这些人主要分布在广州、武汉、天津、北京、山西等地，尤以广州的人为多数，有 22 人，占这类人数的 50%。

第三种是建筑业人员。这类有22人，占流出人口数量的10.6%，其中，男18人，女4人；年龄在18～40岁之间，以25～35岁之间的人为多数；文化程度大多为初中毕业。他们主要分布在东北和广东两地。年龄在30岁以上的，一般有木工或泥工手艺；年龄在30岁以下的大多没有建筑技术，只能当小工，干搬运的体力活，不过他们是抱着学习建筑技术而跟随木瓦工师傅出去的。

第四种是从事营销的商业人员。这类有19人，占流出人口数量的9.2%，其中，男8人，女11人；年龄在17～42岁之间，以30岁以下为多数。年龄小的，大多数是由亲戚朋友带出去学习经营业务的。这类人以在武汉的居多，也有少数在广州、四川、黑龙江、青海等地独自从事经营活动的。

第五种是在私营企业的打工人员。这类有99人，占流出人口数量的47.8%，其中，男46人，女53人；年龄在17～40岁之间，而30岁以下的有81人，占这类人数的87%。他们分布在广州、深圳、东莞、武汉、北京、南京、东北等地，以在广东的人数最多，有67人，占这类人数的67.7%。

第六种是豆制品加工人员。这类有10人，占流出人口数量的4.8%，其中，男5人，女5人，有4对是夫妇；年龄在22～46岁之间。起初，即1998年，由1对夫妇到北京制作豆腐卖。后来，他们见到所制作的豆腐很受当地人欢迎，也很赚钱，便回到村里又约去了几个会制作豆腐的人合伙经营。现在他们扩大了规模，增加了豆制品种，经营得十分红火。

第七种为其他行业人员。这类有4人，占人口流出量的2%。他们全为男性，其中，1人在杭州当保安员，2人分别在广州、温州给私营企业开小车，还有1人在武汉收破旧。

从以上所述可以看出，黄湖流出的人口，其方向是在县城以上的城市，尤其是大中城市的居多。就其流动方式来讲，他们大多是由亲朋乡邻介绍或直接带出去的，但他们的家庭和户籍仍留在农村，每年只是春节期间回来一次，因为黄湖农户的耕地都很少，农忙季节也用不着他们回来，只需平时寄点钱回家就行了。他们具体流往的地域，广州82人，占流出人口的39.6%；武汉42人，占20.1%；哈尔滨16人，占7.7%；东莞15人，占7.2%；云梦县城6人，占2.9%；其他46人，占22.2%。可以看出，其流动方向主要是经济发达的大城市。从这种流动的地域角度看，他们是向上流动的。

二 劳动年龄人口职业的转移

在改革开放前的计划经济体制时代，黄湖村民只能是恪守耕地的农民，即使是比较专业的搬运工和生产大队加工厂的职工，也仍归属于凭记工分参加农业分配的农民。但自实行改革开放后，有很大一部分村民，凭着国家颁布的可以让部分人先富起来的政策和个人的能力与胆识，从传统的单一的农业中分化出来，转移到非农产业。

据318份户卷调查统计，在2002年的1086人的农业人口中，16～59岁的劳动年龄人口（劳动力）有774人，其中转移到非农产业的有389人，占劳动年龄人口的50%，也就是说，原劳动年龄人口现已有半数人转移到了非农产业。他们的具体职业分布是：企业管理14人，占劳动年龄人口职业转移的3.6%；运输业93人，占23.9%；服务业117人，占30%；建筑业79人，占20.3%；商业62人，占15.9%；加工业20人，占5.1%；其他职业4人，占1%。

从这组数据可以看出，所从事的职业最多的是服务业，其次是运输业，再其次是建筑业、商业。

那么，形成黄湖劳动年龄人口流动及其职业转移的机制和条件是什么呢？这种社会流动给黄湖社会和村民带来什么影响呢？我们将在下文通过描述黄湖村民务工经商的历史和现状来阐述这些问题。

三 外出务工经商者的历史、现状和发展趋势

1. 外出务工经商者的历史与现状

中华人民共和国成立前，黄湖就因土地少而有外出务工经商的。那时，村内纺纱织布的多，便有人收购棉布到河南、陕西等地销售。中华人民共和国成立初期，外出务工经商的也不少，务工者主要是从事建筑的木瓦工；经商者除了营销棉布外，还有贩运生猪、鲜蛋、蔬菜等农副产品到武汉的。合作化和人民公社时期，废除私有制，不允许从事工商私营活动，强调农业和"以粮为纲"，工商活动受到抑制。但是黄湖生产大队因富余劳动力过多，集体收入少，于是除在村内兴办集体加工业外，还组建了运输队、建筑队等外出务工经营，以填补农业收入的供给不足。另外，社员个人有时也有以走亲访友为借口而外出暗暗从事务工经商的。所以黄湖的居民大多有务工经商的

习惯和能力。

1982 年，黄湖村开始实行家庭联产承包责任制，农民有了生产经营权和自由选择职业权，从而封固了多年的个体务工经商活动又活跃了起来。起初，有两种人很快萌生出外出谋求致富之道的念头，一是具有经商能力和既懂经营之道又有一定手艺的人。如村民罗忠明，他很有经营能力，其妻有一手好裁缝手艺，于是他们进县城开办个体服装厂，成品销往武汉。后来同汉正街服装商达成协议，为其大批量加工服装，从而扩大生产规模，雇请缝纫工 10 余人，发展成为私营企业。吴学明，1983 年高中毕业后到武汉学习电器修理，1984 年学成回来后，进县城开了一家维修店。在业务实践中，他勤奋好学，刻苦钻研，精益求精，修理技术越来越精熟，顾客越来越多，规模越来越大，生意越来越红火，现已发展成为拥有固定资产近 60 万元，常年雇工 8 人的私营企业，不仅开展电器安装、修理、零配件经销等系列经营活动，并成为长虹、海尔两个名家的电视、空调、洗衣机的特约维修点。喻大平，学有油漆手艺，便外出做油漆活。1989 年，他只身闯新疆，由起初当油漆工发展到开油漆商店、涂料加工厂，边做工边进行原料经营活动。后来他又组建施工队，从事装修经营活动。又如徐东明，擅长经商，他找到在汉口某医药公司当总经理的堂兄，跟随从事医药经营。后来他当上了该公司的经营管理人员，便多次回乡，先后带去乡邻、亲朋近 20 人，从事仓储保管、保安、驾驶、装卸等工作。二是擅长木工、泥工活的手艺人，他们分别参与县城里的几家建筑队，到武汉、广州、东北从事建筑业。起初外出的只有 6 人，他们打下基础安定下来后，又分别回村带去亲友 10 多人，现已发展到 20 多人。我们访问了回乡休假的建筑打工人员黄金柏，他 1957 年生，16 岁就在村内学习泥工技术。1982 年，他跟随县城里的建筑队到黑龙江省打工，从此，他就一直在外从事建筑业。后来，他辗转来到武汉，在广厦建筑公司当施工管理员。他的女儿在孝感电大毕业后，也到他所在公司从事财务管理工作。现在只有他妻子 1 人在村里看家种地。我们问他有没有自立公司当老板的打算，他说，自办公司要很大资本，可是自己缺乏经济基础，再说有饭吃就行了，也不愿去担那个风险。我们进一步问他以后有什么打算，他笑了笑说："准备搞到退休年龄取得养老保险是我的奋斗目标。"另据村党支部副书记罗大荣同志介绍，村民周青松，1964 年生，18 岁时就跟随师傅到广东中山从事建筑装修业。他手艺很好，为人忠厚，干活认真，讲信誉，热心帮人，和当地居民相处亲密，大家都喜欢他，找他做活的人很多，年收入近3万元。他得到当地人信任，让他参与当地的换届选举。

进入20世纪80年代中后期，村内富余劳动力日渐增多，外出务工经商的人也随之多了起来。这个时期外出务工经商的多数人从事商业、餐饮服务业，少数人进县城从事劳务，还有少数会开车的人买了农用车，到周边乡镇和县城跑运输。

进入90年代初中期，随着市场经济的发展，市场供求的活跃与繁荣，交通运输业红火，村内不少中青年人购买农用车，加入了外出运输的行列。他们不仅跑周边的应城、安陆、广水等县市，而且发展到跑武汉、黄石等大中城市。据统计，这个时期外出跑运输的货车发展到80台，驾驶员100人。另外，还有赶驴子板车的12人，不过他们只跑周边的集镇和县城。但是，到90年代后期，由于从事运输业的人员过多，而市场疲软，货物运输量减少，公路上收费的过多过杂，有些运输人员感到运输成本过大，利润过小，便改行外出务工。这个时期外出务工者以进私营企业打工的为多数。

进入21世纪，外出务工经商人员达207人，占全村劳动力总数的23.8%，富余劳动力人数的39.2%，其中经营私营企业的6人，占外出务工经商人数的2.9%；在企业打工的107人，占51.7%；个体经营的94人，占45.4%。

从以上所述可以看出，黄湖的社会流动从客观上来讲，是在实行改革开放，尤其是在社会主义市场经济体制建立的大背景下，村民不再受政治身份制度和户籍制度的约束，有了生产经营权和职业自由选择权后才出现的。当然，在这个大背景下，并不是所有的村民都能参与社会流动的，而必须要有个人的奋斗理想、适应市场需要的能力、驾驭市场的胆识和智慧，这是形成社会流动的微观动力和条件。黄湖的社会流动首先就是由具有谋求致富思想，并具有经营能力、懂经营之道、擅一技之长的村民引领的。

作为社会流动的职业转移，使黄湖村民的经济收入、生活水平、社会地位都发生了极大的变化，这在前文的"社会分层"中已做了比较详细的描述，在此不再赘述。不过要补充说明的是，所转移的职业不同，其经济收入的大小、生活水平和社会地位的高低也有着很大的差异。就经济收入和生活水平来说，表露最为明显的是住房状况。

庭院

2 楼客厅

1 楼客厅

卫生间

村 民 家

　　村里最早盖起楼房的是从事商业和运输业的居民户，并且已有10％的商业户和运输户的住宅装修和生活设施，实现了现代化，如客厅、书房、厨房、卧室、浴室、卫生间俱有，煤气灶、热水器、微波炉、冰箱、洗衣机、电视机、空调等现代生活用具齐全。

　　黄湖的务工经商者的出现与发展，给黄湖带来了极大的经济效益和社会效益，促进了黄湖村的经济发展和村庄面貌的改变，这主要表现在四个方面。第一，解决了村里人多田少、劳动力闲置多、就业困难的问题。第二，扩大了村民的就业和经营的眼界，使他们看到致富之道是多途径的，主要是要自身确有能力和本领。第三，激发了村民奋发向上的竞争力，使他们认识到要适应市场经济发展和社会进步的需要，就必须不断学习科学技术，成为有知识懂技术的人。第四，增加了村民的收入，提高了村民的生活水平。

2. 外出务工经商者的发展趋势

就当前黄湖村 400 多亩的耕地面积而言，按照目前的劳动效率推算，只需 100 多个劳动力就够了。如果将来实行规模经营，机械化科学化方式生产，所需劳动力会更少。再说村内企业也不多，而且多为租赁企业，没有集体企业，所以富余劳动力会日渐增多，就业压力更大。这样，外出务工经商将会成为村内居民的主要流动方向，其发展趋势将会表现在四个方面。第一，务工经商者会逐年增多，并大多趋向东南沿海城市和本省都市武汉。第二，经营方式将会由从事劳务向个体经营或合伙经营方向转变。第三，行业结构将会由建筑装潢业、豆制品加工业、小商小贩向餐饮、家政服务业转变。第四，人员结构将会由家庭少数局限于男性的年轻成员向不分男女和老少的家庭全部成员外出的转变。总之，外出务工经商者的发展趋势是，人数会越来越多，地域范围会越来越广，文化层次会越来越高。

四　外来打工者的情况、问题和要求

黄湖村没有村办集体企业，引进的私营企业也不多，所以外来打工的人也不是很多，下面仅将其基本情况及有关问题作简要的描述。

1. 基本情况

外来打工者目前大约有 67 人，其中，男 51 人，女 16 人，分布在 7 家私营企业之中。从事管理工作的有 4 人，手工劳作的有 38 人，劳务性工作的有 25 人。在两家禽业公司打工的有 15 人，他们来自河南，湖北省内的随州、十堰、石首的边远山区，年龄在 16~18 岁之间，皆为初中毕业生。据说这些青年工来此打工主要是想从中学习养殖技术，当然也为挣点钱。他们大多是通过亲朋好友引荐来的，除企业主管吃住外，月薪 500 元。在面粉厂、塑料厂和预制涵管厂工作的有 13 人，年龄在 30~50 岁之间，大多为小学文化程度，主要从事劳务性体力活，如搬运原材料、淘洗搬晒小麦等，活路较重，所以基本上是男工，月薪 800 元，老板管吃住。在玩具填充物开松厂和残联纸管厂打工的有 40 人，因这两家企业主要是手工活，所以 10 多名女工大多集中在这两家。他们大多来自县内的外乡镇农村，年龄 18 ~ 35 岁之间的居多，只有 4 名行管人员是年龄较大的国有企业退休或下岗人员，月薪 500 元；而干手工活的职工是计件取酬，一般每月可取薪 400 元左右，吃住也是由老板管包。这里值得一提的是在残联纸管厂的一群特殊打工者，即残疾人。他们有 18 人，其中，男 10 人，女 8 人，年龄最大的 33 岁，最小的 16 岁；只有 1 人是文盲，其他的都上过学，能识字，聋哑人会打手语。他们来自周边的义堂、隔蒲、道桥等乡镇，有一半人已结婚成家，到此已有 3 年，都非常安心，并希望能长期干下去。他们得到社会的关心和支持，当地政府也为此而特别关心和扶持这家企业，希望企业主把这个厂办好。

2. **存在的问题**

我们通过分别同部分企业主和部分外来打工者进行过座谈，发现打工者大致存在着如下几个问题：

第一，几家企业的科技含量都不高，多是粗放型的劳动活，有一定文化而想学点技术的青年人认为在此打工没有什么前途，不愿长期在此。

第二，村内企业经营规模小，经济能力有限，对打工者的医疗保健、劳保福利无法解决，这是影响打工者稳定性的重要因素。

第三，黄湖的土地有限，宅基地紧张，不能解决外来打工者迁居入籍的问题。打工者本身工薪低，又不能就近照顾家属子女，这使他们有无限的后顾之忧，这是外来打工者不稳定的又一重要因素。

第四，据村委会反映，对于外来打工者的生育、法制和素质教育不好管理。

3. **外来务工者的要求**

外来打工者都来自离城镇较远的农村，他们的要求不多，主要有两点。第一，他们认为黄湖地理位置好，在县城边缘，经济、文化、交通都比自己的居住地发达；治安环境好，居民间的亲情较浓；生活方便，费用也不高。因此外来打工者想把户籍转来，把家迁来，在此落籍。这样，务工方便，以免心挂两头。第二，希望企业主能提供医疗劳保。第三，在纸管厂务工的残疾人，他们希望有人关心他们的婚姻问题，找到对象，建立自己的家庭。

第六章　社区精英的成长和变化

这里所谓的社区精英，是指在黄湖社区生活的某些领域拥有一定的优势资源，并利用其所特有的资源优势在其行动领域中获得个人某个方面的成功，并且，这个方面的成功对维持既存社会结构具有一定贡献，或影响或推动社会结构发生新的变化的社区成员。[①] 这些社区精英的成长是有其社会背景和时代特征的，他们不是一成不变，而是随着不同时代的社会发展变化而发展变化的。本章则着重研究黄湖社区在不同历史时期所涌现出的适应不同时代要求，从而影响和推动黄湖政治、经济、文化发展的社区精英及其成长变化，这对于研究黄湖村落的社会结构和政治、经济、文化的发展变化，具有十分重要的学术研究意义。

第一节　社区精英的发展和变化

自中华人民共和国成立以来，黄湖村随同全国各地一起，经历了土地改革、农业合作化、人民公社化和改革开放等几个重大的社会历史变革时期。在这几个不同的历史时期，都拥有曾影响和正在影响着黄湖村落社会发展变化的被村民共同认可的出色人物，也就是我们在上文所讲的社区精英。

一　土地改革时期的社区精英

土地改革时期，在黄湖村落内有重大社会影响，对黄湖社会变革做过重要贡献的，主要是曾活动在政治领域的一群精英，即带领黄湖贫苦农民斗地主分田地，改变封建土地制度的权力集团。

---

① 参见陆学艺主编《内发的村庄》，社会科学文献出版社，2001，第 270 页。

1951 年秋，县里派来了以陶明清为队长的土地改革工作队。他们进村以后，通过访贫问苦，扎根串联，选定了几个苦大仇深的有一定政治觉悟并在村民中有一定影响的贫苦农民，作为黄湖土地改革的骨干队伍。这就是黄子义、黄华林、吴德云、李云发、黄传云，他们都是当年给地主干过活，受封建剥削和压迫最深的贫苦农民，分别负责 5 个组的群众发动和组织工作，当时被称之为伍姓乡农协会下设的农协组组长。在进驻村落的土改工作队的宣传鼓动和教育培养下，他们首先觉醒，认识到农民们终年艰辛劳动而仍然吃不饱穿不暖的根本原因，就在于几千年流传下来的剥削农民的封建剥削制度，而决不是出生命运所致，只有把受剥削的穷苦农民全部组织起来，打倒封建地主，铲除不合理的封建剥削制度，夺回被地主强占去的土地，才能过上好日子。于是他们立即行动起来，自觉地投身到急风暴雨似的社会变革的洪流之中，在土改工作队的指导之下，积极发动和组织起自己的阶级弟兄，向着压抑了中国农民几千年的封建剥削制度发起了猛烈的冲击。打土豪，斗地主，分田地，他们说一不二，充分显现了农民协会至高无上的权力。经过 10 个月的如火如荼的斗争，他们带领全村农民把黄湖的天地彻底翻了个面，自此，缺衣少食的贫苦农民有衣食有田种，扬眉吐气；曾骑在人民头上作威作福的地主老财，屈服于农协会的权力之下，低头认罪，接受管制和改造。

土地改革胜利完成，五个农协组长的名字在黄湖家喻户晓，是他们带领黄湖农民胜利实现了社会变革，改变了世代受剥削受压迫的贫穷命运。50 年后的今天，我们调查组走访 60 岁以上的村民，谈起土地改革时的状况，他们首先忆起的就是这 5 位农协组长。

这个时期活跃在文化领域的社区精英，主要是演地方戏的楚剧演员罗氏五兄妹，即罗运连、罗恒德、罗大桃、罗小桃、罗三桃。他们一家在当地有"文艺之家"的誉称。1951 年，在他们的主领下，成立了黄湖业余文艺剧团，并成为剧团的主要角色。此外，还有著名演员黄子魁、黄子舜、李云发、黄水仙、涂冬珍等民间艺人。这些文化人为歌颂党在中华人民共和国成立初的方针政策、国民经济建设的恢复、党给人民带来的新生活做出了重要贡献。

二　农业合作化和人民公社化时期的社区精英

土地改革完成后，党和政府为了让农民彻底摆脱小块土地私有制的束缚，进一步促进农业生产力的发展，彻底改变农村贫困落后的经济状况，使农民过上共同富裕的生活，便决定组织农民走农业合作化的道路，通过互助组→初级农业生产合作社→高级农业生产合作社的形式，逐步地把小农经济改造成为社会主义集体经济，把个体的农民转变为集体的农民。在这个新的历史变革的浪潮中，黄湖村落出现了一批新的适应这个时代需要的社区精英。由于农业合作化是以政治性的群众运动来实现的，所以这个时期的精英主要是集中在政治领域的。

1956 年，在农业合作化的高潮中，只有两名党员的黄湖村落也建立起了党支部组织。当时由乡里派 1 名党员干部来参加组建，时年 29 岁的邱发明成为黄湖村落党组织第一任支部书记。他出生于贫苦家庭，5 岁丧父，7 岁替人家放牛，16 岁时给地主家做长工。土改时，他分得了田地和财产，随即结了婚，才有了一个家。1952 年冬，村里开始办识字夜校，他参加 1 年的学习，才扫了盲，后来达到初小文化水平。他无限感激共产党给他们带来的这一切，决心永远跟党走。1953 年 7 月，黄湖建立初级农业合作社，参加合作社的有 24 户人家，他当上副社长。1955 年下半年，开展农业合作社化运动，在他的带动和影响下，村落内又新建了 4 个初级合作社。1956 年下半年，村落内将 5 个初级合作社合并为一个高级农业合作社，他就在这年入了党，并成为合作社党支部书记。时年比邱发明大两岁的黄传进，为合作社主任，主管全社的农业生产。他上过几年小学，参加工作的时间也比邱发明早，从土改到 1954 年上季，他任伍姓乡乡长，其间到黄湖领导贫下中农成立互助组，1954 年下季黄湖建立初级农业合作社时，他回村当社长，职务在邱发明之上。他在 1954 年就入了党，是当时黄湖唯一的党员，可是在 1956 年建立党支部时，却让刚入党的邱发明做了支部书记，而让他当主任。据说这大概有两个原因，一是生活作风不够检点，好同女人交往，常有不正常行为，群众有些舆论，领导对他做一把手不放心；二是此人思维敏捷，工作能力强，善于抓经济，让他当主任，主管经济和农业生产比较合适。当时，邱发明、黄传进二人是黄湖农业合作社权力集团的顶层人物，社里的生产计划、干部安排与调整、农副产品处理、收益分配方案、社区建设等重大事项必须由他们最后拍板决定。组成这个权力集团的还有副主任黄清付、黄家付，会计黄继云，出纳黄正兴，民兵负责人黄华道，青年书记黄爱云，妇联主任周保玉，他们都必须在邱发明和黄传进的领导指挥下开展工作，完成好每人职责内的任务。

在以邱发明为首的这套领导班子的强有力的领导下，顺利实现了黄湖农业合作化，全社社员生产积极性高涨，团结奋斗，获得了连续两年的大丰收。邱发明在群众中威信最高，他不仅抓好了农业生产，还抓好了副业，如组织社员养蜂，搞劳务输出，千方百计增加集体收入，使社员户做到岁岁有余。至今人们回忆起来，认为那是合作化和人民公社化时期最好的年份。

1958年9月，实现人民公社化，黄湖农业合作社改为生产大队，因邱发明在前一年被调往伍姓乡信用合作社工作，成立公社后，又到伍姓管理区任主管农业的副主任，所以黄传进上升为党支部书记。这时党员发展到9人，肖齐昌被选为党支部副书记。黄家付为大队主任，黄清付、徐克安为副主任，黄继云为会计，黄爱云为团支部书记，林家成为连长，周保玉为妇联主任。黄传进任党支部书记不到两个月，因驾驭不了领导班子，便被降到大队加工厂当厂长，调回邱发明任党支部书记。

在公社化时期，干部们不断地经受着一次又一次的政治运动的考验，有的从权力集团中跌落下来，有的从权力集团的下层升到了上层，有的以普通社员的身份加入到权力集团，这在当时是常有的事情。公社化初期，掀起了大办钢铁的高潮，刮起了农业产量的浮夸风，人力、财力等资源的"一平二调"的共产风。从未经受过如此风雨的邱发明不知所措，只好跟着风向跑，将大批劳动力调离农业，到府河淘沙炼金，脱离实际追求农业生产高指标，结果耽误了农业生产，造成严重的失误。再加上接踵而来的三年严重自然灾害，他所领导的权力集团没有能力组织群众进行有效的抵御和抗击，结果粮食大减产，致使村内饿死了不少人，引起群众的强烈不满。为此，1960年夏，邱发明被捕入狱，判了两年徒刑。时隔40年后的今天，村民们回忆起这件事时，认为其责任不能完全归咎在他一个人身上，并说在他任职时，对黄湖实现农业社会主义改造，发展农业生产是做出了贡献的。

邱发明下台后，黄湖的领导班子立即进行了调整，徐克安成为黄湖的第二任党支部书记。他出身贫农，时年30岁，上过三年私塾，读过一年小学，具有初小文化程度。1951年，他曾由住村工作队干部带到乡里当过武装干事，后被下派回黄湖参加土改。土改完成后，他回家参加农业生产。1957

年，他到武昌铁路段当过工人，1958 年回大队担任主管农业生产的副主任。他自 1960 年秋接任邱发明党支部书记职务后的公社化时期，一直任黄湖党支部书记。时年 29 岁的黄爱云为大队主任，他初小文化程度，工作能力强，在农业生产管理上很有一套，社员都很拥护他，听从他的指挥。但后来由于同支部书记的关系处理不好，任职 10 年后，他先后被调任县农药厂、磷矿厂、水泥厂当厂长。大队主任职务由时年 20 岁的高中毕业的黄兴旺接任，他是黄湖村落内第一个以年龄小、学历高走上领导班子岗位的，并且在任 24 年，于 1994 年才被调出。时年 25 岁的秦道进任会计，他初中毕业，文化基础好，会计业务熟，能严格遵守财经纪律，工作认真负责，由集体到社员户的财务都非常清楚，从不出现财务纠纷，深受群众的信任和拥护，一直干到 1984 年公社解体时才退下。肖齐昌在 1970 年前任党支部副书记，后由孙舒华接任。以上所叙人员可谓是公社化时期权力集团的顶层人物，徐克安一直是权力集团的核心。此外，组成这个权力集团的还有贫协主席黄子义，民兵连长江来保，团支部书记管正斌，妇联主任周保玉，他们都在党支部书记和大队主任的领导之下开展工作。

这个权力集团在公社化中期和后期的 10 多年时间内，在政治、经济、文化领域做出过对黄湖对社会有重大影响和贡献的事情，这具体表现在几个方面。第一，重视民兵组织建设。1962 年，大队建立民兵连，由时年 23 岁的江来保任连长。他小学文化程度，政治觉悟高，组织能力强，很快把年轻退伍军人和部分先进青年组织到民兵组织里来。其规模发展到 120 人，分成 7 个排，有步枪 40 支，轻机枪两挺，成为一支能上前线作战的后备部队。他们农忙时参加生产，农闲时进行打靶操练，有什么突击任务，他们冲锋在前，对村里的"治安、治水、治穷"做出了重大贡献。第二，实现农业机械化。由于领导班子团结一致，齐心合作，群众威信很高，经济发展很快，队里购置了手扶拖拉机 5 台，大型拖拉机两台，康拜因联合收割机两台，农业生产基本实现了机械化。第三，实现田园化。为便于机械生产，农田水利灌溉，于 1972 年，领导班子积极组织群众进行农田改造，消除小块农田，划并成 10 亩 1 块的格子田，田间沟渠网络化，耕植田园化，从而促进了农业生产的发展。第四，建立文艺宣传队，创建民办小学。1963 年，出于政治思想宣传工作的需要，生产大队建立了文艺宣传队，由团支部书记管正斌兼任队长。他初中毕业，文化基础较好，喜爱弹唱歌舞，在他的领导和组织之下，宣传队很快发展到 30 余人。他们走村串乡，宣传党的方针政策，歌颂好人好事，促进了文艺事业的发展，深受群众的欢迎。1968 年，文艺宣传队改名为毛泽东思想宣传队，队员发展到 50 余人，其中一批骨干具有自编自演的能力。他们的影响很大，曾出席过省里的文艺比赛、演出，得到过省里的表彰和奖励。此外，管正斌还是抓文化教育的一把好手。1960 年以前，村里只有一个私塾，有两名老师，收费高，多数人家的孩子上不起学，村里的文盲很多。1961 年，领导班子指派管正斌办耕读班；1964 年，指派他负责创建村办小学。在他和他带领的一班民办教师的艰苦努力之下，村办小学办起来了，村里的孩子们能上学了，从此，村里出现了文化教育发展的新气象。至今，黄湖村民仍念念不忘管正斌对黄湖文化教育所做出的贡献。第五，房屋改革。1972 年，黄湖权力集团做了一件极其难做的工作，那就是村民房屋改革，即把村址选在挨近交通公路的地方，将几个分散的湾村民房都拆迁到这一个地方，为了村舍的整齐美观，各户的房子要做得一样高，一样宽，一样深。居民户起初不大愿意，他们便挨家挨户做工作，给每户补助房屋拆迁款 80 元。这就是房屋改革，也有称之为"调基"的。尽管他们是由于受平均主义思想影响而作出的决定，但客观上确实起了积极作用，即将分散的湾村集中到一起，一是节省出房基用地 50 亩；二是便于村级各方面的管理；三是便于公共设施建设；四是亲密了各生产队之间的关系。至今，居民们都说这件事办得好。第六，兴建起队办企业。由于日渐人多地少，富余劳动力多，村民收入小，便由大队主任黄爱云领头办起了加工厂。此人很有经济头脑，创业意识强，便根据大队的财力和村内与周边村民的需要，经过集体讨论决定，亲自带人购置回了轧花机、榨油机、磨粉机、脱绒机等机械设备，在原来小型加工的基础上，正式办起了大型加工厂，不仅解除了群众生活上的困难，而且为集体增加年收入 5 万余元，同时扩大了集体固定资产的积累。第七，办起了合作医疗，那时村民有病可以及时治疗，非常方便，至今人们对合作医疗的事仍念念不忘。

以上列举的 7 件大事，体现了以徐克安、黄传进、黄爱云、管正斌等为代表的一批社区精英的政绩和在政治、经济、文化等方面的成就与建设才能，也由此使他们在群众中享有一定的威信。

三　改革开放初期的社区精英

1978～1986 年，是我国社会变革的又一个重要转型时期，即改革开放的初期。这个时期，黄湖的领导班子成员没有多大变动，只是民兵连长换了黄玉明。他们很快适应社会变革和发展的需要，及时学习、贯彻、落实党的改革开放的方针政策，按照党的十一届三中全会的精神，把自己的工作重点转移到经济建设的主道上来，一方面积极推行家庭联产承包责任制，另一方面组织经济能人发展村办集体企业，鼓励村民务工经商，发展个体经济。经过他们的努力工作，进一步巩固和发展了村办加工厂，同时又兴办了河沙开发站、黄湖橡胶厂、五金熔炼厂等村办集体企业。村里的集体经济发展很快，同时也涌现出了一批发展个体经济的能人。罗亚子，原是大队农机员，精通机械，买下原生产大队的拖拉机进行改装跑运输，很快成了黄湖村的第一批万元户，后带动许多村民跑运输也富了起来。徐家顺是个思想开放、敢说敢干的能人，他兴建三个河沙开发站，雇佣运沙船 10 余只，吸纳劳动力近 60人，人均年收入增加了 500 元。河沙开发既有利于疏通河道，又增加了建筑资源和村民的经济收入，为此，他上过湖北省农民状元榜，并受到省委书记关广富同志的接见。徐松汉，原有泥工手艺，他组建建筑队，从事建筑维修，也很快带领一部分村民富裕起来。吴安明一见到家庭可以独立经营后，便操起祖传的鱼面加工手艺，从事鱼面制作和营销。他在每年俏销的 4 个月内，雇工 10 人，不分日夜抓紧生产，季节过后便出外打工，从而走上了富裕之路。

这些个体经营能人，第一批踏上了富裕之路，对黄湖村经济的发展具有极大的社会影响，对冲破传统体制的束缚具有重大的政治意义。当然，这一切都与以徐克安为核心的村级权力集团的改革力度和政治影响有着密切的关系。后来新的村级领导班子对于他们的功绩总结和肯定了四点：第一，在体制转型期做到了平稳过渡；第二，能及时宣传、贯彻、落实党和国家的改革开放的方针政策，群众的传统思想很快得到解放；第三，积极扶植个体经营者，在筹借资金、协调关系方面做了大量的工作，使一部分人首先走上了富裕之路；第四，兴建渠道，维护和加强农田基础设施建设，使农田承包到户后的今天，仍然发挥着对农业生产的保障作用。

但是,在村内改革刚刚取得成绩,一部分村民走上富裕之路的起步阶段,时年 54 岁当了 24 年党支部书记的徐克安在利益面前开始向自身倾斜,因而两次失掉了发展村集体经济的大好机会。第一次是 1985 年春季,省、县有两家企业要到黄湖来办,可是村里的主要负责人徐克安要以安排自己的亲属作职工为条件,因而告吹。第二次是 1985 年夏季,正是周边乡镇和村兴办企业的红火时期,徐克安将集体成套的机械贱卖给了个人,集体企业停办,使得集体资产和经济完全瓦解。徐克安将手伸向个体工商户,吃拿卡要,尤其是在个体河沙开发站入干股,把儿媳插进该站当会计,以至搞垮了河沙开发,他也就在群众的反对声中,即 1986 年被免了职。村民和后来的干部对他最大的不满,就是斥责他瓦解了村集体雄厚的资产,失去了发展村集体经济的机遇。

四　现在的社区精英

现在的社区精英,是指正活跃在黄湖村的政治、经济、文化、社会等领域并正影响着黄湖社区的政治、经济、文化发展的人物。

就政治精英而言,徐克安被免职后,由黄兴旺接任书记,徐三金任村委会主任,罗大荣任会计。后来又因村里的工作不顺,先后替换过书记、主任、会计,直到 1995 年村里进行村民直选时,终于选出了村民所期望和拥护的一班人,即村党支部书记徐金汉,村委会主任黄六毛,专职副书记罗大荣,这就是自 1995 以来延至今日的黄湖村权力集团的核心层。

新的权力集团,抛弃传统的单纯政治领导和重权力轻职责的观念,一改往届村领导班子只领导不服务的旧有工作方式,把工作重点放在经济环境建设和为社区经济建设服务上。几年来,他们突出的政绩表现在以下几方面。

第一,缩减领导班子成员。村领导班子成员由专职转变为兼职,免去妇联主任、团支部书记、财务会计、治保主任、民调主任等专职职务,改由"两委"主要成员兼任,从而使领导班子成员由原来的 11 人缩减为 6 人,节省村集体发放干部工资和办公费用 5 万余元。

第二,完善公共设施,创建良好经济环境。几年来,他们加强了对公共设施建设的力度,很快解决了水电、交通、通信、安保等问题。现在,村内的水电资源供给充足,公路宽敞畅通,电话线路和电视线路网四通八达;社会秩序良好，每日晚间有青年进行义务巡查，村内多年来未出现刑事案件；没有发生过有关部门或单位向民营企业乱收、乱摊、乱罚现象。

第三，改革集体所有制企业。近几年来，大力招揽经济型人才，承包或租赁已停滞不前的村办企业，盘活现有村集体企业闲置的资源，从而促进了集体经济的迅速发展，年纯收入可达60多万元。

第四，减轻农户负担。自1997年以来，农户的公粮水费全由村集体向国家缴纳，也不向农户搞"三留五统"，村内公共基础设施建设费用不向群众摊派，全由集体经济承担解决。

第五，发展个体经济，热心为民营企业服务；鼓励和组织外出务工经商，帮助富余劳动人员转移、就业，使大多数村民户逐渐摆脱贫困而富裕起来。

这些政绩是村民公认的，也是黄湖村以往历史上没有过的；是改革方针政策带来的，同时是领导干部们解放思想团结奋斗干出来的。他们得到了群众的信任和支持，受到省、市、县、镇四级政府的肯定和表彰，享有湖北省500强明星村的光荣称号。

就经济精英而言，这个时期可说是人才辈出，群星涌现的时期。上文所述的三位政治精英也是经济精英，他们都是在村内首先富起来而后参与村领导班子带领村民致富的领头人。在他们的影响、带动和扶植下，出现了成群的民营企业主和个体专业户，而其中对社会影响较大、对国家和村集体贡献突出的个人成功者有：陈建安、徐火山、吴学明、左环清等人。

就文化精英而言，当前不如合作化和人民公社化时期。文艺宣传队自1980年解散以来，就没有恢复过。村办小学自1994年合并于伍姓小学后，村内再也没有办过学校。村内的体育文化活动室自实行承包经营后，再没有人组织开展集体活动，这大概是当前难以造就新的文化精英的客观原因。但在幼儿教育领域却有一颗独放光彩的明星，那就是成功举办黄湖星星双语幼儿园的刘薇女教师。

综观以上所述，黄湖社区精英的形成机制，一方面呈现出个人独立生成模式，也就是学者们所说的精英循环模式，与行仁庄社区精英模式大致相仿。所不同的是行仁庄社区的政治精英大多是20世纪70年代以来一直在村级权力集团任职的，相对而言，年龄偏大，文化程度较低；而黄湖社区的政治精英在村级权力集团任职的，自改革开放以来已更换过两次，年龄比较年轻，文化程度比较高，正如中国学者王汉生所发现的那样，即"精英之间会由于年龄结构、知识结构的变化，也由于不同类型精英在社区内影响的消长，出现新精英代替旧精英的现象"。[①] 另一方面，各类精英的形成条件显现出个人的基本素质和特有能力及个人所处的优势环境与所遇到的适当机遇。

第二节　社区政治精英

黄湖村的政治精英，是由党支部和村民委员会两个正式组织的主要负责人组成，人数虽不多，但对村庄社区的政治生活和经济生活领域产生的影响却不可忽视。

一　政治精英的现状和特点

在黄湖村，党支部和村民委员会两个班子的成员一共有 6 人，他们是村民心目中的"村干部"。

党支部书记徐金汉，可以说是黄湖村最有影响的政治精英人物，曾受到市、县、镇三级党委的多次表彰，荣获过"村模范书记"、"先进工作者"、"优秀共产党员"、"全镇十佳干部"、"全县十佳村党支部书记"、"最佳十星级文明农户"等荣誉称号 15 次。徐金汉现在是云梦县人大代表，城关镇在 2001 年将他转为城关镇有事业编制的干部，并给予他副科级干部待遇，每月发给补助。作为村领导班子的"一班之长"，徐金汉不仅负责村庄社区的全面工作，而且主管社区经济发展和协调内外发展环境，并驻点村办企业星星禽业公司和纸管厂。平时，徐金汉要用80%的时间和精力处理公务，另外的时间还要经营自己承包的 8 亩鱼池。承包的鱼池，每年向村集体上交 3600元，除去费用可获纯收入近万元，是黄湖的养鱼专业户。我们在调查访谈中了解到，黄湖的干部群众大多数对徐金汉的个人能力、在村庄事务中的权威地位和作用表示肯定。

---

① 陆学艺主编《内发的村庄》，社会科学文献出版社，第 303 页。

　　黄六毛既是村党支部副书记，又是村民委员会主任，在村干部分工中负责行政管理工作，并主管财务、物业、工商税收、经济任务、合同兑现、综合治理、土地建房、招商引资。他驻点村办企业建筑队、塑料厂、东方棉业、面粉厂。由于主管经济工作，黄六毛经常斡旋于各经济部门之间。他头脑灵活，具有较强的经济意识，为人坦诚，工作踏实，敢说直话，能够与支部书记通力合作，并就村经济发展提供一些有价值的建议，因而在村民和党员中颇有威信。

　　罗大荣是黄湖村党支部专职副书记，待人热忱有主见，既能当好配角，又能独当一面。他除了负责党群工作，还主管全村的农业和计划生育工作，驻点村办企业再生棉厂。按惯例，农业是农村工作的主体，一般由村委会主任负责。但黄湖的主体产业转变为村集体工副业，农业在黄湖经济中所占比重较小，因而这项工作在"村干部人事分工安排"表中划归副书记主管。但由于罗大荣负责党群及计划生育工作比较繁杂，因而，农业工作实际上由村民委员会副主任主管。罗大荣与村民的关系特别融洽，村民们遇到大小事都喜欢找"罗书记"。凭借着比较超前的意识和理念，凭借着经济上的率先致富和人品上的坦诚务实，他在黄湖党员和村民中享有比较高的威信。

　　黄连清是党支部委员，兼任村民委员会副主任、民事调解委员会主任和出纳，负责财务收支保管、民事调解。他主管周边单位和引资企业的服务、合同兑现，村民户籍，民政等工作，驻点第三、四村民小组，鱼池、涵管厂。

　　杨华英的工作比较单纯，分管全村的计划生育，驻点第一、二、七村民小组。她平时工作踏实认真，黄湖村计划生育工作曾多次受到县、镇两级表彰，本人也屡次被评为云梦县计划生育先进工作者和城关镇优秀共产党员。

　　徐新平的分工是主管青年民兵工作、治安保卫工作，驻点第五、六村民小组，并协助村委会抓文明创建工作。

　　在黄湖村两个班子中任职的6名成员，若按其权力结构层次划分，可分为3个层次，第一个层次是这两个班子的真正核心，即党支部书记徐金汉；第二个层次是村党支部副书记和村委会主任，即现任副书记、村委会主任黄六毛，专职副书记罗大荣；第三个层次是3名党支部委员和村委会副主任、杨华英和黄连清、徐新平。在这个结构层次中，能够称谓政治精英的是第一层和第二层，也就是徐金汉、黄六毛、罗大荣。这3个人是黄湖村公共权力运作的主要参与者，他们在广大村民中享有一定的声誉，对黄湖村的发展尤其是集体经济的发展起着领导和促进作用，从而不断推动着黄湖村社会经济结构的变迁。那么，是什么原因造就了黄湖村的政治精英群体呢？

二　形成政治精英的主观条件和客观条件

政治精英形成的主观条件是指他们的年龄结构、文化结构、个人经历、个人品行与能力；客观条件则是指国家的宏观制度（即大环境），地方政府的政策和决策倾向，村庄的重要政治经济传统等等。那么，黄湖村的3位政治精英是如何形成的呢？我们先看看他们的简历。

徐金汉，男，1961年出生，高中毕业后入伍当兵，1983年8月在部队入党，1984年底复员，回乡务农。1985~1989年任团支部书记。1991年后，当过村委员会副主任、村党支部副书记，1994年任党支部书记兼村委会主任，1995年至今任支部书记。他工作责任心强，思维敏捷，工作思路清晰，果断坚毅有主见，敢于负责任，具有开拓进取的精神，能够团结一班人在工作中发挥整体效能。

黄六毛，男，1962年出生，高中毕业后先随父亲学木匠，后来学驾驶。从1983年开始，开车跑运输。1992~1995年，当过村会计，1995年入党，并于当年任村委会主任。

罗大荣，男，1962年出生，1979年高中毕业参加高考以23分之差落榜，回村后在村办加工厂当工人。此间，曾被派往武汉学习电氧焊技术，干过3个月的搬运工。1980年底参军入伍。在部队4年中，当过司令部通讯员，特务连侦察员，书记员，营、团总支副书记。1984年7月入党，同年底复员返乡搞个体运输。1985年担任村会计，1991年辞职专营运输业，1995年回村参选当上党支部副书记。

从以上被列入干部政治精英群体的3个村干部的基本情况，可以看到如下几个带共性的特点：

第一，任职时年龄不大。3个村干部都是20世纪50年代末60年代初出生的，平均年龄不到 43 岁，然而他们都有 10 年以上的任职经历。从档案中可以看出，他们最初跨入村领导干部的门槛时，都在 30 岁以下，其中两人在 25 岁以内。

第二，文化水平比较高。黄湖村的青壮年村民绝大部分只受过初中或完小教育，高中毕业在村内是最高层次的文化程度。而这 3 个村干部都是高中以上文化程度，显然，他们的整体文化构成在其同龄村民中相对是比较高的。

第三，个人经历不寻常。作为政治精英，3 个村干部几乎都有着不寻常的个人经历。有两人在部队的大熔炉中经受过锻炼，并在部队入党；3 人曾担任过村里的会计、团支部书记。他们都曾离开过本乡本土，出外闯过世面，在各自经营的行业中，都对村民起到过示范作用，从而对推动黄湖村的经济发展产生过积极的影响。

第四，威信高、能力强。在调查访谈中，村民对 3 名村干部的个人品行与能力有不同的评价。但从总体上讲，大多数村民持肯定态度。在这 3 名干部任职的几年中，经历了几次党内选举和村民选举，目前，他们依然处于本村公共权力等级体系的上层，由此可见，他们的个人品行和实际能力都得到了大多数村民的认可，是本村同龄村民中的佼佼者。

对于政治精英的形成，个人经历、个人特征以及个人奋斗固然重要，但这些主观因素，又总是与他们自己难以直接控制的客观因素密切地联系在一起，这里的客观因素（或外部条件）无外乎两个方面。

首先，社会关系的影响。政治精英本来就是农村中社会活动能力较强的人，他们在社会活动中建立了广泛的社会关系，而这种社会关系资源又成为社会影响力的一个重要来源。他们早在任职前，已在从事个体经济活动的过程中建立了良好的人际关系担任村干部后，随着土地的规模租赁和村办企业的兴建，他们在生产经营管理和服务过程中，社会关系进一步拓展，其社会关系网早已越出村庄社区，延伸到各级政府部门。许多村民认为，村干部的社会关系广，村民们自己解决不了的难事找村干部，一般都可以得到解决，特别是支部书记徐金汉，在镇里、县里有不少熟人，较走得通，因而他能办成一些其他人办不成的事。

其次，村落的社会经济结构和公共权力配置格局的影响。在黄湖村，公共权力同中国的绝大多数村庄一样是国家法统的延续和延伸，因而干部的成长不可能超出国家法定的边界。比如，1995 年以前不是共产党员的村民很难进入干部领导层。随着党的政策的调整，1995 年，黄连清才以非党员身份被选举为村委会副主任。五年后，他也申请加入了党组织。迄今，黄湖村的 6 个村干部中，没有一个不是党员。在黄湖村，个体私营经济虽然有较大发展，并且继续呈上升趋势，但在量上很难与村集体经济相抗衡。个体户、私营业主虽已形成新的社会阶层，但其政治力量也不足以与村干部阶层相提并论。黄湖村组织不仅直接控制着总量较大的集体经济，而且通过对土地所有权以及农业基础设施的控制和向农户提供比较全面的农业社会化服务，对农户家庭经营发挥着巨大而直接的影响。正是这种传统的社会经济结构，从客观上为村干部从公共权力底层经过数年、数十年努力而逐级晋升，直至为政治精英创造了条件，提供了可靠的连续性保障。

从以上所述可以看出，黄湖社区的政治精英，是在深化体制改革、农村经济发展急需能带领群众致富的优秀人才的客观背景下，凭着个人坚定的理念、较高的的文化程度，不寻常的社会资历，带头致富的示范胆识等因素组合形成的。他们出生于普通农民家庭，原本都是普通村民，没有特殊的家庭背景和社会关系，而完全是靠着个人艰苦奋斗而逐步成长为今天的政治精英的。

三　政治精英的愿望和要求

村庄社区的政治精英在中国基层政权与基层管理组织之间，承担着双重的角色，相对于国家基层政权组织——乡镇而言，他们是被领导者；相对于农民群众而言，他们又是国家法律认可的基层管理组织中的管理者，领导者。这种双重的身份就决定了他们来自两个不同角度的愿望和要求。

第一，村务管理整体工作的要求。首先，要求真务实，反对形式主义。作为最基层管理工作者，政治精英们希望将主要精力用于为村民多办实事，但事实是他们的许多精力往往耗费在形式主义的务虚上。据不完全统计，黄湖村每年要接待来自省、市、地、县四级党委政府部门的大小检查达 80 多次。对于这种务虚不务实的形式主义，他们表示深恶痛绝。其次，要切实解决条、块之间的矛盾。他们认为，有些管理部门的土政策严重制约了地方经济的发展，其主要表现为管理部门乱收费。云梦县已成立"行政服务中心"，但一些部门依然频繁地到村庄甚至农户家中乱收费。据说，黄湖村原有 6 家制作鱼面的个体作坊都具有 100 多年历史，其产品畅销全省各地。但由于每季生产都要向一些管理部门交纳 500 多元的税费，致使其中 3 家停业不干，另外 3 家也维系艰难。对于管理部门的乱收费，村民们怨声载道，经常要求村干部为他们的发展和增收提供一个宽松的环境，但村里的政治精英们也无能为力。

第二，个人政治、经济待遇方面的愿望。首先，希望上级部门重视对村级干部综合素质的培养和提高。一位副书记谈到这个问题时说到：村干部的综合素质包括理论素养、专业技能和行政管理知识，党员干部带头致富需要技能，需要信息，需要对国家政策的了解，这些都只能通过学习而获得。但村级干部的学习路径十分狭窄，基本上是通过报纸、电视等传媒自学，有很大困难。

第三，希望上级部门切实解决农村干部的后顾之忧问题。黄湖村的精英们常年忙于村集体事务，而无暇顾及家庭工副业，甚至放弃个人利益，如副书记罗大荣停止经营个体运输业，副主任黄连清放弃了从事多年的建筑业。村干部的工资，根据国家政策，在完成当年公粮水费任务后按人均 3000 元/年的标准由地方财政转移支付，加上经过城关镇核定、由村集体自筹的补贴，这些政治精英们每年可领薪水 8000～12000 元（每年不等）。在今天的黄湖村，这个收入水平仅居于中下等，还不及普通村民的平均收入水平。谈到个人经济待遇问题，他们都忧心忡忡：年轻的时候无所谓，一旦年龄大了，退下来既无工资，又无积蓄，到那时怎么办？由此，他们提出一个共同的问题——农村干部养老保险问题。据调查，关于农村干部养老保险问题，云梦县城关镇曾于 1997 年下发文件做出这样的规定：村干部中任主职 10 年以上，副职 15 年以上者，可参加"村干部养老保险"，即一次性交保险费 4000 元/人，到 60 岁以后每人每月可领取 100 元的保险金。但随着市场经济体制的完善，这项带照顾性质的险种于 2000 年被取消。现在的农村干部实际上是老无所养，甚至有个别人不时萌生"不想当干部"的念头。为此，黄湖村的政治精英们殷切期望国家或地方政府对农村基层干部的养老问题制定一项较长远、带连续性的政策，以解决他们的后顾之忧。

第三节　社区经济精英

所谓社区经济精英是指在某地区的经济领域对个人或集体经济发展起到一定影响并富裕起来，从而使该地区经济面貌发生重大变化的私营企业家或集体企业创办者、管理者。随着社会主义市场经济的发展，农业结构调整的加快和农业产业化经营的推进，黄湖村悄然出现了一批经济精英，他们既代表着传统生产方式的转变，又显示出对传统小农经济的重塑，而且包含着农村经济、社会、政治、文化等方面的全方位转型，对推进黄户农业和经济的发展起着十分重要的作用。

一　经济精英的现状和特点

黄湖的经济精英，出现在黄湖村民的两个层面之中，一是村级领导班子成员之中，二是个体经营者和私营企业主之中。

村领导班子成员中的徐金汉、黄六毛、罗大荣等是当今的政治精英，也是当今的经济精英，他们都有着极强的经济意识，尤其重视村、户经济的发展。自1995年他们组成新一届领导班子以来，坚持推进经济体制改革，调整产业结构，创建经济环境，实行招商引资，从而改变了黄湖的经济面貌。在他们上任前，黄湖集体企业处于停滞状态，企业设备和资产基本闲置，村内富余劳动人员待业人员越来越多，村民经济负担很重，生活困难。他们上任后，将集体企业实现租赁，租赁给村内外的企业经营能人，以盘活集体资产，充分利用集体企业资源发展集体经济。为此，他们同时进行相应的水、电、路、通信等基础设施建设，创建良好的经济环境，为企业提供全方位的优质服务。现在，村内利用原有集体企业资源已引进了面粉厂、玩具厂、纸管厂、涵管厂、饲料厂、板箱厂、塑料厂等7家私营企业，还将引进铸造厂和纺织厂。此外，组织村民建立了运输协会、养殖协会，扶助养殖户创建禽业公司两家，带领干群改建鱼池200余亩。现在，村集体年纯收入可达67万元；尤其是养殖业和运输业的兴起，极大地推动了村民户的经济发展；运输专业户发展到58家，养殖专业户27家，既缓解了富余劳保力转移的压力，又改善了村户经济发展的环境和条件。

在发展村集体经济的同时，村领导班子成员对户经济发展同样起着示范作用。村支部书记徐金汉个人承包鱼池 7 亩，年纯收入过万元。村委会主任黄六毛，在任职前就是远近闻名的运输专业户。罗亚子、黄西平、张华子、黄小毛 4 人是黄湖最早开始跑运输的，他们带动了黄湖运输业的发展，但他们只是单项运输。而黄六毛在此基础上开拓运销双项活动，他善于思考，关注市场动态，能把握所在地区资源和市场需求的关系，又讲求信誉，只要第一次成为他的客户，他就能与之长期保持亲密的关系，因而大的客户越来越多，运输越跑越红火。他从事水泥贩运经销活动，年销售 1 万吨。他购置了两辆农用货车，父子俩跑了几年运输，家里富裕起来，周围人们称他为"黄百万"。但是，黄六毛决不满足于自富，而是热心帮助跑运输的村民联系和发展客户，带领他们从事运销双项活动，从而极大地推动了黄湖运输业的发展。现在，他雇请了一名司机继续跑运输，年纯收入近两万元，自己则忙于村集体的经济发展工作。村专职副书记罗大荣，任职前也是有名的运输专业户，年纯收入 3 万 ~4 万元。任职后，他没时间出外跑运输，便一直带领家属实行规模养猪，年出售成栏猪 30 ~40 头，年纯收入近 1.5 万元。他们从事个体经营不仅仅在于谋取家庭收入，更重要的是在于带领村民寻求就业之路，开启共同致富之道。支部书记徐金汉在领导班子成员中就提出了帮助村民致富的三条措施，一是组织有一技之长的党员干部帮带贫困户，二是动员民营大户在就业、致富门路方面对贫困户予以扶植，三是对贫困户予以资金支持和组织技术培训。

黄湖的个体劳动者和私营企业主中涌现出了不少的经济精英，其中最为突出、对村民户经济发展影响较大的有罗亚子、陈建安、徐火山、吴学明、左环清等人。

罗亚子是当地有名的个体运输专业户。现在，他拥有新式华川货车 1 台，价值 5 万多元。他的运输客户主要在云梦、孝感、安陆、应城等地，年纯收入 3 万 ~5 万元。他头脑灵活，思想开放，擅长经营，懂车辆组装、检修技术，驾驶技术精熟，20 多年来行车安全，从未出过事故；为人诚实俭朴，对人讲究诚信，从未失信于人；乐于助人，乐于奉献。因次，他的客户稳定，货源甚广，近连续 10 年被县交通部门评为红色驾驶员。他居住在一栋新建的框架结构的 3 层楼的房子里，室内装修、摆设全部实现了现代化，完全改变了改革开放前年年超支、一家 8 人只能挤住在一间矮小的 70 平方米的旧平房的贫困景象，女儿已大学毕业，儿子正读大学，妻子在家料理家务，家庭和睦幸福。

　　陈建安是当地有名的禽养殖企业家，他创办的星星禽业公司，拥有基地 40 亩，生产厂房 1300 平方米，固定资产 1500 万元，常年职工 16 人。他主要是生产鸡苗和肉鸡，销往成都、重庆、沙市等地，年产值达 1000 万元，创利润 50 万元。陈建安的经营效益引发了村民们养鸡的积极性，养殖户纷纷找陈见安学习养鸡技术。陈建安热心而无偿地向这些想养鸡的农户传授养殖技术，一下子发展起近 200 家养鸡户，其中能上万只规模的有 11 户。陈建安的禽养业给黄户带来了村民积极走致富路的社会效应，受到干群的支持和赞誉，被县、市评为党员"双带"标兵。

星星禽业公司养殖基地

　　徐火山是当地有名的商业经营者。他从事商品零售业，现有资产 100 万元，另房子两栋，建筑面积 500 平方米。夫妇开超市，常年雇用营业员两人，经营商品 1 千余种，年获纯利润 10 余万元。在他的影响下，村内商业户已发展到 6 家。

徐云蜀是当地回收破旧物品的破烂王。现在，他新建有一栋 400 多平方米的用于回收破旧物品的经营房，一栋 3 层楼 200 平方米的住房，全为砖混结构，现值 30 多万元。他夫妇 2 人个体经营，常年雇请临时工 5～8 人，具有流动资金 10 万元，年获利润近 5 万元。

左环清是当地有名企业家。他创办的残联纸管厂，占有地基 5 亩，厂房建筑面积 1300 平方米，拥有固定资产 40 万元，积累资金 40 万元，常年职工 36 人，其中雇用职工 34 人，年创纯利润 12 万～14 万元。在雇用的 34 人中，4 名为管理人员，30 名为生产人员，而生产人员中有 18 名是残疾人，多为 40 岁以下 16 岁以上的聋哑而上肢健全的人，其余 12 名是 18～38 岁身体健全的人。左环清将这 30 人组合成健全人与残疾人相互搭配的 5 个生产小组，实行计件计酬，统一领导统一调配。他对职工尤其是残疾人职工非常关心和爱护，实行集体就餐，一日 3 餐，每餐只收餐费 1 元，其余不足部分厂内拿钱予以补贴；无偿安排住宿；逢重大节假日一般放假 3 天，并事前告知其家属，以便保护残疾职工回家休假的往来安全；晚间组织看电视，或相互教学文化，阅读有关书籍。残疾职工现今一般都能识字看书看报，聋哑人

残联纸管厂

会打手语。近来,职工们都十分安心工作,生活舒畅,以厂为家,没有人辞聘。左环清不以谋取个人利润为目的,而以发展残疾人福利事业、解决残疾人就业问题为己任,因而受到社会的广泛支持和好评,并当选为县政协常委委员。

二　形成经济精英的主观条件和客观条件

经济精英的形成,也有其主观条件和客观条件。那么,形成的主客观条件有哪些呢?我们先来看看这些经济精英的基本情况及其发展经历。

罗亚子,男,1954年生,初中毕业。此人勤学好问,爱好广泛,会拉琴吹笛。改革前,他是生产大队农机手,在机务队开拖拉机,精通机械。1981年黄湖开始实行联产责任制,集体将拖拉机出租,罗亚子大胆接租,帮人机耕、机运,收取劳资费。1982年,他见市场运输紧缺,便停止租用集体拖拉机,用贷款和个人积累起来的资金自购了一辆简易机动车,回家进行改装,从事货物运输。由于市场运输走俏,两年后,他便成为黄湖的第一批万元户之一,关于他的发富事迹曾在《孝感报》上报道过。自此,村内当过驾驶员的农机手和部分有文化的青年农民30多人,受到罗亚子的影响,想购车跑运输,但车子很难买。罗亚子知道后,他路子熟,便出外买回旧车进行改装,然后变卖给他们,从而发展了黄湖运输队伍。村里的车子多了,需要有人进行管理,他便自告奋勇地担当起村里的管理者,把县交管站的有关人员请到黄湖进行现场办公,办理车牌,审验车证,当时车主如果无钱交付有关费用,他则出面负责欠下,待车主有钱时还清。他要求大家不断改进车型,淘汰旧车型,以确保车辆行驶安全,适应市场发展的需要。如有资金不足的,他就倡导由2~3人合伙,运营、购车,组成运输联合体,进行合伙运营,待有资本有能力时,个人可再另行购车运营。他的传帮带,使黄湖的运输业得到极大的发展,运输车辆增加到80台,司机100多人。

陈建安,男,1972年生,初中毕业。后来到部队服兵役3年,于1994年转业。转业后,他首先到在武汉办种鸡场的舅父那里学习养殖种鸡的技术,一年后回黄湖租赁村集体企业基地办养鸡场。当时,正遇售鸡市场不景气,附近的鸡苗、鸡饲料都可以赊,价格便宜,于是,他大胆地赊回了两万多只鸡苗。他的鸡待长成肉鸡后,恰遇肉鸡市场行情极好,将鸡出售,一下子赚了 10 万元，既还清了债务，又有了再生产的资本。从此他的禽养业一发而不可收，成为今天规模较大的星星禽业公司。

徐火山，男，1960 年生，初中毕业后到部队服兵役，并加入了共产党。1981 年退伍后，回村做木工活。一年后，他嫌做木工活收入太小，则在村东头的自来水厂门前开小卖店，从事商品零售经营，从此，他走上了经商之道。平时，他注重信誉，讲求商品和服务质量，实行薄利多销，生意越做越红火。经过 20 多年的精心经营和勤苦奋斗，发展成为今天具有千余种商品规模的超市，并成为有关名牌厂家的代销点。

徐云蜀，男，1949 年生，初中毕业。1978 年，他在生产大队的运输队拉板车。1983 年，他个人向银行借得贷款 2000 元，购买了 1 台手扶拖拉机，跑个体运输。两年后，他赚得了一笔钱，便换购了 1 辆三马。3 年后，他又换购了 1 辆"130"拼装车。再 3 年，最后新购了 1 台农用货车。他跑了 10 年的运输，家里富裕起来，彻底改变了原来的贫困面貌。改革前，他一家 6 口人，只住有 30 平方米的破旧平房，现在却建起了两栋共有 500 多平方米的楼房。2000 年，他见运输市场发展过热，供大于求，运输成本过高，便转向办起了破旧物品回收站，年获利润近 5 万元。

左环清，男，1957 年生，高中毕业。1971 年，他到部队服兵役，后为二等一级残废军人。复员后，他在云梦县吴铺镇纸管厂任营销员。后来因厂里人员过多，企业管理不善，经营不景气，他便辞职回到黄湖独自办企业，即租用村集体停办了的原孵化厂基地兴办起纸管厂。他办厂的宗旨是为解决当地残疾人的就业问题，立志为残联、为社会创办一件福利事业，则把他的厂名称为残联纸管厂，因而，他的理想和举动立即得到政府和民政部门的积极支持和社会的热烈赞誉，使他的企业很快兴旺发达起来。

从以上经济精英的基本情况和发展过程可看出其形成因素，就其主观因素来讲，他们的年龄均在 30～53 岁之间，也就是说正处于中壮年成熟阶段；都具有初中及初中以上文化程度，一定的技术特长；都具有较强的市场意识，较深的社会阅历，较长的经营实践。这些都是他们能形成经济精英的极其重要的主观条件。就其客观因素来讲，一是党的可以使一部分人首先富起来的政策深入人心，激励着村民们热心于闯市场，积极勇敢地寻求致富之道；二是当地政府和有关组织的引导与支持，使他们能够避免或有能力抵御前进中的风险；三是社会关系的影响和援助，使他们能掌握有关技术，获得广泛的市场信息和经营知识；四是良好的经济环境，使他们的经营能力和智慧能得以充分的发挥和施展。

三 经济精英的愿望和要求

村落社区的经济精英，对村户经济的发展起着十分重要的龙头作用，他们既是村民致富的带头人，又是村民共同致富的带领者，因此，作为当地的基层组织和政府，要时刻关心他们的成长和发展，了解他们的愿望和要求。

据调查，这些经济精英的愿望和要求，大致可以归纳为以下四点。

（1）希望"允许一部分人先富起来"的政策不要变，只要是靠勤劳致富的人，就要予以肯定、鼓励和支持。在调查中，我们发现，有的村民户虽已富了，却怕露富，不愿言富。这大概有两个原因，一是怕露富了招人眼红妒忌；二是怕当地政府部门或组织找麻烦，后者可能是最主要的原因。

（2）希望建立健全的公平竞争机制。这主要是体现在贷款、征税、专项资金扶植、差价补贴等方面，都要有统一而规范的规则和制度，做到一视同仁，合理合法，而决不可政出多门，凭关系，因人而异。坚决支持和保护勤劳致富者，打击投机钻营弄虚作假者。

（3）希望生产经营者都能遵守市场规则，讲求产品、商品质量，维护交易信誉，共同创建良好的经济环境，使资金、技术、人才等资源能进得来，工农业产品能销得出，流通渠道安全通畅。

（4）希望当地政府和组织多提共有关商业文化知识、市场经济知识、科技知识、法律知识和信息网络知识等服务，使他们不断提高道德素质、经营能力、文化科技水平，信息捕捉能力、市场驾驭本领，从而创建一片更为广阔的经济发展的天地。

第四节　社区文化精英

在文化教育领域，黄湖有一群令村民喜爱的文化精英，他们的活动和业绩为丰富村民文化生活，提高村民文化素质起了极其重要的作用。今天，他们仍为着该社区的文化教育事业的发展勤奋地耕耘着。

一　文化精英的现状和特点

徐柏森年近六旬，在一家私营企业做技术指导工作。他虽不在专业剧团，但今日仍能登上舞台，连续演唱上 10 首歌曲。他会唱京剧、楚剧，小调和歌剧也唱得很好。他更擅长于吹笛子，拉胡琴、手风琴，弹奏电子琴等乐器。村里遇上什么喜庆活动，都会请他去参加，使得这些活动的气氛显得格外浓烈。镇里有时举办文艺活动，总是请他参加。他只要有"请"，则必然按时赴会。有时晚间乡亲乘凉，请他唱两曲，他也决不推辞，尽兴唱起来。

管正斌年逾花甲，是黄湖一位有名望的退休民办教师。现在他的子女皆已成家立业，用不着他谋求生计，但他却不愿虚度光阴，坐食于后人，仍热心于教育工作，给人家当家庭教师，或给放学归来的孩子补课，或教写书信书法，有时帮助村委会起草文书。他在校从教 18 年，忠于职守，一心扑在教育事业上；艰苦奋斗，勤俭治校；只讲奉献，不计报酬，为村里培养出了不少人才，因而受到村民的尊敬和社会的赞誉。他曾多次被镇里评为先进教师，受到奖励。1975 年被县里评为先进教育工作者，披红戴花地出席了县委县政府组织的先进性教育工作者大会。

刘薇正值风华之年，1970 年生，是当今幼儿教育界的一颗闪烁的明星。7 年前，她带领全家成员，以个体名义办起了一所幼儿园，取名为星星双语（汉语、英语）幼儿园。7 年来，她总投资 32 万余元，建成了一所具有现代气息适应时代发展需要的欣欣向荣的幼儿园。她思维敏捷，勤奋好学，与时俱进，竞争意思强，善于示范，严于管理，赢得了当地居民的高度信任和社会的一致认可，因而她的幼儿园办得越来越红火，常年在园的幼儿达 180 人左右。2001 年，她被县主管教育部门评为先进个人；2002 年，她的幼儿园被评为优秀幼儿园；2003 年，她被评为孝感市幼教先进个人。

二　形成文化精英的主观条件和客观条件

文化精英的形成，既有其主观因素，又有其客观因素，主观因素是其形成的根本条件，客观因素是促其形成的必要条件。那么黄湖的这些文化精英的形成，其主观和客观条件表现在哪些方面呢？

就主观条件而言，徐柏森、管正斌、刘薇等人都有一定的文化素质和对事业执著追求的精神。

徐柏森，1945年生，初中文化程度。他读小学时，就喜爱唱歌，吹笛箫，拉胡琴。初中毕业后，他因家庭经济困难而回村跟随父母参加农业生产，但从没放弃对歌曲乐谱的学习，并决心做一个能登台表演的文艺演员。他每天除了参加必要的生产劳动之外，其余时间全用来学习歌词剧本，练习吹拉弹唱艺术。他将挣得的钱除了一部分用于基本生活费用之外，其余全用来购买文艺专业书籍和乐器。他白天一边参加生产劳动，一边练唱戏剧或歌曲；晚上夜深人静，独自坐在村外的河边练习吹笛或拉二胡。他成了歌迷、戏迷、乐器迷，白天唱，晚上练，对文艺书籍有读不懂的，对乐器演奏有练不会的，便找附近知名的艺人乐师求教，有时甚至背着米袋出外求师学艺。他说，在艺术学习上，不要怕人家瞧不起，应该虚心求教；在艺术追求上，不能让人看不起，要表现出坚定的信念和毅力。他既有一定的文艺天资，又能刻苦勤奋地学习实践，不仅学会了演唱京剧、楚剧、地方小调和歌剧，而且学会了演奏京胡、二胡、笛箫、电子琴等乐器。20世纪60年代初，他参加村里的文艺宣传队，常常被当作文艺骨干抽调到大型水利工地慰问演出，有时被借到县文艺宣传队参加巡回演出，都受到观众的喝彩和欢迎。他的吹拉弹唱都很出色，被村民们称颂为多才多艺的文化人。

管正斌，1941年生，1960年初中毕业。他读小学时，家里人问他读好了书将来干什么，他毫不犹豫地回答说："当老师。"上初中时，他就利用假期在村里的夜校当老师代课。初中毕业后，他本想报考师范学校，班主任老师却要他读高中以便将来考大学。他进入高中后只读了一个月的书，就因家庭困难而退了学。他回村后参加生产劳动，却时刻盼望着有机会参加教育工作。1964年村里办耕读班，他积极报名当上了耕读教师。1969年，村里独立办小学，指派他当老师，并委任他为学校负责人。当时无校舍，无经费，真可谓白手起家，困难很多。可是，管正斌没有为此发愁，而是为能实现自己的志愿而荣幸而激动。没有校舍，他和大队干部一起去借用民房；没有教师，他到具有一定文化水平的村民中去挑选；没有桌凳，他和老师们一起去走访家庭，动员家长自备；没有经费，他带领师生自力更生，勤工俭学；教师业务不熟，经验缺乏，他组织师生到城关小学听课，进行观摩学习。经过一番艰苦努力的工作，他领导的黄湖村小学办起来了，村里的适龄儿童都能入学读书了，他高兴地感觉到自己已踏进教育领域，并迈出了难得的第一大步。第二年兴建了校舍，改善了教学设施，学校的一切工作都步入了正轨。他乐于从教，不计较待遇，不见异思迁，不妄自尊大，不好为人师。他把村小办成一所规范的完全小学，做到了学生入学率高，教师素质高，教学质量高，为村里培养了不少人才，受到社会的尊敬和爱戴。

刘薇，1970 年 9 月生，1989 年毕业于湖北省广水师范学校，并获得"优秀师范生"的光荣称号。她本是立志从事教育工作而进师范读书的，可是在她 1989 年毕业时，因客观原因而被分配到云梦县客运公司当播音员。在公司的几年工作中，她为不能实现自己的从教理想而心中不安，工作起来总觉得是那么别扭，不会干出什么名堂来。1996 年，她受到一个同学的启发，决定离岗创办一个幼儿园。因为当时云梦县城的民办幼儿园不多，至于农村还没有幼儿园，而随着市场经济的发展，外出务工经商的人员越来越多，人们的经济状况也越来越好，幼儿教育的需求量也就越来越大，所以她认准了这是实现自己投身于教育事业理想的大好机会。然而个人创建幼儿园不是一件很容易的事，这要得到家庭的赞同与合作，社会的认可和支持，组织的批准和协调，更难的是资金的筹集和教师的人选。我们在访问她办园经历时，她深有感触地说："人们常说做人难做女人更难，我觉得女人要干一番事业可谓难上加难，要承受家庭、社会等多方面的压力。"但她极其自信地说："不管事有多难，过去没动摇过将来也动摇不了我办幼儿园的决心，过去没压垮过将来也压不垮我志在拼搏的精神。"她经过深入考察，广泛学习，多方协商，四处筹资，于 1997 年 2 月在黄湖办起了幼儿园。

幼儿园开办起来后，在具体运作的实际过程中，新的问题和困难不断出现，诸如只有教室没有活动场所不行；只有教学设备没有食宿设施不行；只教识字唱歌，不开展体育文娱活动不行；等等。刘薇深刻认识到，幼儿教育不仅是学校基础教育的重要组成部分，而且是开启人生智力的重要起点，现在的孩子基本上是独生子女，家长和社会都尤其重视这个起点。那么自己办起了幼儿园，就意味着肩负起了这一具有重大意义的神圣职责。从而，她决心立即着手改善幼儿园设施，提高幼儿教育质量，适应时代发展的需要和社会进步的要求，并采取了一系列措施。

第一，优化园舍环境，完善教学设施。为此，她首先向村委会说明意图，并提出向村里征地，扩大幼儿园基地；接着说服丈夫变卖了跑运输的大型货车，自己又向亲朋挪借，从而筹集资金23万余元。在村委会的支持和帮助下，他新建了一栋气派的教学楼；扩建了宽敞的操场，并设置有多种体育器械和娱乐玩具，改建了专用厨房，并配置有餐具消毒柜。今日刘薇的幼儿园，室外树木常青，花儿常开，空气新鲜宜人；室内舒适整洁，歌声缭绕，氛围温馨醉人。

第二，提高职工业务素质，强化教师队伍建设。刘薇认为，幼儿教师素质的高低直接关系着幼儿教育的成败，搞好教师队伍建设是推动幼教事业发展的关键，是办好幼儿园的根本所在。为此，她一方面严格把守教师聘用关，做到合格的则进不合格的则退，而决不照顾关系，降低招聘要求；一方面对留用的教师进行定期培训，或到外地参观学习，或组织教研和相互观摩活动。

第三，制定规章制度，规范教师形象。刘薇认为，幼儿教师是幼儿的行为示范，其言行仪表对幼小的心灵起着极其重要的潜移默化的作用，决不可以为事小而忽视其影响。她说，幼儿的心灵犹如一张洁白的图纸，如果一旦被不健康的东西所污染，想再去掉就很难了，所以教师必须严格要求自己，规范自身言谈举止，严防不良言行影响孩子。她制定了《教学管理制度》、《教师日常行为规范》、《教师岗位责任制》等规章制度，要求教师备课求细，教学求精，活动求实，引导求正；要求教师和孩子们亲切相处，形影不离，像妈妈爱护自己的孩子一样，护卫着他们，用温暖、慈爱、亲情教养他们。

第四，严格财务管理，树立良好的社会形象。刘薇认识到，要得到家长和社会的支持，还必须规范办园，合理收费。她常对家庭成员和职工们说，办园的方向要正确，必须遵循《幼儿园教育指导纲要》所规定的，那就是"幼儿园的教育是为所有在园的幼儿健康成长服务的。"她说，招收幼儿进园，收取一定的费用，最终目的不是为了盈利赚钱，而是为了把幼儿园办得更好，而办好幼儿园的目的不是为了更好地赚钱。收取的费用能养好园，解决教师适当的工资和办公费用就行了。办园要讲求经济效益和社会效益，但必须是以社会效益当先。她向家里强调，要勤俭办园，节省开支，决不可滥收费用或提高收费标准，为此，她还特地制定了《财务管理制度》，要求全园职工严格遵守。

就客观来讲，这些文化精英的形成都有其适宜的土壤和良好的社会环境。

徐柏森从小就生活在这个具有"文艺之乡"之称的黄湖，长期受着文化人的熏陶感染。在 20 世纪 40 年代，黄湖就有知名楚剧演员罗天禄、高海堂、李小川、张中全等人，还有擅长拉二胡和京胡的黄子魁，他们一起创建了楚剧团，经常在村内及其周边村落演出，黄湖人不仅爱看戏，并且好多人也会学着哼唱几句。1951 年，罗天禄的子女罗运年、罗恒德、罗大桃、罗三桃兄妹 4 人及罗天禄的一批弟子，在当地组织的领导下，成立了黄湖业余剧团，他们歌颂共产党，歌唱新生活，歌唱社会主义建设。后来剧团办得越来越活跃，不再仅仅是单一的楚剧，而且有新歌剧，湖北大鼓，地方小曲，渔鼓，快板等。黄湖可说是文艺演出多，文艺爱好者多，参加文艺剧团的人也越来越多。这种浓郁的文艺氛围对徐伯森热心学习文艺演出起了极其重要的作用。另外，他的文艺成就还得益于他温雅贤良的妻子的热心支持。他痴迷于文艺，基本不过问家务事，家中琐事全由妻子承担。妻子不仅从无怨言，从不拉他后腿，而且喜欢听他唱戏，弹奏歌曲。她非常节俭，将省下的钱给徐柏森买书买乐器。

管正斌的正式教育活动是从 1964 年黄湖创办耕读班开始的，其活动舞台是村组织给他搭建起来的，从教的机会是村组织给予的。1960 年，他因家庭经济困难而退学回家后，村里接纳他，让他当上了青年书记，主管青年教育工作，从而为他后来从事教育工作打下了一定的基础。1964 年，国家为了推动教育事业的发展，让农村学龄儿童都能上学，便大力提倡村集体办学。这时，黄湖开办方便村民孩子半耕半读的班级，村组织选任管正斌当耕读老师，从此，他开始走上多年盼望的教育之路。后来，随着村集体经济和教育事业的发展，村里创办全日制小学，委任管正斌为学校负责人，并多次派他参加县教育部门组织的业务培训和进修学习，使他成为一名合格的有成就的教育工作者。

刘薇出生于教师家庭，深受父母的良好的教育及其所从事的教育工作的影响，从小就爱上了教育事业，并立志做人民教师，因而她初中毕业后，就报考了师范学校。三年的师范教育和专业培训，铸就了她全身心地投身于教育事业的决心和一个教育工作者的素质。师范毕业后，她虽然被分配到非教育单位，但进入深化改革的年代给她带来了自由选择职业的机会，她可以跳出她觉得不适宜自己发展的行业，重新寻找自己所理想的工作。这时，国家幼儿教育进行了重大改革，个人或民间组织可以投资兴办幼儿园，同时，幼儿教育的市场需求趋势非常明显，这些都成为促使刘薇创办幼儿园极其重要的条件。

三　文化精英的愿望和要求

徐柏森、管正斌在文化领域的活跃形象已成为过去，只有刘薇正值闪光时，但新老两代都有着自己的愿望和要求。

徐柏森认为，技术容易过时，艺术却永远不会过时；人类技术的更新是很迅速的，但艺术却如常青树，越老越吃香。因此，他提出要继承和发扬民间艺术，希望人们不仅有享受这些民间艺术的追求，而且更应该有保护和传承这些民间艺术的能力。他说，随着时代的进步，现代传媒已深入农村，从而人们的欣赏品位和格调发生了极大的变化，追求新颖的、快节奏的"阳春白雪"的多，看传统艺术的自编、自演、自乐的"下里巴人"的少，特别是只追求艺术享受的多，而表现艺术的少，这就不得不使人担心，传统的民间文艺将会消失甚至灭迹。因此，他希望村级组织注重村内文艺活动的开展，培养出新一代的文艺人才，让民间文艺能传承下去，而不要摘掉了"文艺之乡"的荣誉牌。

管正斌老师虽已退休在家，但他希望能发挥自己的余热，在青年中做点教写书法的工作。

刘薇并不满足现状，希望能做到与时俱进，把她的幼儿园办成极具生命力的现代化的教育基地，但深感有些力不从心。第一，资金不足，筹集资金又很困难，因此她希望能将幼儿园转为黄湖社区所有，以集体的名义办园，筹资可能容易得多。第二，不合法的幼儿园越来越多，使之处于不平等竞争的地位，因此，她希望县教育主管部门严格幼儿园发展管理工作，取缔不合法的幼儿园，创建公平竞争的良好环境。不然，她就只有离开本乡本土，到沿海地区去发展。

第七章　教育、文化、科技和卫生

随着社会的不断发展变化，黄湖的教育、文化、科技和卫生的发展变化，也呈现出不同历史时代的变化和特点。

第一节　学校教育和成人教育

教育最能体现出一个地方的居民的素质，更能折射出一个地方的经济发展程度。反过来，越是人们素质好的地方越是注重教育，越是经济发展的地方，越是教育发展得好的地方。所以在本节，我们将着重描述黄湖的教育。

一　幼儿教育

幼儿教育，人们也称为学前教育，一般是指 4 至不满 7 岁的儿童，即正式入学前在教养机构的教育，其实施组织为幼儿园，我国是在 1951 年由政务院所规定的。黄湖的幼儿教育，是在人民公社时期的 1968 年兴办起来的。

1968 年，正值"文化大革命"初期，我们党为反修防修，防止资本主义在中国复辟，则要求全民注重对共产主义幼苗的培养，这成为当时一项极其重要的政治任务。在这股巨大的政治浪潮之中，黄湖村同全国各地一样，轰轰烈烈地创办幼儿园。当时，黄湖有 7 个生产队，每个生产队必须办一所幼儿园，这是公社下达的政治任务。在这种运动发展浪潮的推动下，黄湖的各个生产队闻风而动，因陋就简地办起了幼儿园。其园舍，有的是借用的民房，有的是挪用的生产队仓库，各园舍的面积大约为 60～70 平方米；其执教人员，每园两人，全是在本生产队抽出的有一点文化而没有结婚的大姑娘；其设施，各生产队自作的小桌凳，自购的小黑板，小人书和跳绳、皮球一类的玩具；其教学内容，教学简单汉字和加减法，认识和掌握农作物的形状特征与名称，教唱革命歌曲和儿歌，教学舞蹈。幼儿园老师的待遇，则由各所在生产队按同等劳动力记工分，年终参加分配。社员送孩子进幼儿园，没有什么负担。幼儿园办起来后，确实方便了群众，以前社员出工参加集体生产劳动，每天日出下地劳作，日落方能归家，孩子放在家里无人照料，很是担心，自打幼儿园开办后，将孩子送入幼儿园，不仅有人照料，而且有人教养，真是天大的好事，因此特别受社员们的拥护和欢迎。后来，在幼儿园里索性办起托儿所来，与幼儿园融为一体，也没增加教学人员，仍然是原来的两个老师，一面托管3岁以下的幼儿，一面带教4岁以上的幼童。这种集托儿所幼儿园于一体的幼儿教育形式，既节省人力、物力、财力，又在客观上对村民起到极为重要的作用。这表现在：一是大大减轻了生产劳动者的家务负担和因出工而孩子无人照料的压力，使他们能安心参加集体生产劳动，不受小孩的羁绊；二是加强了对村内少儿的教育和管理，从而对提高幼儿素质，促进幼儿健康成长提供了保证。此外，幼儿园还是队办夜校的基地，组织青壮年中的文盲或识字不多者晚上来校学习文化。夜校由村小学校长负责管理，并指派教师承担晚上的教学任务。幼儿园的老师也跟随参加夜校学习。

在人民公社期间，黄湖7个生产队的幼儿园都办得比较红火，尤其是第三生产队的幼儿园办得最好，有固定的园舍和场地，有固定的幼教老师。但是到1978年，这种由生产队主办的幼儿园已不适应当时的形式发展而停办。因为从这时开始，改革开放的春风在慢慢吹起，人们的生产生活方式也在慢慢改变，家庭的幼儿童稚有人照料，不需要再送托儿所幼儿园托管带教，有的甚至担心队里幼儿园的条件差，影响孩子的成长，而幼儿园的老师也想改变自己的工作和生活方式，因而幼儿园也没有条件再办下去。

经过一段时间的改革开放，尤其是家庭联产承包责任制的施行，村内的富余劳动力渐渐多起来，因而外流劳动力也就多了起来，那么那些外流人员的幼儿怎么办呢？他们希望有寄托的地方，尤其是那些富起来的家庭，他们希望自己的孩子，从幼儿开始就能有良好的培育环境，受到良好的幼儿启蒙性智能教育。1997年，一位出生于教师家庭的中师毕业的县客运公司播音员刘薇，她了解到黄湖及其周边村民的需求，便来到黄湖办起了一所幼儿园。当时，云梦全县民办幼儿园称得上规范合格的只有五六所，刘薇想把自己的

星星双语幼儿园外貌

幼儿卧室

幼儿园办成幼儿们生活的家园，成长的摇篮，开启心灵的现代化乐园，又因在园内开设汉语、英语教学，所以将幼儿园取名为星星双语幼儿园。星星双语幼儿园，现有校址面积 700 多平方米，建筑面积 400 多平方米。占地 120 平方米的一栋标准化的三层教学楼，其设施齐全，有幼儿住宿的床铺，供生活、学习、活动用的桌椅、教具、玩具、电视机、录音机、电子琴、钢琴、脚风琴等；占地 500 平方米的操场上，有滑滑梯、蹦蹦床、转转盘、火箭船、荡秋千、摇马等，总投资 30 多万元。现规模可同时容纳 200 名幼儿在园学习，有教职工 24 人。

二 义务教育和非义务教育

1. 义务教育

所谓义务教育，是指一个人在学龄阶段所必须受到的规定年限的学校教育。按我国教育法规定，凡 7～16 岁的少年儿童必须接受 9 年义务教育，即达到初中毕业文化程度。9 年义务教育分为 6 年小学和 3 年初中两个阶段。

（1）小学教育。黄湖历来重视学校教育。中华人民共和国成立前，村内有个叫黄子寿的先生办学教书，常年学生大约在 30～40 人之间，其课本主要是《百家姓》、《三字经》、《增广贤文》等之类的书。那时的学生大多是比较富裕人家的子弟，而穷苦人家的孩子是上不起学的，这也就当然谈不上什么义务教育了。

1949 年后，穷人翻身做了主人，日子开始慢慢好起来，于是要求让孩子上学读书的人多了起来。但就 1950～1959 年这段时间来说，黄湖村内还没有小学，村里也没有能力办学校，村民的子女读书，只能到附近的天符庵小学上学。天符庵小学是直属县管的公立小学，学校的课本不再是《三字经》、《增广贤文》之类，而新的《语文》课本，也不只是语文课一门，而是有算术、自然、音乐、体育、美术等。这所学校比较规范，但它是一所初小，也就是说只能读到四年级，然后则需转到离村较远的城关小学就读高小，这很不方便，所以大多数孩子读到初小毕业就停学了。

1960 年，黄湖属伍姓乡管辖，伍姓乡组织全乡的村落在黄湖边缘地段，组建联办小学，称名为伍姓小学。这所学校只设置 2～6 年级 5 个班，共约 300 名学生，黄湖到该校来上学的学生占 20% 左右。学校的设施和条件都比较好，要求学生能说好一口普通话，写好一手毛笔字，会写一篇好文章。这对黄湖的孩子能接受较好的教育，培养村里所期望的人才起了十分重要的作用。只是该校办不了一年级，处于刚要发蒙阶段的儿童怎么办？年龄太小的孩子出村上学，家长不放心，孩子不方便，于是自 1964 年起，黄湖自办耕读班，指派已初中毕业的社员管正斌任教。这种耕读班主要是教孩子识字，作些简单的遣词造句，学写便条和简短的文章。这种耕读班直到 1968 年因"文化大革命"而终止。

1969 年，开展教育改革，农村小学改为生产大队自办。当时的伍姓小学升为初中学校，黄湖则必须自己独立办小学。这时，黄湖尚无经济能力创建校舍，便借用 6 家民房办校，其中 5 家民房作为教室，共办 5 个班（当时小学教育为 5 年制，各年级 1 个班，故只需 5 个班），1 家民房作办公室，供教师作办公之用。被借用民房户每年由大队给记 300 个工分以作补偿。教师由各生产队抽出，如管正斌、周小平、徐克义等 10 位有一定文化水平的社员，由管正斌（当时是大队团支部书记）负责管理学校工作。教师的报酬待遇由大队按同等劳动力的 80%～90% 记工分，年终同社员一起参加分配。另外，每月由上级主管教育部门发给 4 元钱的生活补助。

1970 年，随着集体经济的发展，黄湖自筹资金在第五生产队地址上兴建起小学校舍：5 间教室，1 间办公室，1 间会议、活动两用室，共约 350 平方米；另有 1000 平方米操场，建有跳高、跳远、篮球、乒乓球等活动设施。这就是说黄湖从此有了属于村集体自办的比较规范的小学，解决了本村孩子的入学问题。这期间，村内学龄儿童入学率达 80%，截至 1973 年达 100%。

1976 年，由于校舍影响修建县级公路，便拆迁至第六生产队的地址上，占地 4 亩。当时由于集体经济困难，校舍所用材料皆是由原校房屋拆下的材料和自制的土窑砖，基建人员也是队里的土木工、土瓦工，所建房屋简陋而不牢固，至 1985 年便成了危房。村委会考虑到学生的安全是至关重要的大事，于是决定将村委会办公楼（是由省汽车配件厂因占村里的 7 亩地而无偿盖建的）作为小学转迁的校舍。村办公楼是一栋三层的标准楼房，建筑面积 600 余平方米。楼房后面有一座 1000 多平方米的空旷的大院。村委会立即组织人力进行装修和清理，把这座村里的"首脑机关"，改建成了一所有 7 个班级规模的教学和体育活动设施完善的规范小学。具体来说，开办的班级有学前班、小学 1~6 年级各一个班，拥有教师 15 人。其师资水平大多是中师毕业生，只有少数是高中毕业生。由于学校的校舍环境条件好，师资水平高，黄湖小学被上级主管教育部门确立为伍姓学区中心小学。学校仍由黄湖村主办，上级调来了一批公立教师，这样大部分民办教师被辞退，只留下两人。民办教师自 1981 年后就不再记工分，而是由村集体按月发给一部分工资，另外国家财政按人按月补贴 16.5 元，后来增加到 25 元，节假日待遇同公立教师一样。黄湖村小学的具体情况见表 7-1。

表 7-1 黄湖村小（1969~1994 年）基本情况

年份	班级(个)		校园面积(平方米)				教师(人)					学生(人)		
	班	年级	合计	校舍	操场	其他	合计	男	女	公办	民办	合计	男	女
1969	5	1~5	—	借房	—	—	10	9	1	—	10	146	103	43
1970	5	1~5	1500	350	1000	150	12	9	3	2	10	180	118	62
1976	6	1~5	1700	500	1000	200	14	11	3	2	12	216	145	71
1977	7	1~6	1700	500	1000	200	16	13	3	4	12	246	164	82
1985	7	1~6	1800	650	1000	150	15	10	5	13	2	296	160	136
1994	7	1~6	1800	650	1000	150	15	10	5	13	2	302	162	140

资料来源：根据村档案资料整理。自 1976 年起，村小每年开办一个学前班。1977~1980 年，每年开办一个戴帽初中班。自 1985 年起，小学 5 年制恢复为 6 年制。

1994 年，黄湖小学整体并入新建的伍姓中心小学（因建校资金大部分由香港知名人士邵逸夫先生捐助，故亦称为"逸夫学校"），从此村办小学的历史结束。这年，新伍姓中心小学兴建，黄湖无偿划出土地 36 亩作校舍，其条件是该校必须吸纳黄湖的学龄儿童入校就读，学校不再另外收取教育集资费。黄湖村需协助学校对本村的学龄儿童进行普查登记，负责动员全村的学龄儿童入学，对于因经济困难而上不起学的应给予资助。其实黄湖村领导班子对学校教育历来非常重视，在人民公社时期，为普及小学教育，采用的措施，一是对困难户减免学杂费，二是对不送子女上学的家庭，则扣记工分，直到孩子上学为止。所以小学适龄儿童的入学率在长时期内才达到100%。人民公社解体后，虽再不能采用这两个措施，但是村委会从未忽视学校教育，而是采取村干部走进家庭动员，对困难户进行资助的办法，让全村学龄儿童都能入学。该校具体情况见表7-2。

表 7-2　伍姓中心小学（1995～2002 年）基本情况

年份	班级（个）		教师（人）			学生（人）			黄湖学生（人）		
	班	年级	合计	男	女	合计	男	女	合计	男	女
1995	21	1～9	76	41	35	1254	706	548	328	201	127
1996	21	1～9	77	42	35	1368	740	628	336	207	129
1997	17	1～6	51	35	16	1180	649	531	211	115	96
1998	17	1～6	48	34	14	1096	640	456	198	101	97
1999	16	1～6	46	33	13	1076	635	441	190	100	90
2000	15	1～6	44	31	13	1012	602	410	181	105	76
2001	15	1～6	42	30	12	991	596	395	169	97	72
2002	15	1～6	40	29	11	979	589	390	151	88	63

资料来源：伍姓中心小学档案。表中 1～9 年级是指小学 6 年，初中 3 年。1997 年以后，停办初中班。

（2）初中教育。1977 年以前，黄湖的孩子小学毕业后，大多到伍姓初中上学，那时上初中的孩子不是很多，只占高小毕业生的 20%。1977 年以后，由于黄湖要上初中的孩子越来越多，而当时的伍姓初中学校规模有限，容纳不了很多学生，已满足不了周围小学升初中的需要，于是上级主管教育部门批准村小学戴帽办初中。当时村小学毕业生，参加县里升初中的考试，其中考分高的优秀生被录入县重点初中学习，其余未被录取的则在村小学读初中。黄湖小学的戴帽初中规模就是一年级 1 个班，在本校教师中挑选几位文化高一点的能担任初中课程的老师给初中学生上课。这种戴帽形式持续了 4 年，即 1980 年夏季，随着上初中的人数减少而停止。几年来，这种戴帽性质的初中班确实解决了黄湖孩子进初中学习的问题，但在教学质量上难以保证。自 1981 年以后，黄湖的孩子在城关中学读初中。据 2002 年下半年统计，黄湖在城关中学就读初中的学生，在三年级的有 57 人；在二年级的有 101 人；在一年级的有 116 人，共计 274 人。

2. 非义务教育

非义务教育，是指完成国家所规定的义务教育年限而由受教育者自愿确定是否继续深造所接受的学校教育，具体来说，就是学龄少年儿童读完初中以后，再进入高中及高中以上学校学习的教育。

黄湖的非义务教育，可从三个时期来看。①"文化大革命"以前的 17

年时期，入学读书的主要是小学生和初中学生，而能上高中以上学校的极少。其原因，一是 1949 年初，入学读书的不多，学生基数小；二是当时只有县里有中学，能升入中学读书的很少很少。② "文化大革命"十年时期，虽然，县内的初中比以前多了，甚至连黄湖村的附近也有了初中，但是由于受"文化大革命"的冲击和"读书无用论"的影响，黄湖的孩子最多只读完初中就停学了。这个时期真正读完高中的就只有黄兴旺、黄运明、黄三毛、黄水容、徐四毛等 5 人。所以这个时期的非义务教育，可以说基本是停滞的。③改革开放时期，学校教育得到迅速发展。自 1977 年恢复高考制度以后，县内的高中得到很快的发展，黄湖的初中毕业生进高中学习的逐渐多了起来。不过 1984 年前，黄湖的学生初中毕业后，有两种倾向，一种是渴望文化知识，刻苦认真读书，争取上高中，考中专、大专，离开农村，不当农民；而另一种倾向是仍然受着"读书无用论"的影响，急于就业挣钱。1984 年后，村里出现了一批万元户，即预先富起来了的群体，而这个群体大多是有文化有技术专长的人，无文化无技术专长的人想富却无能力致富，这使人们认识到了文化的重要性，领悟到一个人还是要多读书，有文化。于是那些家长们非常重视对孩子的高层次学校教育，希望他们最低能读到高中毕业，若有条件，最好能读大学。村里的干部们更是认识到，要发展村里的经济，改变村里的面貌，带村民们走上致富路，则必须首先重视学校教育，注重人才的培养。于是以党支部书记黄兴旺为首的村干部大力宣传文化教育和人才培养的重要性，积极动员村民送子女上高中，考大学，鼓励村里的孩子们入学刻苦学习，努力向上，凡考取大学的送 400～500 元的奖学金和一定数量的学习生活用品，从而读高中的学生多起来了。据 2002 年的调查统计，黄湖在改革开放后的大中专毕业生在外工作的有 40 多人，另外还有在国内独立开办企业的，在国内外读研的，这在黄湖历史上是空前未有过的。据村干部反映，在 1969 年以前，黄湖只有大中专毕业生 4 人，当今的大中专毕业生已翻了 10 倍多。

三　成人教育和业余教育

成人教育一般是指人们走出了学校踏入社会参加一段时间的劳动或工作之后，又参加成年人考试而进入学校接受的文化教育。当然，当前也有高中毕业后考不上大专院校而参加成人高考的，也算作成人教育。总之，我们把通过参加成人考试而进入全日制成人学校接受教育的，则称作成人教育。而业余教育是指工作劳动人员，因工作劳动的需要，而在工作劳动之余或根据自身工作劳动的特点而抽出一定的时间参加各种形式的培训学习所接受的教育。因为从这两个概念的定义来看，黄湖的干部和成年村民所接受的有关教育多是业余性质的教育，所以我们在这里只着重描述该村的业余教育情况。

在人民公社时期，黄湖业余教育的主要形式，一是办夜校，二是办广播。那时，每个生产队都办有夜校，主要任务是一边搞识字扫盲，由村内有文化的社员当老师；一边学习农科技术，由管农技的生产队长辅导。队里对扫盲老师的报酬按照民办老师的待遇记工分。另外，生产队给每家每户都安装有广播，大队广播室安排有专门的广播员，主要是宣传广播党的方针、政策及有关的文化知识，科学技术，生活卫生常识等。

实行改革开放后，随着经济体制的变革和经济结构的变化，黄湖的业余教育形式也渐渐多了起来，同时日益走向现代化。

（1）对村民的有关专业技术的培训。每年村委会对有关专业人员进行2~4次集中培训，如对从事农业、养殖、驾驶等行业的村民，则请有关专家或专业户来村讲课。关于农业人员的培训，则请农业局、畜牧局的专业技术人员来讲课；关于驾驶人员的培训，则请驾驶协会的技术人员和交警来讲课；关于养殖人员的培训，则请养殖专业大户的技术人员来讲课。他们一边讲课，一边到实地进行指导和示范。经过培训学习和一段时间实践，村里出现了养鸡大户黄先云，养鱼大户黄桂朋，运输大户甘炎珍、黄六毛，养猪大户舒建平、唐金彪，蔬菜种植大户黄雄新，水果（猕猴桃）栽培大户黄新安，等等。

（2）对村民的法制教育培训。每年在春节前后，村民大多在家，村委会则以召集村民开会的方式进行法制宣传教育，请党校老师讲授有关法律知识。

（3）对育龄夫妇的教育培训。这种教育培训由村妇联主任负责组织举办，主要是宣传学习党的计划生育的方针政策，邀请县里计划生育部门的技术工作者或有关医生讲授和指导计划生育知识，并通过学教材、放图片、考试计分等教学方式提高婚龄夫妇的学习积极性，以提高他们对计划生育的自觉性。

（4）对党员的教育培训。村党支部每年组织党员进行 2～4 次的集中学习。主要是以放电教片，学习党报、党刊，请组织部门的领导同志或党校老师讲党课，请模范党员讲先进事迹等形式，进行学习讨论和交流，以提高党员的理论水平和思想觉悟，增强党性，做勤劳致富的带头人，引路人。另外，分期分批安排党支部成员到县委党校学习培训，有时由县委组织部安排党支部主要成员到地市或省级党校学习进修。

第二节　文化和体育

一　文化艺术

黄湖的文化生活主要集中突出表现在文化艺术方面，20 世纪 40～60 年代，曾有过"文艺之乡"的称号。

40 年代初，村里的罗天禄等人创建了"黄湖楚剧团"，他们一般由村湾集体凑资或由大户、大家出资雇请，在村头空旷场地搭台表演，有时也依附茶馆、皮影馆进行室内售票表演。这个"剧团"的人员平时是分散的，当有戏可唱时，由引头人招集，便可集中到一起进行演出。那时，他们的生活非常清苦，地位也很低下，被社会上的有钱人，贬为"世上有三丑，王八戏子吹鼓手"。但不论这些人如何讥贬，他们唱戏非常认真，戏也唱得很好，人们都喜欢看他们的戏，成为闻名于云梦、孝感的一支楚剧演出队伍。

1951 年，黄湖村在这个"楚剧团"的基础上成立了业余文艺剧团，剧团的活动地点就设在楚剧骨干演员罗天禄的家里。因为罗天禄的一家都喜爱并擅长演唱楚剧，罗天禄虽已去世，但他的影响很大，且其子女又都是剧团的骨干，所以罗家仍为当地楚剧演员活动的中心。后来，这个业余剧团的演员发展到 20～30 人，演员的演唱基础都比较好，剧团显得非常活跃，很受群众欢迎。由此引起县文化部门的重视，组织其文艺骨干参加县里的专业培训，到县楚剧团观摩学习，从而表演水平和思想素质都不断得到提高。

进入合作化时期，该业余剧团在村级组织（合作社）的直接领导下开展活动，日益走上正规化。在组织纪律上，制订了一系列规章制度，如业务学习制度，演出作息制度，演出责任制度，维护团结制度等。在政治上，表彰先进，在剧团的优秀演员中发展党团员，积极鼓励演员为社会主义建设服务，为群众演好戏。在经济上，村级组织积极筹资，给剧团添置道具和演出服装，给剧团人员的报酬按同等劳动力记工分，并拨出三四亩地给剧团自种自收，以作为剧团的活动经费。这个时期，业余剧团遵循"古为今用"、"百花齐放"的方针，所演剧目多是老戏和传统戏，如《窦娥冤》、《梁山伯与祝英台》、《杨乃武与小白菜》、《百日缘》、《四下河南》、《白扇记》等。进入人民公社初期，业余剧团开始演唱新戏，内容以歌唱劳动模范、表演新人新事为主，剧团有《打猪草》、《劳动舞》、《丰收舞》等，表演种类有湖北道琴、湖北渔鼓、湖北大鼓、快板、劳动号子等。在传统节目或举行地方喜庆活动时，还表演踩高跷、舞龙灯、耍狮子、划彩龙船、戏蚌壳精等。当时，业余剧团非常活跃，村民们非常喜欢看文艺表演，只要剧团的锣鼓一响，村里的男女老少就聚集到演出地点，甚至周边各村的人都赶往黄湖来观看演出。更令人欢欣的是，当时的党支部书记邱发明等干部也参与到剧团里来共同演出。后来，在三年经济困难时期，村业余剧团受到严重的经济影响，不得已而解散。

1963 年，随着农村经济的恢复和发展，村民生活的逐步改善，尤其是当时政治宣传工作的需要，黄湖建立起了毛泽东思想文艺宣传队。从这个组织的取名则可以得知，宣传队的主要任务是宣传毛泽东思想，所以这个组织成立起来后，首先组织队员学习毛主席著作以武装革命思想，培养工农兵感情。在此基础上，再学唱革命歌曲，毛主席语录歌曲。宣传队的规模，人数多时达到 80 人，在 1969 年迎党的"九大"召开时曾达到 81 人，最少时也有 20 多人。宣传队的骨干成员全是新成长起来的青年人，他们的文艺素质来自先天喜爱文艺的笃忠，来自黄湖文艺界前辈的熏陶感染，来自广播文艺的潜移默化，来自后天的勤奋学习和刻苦练习，来自村级组织的关怀和培养，因而也就成就了这样一批以徐柏森、秦小华、韦凤鸣、黄华波等为代表的文艺人才。

1969 年，为迎接党的"九大"召开，村里还成立了一支由 6 人组成的号队，请一位曾在国民党军队里吹过军号的老号兵做师傅，安排了这 6 位喜爱吹号的青年社员作学徒，用了 5 个月的时间，学会了 5 套号谱。从此，当地若有大型活动，便让号队参加，显得非常有气势。后来，这支号队被并入文艺宣传队，一起参加文艺宣传活动和演出，使文艺宣传队更加气派起来。1970年，城里的知识青年下放到黄湖插队落户，其中有些能歌善舞的也加入到文艺宣传队里来，从而更加充实了文艺宣传队的力量。

当时，正处于"革命派"造反的疯狂年代，帝王将相、才子佳人的戏是不能搬上舞台的，楚剧是旧戏种，也不能演，所以宣传队主要是围绕学习毛泽东著作、歌颂当代好人好事这个主题，自编自演或用上级规定和下发的演唱节目，如《老两口学毛选》、《四个老汉学毛选》、《毛泽东思想放光芒》、《打靶归来》、《见到你们格外亲》、《想起往日苦》、《宋大娘诉苦》、《大海航行靠舵手》、《忠字舞》等，毛主席语录歌，革命样板戏，这些都是当时重要的表演节目，后来还排演了大型歌舞《长征组歌》。由于这支文艺宣传队的表演水平比较高，整体素质比较好，社会影响比较大，所以经常参加县里的文艺调演活动，好多年参加县里的春节文艺晚会，甚至被邀请参加过省里的文艺比赛演出。1974年，建设襄渝铁路时，他们到工地上去进行过慰问演出。1976年粉碎"四人帮"后，宣传队参加当地组织的喜庆游行，驾着"三打白骨精"的彩车，演奏传统鼓乐，以示隆重庆祝。但是，这也是黄湖文艺宣传队最后的一次活动，后来随着政治运动的减少和淡化，也随着现代传媒的普及，黄湖毛泽东思想文艺宣传队活动终止，并于当年解散。

进入改革开放时期，随着农村经济的迅速发展和村民生活水平的日益提高，人们对文化娱乐活动有了更新更高的要求，他们要求文艺活动的多样性、娱乐性，并能更加贴近自己的生活，不再爱看过去那种单纯的政治说教式的文艺宣传，而追求具有浓厚的真实生活和充满人情味的文艺表演，既能受到文化艺术的熏陶，又能从中学到许多有关方面的知识。于是，人们喜爱的传统的文艺种类开始在黄湖复兴，反映新的时代的特点和现代化气息的文艺活动也开始出现。不过这些文艺活动不再带有计划经济时代的特征，即不是由党政组织这些文艺活动无偿举行，而是由群众自主组织，有偿服务。

1. 传统戏剧演出的复兴

自1993年后，在黄湖首先开始复兴的文艺节目是划彩船、耍狮子、舞龙灯等。不过这类活动，仍需村级组织出面才能开展，难度比较大，所以这种活动的开展不多，往往间隔两三年才有一次。接着是楚剧和皮影戏的复兴。人们看了一段时间的电影电视后，又留恋起昔日的楚剧来，尤其是那些曾看过甚至茶余饭后能哼唱起几句楚剧的中老年村民，觉得楚剧的唱词美，韵味足，唱起来好听，因而很想能看到楚剧。有一次，来了一个名叫"四春剧团"的楚剧班子，驻扎在村里演出，每张戏票 2.5 元，可人们不怕花钱，村里及周边的不少村民每天早早地吃完晚饭，便来买票看戏，这个剧团一来就连续演出了五六十天。皮影戏也是中老年人历来爱看的一种地方影子戏，票价 1 元，大多在茶馆里演出，影子戏迷们坐在茶馆里，一边品茶，一边看戏，一边随着演出者的唱声摇头晃脑地小声哼着，十分韵味韵神。

2. 自娱自乐活动的开展

黄湖村民中，好多人自购二胡、笛子，独自吹拉弹唱，自娱自乐。尤其是有一批中老年妇女，为了强身健体，买了腰鼓，自发地组建了一个腰鼓队，每天晚饭后，相聚到一块进行练习。起初，参加的人不算很多，也只是为了活动活动筋骨，娱乐娱乐。后来参加的人越来越多，其规模达到 80 余人，于是便自发建立了组织，推举了负责人，还统一了表演的服装，俨然成了一支正规的腰鼓队，当地有什么喜庆活动，便邀请他们去活跃气氛。

3. 家庭文娱活动的兴起

随着家庭经济的发展，生活水平的提高，黄湖人的文化生活也丰富起来。现在有不少家庭购置了电子琴、卡拉 OK 等设施，逢年过节，家里人团聚在一块时，便歌舞起来。家里如果遇有喜庆活动，如办店开业、乔迁新宅、娶媳嫁女、做生祝寿、子女升学、参军等，有的便到电视台点歌，有的举办晚会，有的甚至请戏班搭台唱戏，十分热闹。

4. 学校文艺活动的影响

建在黄湖土地上的逸夫小学（伍姓小学），不再是以前单纯的音乐、美术课，而且还组建了鼓号队、舞蹈队，经常开展各种舞蹈表演比赛活动；星星双语幼儿园里教唱流行歌曲，教跳霹雳舞。这些孩子们学会了唱歌跳舞，回到家里不仅是自跳自唱，还教大人们唱和跳，这些小文艺种子，活跃了村里的文化生活，促进了村里文化活动的开展。

此外，黄湖自 1975 年起家家户户安有广播，直到 1982 年停止。1975 年，电视开始走入黄湖家庭。1996 年，村集体组织安装有线电视，从次，黄湖电视基本普及。据调查统计，村居民拥有电视情况如表 7-3 所示。

幼儿园园庆表演

表 7 - 3 黄湖电视发展情况

年 份	户 数（户）	拥有电视机户数（户）			百分比（%）
		合 计	黑 白	彩 电	
1979	296	4	3	1	1
1989	361	89	71	18	25
1999	355	241	71	170	68
2002	351	340	110	235	98

资料来源：资料来源于318份户卷调查。据统计，235户中共有彩电260台，其中1户拥有两台的有20户，3台的1户，4台的1户。

二 体育娱乐

黄湖的体育设施不多，但民间的体育活动内容比较丰富，形式也多种多样。

1. 劳动场上的臂力比赛活动

村民们在打麦或打谷场上劳动，有时疲劳了，想提提神，便开展举石锁、夹石磙、抵木棍的活动，这主要是进行腕力和臂力的比赛，谁输了谁拿香烟出来请客。这种活动，能就地取材，简单易行，参加的人较多，当然参与的人都是自认为有点子力气的人，在比赛中也要讲究一定的技术。

2. 河里的游泳比赛活动

黄湖村的西头就是水长流不断的府河，每年夏季便有不少的男女村民参加游泳比赛活动。因黄湖周边的河塘多，上 10 岁的小孩也学会了游泳。黄湖人经常开展水面游、潜水游的比赛活动。黄兆云、黄先荣虽已年过花甲，却是擅长游泳的佼佼者。黄兴富是潜水的好手，一口气能潜游 10 分钟才露出水面。

3. 屋檐下、马路边的棋艺竞技活动

下象棋是黄湖比较普遍的一种娱乐活动，尤以夏天傍晚乘凉时见多，不分老少，都可参加。每当晚饭过后，村民们便从自家屋里牵出一支灯泡来挂在屋檐下，或在马路边的路灯下，开始对弈起来。他们大多数是娱乐，切磋棋艺，也有人搞点刺激，要输棋的人罚点香烟。也有个别如黄运廷、徐杰珍摆摊设棋局以此谋生的。村民中有棋下得好的，被县里的有关组织邀请去参加棋艺比赛。据说罗运志的象棋下得好，棋艺精湛，村里没有人能胜过他，他经常被邀请到县里去参加比赛。

4. 室内的小球类活动

黄湖建有一个文化娱乐活动室，设有台球、乒乓球、象棋、围棋等活动器材。村内喜好并会打台球、乒乓球的人很多。活动室是三年前由村集体兴建的，可以自由开放，来玩的人不必花钱。后来，为了便于管理和活动器材的充分利用，便承包给黄正富、管想松两人经营，村集体收取一定的租赁费用。

老年娱乐活动

5. 小茶馆的麻将娱乐活动

村内有 10 家小茶馆，每家茶馆内都摆有麻将桌，供村民娱乐休闲。开茶馆的多是老年村民，他们不能参加生产劳动，也无体力出外打工，在家闲着也觉不好，于是便开起了茶馆。茶馆的收费不高，村里的老年村民也多喜欢聚集在一块聊天或打麻将，所以每天进茶馆的人不少。据村民反映，这些茶馆都办得不错，尤以徐克安、黄贵明、黄年华三家茶馆最为出名，连外村的老年人也到这里来娱乐，每天进这三家茶馆休闲的不少于100 人。

6. 以小学为基地的篮球、乒乓球比赛活动

黄湖村集体没有篮球场，也没有专一的乒乓球室，但建在村里的"逸夫小学"的体育设施非常齐全，村民和小学老师的关系非常密切，村中的爱好打篮球和乒乓球的青年，经常被邀请去参加练球或比赛，有时还组织起来，到附近的几个企业里去参加比赛活动。

第三节 科 学 技 术

黄湖村的科学技术应用状况体现出较强的时代特征，而且对本地经济发展起到了很大的促进作用。从现有的技术结构来看，既有农业种植、养殖等方面技术，又有农产品加工方面的技术，还具有地域特色的驾驶、修理技术以及少量的加工业应用技术。

一 改革开放前的技术应用情况

改革开放前的集体经济时代，黄湖的科技活动主要是围绕农业生产活动来进行的，直接目的就是为了提高农产品产量，而科技活动的开展完全靠行政组织来推动。

1. 农业技术的引入和推广

改革开放前黄湖的农业主要是小麦、棉花、水稻、黄豆、芝麻等作物的种植。那时，大队有专门负责管理农业技术的副主任，成立有农业科研所，承担着农业技术的引入和推广。大队农业科研所的人员构成是：所长由大队副主任兼任，从村属各小队中抽调两名文化素质较高的青年农民担任科研

员。科研员一般是热爱农业并且喜欢钻研农业科技的初高中毕业生，个人报酬由所在小队按各队情况记工分，上级若有新品种、新技术要推广，他们就去参加统一培训，回来后一般先在大队试验田从事技术试验。取得成功经验后，再由大队统一安排各小队技术员学习培训，在各小队的农业生产过程中加以应用。

各小队都有专门管农业生产技术的人员。他们一般也是队委会成员，主要是在大队农科所领导下负责本小队的科技推广、种植指导和病虫害防治工作，另外还在小队的农民夜校承担培训农民的技术传授工作。

大队农科所是一个较正式的组织，有基地，包括房屋、场地与实验田，房子是大队的固定资产；有经费，由大队统一拨给；有人员；有明确的工作目的，主要担负上级指定的新品种的引进、试验与推广。

大队农业技术人员的待遇同大队干部一样：平时脱离所在小队的农业生产，大队则将农业技术人员、民办教师、加工厂工作人员、农机工作人员、经销代办点工作人员在各小队之间大致平均安排，由所在小组供养，按小组同等劳动力记工分。年终大队根据集体收入状况，给予他们适当补贴。

2. 兴修水利

在公社时期，农村每年都有兴修水利的任务，黄湖也是如此，每到冬季农闲时，都要开展或多或少的农田水利基本建设，一般情况下，按上面的统一部署，大队按人均分配到各小队。其主要任务是修渠道、扩挖河道、加固加高河堤、疏浚河流等，具体技术规范由上级指派的技术人员把关，由于每年都做，时间久了农民都知道技术要求。兴修水利、开展农田基本建设，一般是以县为单位在各公社轮流进行，但在本大队范围内进行的不多。

3. 农业生产

农业生产过程中涉及的技术种类有插秧技术（如何保持合理的行间距），病虫害与不良气候灾害防治（药物的使用与技能方法的应用），塑料薄膜覆盖育苗，灯光诱蛾，药物浸种，营养钵育苗，塘泥肥田，三沟配套（田里开挖腰沟、厢沟、围沟，以保证田里不积水，灌溉方便及时）。

4. 农业机械

公社时期黄湖在生产生活中使用过的农业机械包括耕整机、播种机、脱粒机、抽水机、电动机、剥绒机、轧花机、加工机、榨油机、磨粉机等等，这些机械都属大队所有。由大队在各小队选择文化素质较高的人，经培训后成为农机操作人员。若小队使用这些机械，则需向大队交费，耕整机、粮食加工机与手扶拖拉机，部分小队也有。

二 改革开放后的技术应用情况

改革开放后随着公社体制的逐步取消与家庭联产承包责任制的实行，黄湖的经济有了飞速发展，技术应用情况也发生了巨大变化。

1. 种植业

人民公社时期，经济生活以农业为主，技术应用也是以农业为主。现在那些不适应时代要求的技术已被抛弃，如农业生产中的灯光诱蛾、塘泥育苗技术被淘汰，而坚持下来的有温室育苗与营养钵育苗，因为这种技术能适应家庭小规模使用；原来农业生产中以农家肥为主，现在以使用化肥为主。农业生产新技术还有村民普遍使用除草剂代替人工除草，用塑料大棚种菜代替原来按四季气候变化种菜，村民对市场行情好的新品种的引种很主动也很热心，且人数较多。

关于农业生产技术，也存在着某些倒退现象，这主要表现在原来在农业生产中应用较多的机械，改革开放后因人均耕地减少，又回到以人力、畜力为主，恢复了原始劳动耕作方式。

20世纪80年代后期，随着经济发展，村民收入也提高了，村里有部分人自购播种机和收割机，一方面自用，一方面出租收取租金。也有村民喂牛以自用和出租，虽然役用牛比机械效率低，但其使用成本低，不用耗油和维修，加上本村各家耕地少，用机械不划算，所以使用耕牛的比较多。

2. 养殖业

黄湖的养殖业主要有鸡、鱼、猪、牛四种。公社集体时期鸡、猪由家庭散养，鱼、牛都归集体饲养，养牛的目的完全是用于耕作，而不是为食用或出售。现在全部由家庭成规模养殖，目的就是为出售赢利。养鸡和养猪全部个体化，养鱼则是将村集体的水面承包给村民进行，原因是规模养殖，户数比原来少，村中至少有60%的家庭既没有养鸡，也没有养鱼、养猪。规模养殖的目的当然是经济效益最大化，除场地、资金、饲养料、市场外，技术则是决定成败的关键因素。技术的来源主要有三个方面：一是村民长期散养积累了一些基本经验；二是组织外出参观学习，开展技术引进和培训；三是养殖户租借科技影像资料，在家自学。特别值得一提的是，黄湖村委会和村支部在引进养殖能人方面，亲力亲为，提供良好的外部环境，为养鸡、养猪事业的发展起了巨大的促进作用。

鱼、鸡、猪配套饲养基地

因有关技术的掌握和使用，养殖的效益提高了，品种也增加了。如养鸡的品种有土鸡、山鸡、三黄鸡、乌鸡等，鱼的品种有鲢鱼、草鱼、红鱼、罗非鱼、鲤鱼，巴西鲢、淡水鲳等，且随季节和市场行情的变化随时出售。

3. 非农业技术

黄湖因地处县城边缘，改革开放后非农经济得到飞速发展，非农业技术应用的范围也日益扩大，所涉及的领域包括运输、农产品加工、五金加工和取沙。

在公社时期，大队有农机站，工作人员到公社农机站培训后回村带徒弟，自己驾驶和修理，缺零配件就到公社农机站配购。黄湖就在云梦城边，村民往往先学驾驶技术，然后到当时的交通监理部门考证。因为交通运输是政府鼓励的农民致富行业，黄湖有 100 多人先后考取驾照。车辆则从起初的手扶拖拉机、泰山牌拖拉机、神牛牌拖拉机，发展到后来的农用车和大货车，现在也有少数开麻木和小轿车的，驾驶员一般都能够进行简单的修理，也有人专门从事修理业。黄湖村民的驾驶与修理技术，在很大的程度上是因经济发展需要而自学的，除了公社时期传下来的驾驶与修理技术外，再就是退伍军人从部队带回来的技术，并没有组织过专门的技术培训。

黄湖村民还有一项自己的技术发明，就是凭借经验和简单的设备对车辆进行改装。村民罗亚子改革开放前是大队的农机员，对机械的原理、结构、故障等比较熟悉，他首先发明车辆改装技术：把轻型汽车的汽油发动机卸下，到武汉购买柴油发动机重新安上，这样使汽车的车速变慢但运载量提高了。原来的北京 130 汽车，只能载 3 吨货，改装后可载 5 吨货，加上柴油价低，修理费降低，月收入在 20 世纪 80 年代中后期可由原来的 1000 元增加到 2500 元。

人畜力板车也仍然存在。拉板车之所以还有生存空间，大概有三个原因：一是黄湖有地理区位优势，村里与城区居民生活中零星运输只适合于板车，如近距离运家具、蜂窝煤球、建筑预制件等；二是有的地段其他车辆到不了，只适于板车行驶；三是板车方便灵活，随叫随到且价格低，从业者舍得吃苦出力。

4. 加工业

"文化大革命"结束后村集体办过五金厂与钢窗厂。通过回收废金属，到武汉和云梦县城聘请国企退休师傅当技术负责人，配成合金或加工成小五金直接卖掉或加工成钢窗后销售，产品曾销往孝感、武汉甚至上海，为集体增收不少。后因政府对特种行业管理力度加大，原料紧张，成本提高，加上技术落后，五金厂与钢窗厂先后倒闭了。现在村里还有村民自办的面粉厂与再生棉厂，面粉厂的机械于 1995 年购自邻近的安陆市粮食机械厂，再生棉厂的机械设备于 1989 年购自江苏南通市，所要求的技术都是在购买这些设备时由厂方培训而取得的。

黄湖还有一项颇具地方特色的食品加工技术，即鱼面制作。云梦鱼面，据说是全国独有，采用优质鱼肉、上等淀粉和面粉等精制而成，历史上曾作为贡品，被封赠为"御面"。1911 年展出于巴拿马万国博览会，被誉为"银丝鱼面"，荣获银质奖；1922 年参赛于杭州西湖赛会，亦获银质奖章。黄湖的鱼面制作技术属于祖传，以前都是手工操作，现在是半手工半机械相结合，本地村民一般都会制作，多是自产自用。但规模较大靠制售鱼面为业的也有 4 户人家，每户年雇请劳力 4~8 人，只生产半年，户均纯收入可达50000 元以上。

1984 年，村民徐家顺利用本村的地理条件和邻近府河的地位优势，组织联合村民成立黄湖河沙运销联合体。联合体购买转运机、挖沙船、运沙船，合伙人多时达 30 人，人均每天可赚取 20 元。后因本村所属的府河地段沙资源枯竭，挖沙业于 1989 年停业。

就现阶段而言，村民在日常生活和工作中涉及的技术都是在实践中自学和相互交流得来的，很少一部分是经过系统培训得来的，而且一般来说技术含量不是很高。除了以上的技术应用范围外，村民中应用的技术还有服装裁剪和缝纫、建筑装潢，但都主要在村外应用。随着整个社会大环境的变化，村民大多认识到不论从事什么工作，从种菜养殖，到加工与外出务工，只有掌握适用的技术才能挣到可观的收入。

虽然 2003 年中央出台了培训农民的决议，但在黄湖难以落实，其原因：一是没有专门的组织与机构，甚至连上级精神也没有传达；二是没有经费与教师，而且村一级因技术门类复杂，涉及人员分散，以及时间难以安排。现实的状况是，村民如有某项技术要求，都是自己去当学徒；或者由村支部与村委会出面，引进掌握一定实用技术的人才来示范和传授技术；或者由本村的热心的私营企业主出面对学习者进行培训；少数文化素质较高的村民，则买书自学，或看中央电视台第七套节目跟着学习。从这个意义上说，黄湖的农民技术培训工作早就以自己独有的方式存在着。总的来说，现在技术应用都与家庭经济收益紧密结合在一起，学技术用技术已经成为村民的一种自觉行为，技术应用的状况与村民的文化水平和经济发展要求是相适应的。

第四节 医疗卫生

一 村医疗卫生的发展历程

中华人民共和国成立前，农村缺医少药，黄湖没有本土医生，农民若患病，多数是拖着或者自用民间土方医治，到实在病重而拖不下去时才去找医生看看。中华人民共和国成立以后，政府加强了农村医疗工作，经常组织巡回医疗队下乡送医送药，方便农民就医，后来培训半农半医的卫生员，即"赤脚医生"。1958 年人民公社化后，在大队一级设置了保健员，配备有保健箱，可帮农民治疗一般的小病。到了 20 世纪 60 年代，有的小队也有保健员，他们一边参加农业生产，一边从事医疗活动。70 年代，黄湖实行合作医疗，农民自交 1 元，小队公益金 1 元，合计每人每年两元钱医疗统筹费。后又组建了大队医疗卫生室，有两名赤脚医生，他们与公社卫生院共同形成了乡村医疗防疫系统，基本上可以做到小病不出村，大病不出社。在医疗方式上中医是主要的。

黄湖社区医疗服务站

80 年代初，公社体制开始向家庭联产承包责任制转变，黄湖由于当时卫生员的业务水平不高，加上合作医疗体制的解体，失去了经费来源，大队卫生室开始承包给业务能力较强的卫生人员管理经营。经过多次考核整顿，获得卫生主管部门认可的人代替了赤脚医生在村里行医。

现在，黄湖名义上有村医务室，实际是个体诊所挂着黄湖村的牌子经营。1987 年，邻近的邱叶村原赤脚医生到黄湖租借第六小组的旧仓库开诊所。其子聂智慧从小耳濡目染，高中毕业后到襄樊医专进修两年，获取医士证，回来后又考取执业执照，便于 1995 年接替其父在黄湖租用公路边的民房开诊所。该诊所因收费低廉，地处城郊结合部，手续简便，服务热情周到而大受村民及周边群众欢迎。我们先后 4 次前去调查，每次都见有病人排队候诊，估计每天收费可达 1500 元。这家私人诊所直接受镇卫生院管理，县药监督部门对其用药情况进行不定期监督，村里基本不管，但遇有特殊情况，如"非典"期间，则要求他们配合防治工作。现在正在开展的农村合作医疗试点工作，在具体操作业务上则有配合的责任，实际上这个诊所与村里关系是不错的。

二　村民健康和村民医疗的现状

黄湖村民的健康状况是比较好的，因经济条件的改善，身体素质也得到普遍提高。地处江汉平原的黄湖，曾是血吸虫病的疫区，但经多年综合治理，此病已基本得到控制，其他病种并没有特别之处。若从改善生活质量方面来看，有几个因素可能潜在的影响村民健康。一是生活垃圾随处乱倒。村民房前屋后堆有很多生活垃圾，没有清除，腐烂得臭气熏人，这是一个可能引发疾病的危险因素。二是排水系统不畅，夏天污水滞积在湾村内，易繁殖病菌。这两个问题虽然是农村中普遍存在的现象，但黄湖是有条件解决而又没有解决的不应该存在的现象。

一般情况下，村民有小病小痛，如发烧、感冒、跌伤等，都到村里的私人诊所就诊，也有少数不就诊而通过休息自身恢复的。像这种偶尔发生的小病，每次医疗费用在 20 元左右的，村民可以承受。但如果患大病，医药费500 元以上，村民就难以承受了，这不仅是身体受影响，而且对工作、收入和生活都有影响。村民徐克树，男，1939 年 10 月 21 日生，婚后无子女，与其爱人邱润华尚住在村里很少见的 70 年代所建的泥瓦房中，一直患有哮喘病，年轻时就经常买药吃，一直没治好。因他的收入主要用于看病，每年的生活费用要靠村里补贴一部分。徐克树属于典型的因病影响身体、因身体影响劳动和收入的例子，现住的泥瓦房冬天透风，雨天渗水，更加重了病情。

根据我们对村个体诊所聂智慧医生的询问，村民（包括周边居民）所患的大病主要有肌肉骨骼系统疾病、消化系统疾病、呼吸系统疾病、泌尿和生殖系统疾病、循环系统疾病 5 种，而且这 5 种疾病所占比例相差不大。这几类疾病，对患者及其家庭都是一个沉重的负担。如果长期难以根治，极易形成身体健康状况与收入状况的恶性循环。

云梦县被定为湖北省 4 个新型农村合作医疗体制改革试点县之一，2003年，黄湖理所当然地被纳入这一试点之中。新型合作医疗制度是由政府组织、引导和支持，农民自愿参加，个人、集体和政府多方筹资，以大病统筹为主的农民医疗互助共济制度，也是现阶段保障农民健康的有效手段。2002年出台的《中共中央、国务院关于进一步加强农村卫生工作的决定》在黄湖试点过程中得到比较好的落实。云梦县成立了新型农村合作医疗管理委员会，乡镇成立了新型农村合作医疗管理站。通过村干部的广泛宣传和深入细致的思想工作，由乡镇管理站与农民直接签订协议，协议书上详细规定了双方的权利义务与费用报销标准。

新型农村合作医疗的经费平均每人每年 35 元，农民自己出 15 元，县、市、省和中央财政各出 1 元、4 元、5 元、10 元。其中财政出资部分用于大病统筹，农民自己出的部分只用于门诊，这 15 元的用途分别是用于体检 2元，建个人医疗档案 3 元，参加全县农民合作医疗统筹 3 元，进入个人医疗账户 7 元。原则上每人每年门诊报销不超过自己出的总数 15 元，节余则计入大病统筹部分。签订协议与收费是一年进行一次，但实际操作中，黄湖村民第一次交费和签订协议都是按 1 年半进行的，时间从 2003 年 7 月 1 日至2004 年 12 月 31 日。

根据卫生部统计，1999 年每人次平均住院费是 2891 元，而黄湖村年人均收入扣除人均生活费支出后仅为 1223 元，达不到 1999 年的人均住院费，也就是说村民难以抵御大病风险。开展新型农村合作医疗的确是建设小康农村的有力保证。

在对村民的问卷调查结果统计中，实施新型合作医疗前，村民的医疗费都是自费。在对 273 人的调查统计中，患病达两周的人数是 6 人，年患病率为 2.2%。村民的健康水平与家庭经济状况和生活水平密切相关。对于 55 岁以上的人而言，若子女经济状况不是很好的话，超过 300 元的治疗费用就很难了。对村民患病未就诊原因的调查也显示，患病未就诊的占 25.34%，自我保健占 42.86%，自认为病轻和其他原因未就诊的占 16.22%。从年龄分组来看，自我保健的人群主要集中在 25～65 岁之间；从经济情况来看，自我保健人群主要集中在年收入 1500～2000 元组。村民患病不能得到及时治疗，往往延误了治疗的最佳时机，小病有可能拖成大病。因此，建立农村合作医疗体制以保证农民健康，特别是实行大病统筹已是刻不容缓的事。在实施新型合作医疗的过程中，很多村民根本不相信有政府出钱这等好事。要把这件事做好并长期坚持下来，则还有许多工作要做。在对合作医疗方式的选择的调查中，大部分村民选择"门诊住院全保"，但实际上合作医疗不仅取决于愿望，还取决于医疗所需的费用，取决于医疗所能筹集到的合作医疗基金，最终还是取决于村级经济发展的水平。受黄湖经济发展水平的限制，村里目前不可能拿出资金用于村民医疗方面的开支，合作医疗的筹资能力不可能达到村民患病就诊的全部要求，因此保障水平也是有限的。生活中的小病治疗是农民自身经济条件承受得了的，大病则是一种无法预测的生活风险，仅仅依靠个人和家庭是难以防范和承担的，其治疗则可能给农民造成返贫甚至倾家荡产。合作医疗帮助农民分担超越其经济承受能力以外的风险，但在现有的经济条件下还不可能满足农民更多的愿望。由于合作医疗经费的统筹是以县为单位进行的，黄湖村民的平均收入比一般村民要高一个档次，在村里难以出钱用于村民医疗补贴的情况下，他们相对高一点的要求也难以得到满足。

在调查中，发现有 95% 的人愿意参加合作医疗，也仍有 5% 的人不愿意参加。有的村民认为自己身强体壮，没有必要参加合作医疗；有的村民则对合作医疗持怀疑态度；也有极少数人缴不起费，不能参加合作医疗，由于合作医疗几起几落，农民主观上存在这样那样的认识是正常的。我们认为除了加大宣传力度之外，可以让参加合作医疗的农民在定点医院看病减免挂号费、诊查费，把每年一次的体检认真落到实处（实际上这点虽有规定，但做不到），这样既可以把潜在的大病隐患消灭在萌芽状态，也可以使身强体壮的农民感受到合作医疗的好处。

对于村民中极少数家庭，确确实实有各种具体困难缴不起费而不能参加合作医疗的，他们或者低收入或者无收入，这大约有 20 多人，主要是孤寡老人和无子女的病残者，对这些人应该实行医疗救助。医疗救助是帮助贫困家庭，贫困人口脱贫和过上小康生活的卫生扶贫方式。在新型合作医疗实施过程中，黄湖村支部和村委会是这样做的，他们对 12 户五保户和困难家庭的合作医疗经费，由村集体统一缴纳。

农村合作医疗的反复，说明政府的组织与引导是发展农村医疗事业的保证。在调查中发现，农民有发展合作医疗事业的主观意愿，但一直没有组织者和倡导者，一遇家庭承受不了的疾病，就只有靠亲戚朋友或干脆苦熬。农村新型合作医疗虽已在黄湖得以落实，但村民多数都很担心：这一制度能持续多久？若长期靠国家拨经费有无保障？发展过程中是否可避免不公正的行为？等等。村民对村中个体诊所是很欢迎的，但如患有所不能解决的疾病时，就要上县级医院。县医院最令村民反感的是手续繁杂，态度冷漠，且收费内容与标准不透明，若没有合作医疗，上县医院确是无奈的选择。

综合黄湖的医疗卫生状况，可以得出以下几点结论：一是小病是一般能够承受的，村中的个体诊所因其方便、及时、收费低、态度好，甚至可以欠费挂账等，能满足看病者的需要；二是农村合作医疗事业不会自发形成，一定要有政府强有力的组织引导，具体操作过程中村干部起着决定性的作用；三是村民普遍卫生防疫意识低于患病就诊意识；四是大病是村民致富的最大威胁，合作医疗统筹是缓解此威胁的有效途径；五是 5 种疾病（肌肉骨骼系统、消化系统、呼吸系统、泌尿生殖系统、循环系统等疾病）是导致大病的重点，应针对性地加强宣传和防治；六是对特困村民应实施医疗救助，在创建农村新型合作医疗体制过程中逐步建立有针对性地解决措施。

第八章　婚姻、家庭和生育

第一节　婚　　姻

婚姻是指男女双方依照习俗或法律规定，经过一定程序结为夫妻关系的一种社会形式，是得到社会承认并受法律和专门习俗保护的一种规范行为。婚姻既是男女之间的生理结合，更是一种特定的社会结合，它体现着一定的社会关系。自原始社会的群婚制解体以来，中国就形成了一套同自给自足的自然经济相适应，又同中华民族观念相适应的婚姻标准与形式，这些传统婚姻的观念、标准与形式，构成了中国农民生活方式中不可或缺的部分，是一个农民立足于社会，贡献于社会最基本的前提条件。随着农村的改革开放，近代中国农民的家庭婚姻观念也受到市场经济和西方文明的影响，不断地发生着变化。

一　择偶的标准和范围

婚姻择偶标准是婚姻中的一个重要问题。配偶选择的好坏，直接影响到一个人的终生。正因为如此，人们对配偶的选择是十分谨慎的，并且在不同的历史时期，会约定俗成为特定的条件与模式。1949 年后的五十多年来，黄湖村民的择偶标准经历了传统道德型、政治道德型、经济务实型三个时期的变化。从 20 世纪 50 到 60 年代，村民找对象要贤惠、勤俭、孝敬老人；找丈夫要忠厚老实、吃苦耐劳、品行端正，这是典型的传统道德型择偶观。到"文化大革命"时村民们重视对方的家庭出身、政治身份等客观条件，择偶标准被浓厚的政治色彩左右。这个时期，党团员、贫下中农出身的成为追求的对象。自改革开放以来，村民的择偶观发生了重大的变化，由重政治道德转向重经济务实。

1. 择偶标准

择偶标准具体表现在对配偶个人条件和家庭条件的选择方面更注重客观性和实惠性。

（1）个人条件。个人的主观条件，包括相貌、性格、脾气、品质、身体状况等；客观条件指的是文化程度和经济收入。在个人问卷中，我们设计了这样一个问题："您认为选择配偶的标准应该是什么？"要求调查对象根据自己的重视程度，按排序选择三个结果，所得到的数据见表8-1。

表8-1　黄湖青年择偶标准分组分布

标准＼位次	第一位		第二位		第三位	
	人数(人)	百分比(%)	人数(人)	百分比(%)	人数(人)	百分比(%)
相　貌	121	22.3	39	7.6	218	51.8
品　德	359	66.1	131	25.5	16	3.8
才　干	48	8.8	336	65.4	114	27.1
财　产	15	2.8	8	1.6	73	17.3
合　计	543	—	514	—	421	—

表8-1中显示，在543人中，有480人将相貌、品德排在择偶标准的第一位，占88.4%；在514人中有336人将才干排在择偶标准的第二位，占65.4%。这说明，人们在择偶过程中，首先看重的是相貌和品德，其次是才干。村民在择偶时，双方对对方的受教育程度都有一定的要求。因为，在当今社会，受教育程度与个人的从业状况和经济收入是密切相关的。我们调查的318户家庭中，文化程度均在初中以上的夫妻，绝大多数务工经商，生活比较富裕。文化程度均在小学以下的夫妻，大多数固守在数量有限的责任田上，他们尽管终年辛勤劳作，也只能维持温饱生活。

（2）家庭条件。家庭条件是指夫妻双方婚前各自家庭的经济状况。农村家庭中，衡量其经济状况的最重要标志，就是房子。现在依然流行的"访人家"，就是择偶过程中女方到男方家，通过看房子等固定财产对其家庭经济状况进行判断并选择的一种方式。黄湖村民在择偶时，比较注重对方的家庭条件。为了更直观地了解黄湖男女择偶的客观条件，我们将夫妻婚前家庭经济状况进行了比较，并设计了"娘家富"、"婆家富"、"差不多"等三种调查指标。根据这三种调查指标进行调查，其具体情况见表8-2。

表 8 - 2　村民夫妻婚前家庭经济状况比较

经济情况	娘家富	婆家富	差不多	合计
人数(人)	68	145	105	318
百分比(%)	21.4	45.6	33	100

从表 8 - 2 中可见，女方"娘家人富"的占 21.4%，双方家境差不多的占 33%，而"婆家富"的达 45.6%。这表明，黄湖村男女村民的择偶标准存在着一定的差异。男方择偶的标准更侧重于相貌和品德，至于对方家庭经济状况，则处于次要位置。而女方择偶时，一般都把个人才干和家庭经济状况作为一个十分重要的条件，甚至放在首要位置加以考虑。

2. 择偶范围

择偶范围是指在一定地域内，以男女嫁娶距离的长短为半径所划定的范围，亦称通婚圈。随着社会发展和日益走向现代化，通婚圈呈逐渐扩大的趋势。因为通婚圈的扩大，有利于人口素质（特别是身体素质）的提高，有利于文化的交流和发展，有利于促进社会主义现代化的发展。农村改革以前，黄湖村村民之间通婚的极少，跨县域通婚的也仅有 10 户，绝大多数是本县内不同乡（镇）或同乡（镇）不同村之间的缔结婚姻。农村改革以后，村民的择偶范围发生了一些变化，出现了村内通婚和跨县、甚至跨省通婚。据 318 份户卷统计，在 380 对夫妻中，同村通婚的占 2%；同乡不同村通婚的占 18%，同县不同乡通婚的占 64%；同省不同县通婚的占 13%；异省通婚的占 4%。这些数据表明，黄湖村村民的择偶范围发生了三个方面的变化。

第一，村内通婚增多。20 世纪 50 ~ 70 年代，村内通婚的仅有 2 对，现在上升为 6 对。黄湖村村民大多比较富裕，村里有的姑娘不愿外嫁，愿意在本村找对象。村内条件好的小伙子，出于经济考虑和知根知底，有的也不愿到外村、特别是穷村去找对象，而把择偶的目光转向本村的姑娘，这就使村内通婚出现上升趋势。

第二，出现跨县、跨省通婚。黄湖村有许多年轻人在外务工经商，这种离土离乡的务工经商，从客观上为他们结识外地青年提供了便利条件。村内现在有 40 对夫妻是同省不同县通婚，他们中有 80% 都是在外务工经商期间由相识、相知、相爱到缔结婚姻。还有 8 对跨省通婚的夫妻，他们大多是由亲戚朋友介绍而相识的。

第三，城乡之间的通婚呈现出新特点。农村改革以前，城乡间的通婚都是男城女乡，农村姑娘曾经把"非农户口"作为择偶的首要标准，而"非农户口"的城镇姑娘绝对不会"下嫁"到农村。随着农村经济的发展，黄湖村基本上已实现了城乡一体化，一些城镇姑娘也愿意嫁到黄湖村。因而，现在城乡间的通婚出现了女城男乡的现象。

黄湖出现的村内通婚和跨县甚至跨省通婚，所占比例并不大。绝大部分村民的通婚圈还是限制在方圆五十华里以内。但从总体上看，不同县（市）和不同省（市）之间的通婚在一定程度上使黄湖村村民的通婚圈得到了扩展。

二 结婚的程序和方式

男女双方选定合适的配偶之后，就要为结婚做准备。在黄湖村，这个准备过程一般要经过两个程序，即婚姻的缔结和婚姻的完成。

婚姻的缔结也叫"定婚"。按照旧的婚姻仪式，"定婚"是在择配决定以后、正式成婚以前的一种婚约，其目的在于维系当事人在这个时期内的缔约，是婚姻的准备。据调查，黄湖村有80%的已婚妇女在婚前举行过"定婚"，20%的已婚妇女在结婚前没有举行"定婚"。依据黄湖村的风俗，定婚的具体形式往往要经过三道程序。第一，女到男家"访人家"，也就是女方到男方家实地察看其家庭经济状况、物质生活条件。"访人家"的重点是看男方家的房子如何。第二，男到女家"上门"送定婚礼。定婚礼可为衣物，也可为现金。"上门"的目的是男方到女方家与其父母及亲朋见面并获得首肯。第三，男方到女方家"传期"。即择定迎娶的具体时间并告知女方父母亲朋。"定婚"本是一种旧习俗，是父母包办婚姻的必经程序，它不利于婚姻自由原则的贯彻。1949年后我国的婚姻法对"定婚"未做规定，认为它不是结婚的必经程序。但由于"定婚"的习俗在我国已流行几千年，因而在黄湖村的许多村民中，依然保持着这种根深蒂固的传统习俗。所不同的是，"定婚"的方式越来越简单。如有的以男方送给女方一笔钱财为"定婚"，有的以交换信物为定婚，有的以言相许为"定婚"等等。从总的趋势看，"定婚"意识在今后将日趋淡化，其形式也日益简化。

在1949年前，结婚必须举行仪式，否则社会不予承认。那时的民法曾规定，结婚必须要有"公开仪式"。今天则不同，我国的《婚姻法》第七条规定："要求结婚的男女双方必须亲自到婚姻登记机关进行结婚登记。符合本法规定的，予以登记，发给结婚证。取得结婚证，即确立夫妻关系"。至于是否举行婚礼，法律上没有规定，男女双方可自行决定。这就是说，结婚登记才是婚姻的正式成立，而婚礼只是结婚的仪式，可有可无，但事实上人们只注重举行婚礼。我们调查的300名妇女中有245名妇女（占81.6%）在结婚时举行了各种不同形式的婚礼，只有55名妇女（占18.4%）在结婚时没有举行婚礼。村民们普遍认为，结婚登记不算正式结婚，只有举行婚礼才算正式结婚。在20世纪50~70年代末，黄湖村曾出现过半数以上的婚姻没有正式登记领取结婚证书而只举行过不同婚礼仪式。80年代中期，这些夫妇通过补办结婚证获得了合法的身份，这一事实足以证明村民们对婚礼形式的重视程度。

中华人民共和国成立以后，随着社会的进步与发展，人们的婚礼形式发生了很大的变化。据调查，黄湖村已婚妇女的婚礼主要有拜天地，拜祖宗；婚宴；旅行结婚；集体婚礼等形式。其具体情况见表8-3。

表8-3 村民已婚妇女婚礼形式统计

婚礼形式	拜天地	婚 宴	旅行结婚	集体婚礼	合 计
人数(人)	38	246	10	6	300
百分比(%)	12.7	82.0	3.3	2	100.0

从表8-3中可以看出，"拜天地"只是少数，大多数人（占82%）结婚采用婚宴，即以请客吃饭作为婚礼举行的标志。极少的人旅行结婚，但事后依然要举行婚宴。举行集体婚礼的更少。

三 离婚、丧偶和再婚

1. 离婚

离婚是婚姻关系的解除。从法律上说，离婚就是在双方自愿的前提下，解除男女双方由结婚而产生的权利与义务关系。

50年来，黄湖村97.5%的家庭关系比较稳定，离婚率占2.5%。那么，这 2.5% 的家庭为什么会破裂？婚姻为什么会解体？我们从村民调会现存的档案材料中看到，每一个当事人在自己的"离婚申请书"中都陈述了许多理由和原因，归纳起来不外乎两个方面。

（1）导致离婚的经济原因。一是夫妇一方嗜酒、赌博造成家庭经济困难而引起吵架与不和。二是夫妇一方能力太差，难以维系全家人生活而引起冲突与不和。第四村民小组有一对夫妇，由于男方吃、喝、玩、乐，不务正业，将家中钱财挥霍一空，举债累累，女方一气之下外出打工几年未归，男方为躲债主也一去两年未回，孩子的抚养只好由老人承担。这对夫妇虽没有履行解除婚约的法律程序，但他们的婚姻已名存实亡。

（2）导致离婚的道德心理原因。一是由于夫妇一方或双方对真正的情感要求不能满足，缺少抚爱、温存、关怀、体贴和谅解而引起的冲突、吵架，致使夫妇双方心理上的疏远。二是由于在互相帮助、互相支持方面的要求得不到满足，以及在家庭劳动分工、操持家务、照顾子女方面的分歧而引起的冲突。这些原因被当事人抽象为"性格不合"，黄湖村离异的 8 对夫妇，无一例外地把"性格不合"作为离婚的首要理由。这表明，道德心理性质的原因比其他原因更容易导致离婚。

黄湖村离异的夫妇中有 6 对年龄均在 30 岁以下，他们多为由媒人介绍相识，没有机会进行深入的相互了解，双方结识后少则半年几个月，多则一年就举行了婚礼，草率完婚，共同生活几年后，才发现对方有许多不能容忍的粗俗陋习或不良嗜好，双方之间谈不上感情基础，更谈不上什么爱情。在这种情况下，一旦经济缺乏支撑，心理追求和生理需求得不到满足，就会毅然提出分手。由此可见，离婚的深层次原因，还在于择偶的态度和标准上。

2. 丧偶

黄湖村中老年丧偶的有 47 人，其中丧夫者 27 人，丧妻者 20 人。丧偶者中有 41 人在 50 多岁时丧夫或丧妻，这些人一般不再谈婚论嫁。因为他们认为自身年龄已大，子女也已成人，生活上没有多大压力，没有必要再找对象。另外，50 岁以上的人多少存有旧的思想观念，觉得再谈婚论嫁影响"名声"，受人舆论不好，尤其是怕影响子女的名声。身体健壮者大多不愿与子孙共同生活而自食其力，体弱多病的人同儿孙一起共同生活。还有 6 人是在 30~40 岁之间丧偶的，她们抚养后代，料理家务困难，在一年之内各找到自己的另一半，重新建立家庭。在此年龄段丧夫的 4 个女性村民中，有两人改嫁到外地，另外两人由于对丈夫的眷念和对子女的守护，不愿意离开黄湖改嫁他乡，所以招婿上门，招夫养子。

3. 再婚

黄湖村的再婚家庭有 12 户，其中 30 ~ 40 岁的 9 户；40 ~ 50 岁的两户；50 多岁的 1 户。这些家庭中有 8 户是离婚以后再婚，有 4 对夫妇是一方丧偶以后再婚。调查中我们了解到，对于再婚夫妇来说，巩固和发展新的婚姻关系要比初婚困难得多。究其原因，有这样几个方面：第一，再婚夫妻之间经常会不由自主地产生一种把现配偶和原配偶进行对比的心理，特别是遇到冲突、分歧时，还会将现配偶的短处与原配偶的长处相比，这种心理对比不利于巩固婚姻关系；第二，再婚以后，双方原有子女之间的关系处理不好，容易导致再婚夫妻之间的矛盾；第三，双方都不愿意把过去各自的全部财产合在一起，以防婚姻破裂。这三个方面的问题如果处理不好，很有可能带来婚姻的再次破裂，黄湖村就有 2 个这样的家庭。另外 10 户再婚家庭中，尽管夫妻都在尽量调整自己，但认为重新缔结的婚姻"幸福美满、十分满意"的毕竟很少（只有 3 户），而大多数再婚夫妻只表示"过得去"。

四　婚姻的质量和问题

婚姻质量是婚姻稳定性最重要、最直接的预测指标，高质量的婚姻是夫妻关系持续稳定的前提和保障。为此，我们设置了三个方面的指标进行考察。

（1）婚姻满意度。婚姻满意度指夫妻对婚姻生活诸方面的满意程度。据调查，认为自己婚姻既美满又稳定的婚姻占 40.5%；有争吵但仍属满意的占 39.7%；经常争吵不够满意的占 11.9%；虽不争吵但极端冷漠甚至极不满意的占 7.9%。

（2）夫妻交流程度。夫妻交流程度是指夫妻之间相互交流思想、需求、意见等方面的顺畅程度。回答经常交流的占 60%，有时交流的为 29%，很少交流甚至根本不交流的只有 11%。

（3）夫妻之间是否关心体贴。这个指标不仅可以反映夫妻之间在精神方面的互相关心，还可以反映出夫妻在行动方面的互相体贴。调查结果是：夫妻间经常关心体贴的占 70.4%；有时相互关心体贴的占 20.5%；夫妻互不关心互不体贴的占 9.1%。

在这次调查中，因夫妻感情破裂而导致婚姻死亡、已经离婚的夫妇，在已婚的 320 人中仅有 8 人，约占已婚人数的 2.5%，其中因感情不和而离婚的有 5 人；因男方的品质败坏而离婚的有 2 人；丈夫有虐待行为的有 1 人。总的来看，离婚率并不高。可见，黄湖村大多数村民家庭的婚姻是相对稳定的，夫妻关系是比较和谐的。

黄湖村婚姻中存在着这样几个问题：第一，早婚，在 20 世纪 80 年代以后结婚的 30 对夫妇中，有 5 人不到 18 岁就结了婚；第二，婚礼陋俗普遍存在，在 80 年代，举行婚礼一般要花费上千元，到 90 年代末上升到 1 万元，婚宴要办到几十桌，有的甚至达到 70 多桌；第三，离婚率上升，50～80 年代，村内离婚的仅有两人，而 80～90 年代末，离婚的有 6 人，20 年间上升了 3 倍；第四，婚外恋、未婚先孕、非法同居等问题也存在。

第二节　家　　庭

家庭是以血缘关系、婚姻关系，收养关系为基础的社会基本单位，是社会的细胞。家庭的状况、结构和功能，家庭的安危都与社会发展密切相关。社会的变迁必然影响家庭，而家庭的变化同样影响社会。

一　家庭规模、类型及其变化

1. 家庭规模

衡量家庭规模的主要指标是家庭成员的数量。50 多年来，随着经济发展和社会变化，黄湖村家庭规模出现不断缩小的趋势。1949 年初家庭平均人口为 5 人，50 年代为 4.7 人，60 年代为 4.5 人，70 年代为 4.4 人，80 年代为 4.2 人，90 年代为 4.1 人，目前为 4.06 人。据 318 份户卷调查统计，家庭规模 4 口之家的最多，占 32.1%；3 口之家次之，占 22.3%，两者合占 54.4%，超过了 1/2。家庭平均人口数是 4.06 人，而在册人口为 1400 人，351 户，每户平均 3.87 人。随着农村计划生育政策的实施，农民生育观念的变化，社会福利事业的发展，家庭人口趋向 3 口之家的会越来越多。

2. 家庭类型

家庭类型是家庭的重要特征。这里所说的家庭类型是指按家庭成员的婚姻、代际及亲缘关系所进行的一种分类。调查中，我们把家庭分 7 种类型：①核心家庭，指一对夫妇与未婚子女在一起组成的家庭；②主干家庭，指在异代中有两对或两对以上夫妇与未婚子女的家庭；③单亲家庭，指只有父亲或只有母亲与未婚子女组成的家庭；④联合家庭，指同代中有两对及两对以上夫妻与未婚子女组成的家庭；⑤夫妇家庭 I，指从未生育子女，只有夫妇二人组成的家庭；⑥夫妇家庭 II，指子女成年后，分家或离开而只有夫妇二人的家庭；⑦单身家庭，指家庭中只有一个人的家庭。

3. 家庭结构及变化

据 318 份户卷调查统计，黄湖村有核心家庭 210 个，占 66%；主干家庭 58 个，占 18.2%；单亲家庭 7 个，占 2.2%；联合家庭 10 个，占 3.1%；夫妇家庭 I 6 个，占 1.9%；夫妇家庭 II 25 个，占 7.9%；单身家庭 1 个，占 0.3%，其他家庭 1 个，占 0.3% 通过调查，我们了解到，黄湖村的家庭类型变迁具有以下几个特点。

（1）核心家庭比例逐渐上升。改革开放以前，黄湖村的核心家庭占 53.1%，而目前已占到 66%。核心家庭的增多，有两个方面的原因。从客观上讲，大多数黄湖村民的经济条件比较好，年轻人成家后拥有独自建立"小家庭"必需的物质条件。从主观上讲，由于代际差异，两代人也愿意分家，以减少矛盾。核心家庭代际关系与人际关系相对比较简单，矛盾较少，家庭比较稳定，因而大多数调查对象表示喜欢这种家庭类型。

（2）主干家庭稳中有降。主干家庭是中国农业社会传统的家庭模式。在农村社会向工业社会的转变时期，主干家庭模式仍具有广泛的社会基础，保持着较强的生命力，其地位仅次于核心家庭。据调查，黄湖村在十年前，主干家庭占 20.7% 左右，目前占 18.2%。

（3）单身家庭大幅度下降。农村改革前，黄湖村有 43 户单身家庭。究其原因是贫穷所致，有的人是没有经济能力娶妻，有的人是娶妻后养不活，妻子与他人私奔。改革后，达到婚龄的男性青年基本上都建立了家庭，单身家庭仅剩 1 户。

（4）联合家庭迅速减少。同一代中有两对以上夫妻的联合家庭曾是传统中国的理想家庭。但是随着父权制、夫权制家长统治的瓦解及其社会条件的变化，联合家庭逐渐失去了存在的社会基础。农村改革前，黄湖的联合家庭占家庭总数的 8.4%；现在的联合家庭仅占 3.1%。

黄湖村家庭结构的变迁轨迹是，家庭规模逐渐缩小，家庭类型趋向核心化。

二 家庭功能的历史和现状

家庭功能是指家庭对于个人和社会的功用与效能。家庭作为社会的细胞，具有最基本的社会功能。家庭曾经担负过生产、消费、生育、抚育、教育、赡养、娱乐、感情交往等各种重要的社会功能。随着社会的变迁，家庭功能也在发生着变化。关于黄湖家庭功能的变化，我们着重从四个方面进行了调查，关于生育问题将在本章第三节专门阐述，这里对生产、消费、赡养情况做些简要的描述。

1. 家庭的生产功能

传统家庭是一个独立的生产单位，它既是生产资料的占有单位，又是生产劳动的组织单位，生产、消费基本上在家庭内部进行。但从 20 世纪 50 年代开始，一直到 70 年代末，即合作化和人民公社时期，农民社员的劳动、收入和分配都由生产大队和生产队决定，农民家庭除了可以支配少量的自留地上的劳动以外，从总体上退出了生产过程，中国农村家庭基本上丧失了生产功能。十一届三中全会以后，农村全面推行家庭联产承包责任制，农村家庭拥有土地等重要生产资料的使用权，这一巨大的社会变化又重新将生产功能赋予了农民家庭，家庭的生产功能不仅得到了恢复，而且有很大发展，其突出特点是家庭生产功能逐步走向社会化。黄湖村地少人多，人均只有 0.2 亩可耕地，为了不被有限的土地所束缚，许多家庭不仅从事农业生产，而且还要从事第三产业，以实现更大的经济效益。近十年来，黄湖村出现了许多种养殖专业户、个体户，他们直接与社会进行劳动产品的交换，这不仅使家庭生产面向社会，而且踏入社会的流动领域和信息交换领域，使传统的家庭生产功能日益社会化。因此，从整体上看，社会越来越离不开农村家庭，而农村家庭生产功能的有效发挥与发展，也越来越离不开社会的有机协调。

2. 家庭的消费功能

家庭是社会成员消费的主要场所。家庭消费功能的实现取决于家庭的经济收入。随着我国生产力的发展，家庭就业人员增多，收入增加，黄湖村的家庭消费功能也发生了明显的变化。

从日常生活的基本开支看，过去黄湖村家庭的消费基本上是吃饭、穿衣，即解决温饱问题。而现在，"吃、穿"在家庭开支中虽然占最大比例，但"吃、穿"的档次与过去不同了，"吃"要讲究营养，"穿"要讲究款式。开支的范围逐渐扩大，如增加了交通支出、教育支出、娱乐支出、人情往来支出等，这些开支在生活开支中占有相当的比例。

从耐用消费品的购买情况看。由于收入增加了，大多数家庭都有积余，80%以上的家庭有不同数目的定期储蓄。当然，储蓄之目的各不相同，有的用于养老或作为应急事故的备用金，但相当一部分将投向市场购买耐用消费品。

近年来，黄湖村添置的电视机、收录机、洗衣机、电冰箱等物品成倍增长。村内 52%以上的家庭都装上了电话，被称为云梦县第一个"电话村"。1995 年以前，全村没有一部手机，现在已有 93 部手机。据 318 份户卷调查统计，有 83 户没有现代耐用消费品，也没有购买意愿，其中太多是年过花甲的老夫妇户，五保户、特困户。

根据对家庭的收入水平、日常生活的基本开支以及耐用消费品购买情况的分析，可以看出，黄湖家庭的消费功能逐步加强，并有可能接近和达到城市消费水平。

3. 家庭的赡养功能

在我国亲子之间有着"反哺"的关系，即父母对子女有养育的责任，子女对父母也有赡养的义务，这是列入宪法中的，也是人们共同遵守的基本社会道德。据 318 份户卷统计，有 68 户是主干家庭或联合家庭，在这些家庭中，子代一般直接承担着赡养亲代的义务。当然，亲代若身体硬朗，他们往往不承认"被赡养"。因为他们有自己的责任田，所以他们认为吃的是"自己的"；因为帮助子代带孩子、做家务，所以他们认为还在尽"老养小"的责任。若亲代年老体弱，则一般在子媳家庭中居住或在几个子媳家庭中轮流居住。但无论如何，子女对老人在物质生活和精神生活方面都要给予不同程度的照顾和关心。黄湖村社区内虐待老人的现象是极少见的，如果有谁家发生这种情况，则会受到村民们的谴责。

三 家庭关系的变化和发展

家庭关系主要包括横向的家庭关系和纵向的代际关系。横向的家庭关系包括夫妻、兄弟姐妹、妯娌、姑嫂等关系，纵向的家庭关系包括亲子、婆媳、祖孙、翁婿等关系。按家庭起源来说，夫妻关系是家庭的基础，是家庭关系的主体和核心，有了夫妻关系才派生出种种其他的家庭关系。但在中国传统的家庭中，亲子关系一直是家庭中的核心关系。随着家庭规模的缩小，横向的夫妻关系开始代替纵向的亲子关系，成为我国家庭关系的核心。

从黄湖情况看，横向的夫妻关系和纵向的代际关系都发生了变迁。该村家庭夫妻关系变化的最大特点，是妇女在家庭中的生活地位得到加强和提高，这表现在以下几个方面。

（1）具有相当的婚姻自主权。过去，妇女婚姻基本上由父母做主，自己只能听天由命，"嫁鸡随鸡，嫁狗随狗"，从一而终。现在，大多数的人都是自由恋爱。据调查统计，1995年以后建立的家庭中，95%以上的夫妇或自己相识，自由恋爱；或经人介绍，而后恋爱。可见，妇女的婚姻已属自主型，基本改变了过去父母包办婚姻的模式，从而有助于提高妇女在家庭中的地位，有利于夫妻平等。

（2）对经济收入进行共同管理和支配。过去，妇女很少参加劳动，没有自己的收入，除生儿育女、管理家务外，基本上没有经济管理支配权。实行联产承包责任制，调整产业结构以后，农村妇女被彻底解放出来，她们或走向田地，或走向工厂，或走向社会，成为家庭经济收入的重要力量。黄湖有80%以上的妇女从事各种不同的职业，有自己的收入，从而能够参与家庭收入的管理和支配使用的安排。

（3）参与家庭消费决定。过去，妇女既无独立消费来源，也没有参与消费的决定权。经过50多年的家庭关系的变化，妇女有了参与家庭消费的共同决定权。如家庭翻修房屋、购买耐用消费品，过年过节赶情送礼等大宗的消费支出，有75%的家庭是夫妻共同决定，甚至有7%的家庭是以妻子为主做出消费决定。

　　黄湖村家庭代际关系变化的特点是家庭代际层次减少，代际关系简化。家庭是一个世代传递和更替的社会组织，为了完成繁衍后代、绵延种族的任务，家庭必须承担生育、抚育、赡养等功能，这就决定了家庭中要有一定的代际层次。层次过多，世代重叠，家庭结构复杂，这会带来家庭关系中的矛盾和家庭生活中的一些其他问题。因此，当代人的意愿是对家庭的代际层次要求"适中"。调查结果表明：一代人家庭 32 个，占 10.1%；两代人家庭196 个，占 61.6%；三代人家庭 86 个，占 27%；四代人家庭 4 个，占1.3%；五代以上的家庭不存在。近年来，由于许多年轻夫妇双方外出务工或经商，在这样的家庭中，老人又重新担当起照顾孩子的任务，因而三代户的形式重新受到不少人的青睐。这种三代户的回归在黄湖家庭中表现得比较明显，但总的来说，两代户已成为大多数。家庭代际层次减少，代际关系简化已成必然。

四　家庭问题的种类和原因

　　所谓家庭问题，是指由于家庭关系失调给家庭正常生活造成的障碍。根据对黄湖村家庭的调查，目前存在的家庭问题主要有以下三类。

　　（1）夫妻关系失调。夫妻关系失调表现为夫妻感情的疏远，意见分歧，进而发展成各种形式的冲突。这种现象在黄湖村家庭中为数不多，究其原因不外乎两个方面。第一，经济原因。在开支的项目、花钱的多少、理财的方法上。发生意见分歧，这些分歧若不自觉调适，严重的会引起夫妻关系失调。第二，感情转移。黄湖村 17% 的核心家庭中，丈夫或妻子长年远离家门在外务工或经商，一年仅回家一次，如果平时不注意沟通，将会引起夫妻感情的淡化、疏远以至消失，倘若一方感情别移，在外另有新欢，则导致夫妻关系破裂。

　　（2）亲子关系失调。主要指父母与未成年子女的关系失调，其主要责任在父母一方。造成失调的原因有两个：一是溺爱，只养不教，迁就附和，久之，使子女养成自私、任性、懒惰；二是打骂甚至虐待。父母，尤其是父亲自以为对子女的威严就是子女无条件地服从，稍不如意或子女犯了错误，轻则训斥，重则打骂和惩罚，不谈心，不讲道理，不听取子女的意见和申诉。子女由于得不到正确的家庭教育，在身心受到创伤的情况下，容易接受社会上消极因素的影响，走上越轨或犯罪的歧途，以致酿成严重的家庭问题。据调查，黄湖村有两个家庭亲子关系严重失调，原因是父母对子女只养不教，甚至不养不教，以致子女尚未成年便沾染上许多恶习。有 30 多对夫妇由于在外打工，无暇关心、照顾、教育子女，致使亲子之间的关系比较淡漠、疏远。

（3）老年人赡养问题。从黄湖家庭的实际情况看，绝大多数家庭都能对老人尽赡养的义务，但也有极少数的家庭存在"老无所养"的问题。村内有两个家庭，儿子和媳妇长期不和，丢弃老小各自外出打工，常年不归，不尽抚养子女的责任，不尽赡养老人的义务。

第三节 生 育

生育是传统家庭对社会的主要功能之一。生儿育女，繁衍子孙，使社会的生命能够不断地延续下去，历久不衰，是家庭最重要的责任。那么，50 多年来，黄湖的家庭在发挥生育功能的过程中，有什么样的变化呢？

一 生育的历史和现状

我们通过调查发现，黄湖村家庭的生育功能具有如下三个方面的变化。

1. 生育子女的数量不断减少

据统计，55 岁以上老年妇女，人均生育子女 3.65 个；45～54 岁妇女，人均生育子女 2.7 个；36～44 岁妇女，人均生育子女 2.25 个；32～35 岁妇女，人均生育子女 1.7 个；31 岁以下的妇女，人均生育子女 1.2 个。老年妇女一般都生了 3～4 胎，青年妇女，一般只生 1～2 胎。据了解，1949 年前的黄湖村，婴儿死亡率比较高，有的妇女生育十几胎，只能活几个子女。1949 年后，随着物质生活的改善和提高，人们的体质增强，生育胎数减少，成活率提高，为后代的健康提供了基本保证。

2. 初育年龄逐渐增大

从表 8-4 中可见，大多数已婚妇女的初育年龄在 22～25 岁之间。21 岁以前生育子女的主要是现在的老年妇女，而中青年妇女大多数在 22～25 岁左右生育子女。妇女的初育年龄普遍推迟了。已婚妇女初育年龄的提高，是与人们响应国家号召，实行晚婚和计划生育有关的。在黄湖村，有些青年人为了能有更充沛的时间和精力从事工作和学习，也不愿意过早地结婚生育。

表 8 - 4 黄湖妇女初育年龄分组分布

年 龄	18 岁	19 ~ 21 岁	22 ~ 25 岁	26 ~ 28 岁	29 ~ 31 岁	32 岁以上	合 计
人数(人)	2	40	235	11	7	5	300
百分比(%)	0.7	13.3	78.3	3.7	2.3	1.7	100

3. 婴儿哺乳期缩短

据调查，55 岁以上老年妇女在生育期间曾为婴儿哺乳的时间平均为24.7 个月，现在 30 岁左右的妇女为婴儿哺乳的时间平均是 15.8 个月，而25 岁左右的青年妇女为婴儿哺乳的时间平均仅为 13.3 个月。随着时代的变迁，不给婴儿喂奶的母亲逐渐增多，这有两种情况，一种是产后无奶，另一种是产后有奶但因奶水不足而干脆不喂母奶，用牛奶等其他代用品哺乳。

二 生育观念的变化

生育观念，是指人们对生育问题的看法和态度。它主要包括生育目的、生育数量、子女性别等。

关于生育目的。传统上，生育的首要目的是为了家族的延续，"生儿育女，传宗接代"是家庭中的头等大事。今天，人们的生育目的已不只是"传宗接代、养儿防老"，而且还萌生出"维系家庭稳定，增加生活乐趣"方面的新观念。据调查显示，为增加生活乐趣的占 14.5%，为维系家庭感情的占9.1%。

关于生育数量。传统观念认为"多种稻子多打谷，多生儿子多得福"。但在青年村民中，已改变这种生育观念，全村有 30 多个家庭具备生第二胎的条件，但为了提高家庭生活水平，减轻家务负担，他们自动领取了独生子女证。这些无意于生育多胎的家庭对子女的期望值都比较高，有 80% 以上的家庭希望孩子有较高的学历，至少具有高中或中专以上文化程度，有 47.5%的家庭希望子女能上大学。这一信息反映出当代农民对"科教兴农"以及提高自身综合素质的强烈愿望。

关于子女性别。过去，受男权社会、夫权社会的影响，许多人认为，男子是传宗接代、延续香火的，而女子是要嫁给人家的。在农村，一个家庭劳动力的多少与强弱和能否发家致富有很大关系，因此，农村家庭对子女的性别偏重于男孩。如今，大多数家庭重男轻女的传统观念发生了深刻的变化，他们认为生男生女都一样，据318份户卷调查统计，有63.2%的家庭认为"一对夫妇没有男孩"可行。

三　生育的计划和管理

农村改革以前，黄湖的家庭生育基本上是无计划的。到了20世纪70年代末，从中央到地方都建立了计划生育委员会或相应的机构，云梦县于1979年开始设立计划生育宣传指导站，农村的计划生育工作才逐渐展开。

80年代初期，许多村民对计划生育采取排斥、抵触的态度，特别是没有生男孩的夫妇，无论生了多少胎，也还要生，直到生了儿子才罢休。当时，黄湖计划生育工作的重点只放在督促儿女双全的夫妇做结扎手术上，而对其他育龄妇女只提节育要求，没有检查措施。由于计划生育工作缺乏规范化的管理，在1985~1989年短短的五年间，村内计划外超生71胎，其中两胎未满间隔年限的有48人，3胎以上的有23人。

1990年，根据上级要求，村里开始对无儿子但有两胎以上的夫妇进行结扎。据可查的统计数据，截至1992年，全村结扎人数为159人，其中生育3胎以上的结扎40人，两胎上的节扎119人。对非结扎对象的育龄夫妇，村里也要求他们采取节育措施，并随机检查。截至1996年，村里对所有育龄夫妇建立档案，计划生育工作开始走上规范化管理的轨道。

1998年，村里成立了群众性组织"计划生育协会"，会长由村委会主任黄六毛担任，副会长由村妇联主任、计划生育专管干部杨华英担任，另有5位村民代表为协会成员。"计划生育协会"的主要职能是，宣传国家计划生育的方针、政策和法律、法规；传播计划生育和生殖健康等科学技术知识；协调社会力量，向群众提供生育、生产、生活服务。计划生育协会成立以来，对已婚育龄妇女进行了多次"生殖生理健康知识"培训，发放计划生育宣传品800本（册），提供各种避孕药具80人次。

从时间上看，生育的计划和管理工作贯穿于育龄妇女的孕前、孕期及产后的全过程。第一，孕前有计划。每对夫妻从登记结婚，领取结婚证之日起，计划生育专职干部就为他们建立起"已婚育龄妇女信息卡"，以便对育龄妇女各方面的信息跟踪管理。已婚夫妻若要生育1胎或两胎，必须经过以下申报程序：个人申请→村委会初审→张榜公布→镇计生办复审→县计生办审批→镇政府下达人口计划→孕检→发证（准生证）。履行申报程序是为了登记造册，便于今后的管理。镇里下达的人口计划若在当年没有完成可转至下年计划。1999年，黄湖村报批生育人口计划11人，其中生育1胎的6人，生育两胎的5人。这年实际生育6人，剩下的5个计划指标可下转到2000年。第二，孕期有服务。村里为每一个孕妇建有"孕妇跟踪管理情况登记卡"，计生专干每月必须对怀孕妇女进行随访，了解孕妇及胎儿的身体、发育状况，掌握孕妇的预产期，并将这些情况登记在册。第三，产后有措施。孕妇生产之后，由计生专干带医生到产妇家中对产妇和婴儿进行健康检查。产后42天，由计生专干陪同产妇一起到县计划生育服务站安避孕环。已生二胎的产妇，则要求在42天以后进行结扎术。村里每年要对所有的育龄妇女进行免费检查，主要是查环、查病、查孕，查出避孕环有问题的可重新上环；查出有妇科疾病的积极进行治疗；若是计划内怀孕，可做孕妇、胎儿保健检查，若是计划外怀孕，则采取人工流产或引产等补救措施。这样的检查一年进行两次，每次都由计生专干带领全村育龄妇女到镇医院或县计划生育服务站进行检查。

从空间上看，生育的计划和管理已拓展到流动人口群体。黄湖每年都有数量不小的流出和流入的育龄妇女，村里对这一群体的计划生育采取户籍属地与现居住地共同管理的方式。对于流出人口，由本村为她们办理"已婚育龄妇女信息卡"、"孕妇跟踪管理情况登记卡"和"流动人口婚育证"，若要生育，由村里申报人口生育计划。每年两次的例行检查，由现居住地相关部门组织进行。"三查"结果，根据流动人口现居地发放的"流动人口避孕节育报告单"反映的情况，由计生专干在"两卡"上登记存档。倘若流出的育龄妇女没有寄回由现居地相关部门验证的报告单，本村计生专干一定会敦促其回属地进行"三查"。对流入的育龄妇女，村里从三个方面对他们进行管理。一是要求她们必须持有在原户籍地办理的《流动人口婚育证》；二是为她们办理《流动人口计划生育查验证明》；三是组织每年两次的"三查"并填报《流动人口避孕节育情况报告单》。

黄湖村对育龄妇女全过程、全方位的常规性管理和服务，在很大程度上推动了计划生育工作。据 1999 年统计资料，全村 233 个育龄妇女，除 8 人尚未生育，4 人申请生育 2 胎外，其他 221 人全部采取了节育措施，其中上环 59 人，结扎 162 人。结扎户中，有 1 个独生子女家庭，有 9 个 2 胎无男孩家庭。1992～1999 年间，仅 1995 年出现一例超生（未满 5 年间隔期生第二胎的），此后，村内无一例超生。

四　生育中的问题及其原因

黄湖村家庭中的生育问题主要是多胎生育，偏重生男。

据村计划生育档案资料统计，1999 年以前，黄湖村有育龄妇女 233 人，其中生育 3 胎以上的有 41 人，多胎率达 17.6%。有一对夫妇年龄都在 40 岁左右，已生育 3 女，因为都是女孩，便宁可交罚款，也要生个男孩才肯罢休。41 户多胎生育家庭几乎都是这种情况。1999 年以后，由于加大了计划生育管理力度，控制了多胎生育的现象，但出现了偏重生男的现象。据 318 份户卷调查统计，有 30.5% 的村民认为，一对夫妇没有男孩不行。但由于受计划生育政策的限制，不能多生，便出现人为干预胎儿性别的问题。有的孕妇通过检测若发现胎儿为女性，就实行人工流产或引产，不生男孩不罢休。据村计划生育档案资料统计，1980～1990 年间，全村共出生 211 人，其中男孩 112 人，女孩 99 人，男女性别比例为 113.13∶100；而 1991～2000 年，全村共出生 72 人，其中男孩 42 人，女孩 30 人，男女性别比例为 131.3∶100。近 10 年来，生育男女性别比呈失调变化趋势。

偏重生男的原因来自三个方面。首先是传统思想的影响，古语"不孝有三，无后为大"中的"后"，指的就是儿子。不少村民认为，若后人中没有儿子，就断了家族的"香火"，被称为"绝户"，会被乡邻们看不起。据 318 份户卷调查统计，有 76 户认为养育子女是为了传宗接代，占调查户数的 23.9%。其次是农民防老的需要，"养儿防老"虽有传统思想陈旧的一方面，但也有现实生活中的实际需要一面。被调查的 318 户中，认为生育子女为防老的家庭占 42.1%，它表明村民对养儿防老的重视。在有些父母看来，"嫁出去的女儿如泼出去的水"，是收不回来，靠不住的，人老了还得依靠儿子。三是为了满足家庭劳动生产的需求，农村实行生产责任制以后，家庭成为独立的生产单位，以家庭为单位组织生产劳动，从客观上对家庭劳动力产生了需求，而女儿在体力、精力等方面都不如儿子，为了满足家庭劳动生活的需求，人们也希望生男孩。

农村家庭中不实行计划生育和偏重生男是我国现阶段的社会问题之一，要解决这一问题，还要做十分艰巨的工作。一方面要加大对生育控制问题的宣传教育力度，宣传实行计划生育政策的伟大意义，宣传科学，破除迷信，批判腐朽的封建思想和生育观念，树立少生、优生、优育、生男生女都一样的现代生育观。另一方面，要采取切实措施，逐步满足家庭生活中的一些实际需要。在农村，若能逐步实行老人退休、养老制度，改变人到老年经济上必须依靠子女供养的情况；若能根据实际情况建立互助性的组织，帮助缺少劳动力的家庭户搞好生产，解决劳力不足的问题，农村家庭中的不计划生育问题就比较容易解决了。

第九章　社会习俗

从传统来讲，黄湖以农为本，风俗淳朴。1949 年前，村民讲族姓房份，尊卑排辈，同姓不婚，赶情送礼，亲疏有序。村民心目中无统一的神鬼信仰，50 岁以上的村民中多有信迷信的。居民户的堂屋正中供奉的神位，有挂天地君亲师、历代曾祖、九天司命、七曲文昌、赠福财神、麻城土主等条幅或牌位的。丧葬礼仪中有安神主入祠龛的儒家程式，也有僧尼念经超度死者升入天堂的，有道士开路护送亡灵魂魄入地府的。中华人民共和国成立后，政治、经济、科学、文化急速发展，社会习俗也发生了重大变化。旧习俗中的神鬼意识、宗族观念、男性专制权力等受到严重冲击，许多繁琐落后的礼仪被革除。婚姻法的颁布执行，男女平等观念的普及，特别是经济上妇女有了同男子一样的劳动分配权利，旧有习俗便大部分消失。在婚嫁礼仪、妇女生活服饰方面的习俗，也大有改变。政治和经济制度的变化，使宗族观念日益淡化。尤其是改革开放以后，现代物质文化生活的改善更使传统的衣食住行习俗改观。科学技术的普及与进步，特别是科学种田和卫生医疗水平的提高，使人们的神鬼迷信意识减弱，节令喜丧的祭庆仪式已大大简化或改变，朝山敬香之类的活动极为少见。共产党和人民政府通过大力宣传科学世界观，提倡文明健康的社会风尚，使社会习俗出现了快速演变，勤劳俭朴、爱国为公、乐于助人蔚然成风。

第一节　日常生活

一　饮食

黄湖以稻米为主食。但在 1949 年前，生产低下，只能拌以杂粮和蔬菜。农家常吃粟米饭、麦米饭、蚕豆饭、菜饭。麦收后可擀面或做粑（含发酵蒸馍和结面烙饼），吃一段时间的麦面食。冬春闲月农活较少，则一日两餐，一粥一饭。夏秋忙月，日长活忙，则一日三餐，一粥两饭。从 20 世纪 50 年代起，农民的生活逐渐好起来，由混煮饭转为纯大米饭，佐以米粥、麦面粑等。

传统习俗中，村民为年节调味、待客或农忙时为过早过中方便，常自制多种副食品，如豆皮（豆豉）、炒米、糍粑、汤圆、炒米糖裹、炒豌豆、熟米粉子、阴（糯）米粉子、大麦粉子、豌豆粉子、油炸翻饺、油炸麻花等。黄湖人善做米酒，春节时家家作糯米水酒煮汤圆待客。节令食品中有春节的炸豆腐圆（丸）子和炸卷盘杂烩（卷饺），元宵节的汤圆、月半粑、豆油皮包卷、面皮春卷（包荠菜，本地人俗称"地菜"），端午节的粽子、虾徽。地方风味食品有鱼面、扣炉饼（马蹄）、草鞋板（饼）、猪油饼、骑马酥。

日常菜肴咸鲜并重，既有菜园子自产的新鲜蔬菜，也有腌制泡制的腌腊菜、压白菜、腌白花菜、辣萝卜、韭菜萝卜及霉豆腐、酱豆等，俗称"酸盐菜"、"咸菜"、"长命菜"。春节待客，先喝茶（泡炒米、水酒汤圆、油炸糍粑汤圆等甜食），次喝肉汤，再上正席喝酒吃大菜。20 世纪 80 年代农村经济改善，渐仿城镇生活，日常菜以新鲜蔬菜为主，过年待客菜肴花样也增多。水果，本地只产桃李，昔日视为高档果品。现在，香蕉、柑橘、苹果、梨等水果，在市场上销售已很普遍，看病人、送礼，水果是首当其选。

清末、民国时期，村民多吸水烟，烟具分竹制圆筒、扁筒式两种，通称"烟筜"。烟丝为本地杂货铺以土法制成，吸时将"媒子"（草纸卷成，点燃后成暗火）吹喷成明火点烟（卷烟）。这种东西在民国后期传入，当时因价格较高，吸食者很少。20 世纪 50 年代香烟渐渐普及，至 60 年代吸水烟者不多见。抽烟者多喜南方产香烟，不爱北方浓烈山烟。80 年代所抽香烟的档次升高，村民日常最低抽 3 元一包的，也有人抽 10 元一包的。嗜酒者少，女性一般不饮酒。以酒待客表示热忱敬重，俗谓"无酒不居席"、"怪酒不怪菜"。农村饮用乡间槽坊制作的散装稻谷酒、大麦酒，城镇时兴购买瓶酒。

80 年代汽水、冰棒已成普遍的饮料，冰淇淋、橘子汁、橙汁等商品饮料渐渐推广开来，但主要是儿童和青少年饮用，村民日常还是以饮开水为主。

二 住宅家具

中华人民共和国成立初期，民居式样无大变化。20 世纪 60 年代麦草棚子基本消失，普遍改建为小瓦房。1974 年起，黄湖大队统一修建集体新村，一排排整齐划一，两家共一个山墙，改"亮堂屋、黑睡房"的传统模式为堂屋两侧住房普遍开玻璃窗户，后院有家用厕所与猪圈。80 年代开始做屋盖房的数量大增，大多是现代流行的钢筋水泥楼房，其中有三成村民家中进行过装修，地面铺有瓷砖。

1949 年前，日用家具非常简陋，不过是木制、陶制、篾制和少量铜制的桌椅板凳、大床小柜、睡柜、脚盆水桶等。50～60 年代，搪瓷脸盆、热水瓶、煤油灯、手电筒逐渐在村中普及。70 年代，各种时钟、手表、收音机、缝纫机走进居民家中。现在村中青年结婚居家时都要购置成套家具及几样家用电器。旧式婴儿用具站窝、摇窝、枷椅，现在也多被带篷童车、摇式童床所取代。家用电器普及很快，如电扇、电视机、洗衣机、收录机、冰箱、电热壶、电饭煲、煤气灶，以及电话、手机等，已快速进入村民家中。

三 休闲与禁忌

春节期间，乡间开展文娱活动，时兴划采莲船。船是用竹篾扎成的，两头略翘，中间为小亭式船舱，糊上彩纸。划船时多以男性扮成女性站立船舱中，两手提着船身，随船头前的执杆撑船者来回旋转；撑船者领唱彩船调，另有 2～3 名组成的乐队敲锣打鼓应和。彩船划到哪家门前拜年，哪家主人就放鞭炮迎接，并以香烟和糕点答谢，现在时兴送红包。

抹纸牌（长牌）是民间男女老幼最普遍的歇闲娱乐。纸牌有"上大人孔乙己"等 24 种字样 96 张牌，一场牌局 4 人抹，3 人或 5 人也行。另有一种纸牌，称为"撮牌"，只有少数成年男性抹。麻将牌昔日只有少数有钱财有身份的人才玩，一般人玩不起。1949 年后这些活动被作为赌博形式受查禁，唯有打扑克牌比较流行，因只作娱乐，不赌钱。20 世纪 80 年代，抹牌娱乐活动恢复，打麻将成为风气，到处可见。但也有很多人以看电视、读报为休闲方式。

旧时禁忌很多，大部分是封建迷信、歧视妇女的内容，也有少量不失为一种消极防范措施的。如每月初一、十五不准敲锅灰；迎亲的日子如被算命先生推定为克女家父母的，则新娘过门后要满1个月方能回娘家；寡妇改嫁出门时须从后门走，进夫家门要跨火；大年三十晚上不向别人借东西，不要往外泼水、倒脏物；如此等等。1949年后，科学思想日渐普及，禁忌大部分淡化，礼俗中的禁忌有些已经革除，但有些仍有影响，如"腊时腊月，不能瞎说"，即从腊月初一至正月十五不准说"死"、"鬼"之类忌讳字眼；新房门上贴了喜联后，女孩子不得入内，新娘的新床小孩不能坐；孕妇和月经期女子不能到产妇房里去，以防"踩奶"；产妇未满月不得到别家去，以防"照梁"不吉利；出丧时棺木所经之户应关上大门；堂屋里死者的灵位高度不得超过神柜上的家神等等。

第二节 节 令

一 春节

春节本指农历正月初一，黄湖人称春节为"过年"，是度过旧年进入新年之意。实际上，从腊月二十四送灶君司命上天，到正月十五闹元宵，都可算作"过年"，这是一年中最盛大的节庆。

除夕之夜全家团聚"守岁"，大年初一清晨全家列队开门"出行"，象征着新的一年行动顺畅、丰收吉祥。户主敬香叩拜，燃起发把柴（喻"发财"），敲门九下，率求"出方大利"。"出行"礼毕，全家人返回堂屋，另行烧香化纸，向祖先作揖，然后家人互相拜年祝福。如有年迈不能起床出行的父母，便到床前叩首拜年。晚辈向尊长拜年祝福，尊长则视其所正从事的职业分别相应赠予一些吉利话，如对方若是经商的，则"恭喜你一本万利"；若是种田的，则"恭喜你五谷满仓"；若是读书的，则"恭喜你连中三元"，等等，对方亦都答以"沾您老的金言"或"托您老的洪福"。拜年日程是：初一拜本性亲族及乡邻，初二拜舅家，初三拜岳父家，初四拜姑妈家。向长辈拜年敬送一包红糖或点心以表孝敬。凡所拜亲戚中有家里死了老人的，都应首先拜祭死者，称为"拜新香"，是尊崇"死者为大"的意思。现在"拜新香"都改在正月初一进行。狭义的"过年"指从正月初一至初三的活动，即"过3天年"，一般小户仅烧3天香，富裕人家早晚上3炷香一直烧到月半元宵节。在初一至初三的3天内，用过的残水只能放在容器里装着，屋子内的垃圾要扫放在角落，待到初三送年后方可清除到屋外。

1949年后，春节礼俗中的封建迷信逐渐破除。"大跃进"后，特别是"文化大革命"期间，提倡过"革命化"春节，"三十吃年夜饭，初一送春肥"，春节礼俗尽废。改革开放以来，群众生活大为改善，春节礼俗又趋隆重，但村民在除夕以观看电视节目，午夜零时鸣放鞭炮代替了出行仪式，成为新俗。

二 元宵节

元宵节，在清末民国期间，乡间男女此夜进城观灯拜神，称为"走百戏"；老农提灯遍照田园，叫做"照绝地蚕"；少女们相约在此夜到一僻静屋里"请七姐"（紫姑神）。一般人家在元宵之夜都将汤圆供在神龛上敬神，祈求团团圆圆，一年吉利，所以汤圆也叫"元宵"。元宵节除吃元宵、喝米酒外，还要做荞麦粑、细米烃或小麦粑吃，统称为"月半粑"。元宵之夜，各家要在大门口悬挂灯笼，叫做"示灯"，有的甚至用竹篙将灯悬于屋脊或树梢之上，名为"示天灯"，孩子则提着花灯四处玩耍。节令集体游艺有玩龙灯、舞狮子、划采莲船、踩高跷，沿家沿户恭祝吉利，各家亦大放鞭炮，表示欢迎。1949年后，因春节过后不久即开始生产劳动，元宵节的节日气氛减弱，虽然习惯说法是"年小月半大"，但一般只在此日合家吃一顿团圆饭或节令食品，晚上门口挂灯。

三 三月三与清明节

农历三月初三，亦称"上巳节"，传说是祖师菩萨（真武大帝）的生日。云梦城北云台山祖师殿，每年有三月三庙会，唱大戏，出平台，玩龙灯，县内县外的善男信女前来朝山敬神。庙会期间（始于三月初一，止于三月初七），云梦县城异常热闹，各行各业生意兴隆，老人和儿童用品最为走俏，人们认为在菩萨之地买的东西，给老人可以延年益寿，给小孩可以除病消灾。民国后期，三月三的庙会渐渐衰落，1949年后完全消失，只有三月三挖地菜花煮鸡蛋祛病消灾的习俗，一直沿袭至今。

清明节日，扫墓踏青，旧时云梦有门前插柳枝的习俗。在封建宗族观念浓厚的时代，这一天全族人聚集在宗祠烧香，去祖坟扫墓，然后用宗祠祭田收入吃喝一顿，叫做"吃祭"。1949 年后，宗族观念淡化，祠堂坟茔消减，聚族上坟一度绝迹，但各家各户祭祖扫墓的习俗仍存。近些年旧俗又复兴起来，有钱人更是强化了这一节日。

四　端午节

农历五月初五为端午节，又称端阳节。黄湖人过端午节的习俗是在大门前插艾蒿、菖蒲，小孩胸前挂香袋，面涂雄黄朱砂，成人饮雄黄酒。节令游艺是划龙船，节令食品是粽子、盐蛋、芝麻绿豆糕。未婚女婿新婚女婿应于此日赴岳丈家送礼。1949 年前棉麦种植面积大，五月初五尚在农忙中，所以乡村多在农忙后的五月十五过"大端阳"节（称五月初五为"小端阳"节）。1949 年后，剔除了端午节中驱鬼避邪等封建迷信色彩，划龙船成为一项体育竞赛活动，与吃籯粽子、插艾蒿菖蒲、戴栀子花饰一起，构成浓郁的节日气氛。

五　中元节

农历七月十五是中元节，与正月十五元宵节相对，意味着一年过去了一半。中元节要祭奠去世的先人，同时赈济无人祭供的孤魂野鬼，所以人们又称为"鬼节"。实际上此时稻谷收获，是农家祝丰收、求平安的节日。中元节敬天地祭祖先时，在神位前供一碗新米饭，另办一桌酒菜，在神位前和大门外焚香化纸，泼"水饭"，以示救济孤魂野鬼之意。还有的人做些纸灯，口中念念有词，捎请祖先的神灵回来吃饭，仪式名为"吃新"，表明新谷登场，感谢祖先的保佑之恩。当晚，还有的人做些纸灯，点燃放在水上漂流，名为"话路灯"，给孤魂野鬼照路。这一天家家改善伙食，地主也应在此日请长工吃肉，所以乡谚说："乡里人，两道（次）荤，过了年，望吃新"。中元节的活动迷信色彩很重，作为民间节日保留下来，村民称为"过半年"。

六　中秋节

农历八月十五恰值三秋之半，故名中秋。中秋节是赏月和求子的节日。中秋之夜，一般人家都要燃起香烛，供出月饼、麻糖、柿子，俗称敬月亮菩萨

（张果老）。有钱人家在摆席赏月之际，要品尝节令食品月饼、石榴和柿子。也有人漫游野外，谓之"踏月"。民间习俗，中秋日摘取南瓜盛于茶盘，敲锣放鞭抬送给望生儿子的人家，叫做"送瓜"、"送子"，意谓此家收得此瓜，即可生子，希望生儿子的妇女也就笑吟吟地出门相迎，抱取所送的瓜，陈于堂前大桌上，先向祖先叩拜，然后招待送瓜的人。中秋节女婿应给岳丈送礼贺节，此俗沿袭至今。

七　小年

农历腊月二十四"过小年"，也称"送灶"、"祭灶"。这天晚上各家送灶神上天回报，以求来年人口清吉。旧时在这天以前，有和尚斋公印制"司命照"（灶课）送予各家，同时向各家收取年米。各家在送灶神（"司命菩萨"）之前，要在司命照上填写全家人口名单，晚上送灶神时，将填好的司命夹入黄表内一同焚化，请灶神上天凭此请粮。送灶仪式在灶门前，以饴糖、豆腐、草段作供品，燃点香烛送神上天，供奉饴糖意在粘住灶神之口，避免上天后妄论人间是非，供奉豆腐、草段是用来饲喂灶神之马。新年正月初一凌晨，还有迎请灶神返回的仪式。1949年后，腊月二十四送灶神之俗渐衰，但从过小年之日起，"忙年"气氛日浓，各家各户打扫清洁，制作和购置食物礼品，准备过年。有儿歌唱道："二十三，忙一天；二十四，又打扬尘又写字；二十五，打豆腐；二十六，办酒肉；二十七，年办毕，二十八，插红蜡；二十九，样样有；三十夜，桃花谢；初一早，年拜了：腰一躬，手一妥，糖果饼子把昨（递给）我。"大抵冬至过后，各户开始陆续准备过年食肴，如蒸阴米、炒炒米、烫豆皮、磨汤圆、做米酒、杀年猪（腌腊肉）、干凼子（取鱼），统称为"办年"。

八　除夕

除夕，即农历腊月三十（月小腊月二十九）夜晚，是合家团聚，祭祖先，吃"年饭"，围炉守岁，共享天伦之乐的幸福之夜。

吃年饭，一般是在腊月三十的中午或晚上，有新丧老人的应提前在腊月二十六日，有新嫁姑娘的应在腊月二十八日接女儿回娘家吃年饭。吃年饭那天要祭祖先，称为"叫更饭"。有的在清晨天还未亮时烧香敬祖先，其用意在静，同时避免儿童无知乱说。除夕各家要贴春联，一般春联是用红纸写的，如果有老人新丧的，则用黄纸或白纸书写，第二年改用蓝纸或绿纸书写，第三年才恢复为红纸春联。在大门中间，堂屋楹柱，室内器具以至猪栏上，还要贴上"开门大发""人口清吉"、"槽头喘遂"、"对我生财"之类的吉语红签。前后门的门楣上要贴剪纸镂花的"封门钱"（门庆），贴了门庆后，屋内的脏水垃圾再暂不出户，以示聚财不散失。除夕这天，必将人畜的食用和用水备足三天之用，年饭也要煮足供三天食用，如大年初一还要做家务活，便被人讥笑为"三十不忙，初一假忙"了。除夕之夜房间灯火通宵不熄，人也通宵不睡（守岁），除夕睡觉称为"挖窖"、"享福"，意谓挖掘财宝，发财享福。

第三节　庆　祭

一　婚嫁

旧时婚姻，多为父母包办，媒妁促成。乡间尤多童婚，男女 14～16 岁便结婚。联姻形式有摇窝亲（婴儿时订婚）、老表亲（表兄妹重亲，即"亲上加亲"）、媒妁亲、换亲、招婿承嗣（入赘）、童养媳（"送小媳妇"）。再婚形式有续弦（若娶未婚女子，俗称女方为"填房"）、招夫养子（"坐椅子"）、"抢寡妇"（寡妇被卖，由买方以劫抢形式娶去）。1950 年贯彻新婚姻法，妇女日益享有与男子平等权利，买卖婚、换亲、童养媳及童婚都已少见，寡妇改嫁自主，男女自由恋爱，虽然至今尚未完全脱出媒妁（后称为"介绍人"）联姻形式，但婚姻基本由男女自己决定。

现在，婚姻基本都以领取结婚证为法定依据，领取了结婚证就可算正式婚姻了。但是，在民间仍然流行有一定的结婚程序。如：

定亲：俗称"发八字"，由双方的介绍人转递男女各自的生辰"八字"，从而算作订婚。同时，男方给女方送鱼肉、点心及一些衣料，女方回赠男方一双鞋子，并退还一条鱼和部分点心。

传期：男方在春天托介绍人给女方送一两套衣服，暗示要求本年结婚，俗称"请春客"。新谷登场后，男方再托介绍人同女方商定婚期，并向女方赠送资助嫁妆的财物，俗称"传期"、"送日子"。女方便开始置办嫁妆，待嫁的姑娘还要到各亲戚家去做客，这叫做吃"辞嫁饭"。

过礼：婚期前的两三天，男方给女家送去办婚宴的肉、鱼和酒（酒坛存放女家，待生了小孩后用此坛装米酒抬回男家），俗称"过礼"。

告祖（祭祖）：男女两家在婚期前夕同时分别举行，男家称告祖，女家称辞祖，告祖礼为新郎按族中世系字辈命名，名为"行冠礼"。新郎的派名用红纸书写贴在堂屋板壁正中，名字正中写有"戚友同赠"，或"戚友同呼"，左右为对联，即"从今称大号，不再呼乳名"。

迎亲：男方告祖后，当日深夜启程到女家迎亲。迎亲队伍到女家门前时要先放鞭炮，女家同时亦放鞭炮相应。鞭炮放完女家才把大门打开，亦有女方亲戚们要新女婿送红封或香烟糖果后方才开门的。女家大门刚刚打开时，出嫁姑娘的女伴们用楝树籽、萝卜块掷打新女婿（俗称"打新郎官"），男方进堂屋后，新郎（新相公）由伴郎引护，向女方尊亲行礼。开宴时新女婿和媒人坐首席首位，酒毕天亮时由媒人起身要求"发亲"，新娘由其兄弟相扶出村上大路，交男方迎亲的伴娘陪同到男家，

典礼：男方在大门口摆上供桌，点香烛，新娘一到，即与新郎并排向供桌行礼（拦车马）。供桌由人抬着步步后退，一直退进堂屋，新娘新郎亦随之进入堂屋拜父母，拜亲戚。礼毕进洞房，新郎与新娘喝交杯酒，此后来宾亲戚可入内"闹房"。

拜茶：婚后第二天大早，新郎新娘端着茶盘，向即将辞别的来宾舅父、舅妈、姑父、姑妈及其他亲戚敬茶，拜谢他们的光临，俗称"拜茶"。亲戚受拜饮茶后，应向茶盘里放钱以示祝贺，谓之"拜仪"。旧时，此日女家还派新娘的弟弟或妹妹送鞋篓给姐姐，现在时兴买鞋穿，新媳妇做鞋的已少，此俗自废。

回门：新婚第三天，小夫妻俩带上点心回女方家看望老人，谓之"双回门"（如果婚期日子"不合"克女方父母，则由新郎一人"单回门"）。饭后双双赶回男家，不得在女家过夜。等新婚满月后，新妇方能接回娘家住宿。

二 庆生

婴儿降生后，开始做父亲的女婿就提上染红的鸡蛋到丈母娘家报信，谓

之"报喜"（现仅提一包红糖即可）。生子后第三天宴请接生婆及众亲友，谓之"做三朝"（亦有因准备不及而后延"做六朝"、"做九朝"的）。女方娘家送摇窝、婴儿衣物及鱼肉等贺礼，其他亲友也备衣料、喜饼、红糖、面条、鸡子、鸡蛋、猪腿等物前来贺喜。接生婆在席位上坐主位，谓之"谢生"。此日还须在大门外焚烧纸扎轿，礼送"送子娘娘"回天庭，俗称"送娘娘"。用温艾叶水洗浴新生儿，谓之"洗三"。过去产妇生头胎后，娘家要送木制雕花摇窝，现在大都改送钢丝童摇床或坐卧两用婴儿车。

婴儿满一周岁时，要做周岁，亲戚上门送礼致贺。旧时亲友会齐后，主家先焚香点烛，燃放鞭炮，敬拜家神，然后将婴儿抱到大方桌旁"抓周"。所谓抓周，就是在桌上摆着笔墨纸砚、算盘、衣帽、糖果等物，让婴儿任意抓取，以所抓之物卜其未来志向。现在做周岁时，只酬客同乐，不敬家神，有行"抓周"之俗的，也多吉庆逗趣色彩，远不如旧时认真当事。

云梦习俗"逢九过生"，即小孩凡十岁生日都在满九周岁时庆祝。小孩满九周岁时庆祝第一个十岁，俗称"过十岁"。旧时男孩至此日方可将脑后的小辫剃去改蓄平头，女孩则此后可改单辫为双辫，可穿耳戴环。小孩十岁庆生；外婆家送礼盒，亲友备鞋袜衣帽（或以布料代衣）、喜饼、面条前往致贺，主家设筵相待。云梦喜饼大的如罗筛，小的则包装成筒（10个整数）馈送。现时新俗，大多凡小孩庆生，无论是三朝（婴儿出生的第三日称为"三朝"）、周岁、十岁，亲戚赶情贺礼多直接送钱若干；主家除设筵待客外，一般都花钱包场在湾间放映电影，与乡邻同乐。

三　丧葬

老人去世，为其治丧送葬，俗称"白喜事"。信迷信的要请道士开路，让死者亡灵从阳间转入阴间。死者生前若吃斋，需请和尚先念经做斋，然后再开路。根据死者家况，所请道士有多寡，开路仪式有繁简，可分"默路"（不响锣鼓）、"响路"（道士配吹鼓手）、"五方大路"。丧礼复杂的守孝长达3年，其间有许多禁忌讲究，一般百姓只是按忌日举行祭悼，并不严守3年之期。丧户男性须剃头蓄发，俗称"孝头"、"七头"，从丧日起，亡者之子要蓄发49天，侄子及孙辈蓄发35天，方可理发。

旧时丧仪程式，一般有13项。①送终。死者弥留之际，从床上移入堂屋地上仰卧，家人围守静待断气，谓之"送终"。②停丧。死者气绝后，为其净身理发，换上寿衣，移到门板上，由其长子跪在其头前焚烧"落气纸"。死者腰带（俗称"系腰线"）由与其生年相等数量的若干根细线组成。③含殓。停丧至全家老小及各方亲戚聚齐后，即将死者移入棺木（但棺木不得扣盖），谓之"含殓"，俗称"进材"。④吊唁。棺木停放在堂屋正中，从当晚起请道士超度亡魂，丧家出讣、受吊。⑤守丧。长子腰系草绳或麻绳，手抱灵牌，守候在灵柩前；道士唱孝歌，众人呼应，通晚不睡。⑥发丧。停灵1～3日后出殡，由道士开路，棺木加盖钉牢后从堂屋抬出上抬架，抬棺的人要摔碗踢凳，其家人立即扫净停棺之地。抬架起行时，丧者之晚辈齐跪挡棺，以示留恋不舍，抬棺者劝阻，上肩开步。⑦送葬。孝子捧灵牌前导（少量地方也有孝女捧灵的），其余亲眷随于棺后（亦有全体亲眷在前，棺木在后的），沿路丢纸钱，放鞭炮，撒米，将死者送至坟地。⑧下葬。棺木入穴时众晚辈齐跪下，等棺木落位后再站起，谓之"下葬"。旧时往往请风水先生判断葬日凶吉，如说葬日甚吉则"坑葬"（当即掩埋），如说葬日欠佳，则"生葬"（停棺坟地，待十冬腊月后再坑葬），今不信风水，无此陋俗。⑨复山。葬后第三日清晨，丧家全体亲属提酒菜茶壶至坟地祭奠，并将坟包培土做成圆锥形，谓之"复山"或"复三"。⑩过七。从死者气绝之日算起，每逢七日应在灵前焚化一次纸钱，共计要逢七个七，其中"五七"特别庄重，全体亲属亲戚应到齐拜奠，传说这一天是五阎王当班，他最厉害可惧。⑪过百日。死者满百日后，全家亲属会齐祭奠。⑫过周年。死者满1年后，全家亲属会齐祭奠。⑬除灵。死后满3年或第三年的七月半（中元节）、重阳节，祭奠死者后将灵屋灵牌烧掉，表示后人已尽孝圆满。隆重的须守孝3年，且向死者"叫饭"3年（每餐饭时须先将一双筷子摆在盛有饭菜的碗上，向死者叫饭）。另出葬时须由死者的大女儿送红布孝幛搭盖棺木，葬后当年腊月仍由她买灵屋送回娘家。以上葬仪只对老人去世而言，未满36岁而死的人俗称"少年亡"、"短命鬼"，无隆重葬仪。

1949年后，丧葬仪式逐渐简化，迷信色彩和铺张风气大为减弱。50年代已在城乡推广开追悼会的方式治丧。1972年县城建起火葬场后，大力提倡改棺葬为火葬，村中死者火葬少一些但也采用开追悼会出殡方式。改革开放以后经济发展，生活富裕，丧仪中铺张、复旧、请道士开路现象又有出现。

第四节 人际关系

1949年前，村民遇有大事或困难，首先是求助于家族、宗族，其次是邻里。1949年后，宗族关系逐渐淡化，而求助的主要是家族、亲戚、邻里和当地政府。农业合作化，尤其是人民公社化后，村民的活动范围比较小，人际网络关系的作用不大，所遇到的一切问题只能靠村集体（生产大队和生产队）解决，所以村民很少追求人际关系。

改革开放后，家庭又恢复为生产经营单位，市场经济繁荣发展起来，村民们有了生产经营权和职业自由选择权，能直接参与市场竞争，这样，他们的活动范围随之日益扩大，人际网络关系意识日益增强。

就当前而言，黄湖村民的人际网络关系主要表现在家庭、家族、亲戚、朋友、邻里等关系上，不过在各种人际关系上，相互求助的程度有着一定的差别。

据318份户卷调查统计，村民在本卷所设拟的生产经营、灾害、盖房、婚礼、丧葬、伤病护理、赡养、治安、家庭纠纷、与他人纠纷、子女升学就业、找工作或找活干等12项大事或难题时，所求助对象的选择程度有所不同。具体情况见表9-1、表9-2、表9-3。

表9-1 生产经营求助对象分布

单位：人

求助对象	第一选择	第二选择	综合得分	综合排序
家庭成员	153	19	2288(35.7)	1
已分家的兄弟姐妹父母	40	68	1472(22.3)	2
宗族成员	0	10	90(1.4)	8
其他亲戚	33	59	1163(17.7)	3
邻 里	8	9	136(2.1)	6
朋 友	19	53	826(12.5)	4
自己所在单位	0	3	18(0.3)	10
民间组织	10	2	98(1.5)	7
专业协会组织	1	2	13(0.2)	11
集体经济组织	0	0	0(0)	14
村委会	20	16	380(5.8)	5
村党组织	1	4	33(0.5)	9
乡镇以上政府部门	0	1	3(0.04)	13
其 他	1	0	5(0.07)	12
合 计	286	246	6588(100.0)	—

表 9 - 2 求助对象的综合排序

对象\难题	家庭	父母兄弟姐妹	宗族	亲戚	邻里	朋友	单位
生产经营	1	2	8	3	6	4	10
灾害	1	2	8	3	7	5	10
盖房	3	2	6	1	7	4	11
婚礼	1	2	4	3	6	5	9
丧葬	2	1	4	3	5	6	8
伤病护理	1	2	4	3	6	5	8
赡养	1	2	4	3	10	6	8
治安	3	4	9	7	8	10	12
家庭纠纷	1	2	5	3	6	7	11
与他人纠纷	2	4	10	7	5	9	11
子女升学就业	1	3	9	2	7	4	10
找工作找活干	3	4	7	1	8	2	10

对象\难题	民间组织	专协组织	集体经济组织	村委会	村党组织	镇以上政府部门	其他
生产经营	7	11	14	5	9	13	12
灾害	0	0	11	4	9	6	12
盖房	9	11	11	5	8	10	0
婚礼	0	0	0	7	0	8	0
丧葬	0	0	0	7	0	9	0
伤病护理	0	0	0	7	0	9	0
赡养	10	0	0	5	0	6	9
治安	11	0	0	1	5	2	6
家庭纠纷	0	0	0	4	8	9	0
与他人纠纷	12	0	0	1	6	3	8
子女升学就业	0	0	0	5	8	6	11
找工作找活干	12	12	12	5	9	6	10

从表 9 - 2 中，我们可以看到以下几个特征。

（1）家庭是绝大多数可能遇到难题时的首要求助对象。如在 12 种设想遇到的问题和困难的情况下，家庭的综合得分排在第一位的境况有 7 种，占 58.3%；排在第二位的境况有两种，占 16.7%，只有在盖房、治安和找工作或找活干时，求助家庭才排在第三位。

（2）已分家的兄弟姐妹和父母重要性仅次于家庭。在 12 种设想遇到的问题和困难的境况下，已分家的兄弟姐妹和父母得到第一位选择的情境有一种，占 0.8%；得到第二位选择的情境有 7 种，占 58.3%；得到第三位选择的情境有 1 种，占 0.8%；得到第四位选择的有三种，占 25%。

（3）亲戚的重要性仅仅次于家庭和已分家的兄弟姐妹及父母，在 12 种设想遇到的问题和困难的情境下，有 7 种境况排居在第三位，占 58.3%；如果遇到盖房和找工作或找活干时，综合得分排在第一位，占 16.7%。但在治安和与他人纠纷等问题上，亲戚的作用就大为降低，在综合排序中只能位居第七。

（4）村委会的重要性占有很重要的地位，紧紧排在家庭、兄弟姐妹、父母和亲戚之后。在 12 种设想遇到的问题和困难时，即生产经营、盖房、赡养、子女升学就业、找工作和找活干这五种难题时，村委会的综合得分排列第五位，占 41.7%；尤其是设想遇到治安、与他人纠纷等难题时，综合得分均排在第一位，占 16.7%。还有两种情境，即灾害与家庭纠纷，综合得分排在第四位。只有丧葬、婚礼和伤病护理难以取代家庭的重要性，显得作用较小。从而说明，村委会的作用在某些方面，村居民看得是非常重要的，他们在很多方面要依赖村级组织。

（5）在回答人的人际行为选择模式中，朋友的作用在大多数情况下，位居第五及其以下名次。具体而言，其综合得分在 1 种境况下居第二位；3 种境况下居第四位；3 种境况下居第五位；2 种境况下居第六位；1 种境况下居第七位；1 种境况下居第九位；1 种境况下居第十位。

（6）邻里和乡镇以上政府部门的重要性比较接近。尽管乡镇以上政府部门的综合得分有 1 种境况排在第二位，1 种境况排在第三位，但排在第七位以上的名次，只有 6 种情境，而邻里有 9 种情境；乡镇以上政府部门排在第九位的有 3 种情境，第十位的有 1 种情境，并且还有 1 种情境更低，排在第十三位；而邻里没有排在第九位的，除了有 1 种情境排在第十位以外，再没有更低的了。

（7）宗族在设想遇到的问题和困难时，似乎还有一定的作用，其综合得分的位次不在邻里和乡镇以上政府部门之下。如有 4 种情境，其综合得分排在第四位；1 种情境排在第五位；1 种情境排在第六位；1 种情境排在第七位，即排在第七位以上的有 7 种情境，它虽然没有排在第二、三位的，但也没有低于第十位的。

（8）问卷所提供的其他求助对象，在问卷回答者的人际网络中，绝大多数情况下都不重要。总体来看，在问卷所设定的各种情境中，大多数是家庭难题，主要需以私人力量解决，因此，家庭、兄弟姐妹父母、亲戚、朋友和邻里等的作用和重要性超过了其他可能的求助对象。他们在综合排序中的位次排列还表明，费孝通曾刻画的人际网络差序特征，至今仍然是农村的民间活动领域的主要特征，也就是农民的人际行为模式的主要特征。但我们同时也可以看到，村民的自治组织村委会在村民的生产生活中越来越显示出它的重要作用，如治安问题、与他人纠纷问题，这不是家庭和亲朋所能解决的，而只有依靠公共权力的介入才能获得可能性的解决。因此，作为行使公共权力的代表和行使者，即村委会和村党组织的重要性会分别位居第一、第二。

但是，以上的综合排序只是说明了问卷所提供的各种可能的求助对象在问卷者的人际关系网络中的绝对位次，却没有说明其重要性的相对差异。而这种相对差异，如以上所述，是用各求助对象的加权相对频次来测量的。可供求助的 14 种对象在 12 种可能遇到的难题中获得的加权相对频次，如表9 – 3 所示。

表9 – 3 显示了两个特征。一个特征是在所设定的每一个可能遇到的难题中，排在前三位，尤其是第一位的可能求助对象所得到的加权相对频次，大大高于其他位次上的求助对象的加权相对频次。故而可以认为，它们是问卷回答者的人际行为网络中真正重要的结点。另一个特征是单位、政府部门，尤其是专业协会组织、集体经济组织和民间组织很少成为问卷回答者所求助的对象。村民很少具有像城市居民那样拥有的对城市居民的生活与工作影响很大的单位，所以对黄湖村居民来讲，单位不可能有多大的重要作用。关于政府部门，与村居民的日常生活关系似乎不怎么密切，对于许多村居民来说，如果在解决所遇到的难题时，不可能去找政府部门帮忙，而最现实的是找家庭、亲朋好友或邻里及村级组织。只有在遇到必须靠公共权力才能解决的难题时，才会去找政府。专业协会组织和民间组织，黄湖很少有人参加，所以就谈不上会成为求助的对象了。关于集体经济组织和村党组织，实际上和村委会是一套班子，黄湖人都习惯地称村委会，没有集体经济组织的意识。

表 9 - 3　求助对象的加权相对频次

对象 \ 难题	家　庭	父母兄弟姐妹	宗　族	亲　戚	邻　里	朋　友	单　位
生产经营	35.7	22.3	1.4	17.7	2.1	12.5	0.3
灾　害	26.3	25.8	2.9	15.4	2.9	6.7	1.0
盖　房	24.0	24.6	2.8	29.4	1.4	12.2	0.1
婚　礼	31.3	28.4	8.2	21.2	2.0	7.7	0.1
丧　葬	27.6	29.6	13.5	14.7	9.1	3.7	0.5
伤病护理	49.7	32.1	2.3	11.3	1.6	1.7	0.4
赡　养	46.4	37.4	2.3	9.9	0.1	0.6	0.4
治　安	11.2	7.0	0.8	1.9	1.2	0.7	0.2
家庭纠纷	32.9	25.8	7.3	14.4	5.7	2.4	0.2
与他人纠纷	14.4	10.0	1.6	3.5	10.0	1.9	0.2
子女升学就业	30.2	17.4	0.7	24.5	1.0	14.3	0.3
找　工　作	20.5	13.0	1.5	30.9	0.8	28.2	0.2
生产经营	1.5	0.2	0	5.8	0.5	0.04	0.1
灾　害	0	0	0.2	12.4	1.7	4.6	0.2
盖　房	0.4	0.1	0.1	4.4	0.5	0.2	0
婚　礼	0	0	0	0.8	0	0.3	0
丧　葬	0	0	0	1.2	0	0.1	0
伤病护理	0	0	0	0.8	0	0.1	0
赡　养	0.1	0	0	2.1	0	0.6	0.3
治　安	0.4	0	0	40.9	6.8	23.5	5.5
家庭纠纷	0	0	0	9.6	0.7	0.6	0.3
与他人纠纷	0.08	0	0	38.5	5.8	11.3	2.6
子女升学就业	0	0	0	8.7	1.0	1.7	0.2
找　工　作	0.04	0.04	0.04	2.0	0.9	1.5	0.2

第二编

专题调查报告和个人访谈

第十章　专题调查报告

第一节　黄湖村小学教育发展纪略

作为重教之乡，60多年来，黄湖村的小学教育硕果累累，为国家特别是为本地经济、社会的发展，奠定了相当扎实的初步文化基础。其间办学方式屡屡发生变化，既有不断演进的主体形式—规范小学，也有各相区别的其他起点教育形式的如"麦黄雀"、"耕读班"等。

一　私塾"麦黄雀"（1940～1949年）

"麦黄雀"是一种对少年儿童进行带有启蒙性质的教育，具有季节性，即从旧历年正月十五以后开始，办到麦子成熟，即大约在旧历四月中旬暂停，故名"麦黄雀"。

（1）教师。"麦黄雀"的办学人是本乡、本村的绅士，他们有一定的文化背景。20世纪40年代的办学人主要是本村中农黄子寿，其父是晚清的秀才。黄子寿在本族排行第二，故人们尊称他为"二先生"。

（2）学生。上学的孩子都是本村子弟，开班人数在30～40人之间。这些学生中，男孩子多，女孩子极少，家庭条件相对好一点的多，经济困难的少。

（3）教室。在先生自家的堂屋里上课，桌、凳由学生自带。

（4）教材。学生的课本是石印的古书，如《百家姓》，《三字经》，《幼学琼林》，五言、六言和《增广贤文》等。

（5）教法。课堂上没有黑板，先生对学生采取"肉口相传"的方式进行教学。每天学生主要是背书、描红。每次先生教3个生字，学生认会了再教。每个学生的学习进度不一样，上课各人读（背）各人的书，一本书背熟

231

了，才换新书。

人们信奉"学生的字是打出来的"信条，学生如果不能按时把先生教的字记下来，先生就要用戒尺打手心。一些老人至今仍记得被先生打得手心发烧的痛苦感受。每年旧历三月初二，即在"文昌菩萨"出生的前一天，先生不仅不打学生，而且会给所有学生吃一次长生面。这是"麦黄雀"学生最开心的日子，也是"麦黄雀"最隆重的庆典。三月初三，学生家长大多给先生送些烟酒副食等小礼品，有不少家长还放鞭炮以表示对先生的敬意。

（6）成效。受过这种旧式教育的人，大多文化底子比较好，并能写得一手好字，为以后的文化教育奠定了启蒙基础。但其弊端在于学科单调，厚古薄今，观念落后，方法僵化。

（7）经费与管理体制。办学经费采取办学人出一点、家长出一点的方法。办学人不规定学生交多少学费，全凭自愿，家庭条件好的可以多交一点，家庭困难的亦可少交一点，可以用鸡蛋、棉布（土布）等实物交学费。从办学体制上看，属官方提倡民间自理性质，没有严格的体制性约束和行政管理。"麦黄雀"面向农民子弟，适应当时农村客观条件。办"长"办"短"，办好办坏乃至于办与不办，由民间决定，官方不予过问。

与"麦黄雀"并存的是本村附近的一所旧式官办小学，校名已不得而知，它只有初小，没有高小，教师都是本地人。教室里有黑板，开设语文、算术、音乐、体育和图画等课程。这所学校，面向全乡招生，黄湖的子弟能够上这所学校的人很少，原村支书徐克安曾在这所学校读完四年级。计算学历的常规起点为小学高小，徐克安现在只能属于文盲，但与1949年前多数人只能读"麦黄雀"比较，他当年在该村却算高学历者。

二 天符庵小学（1950～1959年）

"云梦县城出西门，朗朗书声有校园。东边紧连汉丹线，西边相邻桂花潭。抗日烽火校尤在，国共纷争校未停。'天符'随着乾坤转，且看学校艳阳天……"这是人们赞叹天符庵小学经历的诗句。诗中指出这所学校的方位，应是黄湖村的附近。

天符庵小学在中华人民共和国成立初期是云梦21所县立小学之一，它的具体情况如下所述。

（1）领导。在天符庵小学，1949 年前就有共产党员周志刚以体育老师为掩护从事党的活动。1949 年云梦解放，周志刚奉调南下，党组织派人接管学校，任命了天符庵小学新的校长和教学主任（都是副职）。中华人民共和国成立前夕的校长为一位既懂旧式教育，又懂医术的老人（后任伍姓学校教师和负责人的田利宽的父亲），后来他离开学校去行医（不久又在应城的一所学校教书）。地方政权组织建立后，临时接管人员调离，此后学校在当地政府的统一领导下建设发展。

（2）师资。大多是异地招聘的，也有少数原任教师，他们都经过培训，但培训的时间短，主要靠自己平时边教边学。

（3）学生。1950～1951 年为办学过渡时期，"麦黄雀"停办，小学则由当地政府接管，暂时没有招生，黄湖的孩子大多在家放牛或玩耍。1952 年学校得到发展，黄湖的子弟许多就读于天符庵小学，大龄、甚至超龄的孩子与其弟妹同级、同班的多。

（4）教材。学生不再读古书，而是使用符合人的认知规律的新版正规教材。新语文课虽然还没有汉语拼音，但从贴近生活实际的"人口手足刀尺、马牛羊山水田"教起，到四年级开设《自然》课。音乐、体育、美术（图画）课程也开设，但教学质量不是很高。特别是音乐，老师大多数不会识谱，唱起来常跑调。

（5）校舍。起初在名叫张建堂的地主家"榨房"里办。"榨房"为一所"走马转楼"式的两层楼房，一二百学生集中在这所大房子里上课。后来随着班级、人数增多，这所房子容纳不了，小学迁至当地寺庙天符庵，因此校名改为天符庵小学。

（6）教法。分班级上课，老师集体讲授，不再对各人讲课，也不过分要求学生死记硬背。提倡老师尊重学生，学生尊敬老师，禁止体罚学生。

（7）经费与成效。教师的工资标准是旧币 17 万～21 万元，相当于人民币的 17～21 元，由国家统一支付。学生上学主要是交书本费，当时书本费比较便宜，贫困生还可以减免，办公经费国家给，学校开支较小。

1949 年后革故鼎新，农村小学有三种体制，一是小学一年制；二是"耕读小学"；三是全日制规范小学，办学主体均是新生的政府和集体组织。规范小学在 50 年代由上级组织垂直管理，有十分明确的教学计划和比较严格的行政管理。50 年代初，关于全日制小学的具体工作，村级组织不介入，只负责办"扫盲补习夜校"和小学一年级，这种教学形式延续时间长达十多年。

三　伍姓学校（1960～1968 年）

1950 年天符庵小学改建并取名为"伍姓学校"，当时属全县 36 所重点乡办小学之一。"伍姓学校"的得名，有因历史人物伍子胥在此经过的传说的因由，更多的是此地 1949 年后先后成立过伍姓乡、伍姓管理区的缘故。由于行政区划的变更，乡、区建制早已撤销，但"伍姓学校"的名称一直留存至今。

黄湖村在划归城关镇前，属伍姓乡管辖。这所学校的土地有一多半属黄湖，师资和学生也是黄湖的人多。这所学校由全乡各村联合承担办学费用，习惯上称联办小学。

（1）师资。教师大多是经过改造的旧知识分子为国家公办教师。60 年代村里动员在外工作的黄湖人回本地教书，罗运连、罗运达、黄斌富、徐克辉等响应号召回乡当教师。这些人都是旧知识分子，回来后成为伍姓学校的骨干教师，其中罗运连还担任过校长。

（2）学生。伍姓学校办学正规，有 2～6 年级，每个年级有一个班。学生来自全乡，约有 300 人。由于地理原因，黄湖村的孩子相对多一些，所占比例在 20% 左右。

（3）校舍与设施。校舍主要有两栋平房，建筑面积大约 800 余平方米，校园占地面积 6 亩，活动场地比较大。学校的各种教学设施比较齐全。

（4）教材、教法。学校使用国家统编教材。老师的业务水平比较高，具备了"三个一"的要求，即"一口普通话，一手毛笔字，一篇好文章"。当时有面向教师的函授教育，伍姓学校的许多老师通过这种途径提高自己的学历和业务水平。教师每天晚上备课、改作业至深夜 12 点，白天大部分时间围着学生转，特别是班主任和值日老师，从早到晚不离开学生，学生唱歌、跳舞或搞其他文体活动，始终有老师跟班。学生放学也有老师护送，每周有两天是教师走访学生家庭的时间。教师对学生的要求比较严格，非常注重教学质量。每个单元课上完之后，学校都组织测试。徐克辉任教时，头一天布置的作业，第二天早上便守在教室门口检查，如果学生没有完成，就不准进教室。他对学生从来不打不骂，但在他慈眉善目、温文尔雅的仪表上深藏威严，再调皮的孩子都惧怕他。"补差"给学生开小灶，一般是利用晚上放学之后的时间进行。

（5）成效。黄湖的不少精英，很多是伍姓学校的毕业生，如村干部罗大荣，黄连清；当过教师的韦建明、黄未英等。伍姓学校1969年以后升格办初中并兼办小学，黄湖有不少人是在这所学校取得初中学历的。

（6）经费与管理体制。伍姓学校属伍姓乡政府管理。"文化大革命"最狂热的时候，提出"资产阶级知识分子统治我们学校的现象再也不能继续下去了"，"贫下中农要管理学校"，于是黄湖村的贫协主席黄子义、副主席黄传俊进驻学校参加决策管理，向学生作忆苦思甜报告，对教师一个月开一次提高思想政治觉悟的生活会等。因为他俩都是文盲，时间不长便退出学校。学校教学条件比较艰苦，办公经费相当少，校内一般维修都是教师自己动手进行，从来不请人。晚上备课，四个教师共用一盏煤油灯，1970年之后才有电灯。学生上学收费比较低。具体数额是一学期2～3元钱，低年级只收1元钱，其中包括书本费。教师的工资收入比较低，田利宽先生于20世纪60年代秉承父亲的志愿，在学校教书和担任负责人时，一个月的工资是40多元钱，这在教师中算工资比较高的。

伍姓学校容量有限，不能招收黄湖低年级学生，黄湖就自办"耕读班"，这是与旧社会"麦黄雀"相似的一种启蒙教育。"耕读班"每天上午上两节课，七点钟左右上课，九点钟放学。办学时间长约两三年，只有一、二年级，教学内容只教语文识字、遣词造句和写字，但不教数学，达到人人能识字的目的。实际教学效果是能看工分本，写借条和很短的文章。"耕读班"有20多个学生，主要是女孩子。当时女孩子在家是辅助劳动力，可以帮助家长照看更小的弟妹，还可以放牛、拾粪、捡柴。

办"耕读班"，上级有要求，但国家不给补贴，费用由村集体负担。对办"耕读班"，大队是很支持的。首先是基本不收费，教材是大队集体买的；其次是由大队派遣老师（一般只有一个老师），由大队记工分；第三是大队派出干部兼"耕读班"的负责人，直接进行管理。1967～1968年因"文化大革命"，"耕读班"而停办。

20 世纪 60 年代末，国家接受"侯王"建议，农村小学改为各大队自办。起初黄湖和邱聂两村联合在伍姓学校校址办过小学，校名亦称伍姓学校，不久两村各自独立办小学。此时原伍姓学校完全升格办中学，以后该校又改名为文昌中学。

四　黄湖村小（1969～1994 年）

黄湖独自办规范小学 25 年，培养出数百名合格毕业生。这些学生后来既有在家乡从事基本建设的，也有从事县以下各级党政工作的，还有从事科技教育和经济管理工作的，更有出国深造的。下面主要谈谈黄湖村小学的具体情况。

（1）师资。教师主要是 1949 年以后培养出来的年轻知识分子。根据民办教师在村小的比例，可分两个阶段。

第一阶段是 1969～1984 年，本村的民办教师最多时达 14 人，占教师总人数的 70% 左右。其中任教时间比较长的有徐金贵，现年约 60 岁，曾任村小教导主任；黄泽云，现年 55 岁，从教低年级到教高年级，可以打通贯；徐克农（已去世），既能教语文，又能教数学；黄贞富，现年 60 岁，常教高年级；周望春，现年 50 岁，常教中年级；罗新春，现年 60 岁，擅长教高年级语文；周小平，现年约 60 岁，汪春兰（已去世），她们常教低年级；罗林运，现年 55 岁，始终教高年级；黄旭云，现年 60 岁，语文、数学都教；周庆松，现年 48 岁；夫妻教师韦建明、黄未英，现年 40 岁左右；学校负责人兼教师管正斌，现年 60 岁。他们的学历都在初中以上。

民办教师为村小的建设做过历史性贡献，但他们的困难和辛苦却很少为人所知。

①经济待遇低。民办教师主要由队里按同等劳动力的 80%～90% 记工分付报酬，上级每月只发 4 元钱的补助。

②工作时间长。实行 7 天工作制，星期一至星期六的上午在校上班，星期六的下午和星期天下地出工。1978 年邓小平同志再次复出之后民办教师才有星期日，但"双抢"时必须参加生产队的劳动。

③暑假无休息。暑期本是教师的休息和备课时间，但民办教师必须下地劳作，不然就会扣记工分。

下乡知识青年当教师的有 3 人，他们都是初中学历，任教的时间不太长。为帮助解决他们的生活问题，学校办过食堂，但由于经济等原因只办了很短一段时间。

由上级派遣到黄湖村小学的公办教师不多，其中任教时间比较长的有张建华，中师毕业，当过一年村小负责人；刘德华，云梦师范毕业；马桂英、李桂兰孝感师范毕业。这 4 位女教师学历较高，教学深受学生欢迎。

第二阶段是 1985～1994 年，公办教师最多时增至 17 名，民办教师仅剩 2～3 人。民办教师 1981 年以后不再记工分，而是由村里每月发 60 元的工资，财政每月给 16.5 元的补贴，以后上升到 25 元，年底村里给 700 元的过节费。公办教师的月工资在百元以上，最高的拿到 188 元，亦是由财政给钱；在教师节等节日，村里还要买些纪念品（20～30 元）给予慰问。1985 年在校教师 15 人，其中中师毕业的 10 人，高中毕业的 3 人，其他中专毕业的 2 人，师资学历达标率较高。

（2）学生。学校最多办到 7 个班，即一个学前班，小学一～五年级各 1 个班，"戴帽"初中一年级 1 个班。1977 年以后不再办初中，而是集中精力办规范小学，有 7 个班，即 1 个学前班，6 个年级各 1 个班，大班 50 人左右，小班只有 20 多人，学生总人数在 300 人左右。低年级班人数比较多，高年级特别是毕业班人数少。因为当时允许留级，有的学生可以留级几次，个别学生读几个一年级。

（3）校舍和设施。最初是借用 6 家民房办学，后来校舍变动过 3 次。第一次是 1972 年在村东头的大塘边兴建校舍，约 300 平方米，有 6 个教室 1 个办公室；第二次是 1974 年因村落改建新村，校舍进行拆迁，但因经济困难，房子质量不够好，后来成为危房；第三次是 1978 年，村党支部决定将办公楼腾出来给学校，建筑总面积有 600 余平方米。教学楼后面有一个 1000 多平方米的操场，操场上有篮球架、乒乓球台、单杠和跳高、跳远等体育设施。从此教学条件得到改善，教师有办公桌，学生有课桌、凳子，还有一间实验室。村里还给学校 1～2 亩菜地，既可以进行教学实习，又可得到一定的收入。

（4）教材与课程设置。使用国家统编教材，具体课程有语文、数学、政治、音乐、美术、体育等，高年级还有自然、地理课。

（5）教法。主要是围绕及格率、优秀率和升学率抓教学质量。

（6）成效。据统计，1969 全村具有小学学历的有 427 人，1979 年上升到 567 人；而同期初中生由 138 人上升为 279 人。黄湖村现任领导班子 6 名成员中，就有 5 位是黄湖村小的毕业生。

（7）经费与管理体制。村办小学之初，一个学期一个学生交 1.5 元学杂费，而低年级则只交 1 元钱。以后随着物价上涨，收费逐年增加，但相对而言，一直实行低收费。1990 年，上六年级的学生，一个学期交 37 元钱的学杂费。所收费用，班主任要在黑板上给同学们列细目，做详细说明。

1984 年之前的办学主体是大队（村），其间虽然设有镇（乡）教育协调组，但学校的日常管理由大队负责，学校的运作费用，主要是由大队承担。1985 年以后，财政补贴增加，管理体制逐步走向垂直，但村集体仍然发挥重要的管理职能。

五 "逸夫"学校（1994 年至今）

"逸夫名士捐资建校功高三山五岳夫子贤达助教兴学情系万户千家"，这是黄湖村所在的原城关镇教育组组长范升，对香港知名人士邵逸夫先生用对联表达的感激之情。

20 世纪 90 年代初，云梦城关镇中小学有七所，在校生增加到 7301 人，各校班级容量超过极限，不得不实行学生轮流"倒班"上课。邵逸夫先生知情后亲自选定在云梦城西的黄湖村东头兴建一所小学。1991 年教师节，邵先生的 50 万港币捐款到位。黄湖村原党支部书记黄兴旺等一班人，积极支持学校，提供土地 34 亩。镇里的各单位又慷慨解囊，拿出匹配资金 70 余万元人民币，兴建了"逸夫学校"。

"逸夫学校"是"伍姓学校"的接力学校，社会上人们习惯地称"伍姓学校"。它 1994 年投入使用时撤销黄湖村小学，村小的师生成建制地转到"逸夫"。"逸夫学校"最初是包括初中在内的九年一贯制义务教育学校，后来按邵先生的意愿还是改为专一的规范小学。

（1）师资。在职教师 42 名，其中大专学历 7 人，占 16.7%；中专、高中学历 35 人，占 83.3%。教师学历达标率为 100%。中级职称 18 人，其余为初级职称。公办教师 38 人，待转为公办教师的两人，代课教师两人。学校鼓励教师脱产学习或在职进修，扩展知识面，提高文化水平，要求 40 岁以下教师达到专科以上学历。

（2）学生。目前该校有 15 个教学班，在校生 878 人。黄湖村的适龄儿童基本在"逸夫学校"上小学，其中一年级 9 名（男 3 女 6），二年级 10 名（男 6 女 4），三年级 11 名（男 7 女 4），四年级 20 名（男 11 女 9），五年级 21 名（男 18 女 3），六年级 29 名（男 12 女 17），共 100 名，占在校生总数的 11.4%。黄湖村上该校的学生人数逐年级减少，与 20 年前的村小比较，适龄儿童在校生总体人数也呈下降态势，这与该村计划生育工作不断加强有关。自 1981 年国家提出普及小学教育以来，黄湖村的适龄儿童入学率一直保持 100%，但中途辍学的现在还是有的，如学生黄三（小名）因母亲去世，父亲料理孩子时间少，个人厌学，虽多次"劝返"，但还是流浪在社会上。

（3）教法与成效。在教学方法上，坚持打牢基础与培养创新意识相结合，发展个性与培养共性相结合，学校教育与社会实践相结合，成功教育与挫折教育相结合，既不顾此失彼，又有所侧重。学校实行 5 天工作制。学生在校期间是每天上午 4 节课，下午两节课，没有晚自习。虽然学生在校上课时间比过去减少，但教学质量不断提高。该校历届毕业考试"三率"（参考率、及格率、优秀率）在城关地区小学中都位于前列，在县教育局组织的历次抽考中，成绩优秀。近年来，第二课堂活动内容不断得到丰富，学生的综合素质和社会实践能力有新的提高。

（4）校园与设施。"逸夫楼"是学校的标志性建筑，南北宽 20 米，东西长 53 米，层高 21 米，建筑面积达 2780 平方米，其中标准化教室 24 个；大会议室 1 个；仪器室、实验室和办公室共 11 个。学校另有教师宿舍两栋和其他许多配套设施。

校园按园林设计，植树 1 万多株，有草本植物 50 多种；兴建有凉亭、石塑、喷泉等各类景点多处。校区有 250 米的环形跑道，进口草坪的足球场，标准化篮球场，田径场。对教学区、生活区、活动区，用绿化带加以划分装点。整个校园可谓翠竹掩映阁楼，喷泉簇拥石雕，林苑对应花圃，苍松滴翠，花香袭人，先后被湖北省和孝感市教委称之为"花园式学校"、"园林式学校"。学校的教学设施按二级学校配备，其中有学具 24 组，试验设施、体育设施价值 9 万元以上。

（5）经费与管理体制。实行以县为主的管理体制，教师工资由县财政统一发放，但归根到底还是镇财政交纳上去的钱。教职工共有 60 人（含退休人员 18 人），县财政每月按人平均 800 元拨付。另外校内工资，人均 160 元只发给在职人员。根据职称级别和劳绩不同，教师工资最高的可达 1400 元，最低 800 元。由学校自筹校内工资的具体来源是该校食堂每年可以赚 5 万元；小卖部可赚两万元；教育资助金 1 万元等。学生每年需交保险费 38 元，体检费 5 元；每学期学杂费 65 元，代收费 100 元（买书本）；每月早餐费 25 元（学生早餐自愿）。

（6）学校的愿望。中师毕业的方小弟是"逸夫学校"的现任校长，他在谈到学校的改革发展时，提出四点诚恳要求：一是校长要有权，包括人、财、物权；二是请求政府帮助化解债务，因建校时欠债 18 万元钱，目前无法偿还；三是要适当增加维修投入；四是上级要实打实地组织师资培训，与时俱进地提高师资水平。

黄湖村委会对"逸夫学校"，虽然不再有行政管理职能，但一直将其看作辖区内的一朵教育"奇葩"，给予许多关心和支持，如动员村内退学的学生返校，防止学生辍学，节日慰问教师等。学校所征地原定每年 5000 元的青苗费，也早就不收了。学校有什么困难和问题，总是在自己能力许可范围内，积极协调解决。学校和黄湖社区之间关系融洽，周边环境良好。

第二节　黄湖曾是文艺之乡

黄湖村曾是当地闻名的文艺村。20 世纪 40 年代以来，该村出了许多文艺人才，他们为满足本村人的精神需求，丰富其周边社区的文化生活，做出了很大的贡献。

一　罗氏戏剧演员之家

作为文艺之乡的黄湖，有众多热爱文艺的家庭。20 世纪 40～60 年代，在黄湖处于楚剧引领地位的是罗天禄一家，其家庭成员，几乎人人具有表演才能。

1. 罗天禄

罗天禄被当地誉称为楚剧界的"好小生"。他1912年出生，终年仅36岁。他小时候就是戏迷，经常闹着要大人背他去看戏。稍大一点时就特别善于抓住看戏的机会学戏，每次看戏都挤到戏台近处，一边看，一边轻声跟唱、比划模仿。前一天演员表演的唱词唱腔，动作表情，第二天他就能模仿得惟妙惟肖，神情毕现，而且唱词可以记得一字不漏。他12岁拜师学戏，15岁登台演出，可谓"青出于蓝而胜于蓝"，成为当地著名的民间艺人。他只读过几年私塾，但后来可以自己写戏本子，成为集编剧、表演和导演于一身的文艺奇才，乃至武汉的专业剧团有意邀请他加盟。20世纪40年代初，以罗天禄为首的地方演员创建了"黄湖楚剧团"。那时楚剧演出，角色仅以花旦、小生为主，另有3～5名配角即可成戏，既可以搭台正规表演，也可以不要背景铺陈随地演出（楚剧最初叫围鼓班子，就是席地而坐围着鼓唱），还可以依附茶馆、皮影馆进行表演。平时，演员自操生计，如有演出，所有骨干演员齐集罗家门下，其他配角也能随叫随到。这个剧团不仅可以唱不少楚剧本子戏，而且能够一次连续唱几天。当时唱戏是先讲价，大户人家对他们管吃、管住，给赏钱，有的还以糖糕、炒米等表示慰问。他们一起外出打工时，剧团里的骨干总是带着导具、行李箱，在打工间隙，手里的活一放就把锣鼓敲起来。这个"草台"剧团直到罗天禄去世，一直活跃在云梦、孝感特别是府河沿岸一带。在日军占领时期，罗天禄不给日本人唱戏，曾被日本人抓去坐过监狱。1949年前，唱戏的经常被人视为"下三流"。也许是这个缘故，罗天禄1948年去世时告诫自己的后人不要唱戏。当时他有5个孩子依次为14、10、8、6岁，而最小的女儿尚孕育在其妻腹中。

2. 罗运连

文艺似乎具有不受人左右的魅力，越说不要演戏，喜爱和表演的人越多。罗家文艺之风的传承和光大者首先是罗天禄的长子罗运连。他终身从事教育事业，但也会唱楚剧。他深谙音律，拉得一手好二胡；他擅长写诗，生前创立云梦县诗词协会并长期担任会长；他有较高的文学艺术造诣，编写过剧本。20世纪50年代，他创作的音乐剧"少先队员助扫盲"获编剧奖。他四个弟妹的上台表演，都耳提面命地得益过他的精心辅导。而村里业余文艺剧团演出遇到缺人伴奏时，第一个从外乡学校赶回来帮忙伴奏的就是罗运连。回忆文艺往事，罗家弟妹都盛赞大哥的启蒙之恩。

3. 罗德恒

罗恒德是罗天禄的次子，排行第二，在楚剧中常演正派小生。他不仅唱得好，而且响乐、弦乐都颇在行，尤其擅长大鼓、渔鼓、快板。因为罗的父亲是当地的知名小生，恒德初登戏台有时演得不够好，观众也鼓掌鼓励。他的文艺才能既来自父兄的言传身教，也来自于组织培训。新中国建立初期，当地政府很重视文艺骨干的培养，1952～1960年，罗恒德每年都到县文化馆接受约半个月的专业培训。他文化程度不高，但对剧本的理解颇有悟性，常给剧本增加"活词"，稍后自己亦能编一些短剧本。1960年，他作为云梦和孝感的农民文艺骨干代表，参加全省的文艺汇演，表演音乐舞蹈剧"扁担换车"。他在省、地、县表演活动的时间持续约一个月，上级包吃包住，还给24元零花钱，村里照样记工分。20世纪50年代，罗恒德担任村业余文艺剧团团长达八年之久。人们说"宁带一团兵，不带一班戏"，说的是"兵好带"，戏班子难"盘"。当剧团的团长，既要协调好演员之间的关系，减少演员之间的矛盾，同时要协调好乐队和演员之间的关系，防止"唱高拉低、唱低拉高"。罗恒德善于"盘人"，总是将每个角色安排得当，以充分发挥每个演员、职员的艺术专长。剧团演员角色不全，他当演员补缺，乐队差人，他当乐师。任团长期间，他与所有演员、职员的关系都很融洽，先后数次获得云梦县颁发的文艺活动组织奖和文艺活动积极分子奖。

4. 罗大桃

罗大桃是罗天禄的大女儿，排行第三。她从小受家庭影响，喜欢唱戏，做姑娘时，无论是下地帮母亲车水，还是在家带妹妹们织布、纳鞋底，总是边做事边唱。罗大桃是黄湖村业余剧团为数不多的女演员之一，当年经常扮演《姑嫂贤》等传统楚剧中的女主角。她唱到深切处，观众鸦雀无声；唱到悲哀处，观众饱含泪水；唱到欢快处，全场叫好喝彩。她结婚后从事与表演关系不大的幼教等工作。罗大桃现在已60多岁，尽管两鬓斑白，儿孙满堂，但一提到当年违心告别戏剧舞台的往事时，她仍有无限的遗憾。

5. 罗小桃

罗小桃是罗天禄的二女儿，排行第四，她是从救一场戏走上舞台的。大姐罗大桃出嫁后不再演戏，业余剧团另配了女主角。一次该女主角临时有事不能到场，别人激将小桃，问她敢不敢上台。救场如救火，年仅12岁的小桃决然地说"上就上"，便毅然走上戏台。结果"手眼身法步"，处处可与大姐媲美，这次补台使小桃成为终身演员。她扮相漂亮，唱腔准确，台风自然，表演不仅不做作，而且机动灵活，颇有创意。1956年她演唱湖北大鼓，宣传劳动模范，获孝感地区调演奖。1958年，她以自己的实力和表演功底，被选入云梦县楚剧团，从此成为专业演员。她演《断桥》、《宝莲灯》、《刘三姐》等剧目中的主要角色，都得过上级业务主管部门颁发的表演奖。

6. 罗三桃

罗三桃是罗天禄的小女儿，9岁时即登台表演，有的戏要坐高椅子，人小上不去，就安排专人抱上去。她10多岁被选入到安陆楚剧团后，每天早上5点准时起床练功，坚持练声、练腰、练台步，风雨无阻，寒暑不易。从表演角度讲，罗三桃是兄妹5人中演艺成就最高的。在安陆剧团里，她成功扮演过江姐、吴琼花等众多角色。三桃拥有一副天生的好嗓子，饰京剧《红灯记》中的李铁梅，她悲情一声"奶奶"，可让全场观众动容。她扮演《三世仇》中的女主角，可以唱得全场观众一起哭，她的表演，具有强烈的艺术感染力。罗三桃在专业人员众多的安陆剧团始终唱主角，是剧团的台柱子，只要有她出场，剧场就人气大增，甚至爆满。"文化大革命"时演样板戏，她演遍了安陆所有的乡镇。省里戏剧专家官正阶先生提出，用他们戏校培养的两个毕业学生换罗三桃到省剧团，但安陆楚剧团没有同意。

罗家兄妹不仅继承父亲唱楚剧，而且能表演其他很多剧种，尤其是在编演新戏和表演湖北地方小曲、民歌等方面，丰富和拓展了表演范围。因此，有不少人称罗家为文艺之家。罗家对黄湖村的文艺演出，影响很大。

二 50年代的村业余文艺剧团

黄湖村业余文艺剧团成立于1951年，罗家兄妹多是剧团的骨干。在20世纪50年代，这个业余文艺剧团一直很活跃。

1. 主要成员

经常参加业余剧团活动的有20～30人，除罗家兄妹外，男演员主要有黄子舜、黄正洲、黄松清、黄炳元、黄继云、黄泽民、黄爱云、黄宝田、李云发、李云富等；女演员主要有黄水仙、黄贵珍、黄磁珍、黄凤兰、涂冬珍、刘淑琪、罗兰珍等。由于黄湖的文艺基础比较好，县文化馆每次对农村文艺骨干进行培训时，都要黄湖派人参加；凡是黄湖村业余剧团的人员到县楚剧团看戏，一律不收门票。剧团演员中许多人都有自己的拿手好戏，如黄正洲不仅会演丑角，而且长于杂技"滚灯"，就是额头上顶一盏油灯，身子躺在板凳上慢慢旋转一圈，人始终不沾地，而且灯不能掉，灯油不能泼，这需要相当好的"软功"。李云发既可唱男声，又可唱女声，扮演婆婆（老太太）活灵活现，一般观众根本看不出那是男人装扮的。他还能自己编词、写短剧本。黄子舜唱戏，楚剧十几种曲调，他都很精熟。黄子魁的二胡拉得特别好，后来眼睛失明，因而被人们称为黄湖的"阿炳"。他出身贫寒，没有什么文化，1949年后出任过村里农协会组长。他说书不用脚本，仅凭记忆就可以讲章回体小说，不仅本村和邻村的父老乡亲爱听，就是附近机关、厂矿的许多干部职工也经常来听。他还擅长打击乐器，楚剧打击乐有若干套路，其中"八大锤"是楚剧开场的八个鼓点，它之后依次接"长短锤"、"哏子"、"单双凤"、"牛擦痒"、"八哥洗澡"等。各套路必须用打击规定的乐器（如鼓、锣、擦子等），使之发出特定的声响。云梦城关的居民，只要听到节奏鲜明，气势恢宏的鼓乐，就分辨得出是黄湖鼓点。

2. 组织领导

业余剧团是在村级组织的领导下开展活动的，并规定一系列规章制度。如业务学习制度，凡排戏，所有成员必须在场，以相互取长补短；团结制度，剧团成员之间难免有小分歧，但必须维护团队的团结，特别是在文艺演出时，大家必须团结一致；演出作息制度，凡演出，个人要坚决服从剧团的安排，不能随便请假，更不能私自外出，即使是春节期间也不例外；演出责任制度，每个人的角色要尽自己最大努力去演好，演得好的得表扬，演得不好的挨批评。村级组织非常关心剧团人员的政治进步和经济生活。1958年一次发展5名剧团青年加入中国共产主义青年团。剧团成员参加演出，按同等劳动力给记工分；给剧团做演出服装、买道具。村里还拨3～4亩耕地给剧团自种自收，以解决经费问题。

3. 剧目和道具

1958年之前，党提倡古为今用，百花齐放，业余文艺剧团主要是演老戏。村剧团的生、旦、净、末、丑等角色齐全，表演水平和场景等在前人的基础上有所超越，使在当地逐渐衰落的楚剧，焕发出勃勃生机。村剧团的演出剧目除《窦娥冤》、《梁山伯与祝英台》、《杨乃武与小白菜》等普遍知名的节目外，还有带一定地方性的传统剧目，如提倡孝顺的节目《百日缘》；传统法制节目《四下河南》、《乌盆记》、《白扇记》；忠君报国节目《吴汉杀妻》等。业余剧团的表演水准在全县属上乘，可以与云梦县专业剧团同台比美。1958年之后，主要是唱新戏，内容多是歌颂劳动模范。演出剧目有《劳动舞》、《丰收舞》、《打猪草》等。表演形式增加了"湖北道琴"、"湖北渔鼓"、"湖北大鼓"和"快板"等。这类地方小曲性的表演，更加轻便灵活，可以边劳动、边表演。罗家兄妹都精通上述表演形式，特别擅长见物、见事、见人现场编词即兴表演，当时村里各种劳动场所，只要有他们在，就可以看到他们表演的地方小曲节目或听到他们领唱的劳动号子。这类轻便表演，对人们放松情绪，改善心境，提高劳动质量很有作用。逢节庆和地方重大活动，他们还表演踩高跷、舞龙灯、耍狮子、划"彩龙船"、走蚌壳精等节目。这些传统项目在1949年前，主要是作为一些村民个体谋生的手段，业余剧团将它们提升到集体娱乐的境界，阵容扩大，档次提高，颇受当地群众喜爱。

业余剧团的道具比较简陋，晚上演出根本没有现在常用的电灯，而是烧油的"夜壶灯"，不好看，名字也不好听，但不怕风吹雨打，很管用。演出的古典服装都是自己动手缝制的，幕布是村里买的，背景用床单替代，棉花代白胡子，锅灰代颜料，木材代猪肉，绳子代镣铐，竹制品代金首饰，等等，只要观众看着像即可以。

4. 主要成就和影响

村业余剧团不仅获得过上级颁发的表演奖、编剧奖和组织奖，而且获得过村领导支持奖，在云梦能同时获得以上四个奖项的农村业余剧团是很少的。当时的村党支部书记邱发明，喜欢打锣鼓，会叫点子，不时到村业余剧团露一手，有时亲自上台表演，领导支持奖就是颁发给他的。

业余剧团的演出是无偿的，但晚上演出，群众会自发拿些油盐柴米，做一餐宵夜来慰劳他们。对照"三贴近"（贴近群众、贴近实际、贴近生活）的文艺发展要求，村业余剧团在组织形式、演唱内容、表演形式等方面，都是比较符合的。从客观效果看，过去没有广告，但只要村业余剧团的锣鼓一响，四里八乡的群众就赶往黄湖，演出时有上千人看是常事，有时多达几千人。20 世纪 60 年代的水利工程、铁路建设工程多，黄湖村业余文艺剧团到过许多工地进行慰问演出。为了让剧团有更多的时间排练、演出，不少人主动分担他们的工程任务，并对他们说"唱两句，比你们挑十担土还来劲。"

三　20 世纪六七十年代的村文艺宣传队

经济困难时期，村业余文艺剧团不得不解散。1963 年经济形式得到好转，由于政治形势的需要，村里成立了毛泽东思想文艺宣传队。

1. 主要队员

村文艺宣传队的队员一般有 20 多人，最多时达 70~80 人。骨干成员都是新生代的年轻人，其中男演员主要有黄华波、黄宝宝、黄斌付、黄秋才、黄爱华、韦风鸣、吴忠明、徐云龙、徐柏森和管正斌等；女演员主要有黄春秀、黄翠兰、黄冬芝、黄满玉、黄丫丫、周小萍、刘焦娥、韦新容、徐火兰、秦小华等。他们艺术表演能力主要源于四个方面：一是文艺前辈的熏陶感染；二是社会文化环境的影响；三是严格的训练；四是相互切磋，相互学习。在这些因素的共同作用下，新生一代中出现许多文艺人才，如宣传队的秦小华、韦风鸣、黄华波等都曾因自己的文艺专长被抽调到当时的公社宣传队。秦小华是宣传队的金嗓子，韦风鸣专长京剧，黄华波善于自编自演文艺节目，徐云龙会吹笛子、拉板胡。徐柏森是该村刻苦钻研文艺，热爱文艺表演的又一位承传性人物。他具有吹、拉、弹、唱"一脚蹬"的表演功底，是村文艺宣传队的一个顶梁柱。他在文艺理论上具有相当造诣，不仅对黄湖前辈的文艺精神和表演技巧颇有研究，善于继承，而且能够与时俱进，努力学习新的表现形式，不断开拓新的表演领域。

1969 年为了迎"九大"，村里正式组建了号队。教吹号的是一个国民党军队的老号兵，他用几个月时间教会了五套号谱。队员有黄木发、黄四树、徐家兴、管小明、韦幼明等五六个人，他们学习十分刻苦。宣传队的大型活动，都有"号队"参加演出或护送。后来"号队"并入宣传队。

村文艺宣传队有一个时期有下乡知识青年，如黄银华、龚玉霞、汪玉华等，他们在歌舞表演方面给宣传队增色不少。黄银华能歌善舞，长于歌舞节目编导，宣传队的不少节目，比如大型歌舞《长征组歌》等，就是她带领队员排练演出的。她在此剧中担任主角，可以将其中七首歌的舞蹈从开头跳到结尾。

2. 道具

那时的演员服装主要是黄军装、黄军帽。1966年，村里给800元钱让宣传队到武汉买乐器，武汉"新星"乐器商店的负责人不敢相信，一次能花那么多钱买乐器的竟然是农村宣传队。当时买一把最好的二胡用了40元，一套战鼓、战号花费400元。价格比较低的乐器平时也添置一些，比如笛子、京胡、板胡等各有若干把。宣传队也通过打工挣一点钱，买一些表演必备的化妆品等。但更多的道具是因陋就简由村里自制的。比如"钢枪"就是本村的木匠师傅，按真枪的尺寸仿制的。当时没有扩音设备，也没有电能灯光，表演时就用布幔围着舞台，但有的表演比现在的电声还要逼真。比如钢枪一指，就拉响一个或若干个"火炮"，前面敌人倒地，跟真的似的。

3. 演出剧目和主要成就

"文化大革命"期间"破四旧、立四新"，帝王将相、才子佳人被赶下台，工农兵占领文艺舞台，在表演形式方面，不准唱楚剧，只准许唱京剧，即8个样板戏，但地方小曲、快板书、对口词等文艺形式还是允许表演的。在表演内容方面，其中心主题是学习毛主席著作，宣传毛泽东思想，歌颂伟大领袖毛主席。围绕中心主题表演的节目有毛主席语录歌，《老两口学毛选》，《四个老汉学毛选》，《毛泽东思想放光芒》，《歌颂伟大领袖毛主席》等，此类节目约占70%。还有《十唱共产党》，《红军不怕远征难》，《打靶归来》，《见到你们格外亲》，《不忘阶级苦》，《想起往日苦》，《宋大娘诉苦》等。宣传队的表演有歌也有舞，舞蹈主要是跳"忠"字舞，如《大海航行靠舵手》等。村文艺宣传队经常活动在本村的各小队以及邻近大队，文艺总是有魅力的，尽管受"左"的影响很深，节目的形式和内容比较单调，但宣传队的表演总是有人看。文艺宣传队的剧本和歌词多是由上级发下来的，自编的节目也有一些，主要是歌颂好人好事。此类节目当时有一定影响，但现在没人能说出节目的名称。当时突出政治，以阶级斗争为纲，其他内容不准编和演，更不准表演"封资修"的东西。黄华波自编自演的"双簧"节目《充气人》，讲的是一个自私自利的老头会做生意，只图自己赚钱的故事，仅演出一次就出了麻烦，被批判为这个节目是让资产阶级在社会主义文艺舞台上讲话，是给资本主义正名，给资产阶级分子打气……从那以后，村文艺宣传队就很少有人编节目了。

村宣传队经常参加县里文艺调演，不少节目通过录音在县广播电台播出。每逢文艺比赛，该宣传队在县、乡大都名列前茅。1976 年打倒了"四人帮"，村里举行大游行，村宣传队用拖拉机扎了个"三打白骨精"的彩车，队员们化妆进行隆重庆祝。1977 年以后，随着现代传媒的普及，村集体组织的文艺活动逐步减少。

四　新时期的文艺活动

邓小平南巡讲话后的 1993 年春节，村里组织了一次集体文艺表演，这是一次综合性的划"彩龙船"表演活动，村里新、老文艺骨干和原村领导邱发明、徐克安等都出场了。这时村集体花几千元重新购置了锣鼓乐器，黄湖人擅长的舞狮子、耍龙灯、走蚌壳、打架子等传统表演形式都展示了出来。此后，村集体再没有组织文艺活动，但其他组织形式的文艺活动却慢慢发展起来。

1. 戏迷看戏影迷看"皮影"

2004 年夏季，一个名为"四春剧团"的楚剧班子，在黄湖演戏达 50 余天，看戏的人仍然不少。原伍姓乡党委书记岳坤堂对戏场进行了这样的描述："夏日炎炎汗湿衫，四春剧团演不衰，不计观众有多少，古典戏剧唱得好。短句道出千古事，方步走过万里程，扮演角色真真假，人人戏中假真真。台上演出台下赞，台下尽是潇洒汉。"楚剧用词精当，音韵优美，情思深沉，节奏徐缓，对戏迷、票友颇具吸引力。应当注意到，在电视、电影、广播和电脑等现代传媒的大冲击之后，人们返璞归真，一些人有再度欣赏传统戏的热望。看一次四春剧团的戏，收门票 2.5 元，这在农村是一项不低的消费，但有一些中老年戏迷、票友经常甚至天天观看。皮影戏是云梦的一种地方影子戏，门票要 1 元钱，观看者也是很多。

2. 自娱自乐的家庭文艺活动

黄湖人有个特点，每逢大的喜庆活动常是少摆宴席多唱曲。比如，商店开业，新房落成，儿子娶媳妇，姑娘出嫁，小孩出世，过周岁、十岁，以及参军，升学，老人做寿等，有不少家庭喜欢热闹，便举办晚会，晚会的形式主要是搭台唱歌、唱戏，演员有请的，也有自家登台表演的。

3. 群众组织的腰鼓活动

2000 年，黄湖社区居民自发组建了腰鼓队。起初，一部分中老年妇女本意是为自我娱乐和强身健体，相约在一起扭秧歌，打腰鼓，后来参加的人越来越多，连社区的一些企业的退休女职工自动参加，年长者 60 多岁，年轻者 30 多岁。于是她们自行建立了组织，达到 80 多人的规模，购置了统一的表演服装。逢节庆和当地重大活动时，腰鼓队就载歌载舞前去捧场助兴，邀请演出的单位会出 300~500 元的活动出场费。

4. 小学、幼儿园里的歌舞活动

近几年来，国家大力提倡素质教育，学校的"小三门"即音乐、体育、美术重新受到重视。黄湖社区所在地"逸夫小学"组建了鼓号队、舞蹈队等文艺组织，每年都组织全校学生进行歌咏比赛等文艺活动。其舞蹈队表演的《辣妹子》等歌舞，参加过上级举办的黄鹤音乐节会演，受到专家们的一致好评。2003 年的六一儿童节，私立"星星双语幼儿园"举办文艺晚会，孩子们表演了 20 多个文艺节目，其中既有现代"霹雳舞"，又有传统楚剧选段；既有流行歌曲，又有幼儿园师生的自编节目，徐柏森老艺人应邀参加了伴奏。

第三节　迎着时代发展的星星双语幼儿园

刘薇的黄湖星星双语幼儿园，作为该社区唯一的幼儿园，招生规模近年来保持在 100 名左右。2001 年，刘薇被县教委评为幼教行业"先进个人"；2002 年她的幼儿园在教育教学评比中获二等奖，并被评为优良幼儿园；2003 年她作为云梦县的唯一代表，被评为孝感市幼教先进个人。

星星双语幼儿园能取得如此佳绩和在当地具有较强影响力，与刘薇本人懂幼儿教育，特别是善于进行统筹经营紧密相关。

一　硬件与软件一起上

基本建设是办好幼儿园的前提。刘薇的办园目标是"全园设备现代化，以优良的服务，优美的环境，优秀的人才，使幼儿园成为孩子们开心的乐园，生活的家园，成才的摇篮。"

1. 硬件建设

星星双语幼儿园整洁，可供 200 名幼儿同时在园安全学习、生活和娱乐。校园总面积 700 余平方米，其中建筑面积 400 余平方米。一座占地 120 平方米的三层标准化教学楼，建筑面积达 372 平方米。楼内配置有幼儿住宿生活的小床（被絮）、桌椅，学习用具、玩具等设施设备，投资 4.5 万余元；另配备有电视机、录音机、CD/VCD，价值 0.6 万元；雅马哈电子琴两架、钢琴一架、脚风琴一架，价值 1.5 万元。近期准备再投入 5 千元，添置部分玩具和教具。在近 500 平方米的操场上，有滑梯、攀登梯、跷板、转转盘、火箭船等，造价 7200 元。该园自 1997 年建园以来，总投入 32 万余元，完全依靠自己的力量筹集，没有要国家一分钱。

2. 软件建设

校园建设，缺少硬件就失去载体，没有软件就缺少内力。师资质量的高低，是提高办园水平、增强内在吸引力的关键。建园以来，刘薇始终把提高师资水平作为内强素质、外树形象的要务抓在手上。为此，她坚持做到三条。一是把好教师招聘关，聘请的教师学历均在中专以上，并持有幼师职业上岗证，普通话合格证等。现有 6 个任课教师中，有 3 个可以用汉、英双语教学。二是积极开展教研活动，定期听课抽查，集体评教，互教互学与个别指导相结合，激励教师的工作热情，提高他们的业务水平。三是走出去，每年都派部分教师外出听课、观摩学习，吸收别人的长处，以提高教师的整体教学水平。

过去，黄湖也有幼儿园、托儿所。人民公社时期，大队幼儿园靠随机租借民房开办，老师是本村一些还未出嫁的姑娘，根本没有经过培训。当时村中流行一句顺口溜：托儿所，幼儿园，大人带着小孩玩。所以没有多久就停办了。刘薇吸取了历史上黄湖办幼儿园的经验教训，坚持硬、软件建设两手抓，使星星幼儿园具有较强的竞争实力。

二 教学与教管一起抓

刘薇认识到幼儿园的教学和管理，必须适应现代幼儿的特点和成长规律。她强调，要注意素质教育，力举科教兴园，做到全园管理科学化，教学规范化。

1. 教管规范化

（1）教学规范。第一是课程设置规范，为适应当代幼儿教育要求，星星幼儿园开设了语文、算术和英语公共课，同时根据幼儿的兴趣，开设音乐、美术、手工和舞蹈等专业课。第二是教材规范，使用国家和湖北省人民出版社出版的统编教材和正版教学软件。

（2）计划周密。各个不同班次，都有相当严格规范的周、月和学期教学、活动计划。

（3）制度健全。各项规章制度的建立，都由刘薇组织讨论和亲自执笔完成。有关教学教管方面的有《教学管理制度》、《教师日常行为规范》、《教师岗位责任制》、《幼儿行为规范》、《家长须知》等规章制度。使该幼儿园教学管理工作有章可循，运行规范有序。

2. 教学生动化

素质教育为了面向全体幼儿，尊重幼儿个性，刘薇着重抓了以下四点。

（1）备课求细。上课的关键词、关键动作都要在备课本上写出来。刘薇经常检查教师的备课情况，为提高备课质量，她给教师购买专业性《幼儿杂志》，让大家相互传看；每个星期利用一定时间召开例会，对本周的教学包括备课情况进行汇报和讨论。

（2）教学求精。星星双语幼儿园根据幼儿特点，在对幼儿进行记忆力、理解力、模仿力和想象力进行认真分析研究的基础上，适时、适度地对幼儿进行智力启蒙教育。教学内容不求多，但求精彩管用，每个知识点都用相应的生动故事相配合，讲求基本知识的掌握，学习兴趣的激发，思维能力的启迪和张扬。

（3）活动求实。游戏、活动是幼儿在园教育的主要形式。星星双语幼儿园平时有适合幼儿特点与个性的各种活动，便向家长进行汇报表演。2004年的六一儿童节，孩子们表演了几十个文艺节目，大班的孩子还表演了英语对话。孩子们用自己的所学和所长，向家长展示自己的成绩和进步，受到家长的普遍赞扬。

（4）辅导求准。幼儿园的孩子来自不同的家庭，个人聪慧启迪早晚各有不同。无论幼儿聪慧启迪或早或晚，刘薇对教师的总体要求是：脸上总是微笑，使孩子感到和蔼与亲切；身体总是蹲下，使幼儿感到平等和安全。

三 经济效益与社会效益一起要

统筹经营的目标是双赢，也就是既要讲求经济效益，更要讲求社会效益。

1. 经济效益关系幼儿园的生存

刘薇认为，没有一定的经济实力和效益，私营幼儿园办不起来，即使办起来了，生存、发展也难。资金不足一直是一个困扰刘薇办园的问题。她的幼儿园一年的学费收入约 4 万元，而付教师工资一年需 1 万元；教材购买、教辅设施添置和维修更新需 2 万元；县直 8 个部门收费近 5 千元，其余只能解决家庭工作人员的基本生活。幼儿园只能维持现状而不能发展，是无法参与市场竞争的，因此，她一方面力争提高经济效益，一方面强调勤俭办园。

2. 社会效益关系幼儿园的声誉地位

刘薇认为，要"以求新、求实、求精的办园作风为本，奉献真情和爱心，教孩子学会做人，学会求知，学会劳动，学会生活，学会健体，学会审美"。她的观点，遵循了《幼儿园工作规程》的要求，也体现了她对幼儿教育和教养规律的正确认识。她的幼儿园注重教养与教育并重，始终把"萌发幼儿爱家乡、爱祖国、爱集体、爱劳动、爱科学的情感，培养诚实、自信、好问、友爱、勇敢、爱护公物、克服困难、讲礼貌、守纪律等良好品德、行为和习惯，培养幼儿初步的感受美和表现美的情趣和能力"等贯穿于幼儿学习、生活的全过程，使孩子们能得到全面发展，从而吸引了本村乃至附近企事业单位的许多家长乐意送孩子到她的幼儿园上学。

私营幼儿园，不能不考虑经济效益，但要做到经济和社会效益的统一，并把社会效益放在首位。

四 家庭成员与聘用人员一起干

统筹的根本方法是民主。刘薇的《园长职责》中有这么一段话："加强集体领导，充分发扬民主，关心爱护职员，为不断开创私立幼教工作新局面而努力奋斗，让上级主管部门满意，让幼儿家长满意，让自己满意。"在工作中她把家庭成员和聘用职员都看作是自己的职员，一样看待，一样要求。

1. 家庭成员

星星双语幼儿园的经营管理，家庭发挥着决定性作用。刘薇有个和睦、温馨的家，家庭主要成员是她从事幼儿教育的好帮手。婆婆管理食堂，公公负责安全和卫生，丈夫既是她的"专职司机"，又是园务具体工作的全方位助手。校园的环境布置、美化由她进行指导，具体实施由她丈夫负责。农村的经济组织形式，以家庭为主有天然的合理性。这种组织形式，可以适应多行业的经营管理。

2. 聘用人员

星星双语幼儿园引进现代企业管理要素，使之生命力旺盛。单一的家庭组织形式对现代企业来讲，是有缺点的，那就是亲情往往高于制度。刘薇的幼儿园以她为核心成立了园务委员会，实行集体领导和个人负责相结合的管理制度。公公、婆婆、丈夫是举办幼儿园的当然成员，可以参与决策，但主要是按各自的分工做好分内的事务。为适应幼儿园现代管理的需要，对于负责考勤的园务主任、财务核算的会计这两职，她聘用家庭外人员，这便于落实《考勤制度》和《财务管理制度》。

企业管理的现代理念是制度与人情的结合。刘薇重视制度管理，对员工要求比较严格，但为人厚道、仁义，在能力许可的条件下，对各方面都很关照。无论是员工还是幼儿园的孩子、乃至他们家里有什么大事，她都尽力予以关照，有的还买东西上门看望。对自己的家庭和工作也是统筹兼顾。一次，丈夫出车祸受伤，娘家母亲因病住院，她一个人兼顾三头，但却安排得有条有理。

星星双语幼儿园属民办教育经营性质，是黄湖在改革开放中绽开的一朵鲜艳夺目的金花，园长刘薇在她的《潜心尽力为教育》中写道："在现有的基础上，我们将不断改进育人环境，改革育人方法，提高育人质量。"

第四节 村党支部书记徐金汉的工作业绩

黄湖村地处云梦城关铁西郊区，共有 351 户，农业人口 1195 人，耕地436 亩，是一个典型的人多地少的村落。从地理区域讲，处于城郊是一个优势，但从土地资源讲，却是一个劣势。如何充分发挥优势，积极克服劣势，这是黄湖一直探索的一个重大课题。村支部书记徐金汉带领村干部一班人对此进行了成功实践，使黄湖村成为云梦最早的小康村。

徐金汉是 1984 年 10 月开始任村副职干部的。1992 年他任村委会主任，1995 年初任村党支部书记兼会记，工作担子重，面临压力大。这表现在一是村里经济，连村干部工资也无法支付；二是村里矛盾多，上访告状的不断；三是工作千头万绪，各项任务难以完成。但是徐金汉坚信，只要能取得镇领导的支持，村干部们的共同合作，广大党员、群众的积极拥护，自己一定能不负重托，不辱使命。由此他下定决心干好，干出点名堂来，绝不能辜负领导和群众对自己的信任和支持、重托和希望。他认为，只有带领群众致富，把村集体经济发展起来，才能体现自己的人生价值。徐金汉带领村干部一班人，首先着重抓了三项工作。

一　抓班子建设，健全管理制度

班子成员能不能适应农村改革和发展的要求，个人素质是关键，而提高个人素质的主要途径是学习。因此，他特别强调村干部要坚持自学，村委会规定每周抽一天集中学习和交流。另外，有机会还要送村干部到县、镇举办的各类培训班充电，定期开展对村干部德、能、勤、绩进行评议、考核，给村干部造成一定的危机感，形成一定的责任感，使大家始终保持昂扬向上、坚持学习、勤奋工作的好风尚。

他注重制度建设，落实考勤制度，民主生活会制度，村级财务管理制度，村务公开制度，岗位责任制等一系列制度。认为健全制度是前提，全面落实是关键，在制度面前人人平等，必须用严格的制度管理人，用规范的机制约束人。

二　抓党员管理，发挥党员示范作用

党员是村支部与村民之间的桥梁和纽带，是党在农村的先进分子代表，是农村带头致富和带领群众致富的先行者。所以，徐金汉坚持带领村干部开展党员教育活动，充分利用年初、七一党的生日、年终三次党员大会的时间，向全村党员进行党的宗旨教育，充分调动全体党员带领群众致富的积极性。他坚持倡导发挥"双带"能人的带头作用。1996 年村委会从武汉请回有一技之长的年轻党员陈建安投资建设乌鸡养殖基地，按照建立大基地、树立大品牌、占领大市场、带动大面积的思路，充分发挥乌鸡养殖基地的功能，实现了"基地＋公司＋农户"的经营管理模式，并对农户落实了"五包"的帮扶措施：即包供应鸡苗、包技术服务、包疾病防治、包饲料供应、包成鸡运销。同时他还组织大量的科技兴农活动，如种鸡的人工授精，微电脑孵化，饲料的电脑配方，成鸡的网上销售等，请县畜牧局专家作科技培训指导，并请华农病理系教授雷健宝常年作技术顾问，定期开办养殖户培训班等一系列的科技致富活动。

三　抓环境优化，促进全面发展

黄湖地处城乡结合部，具有得天独厚的地域条件，如何把地利优势变成经济优势是摆在村干部面前的一大课题。依照村情，徐金汉和村委会商定安排一名副书记带领妇联主任和民兵连长负责日常工作，其他干部全力向经济、社会发展一边倾斜。特别是书记、主任在抓经济发展工作上坚持时间、精力、责任三个百分之百到位，做到千方百计借船过河，千言万语招商引进，千辛万苦取经创业，并努力为专业户提供良好的环境，周到的服务。由于上述得力的工作，先后顺利创办起了渔场、预制厂、涵管厂、面粉厂、再生棉厂、塑料厂、种鸡场、孵化场、万吨颗粒饲料厂。这些经济实体年创纯收入70万元，使集体经济一举扭亏为盈。从1995年开始，黄湖在云梦县率先减免村民的社会经济负担，村干部的工资按月足额发放，并逐年有所提高，到1997年村干部平均工资在1万元以上。这些成绩的取得，得益于县、镇的正确领导和支持，得益于村班子成员的精诚团结和共同努力，同时更得益于村支部书记徐金汉的科学领导和以身作则。几年来，黄湖由负债村变为富裕村，由自然小村成为经济强村，成绩是巨大的，由此各级政府给村里的荣誉众多，连续几年跻身全省综合实力500强明星强村行列，并荣获湖北省第二届模范村委会。黄湖村党支部于2001年被评为湖北省先进基层党组织，村办乌鸡养殖场被省委组织部授予农村党员双带工程示范基地，并奖励10万元。这些成绩从一个侧面反映了村支部书记徐金汉带领村干部团结拼搏、创业发展的轨迹。

徐金汉在当村支部书记九年的实践中，对工作研究颇深，探索很多，他所得到的体会不少,主要有以下几方面。

(1) 当农村支部书记要具备"三个"基本条件。一是要做好官,必须先做好人。徐金汉常讲:"其身正则不令而行,喊破嗓子不如干出样子。"他认为支部书记的模范表率作用对其他村干部起着直接的激励影响作用,所以作为一名支部书记首先要做好人。二是要有好的素质,必须坚持不懈的学习。徐金汉十分注意个人的党性修养,基本理论的学习。他认为:唯有刻苦学习才能提高自己的理论素质,明确前进方向,只有认真学习才能熟悉和掌握党和国家的方针政策、吃透上级的指示精神,只有经常地自觉学习,不断地给自己加油充电,才能适应新时期农村农业工作改革和发展的需要,完成好上级部署的各项工作任务。三是要能容事,必须先能容人。有人说:"大肚能容世间难容之事","宰相肚里能撑船"。徐金汉书记经常讲"能容自安"。他认为:作为一名村支部书记,宽容大度是一项基本重要素质。宽容是对班子成员的关怀、爱护和体谅,大度是能容纳其他人的各种不同的正确意见。说具体点,就是一个村支部书记不要成天跟村委会主任和班子中其他成员"过不去",而要关心和支持他们的工作,使自己的下属感到亲切、友好和温暖,拉近同事间的距离,相互去掉戒心,不起疑心,办事放心。要想大家围绕书记转,书记先要围绕大家转,最后才能齐心协力围绕群众转。

(2) 要具有三种领导艺术。一是工作中要讲大小主次,轻重缓急。工作要注意突出重点、抓准中心,不能头发胡子一把抓,更不能一只手抓十条泥鳅。要抓住各个时期的侧重点,集中精力解决主要问题、中心问题、突出问题。同时要注意统筹兼顾,防止小问题处理解决不及时上升为大问题。在日常工作中,也要注意环节,做到各项工作环环相扣。书记在安排本村工作时,既要注意突出重点又要围绕中心来开展其他各项工作,不要搞头痛医头,脚痛医脚,更不能随心所欲、杂乱无章。书记只有保持清醒的头脑,把工作安排得井井有条,一项一项抓落实,才能提高村级工作的整体效益。二是工作中既要坚持原则,又要方法灵活。具体来讲,重大问题不让步,凡涉及村级稳定、制度落实、政策性的问题,作为书记必须立场坚定,旗帜鲜明,态度坚决,即使遇到阻力也要排除干扰,毫不动摇;对于枝节问题不纠缠,涉及个人利益的事,不要斤斤计较,更不能争个人得失,即使一时受了委屈,也要忍辱负重,委曲求全。为了整体和大局利益,要舍得牺牲局部利益，舍弃个人利益。工作中不能蛮干，必须在坚持原则的前提下，讲究策略，增强灵活应变能力，做到"刚"、"柔"相济，"冷"、"热"结合。三是要善于驾驭领导班子成员。使大家都能团结在自己的周围，为村级经济发展和村民的共同富裕而齐心努力地工作。

（3）要注意摆正四个关系。一是摆正村与上级的关系。具体来说，村的直接上级就是乡镇政府。对于乡镇的指示精神要认真学习，贯彻落实，但具体作法，安排措施，要结合村情，做到尊上不唯上。脱离村情民意的事不能做，急功近利的事不能做，农村工作必须重实际，实事求是，量力而行，遵循客观规律，按市场规律办事。二是摆正村支部和村委会的关系。一般来说，村委会主任也是副书记。如果村委会主任不是村支部成员，村支部讨论商量重大工作时应该请村委会主任列席参加，这样才有益于村主任开展工作，具体抓落实，形成的决策才便于执行，村支部和村委会的关系才能优化正常。村支部和村委会成员实行责任分工，但分工不分家，分工不分割，集体领导，民主决策，各负其责，各理其事。三是摆正书记和主任的关系。在某件事情形成决策前，书记主任必须商量通气，统一意见。如果暂时意见不统一，作为书记也不能急于求成，必须尽量反复谈心，征求意见，达到统一。必要时村班子成员实行表决，少数服从多数，书记千万不能搞"一言堂"、"家长制"，要充分发挥村长的职能作用，以真正平等的态度与村长商量问题。四是摆正书记与副职的关系。支部书记主持村全面工作，但不能在具体工作中包揽一切，要注意发挥副职干部的作用，放手让副职干部开展工作，充分发挥大家的智慧。在集体决策时书记与副职是平等关系，只有一票权利，而且这一票没有丝毫特殊。特别是支部书记的意见被否决时，千万不能以任何借口拖延决议的形成和实施，而要积极维护和实施集体的决定，并与大家一起共同承担责任。支部书记要当好班长，热情支持副职干部的工作，主动协调好相互间的关系，当副职干部在工作中遇到困难时，要主动关心、支持，尽力帮助解决。当副职工作之间发生摩擦矛盾时，支部书记要主动了解情况、明辨是非，做好调解工作。

（4）要着力落实好五项制度。一是落实好考勤制度。考勤是做好一切工作的前提，是衡量班子成员工作自不自觉，组织纪律观念强不强的最直接最基本的标准之一。作为一个基层组织必须落实好考勤制度，不然的话，一个班子就像一盘散沙，犹如自由市场，想进就进，想出就出，带来少数人脚踏两只船，表面上当干部，实际上搞自己的事，造成工作不能落实。考勤松懈会使班子懒散，人心涣散，缺乏战斗力。二是落实好民主生活会制度。落实好民主生活会制度是开展交心谈心、批评和自我批评、消除隔阂、解决矛盾、加强班子团结的一个重要举措。从村情实际出发，定期或不定期召开民主生活会，形式上灵活多样，可以对前一段工作进行小结，找出不足，群策群力，寻找解决问题的最好办法；也可以提出安排下一段的工作目标要求，这样可避免"一言堂"，又可集思广益，使班子能同吹一个号，共唱一个调，在思想上"合心"，在语言上"合拍"，在工作中"合力"。三是落实好村级财务管理制度。村级财务是村民中最敏感、也是最关心的热点问题，是引发矛盾问题的导火索。财务乱，班子散，上访告状就不断。黄湖村财务管理做到了四点：首先是书记动口不动手，不削弱或插手村长一支笔的签字权。书记动口是指对财务的指导监督，不动手是指不签字，不随便到出纳手中领钱，不直接到出纳那里报账。其次是村里大的开支事先商量通气，作好预算，再指派专人负责落实。再次是每张原始付出凭证必须要有时间、地点、用途、经手人、证明人五要素，要经得起财务清查审计。最后是加强民主理财，强化村级民主监督。四是落实村务公开制度。落实村务公开的程度，关系到村级稳定发展的成与败。要取信于民，保证村级各项工作的顺利开展，必须落实村务公开制度，加强民主监督。黄湖村的做法是采取"二个突出"，强化"二个监督"。突出"两会"，强化村级权力监督。"两会"即党员大会和村民大会，党员选举村支部成员，村民代表选举村委会成员。每年召开一次党员、村民代表会议，通报商讨村里的各项工作，给党员、村民代表一个清楚明白，让党员村民代表心中有数。增强村务活动透明度和村支部村委会的凝聚力和向心力。突出"明白墙"，强化村务公开监督。给村民一个明白，还村干部一个清白，作为村支部书记一定要把好村务公开这一关。当前稳定是大局，稳定的关键是村务公开的程度，只有公开才能接受村民的监督。村民心中明白，才心平气顺，民心顺则全村稳定，村干部也才会有威信，才会受村民的拥护，村级各项活动才能顺利开展。五是落实岗位责任制。岗位责任制是激励村干部在其位谋其政，在其岗负其责的一个重要举措。岗位责任制的严格实施可以发挥每个村干部的特长、能力，增强全体干部的进取精神、工作责任感。责任制的落实也可以防止人浮于事、相互扯皮、推诿。确切地讲，如果每个村干部对所负责的工作都能尽职尽责的话，全村的工作就不会有失误，村支部书记的工作就会做得更好，黄湖的明天就会更美。

第五节　黄湖经济精英调查

一　经济精英在市场经济中发展壮大

黄湖村经济精英起步于 20 世纪 90 年代初，90 年代后期其发展呈加速之势。这些经济精英的出现和发展有着深刻的社会背景：一是资本和经验的积累为黄湖经济精英的出现与发展提供了物质基础和精神基础，改革开放的深入发展，市场经济的风风雨雨，使一大批"弄潮儿"积累了丰富的市场经验；二是农业产业化规模不断发展，迫使农产品的销售问题越来越突出，农民连年丰收，农产品出现了大量积压，这些产品急需进入市场流通，客观上要求有一批农副产品销售者；三是千变万化的大市场规律孕育了一大批农副产品经营者，如市场行情、品牌信息、价格导向、国内外市场动态等，要遵循规律，抓住时机，使农村产品的推销恰到好处，这就需要有一批懂行情、会经营、专业化的经营者；四是社会化大生产还没有全部形成，所以必须加大农产品的推销力度。从黄湖村的情况看，虽然目前农业产业化发展较快，但是还有相当一部分局限在一家一户的独立性生产，规模狭小，不具备占领大市场的能力，尤其是结构调整的速度加快，不易长期保存的农副产品越来越多，这就迫切需要有一个中介组织，连接在生产和市场之间，衔接农副产品销售。在农业快速发展和结构调整力度不断加大的情况下，黄湖村经营者从无到有，从少到多，从小打小闹到规模经营，为传统农业向现代农业转型注入了新的活力。

20 世纪 80 年代初，黄湖的"贩运户"经过多年市场风浪的洗礼，今天已成长为对黄湖经济发展极具影响的经济精英，其发展与变化主要体现在以下几个方面。

（1）这些经济精英的观念在不断更新。他们的思想普遍比较开放，观念更新快，易接受新生事物，具有不甘贫困，不甘落后的思想，有百折不挠的勇气和敢于冒险的精神，正是有这种观念，他们才敢于离开土地去闯市场。如今，在他们大多数人的身上已找不到过去"万元户"中那种"小富即安"的小农意识，贪图享受的"暴发户"心态，他们不图享受只求发展，相信科学，锐意开拓，不断进取，具备了现代农民的良好思想素质。

（2）这些经济精英的文化在不断提高。他们之所以能成为能人，关键在于他们有平常人不同的思维方式，而这在很大程度上取决于他们较高的文化素质。他们大多数是高中毕业生，较高的文化素质为他们开阔视野、获得信息、打开市场打下了良好基础。

（3）这些经济精英的经营范围在不断拓宽。20 世纪 90 年代，他们主要经营蔬菜水果和运输农副产品，而目前他们的经营范围几乎覆盖了农产品经营的方方面面，其经营正逐渐地从第一产业向第二、三产业延伸，有一些经济精英已经走上了产加销一体化经营的路子，初步形成了产业化经营模式。

（4）这些经济精英的能力在不断增强。他们经过多年市场风浪的摔打，对市场运行的规律有了一定的了解，积累了较多的经营经验，既能规避市场风险，积极开拓市场，使农副产品真正参与大市场流通；又能以市场为载体，通过市场自觉调节产加销能力，还能较快地获取市场信息，判断市场行情变化，把握市场机会。黄湖经济精英之所以能实现由普通农民到农村经济精英的质的飞跃，关键是这些经济精英有自己的一技之长，有较强的市场应变能力，有相当的经济基础和产业规模。不少经营者的资本积累超过了几十万元，达 100 万元的也不乏其人，正是有一定的经济实力，农村经济能人才能进行规模生产经营，才能经得起一般的市场风浪。

（5）这些经济精英的影响在不断扩大。他们通过发展生产经营富裕了，其影响力有的时候在特定的情况和条件下，往往大于政府号召力。农民讲求实惠，怕冒风险，在没有找到自己认为可靠的路子之前，无论政府怎样号召调整种植业结构，多种植经济作物，但多数农民还是下不了决心，仍然守旧种植水稻。而这些经济精英生活在农民中间，他们的影响对整个村民起着潜移默化的作用。

二 经济精英是现代农业发展的中坚力量

黄湖经济精英在不断寻求自身发展的同时，也有效地带动了农村经济和社会事业的进步，已成为农村先进生产力的代表和现代农业经济发展的中坚力量。从实践的情况来看，黄湖村经济精英对农村经济的发展和影响主要体现在以下几个方面。

（1）促进了农民思想观念转变。黄湖村经济精英大多是头脑灵活的本地经济能人，他们走南闯北，眼界开阔，接受新事物较快。在不断把农民生产的产品推向市场的同时，也不断把农民推向了市场。这些经常"在外跑"的人时常将外地的最新信息和好的做法及时输送给本村农民，农民把他们当作致富的"带头人"，时常向他们打听市场需求和市场行情。不少农民能够说出自己所种所养的农产品的品种特色，在全国各地的大体价格，区域总量在全国或全省中的比重等话题，有的农民甚至还能讲一些绿色产品、绿色农业的新知识，农民的市场观念发生了很大变化。

（2）促进了农副产品运输销售。过去农民习惯于依靠政府，按国家的订购计划安排生产。现在市场经济的大潮把农民推向了市场，政府不能靠指令性计划指挥农业生产，也不再对农产品统购统销。在新的形势下，农民对市场经济的不适应充分表现出来，一些农民既无信息，又无销售门路，往往增产不增效，严重影响了生产积极性。在完全依靠政府解决农产品销售问题乏力的情况下，活跃在各地的黄湖村经济精英主动而积极地在农产品的销售、运输方面牵线搭桥，帮助农民把产品转化为效益。

（3）促进了农村专业分工协作。从产业结构来看，第一产业比重偏大，乡镇企业和第三产业发展滞后。黄湖经济精英从农业生产中分离出来，充当农业生产与市场之间的链接纽带，使从事农业生产的农民消除了农产品销售的后顾之忧，从而能够专心从事农业生产。

（4）促进了农村产品结构的调整。黄湖经济精英的购销活动一方面要立足于农产品的生产，农民生产什么，他们才能收购什么，销售什么，通过他们的中间活动，既满足了市场需要，又引导了市场消费。另一方面，受利益的驱动，他们又必须牢牢把握市场对农产品的需求，将市场的需求信息不断反馈给农民，使农民根据这些信息不断调整自己的生产结构，以获取更大的效益。通过这些经济精英作用，使市场对农产品的需求与农业产品结构的调整达到了有机结合。

中国百村调查丛书·黄湖村 ○ 古泽云梦的城边村

三　经济精英的发展需要一个宽松的环境

市场经济的发展离不开经济精英，经济精英的发展也离不开宽松的社会和市场环境。尽管黄湖经济精英具有较强的活力，适应市场的能力强，但他们在自身发展的过程中还有不少问题和许多困难，如有些人素质不高，组织规模小，抗风险能力弱，宏观上难以把握农产品市场供求关系及发展趋势等问题，同时还受政策、环境、市场等方面因素的制约。因此，政府和有关部门要积极为他们的发展创造一个更为宽松的环境。

（1）正确的舆论导向。社会上对各种经营者仍有不同看法，比如什么"二道贩子"、"投机钻营"，使得经营者发展不畅。随着市场农业的发展，要彻底改变"倒买倒卖"、"无商不奸"，把经营者视为"投机倒把"分子的旧观念，正确认识经营者是现代商品流通和市场经济中有益的、不可缺少的组成部分。

（2）政策的大力扶持。目前，经营者反映最突出的问题有三个：一是资金上的不平等待遇。国家和地方对于大中型企业都采取了一系列的资金扶持政策，资金渠道多、总量大。但在农村，则几乎是铁板一块，不要说无偿资金，即使是贷款，也是困难重重，于是一些经营者在资金紧缺时被迫在民间高息融资。二是国家某些政策的不合理因素。近些年来，由于国家粮食政策及其价格原因，工农产品的剪刀差使传统种植业在工农交换中处于劣势，严重挫伤了农民的积极性。正是由于这种情况，导致粮食生产经营的经营者大幅度减少，其获利空间大幅度降低。同时，由于粮食种植效益的大幅度滑坡，导致农民对农机、植保、种子等方面的服务需求大幅萎缩，他们逐步失去发展空间。三是农村税费政策执行过程中的随意性。各地的税费政策标准不一，执行过程中随意性大，不据实征收、平均分摊税费的情况比较普遍，负担较重。为此，政府要通过与银行联系协商，解决部分贷款；要加强专项资金发放的针对性，对那些经营大户要给予适当倾斜，税收上要给予他们优惠，从政策上给他们一种实际有效的支持。

（3）市场的公平竞争。目前农产品市场发育程度不高，市场波动频繁，供求上忽冷忽热，价格上忽上忽下。经营者今年赚、明年亏的情况屡见不鲜，而且，同行之间、同业之间往往为争夺市场相互排挤，搞无序竞争，影

262

响了农业的持续、健康发展。面对阴晴难测的市场，经营者感到难以把握，导致该投入时不敢投入，该扩张时不敢扩张，该转向时不敢转向。对此，政府及有关部门要加强对市场的调控，强化对农业生产经营者的协调管理，防止和杜绝恶性竞争的行为，确保市场的相对稳定。同时，要通过行业协会、合作经济组织等形式，加强行业的内部管理，提高他们的行业竞争能力。

（4）科技信息网络。近些年来，一方面，计划经济体制建立起来的农业科技推广网络极不适应市场经济的新形势，"四级"农科网线断、人散、网破的问题日益严重。新品种、新技术难以推广，农产品质量不高，难以适应市场的需求。另一方面，信息服务作为市场农业必不可少的一个环节还只是刚刚开始，远远满足不了市场需要；经营者在生产经营过程中，为避免决策或操作的失误，往往被迫东奔西走跑信息，搞市场调研，付出很高的信息成本，而且由于他们本身的局限性，其信息的准确度也非专业人员所能比。一条不准确的信息，往往给他们带来较大的损失。这种无助而无奈的处境让他们倍感焦虑，这就要求政府要进一步建立健全市场经济的农技推广网络，农技部门要发挥自身的业务技能，积极引进新品种、新技术，让农民能够为他们提供质优量足的农副产品，以提高农副产品的市场竞争力。同时，要进一步发挥好农业经济信息网络的作用，做好信息服务工作，为经营者了解、掌握市场行情，及时提供可靠、准确的农经信息，使他们销售农产品快，农民增收多。

（5）引导服务工作。经营者由无序向有序、由松散向紧密型、由低层次向高层次发展，需要政府积极引导、科学管理。但要注意的是，政府对黄湖经营者的管理，不能靠行政命令，更不能拔苗助长，而应由市场来完成。对一些已具有深厚的社会基础和经济基础的、已经成熟、定型的经营大户进行必要的指导和规范，不断提高其层次；对一些刚刚起步的小户则不要有过多的干预，而要因势利导，帮助其不断扩大行业规模和经营水平。同时，要经常对他们进行文化知识、市场经济知识、法律知识及农技知识培训，定期组织有关专家为经营者开展咨询服务，增强他们驾驭市场的能力，提高购销水平；要不定期组织经营者到生产经营发展快的开放地区参观学习，开阔视野，增长见识，取长补短；要加强对经营者的职业道德和诚信经营教育，强化道德修养和诚信意识。另外，随着黄湖经营者队伍的成长，还要及时制定相应的政策法规，使他们的活动逐步走上法制化、规范化的轨道。

第十一章 个人访谈

第一节 一个私营企业主的成功之道

一

黄湖村企业主吴云松现年 47 岁，他出生于一个家大口阔的农民家庭，家有祖父祖母、父亲母亲、妹妹和他一共 10 人。因家大口阔，他仅读至初中毕业便于 1972 年回乡务农。他年龄小，在生产队做工只能赚半个劳力的工分，但在当时却缓解了家庭的经济压力，除了可以自食其力外，还能为家里解忧分愁，满足了吴云松"农民的孩子早当家"的小小心愿。后来，他为了能赚得更多的工分，经过努力学习农机技术，开了两年拖拉机，这使他拿到了一个全劳动力的工分，更重要的是学到了技术，懂得了经营，为其日后的发展打下了一定的基础。

黄湖村位于云梦县城西郊，是云梦的老工业区，省机配厂、县化机厂、县农药厂、县水泥厂都建在该村的土地上。黄湖人均耕地面积后来只有 3 分多地，国家因此每年都给村里一定的招工指标。吴云松由于劳动表现突出，经过积极争取，于 1976 年成为云梦棉纺厂亦工亦农合同制工人，每月工资 37.5 元。这使他一下成为家里月收入最多的人，当然也一跃成为家里的经济支柱。但好景不长，仅当了 3 年工人，由于政策规定，无商品粮户口的亦工亦农合同制工人全部下放回乡，于 1979 年他又成为黄湖农民。

吴云松又一次面对家庭的困境陷入了沉思：黄湖地少人多，靠地难以养家，更谈不上致富，失去工资收入后，不仅家庭的经济陷入了危机，而且自己面临结婚成家，全家九口人仅挤住在仅有 50 多平方米的三间小瓦房里，怎么办？"穷则思变"，他经过仔细观察、深入分析之后认为，黄湖位于云梦城关东西交通要道，当时的交通工具主要是自行车，而修自行车的师傅少，认为在此开店修自行车是个好门道。此前他曾在原生产队开过拖拉机，懂得一定的有关修理技术，于是他筹资 1000 元，开起维修自行车、板车的维修店来。从此，他便走上了个体创业之路。经过一段时间的修车经营，他发现组装自行车比维修的利润要大得多，而且收入也相对稳定，他便主动积极地与县五金交电公司、县农机公司联系，承包了他们全部自行车、板车的组装活。组装好 1 辆车给组装费 3 元，一天能组装 10 多辆车，则是 30 多元，从此，他一边继续维修车辆，一边组装车辆。由于信誉好，技术好，好多人慕名找上门来，每天的活总是做不完，晚上还要加班组装车辆。辛勤的劳动，优质的服务，带来了丰厚的回报，他每月净收入在 1000 元以上，这在 20 世纪 80 年代初，工薪阶层每月仅 30 多元工资收入的人来看是相当高的。

　　吴云松是个不甘寂寞、不愿满足的人，他的特点是敢为人先。1983 年他已结婚几年，并生有 2 女 1 男 3 个小孩，由于家里人口太多，房屋实在住不下，他离开父母自己搬出家门，重新做了新房，当然这主要还是他手中有了钱。不过他要供养 3 个小孩还要支援弟弟妹妹读书，肩上的压力仍然不小。后来本村人见他修、装自行车的收入不错，便有不少人学他修、装起自行车来。另外，由于企业经营责任制的普遍实行，县五金交电公司、县农机公司也开始由私人承包经营，承包人开始自己组装车辆，这样吴云松就难以接到组装车辆的活了，同时他也发现此行没有多大的发展前景，于是便毅然决定放弃修、装自行车辆这个行业，另寻新的出路。

二

　　1983 年，吴云松开始从事汽车货运。这是他对市场经过认真观察、反复分析又做出的一项新选择。他认为，黄湖紧紧挨着云梦的主要工业区，交通便利，货源充足，当时的省机配厂、农药厂、水泥厂、化机厂、燃化公司都很红火兴旺，每天货运量很大，而运输车辆极其缺乏。当时国家的政策对农村的运输发展有较大的倾斜和扶助，准许农村使用旧车、简易车、农用车。这一政策积极引导农村运输市场，大力推动了农村经济的快速发展。起初，吴云松受资金限制，只好与本村农民黄一凡合伙到孝感买了一辆旧四轮简易小货车，由于车辆太旧维修费过多，加之合伙经营不善，效益不好，半年后就亏损 2000 元，只好当即决定散伙。事后，他根据自己的情况到外地打听寻访实用车型，终于在黄石下陆钢厂买了辆上海产 581 型汽车。当时汽油贵，营运成本高，他便把汽油机改装成柴油动力机，组成拼装车。拼装车开了一年多，经济效益较好，好多同村人见了"眼红"，想开车的人多，当时云梦无此车型出售，便要买他的车。他把车转卖给了一位村民后，便到湖南的长沙农场又买回了 3 台 581 型货车，转卖出两辆给村民，留下一辆车自用。两年后，村里的同类型车逐渐多了起来，加之此类型车毛病突出，即吨位小、速度慢，运行中危险性也大，交通运输管理部门对这些货运车也开始严格规范起来，他便只好把车转卖了。后来，他到广水畜牧场买了台北京 130 农用四轮车，这相对于 581 型三轮车安全多了，吨位也大多了，运营的经济效益大为提高。但两年后，他发觉这种农用车运输不能出县，严重制约了他从事长途运营的发展。于是，他决定再筹资购买了云梦轻纺局的正规汽车，并自费 4000 元到孝感驾驶学校学习驾车、修车技术，获得国家正规机动车驾驶证。从此，他的营运范围扩大到外县、外省。由于他抢占了先机，在此独家长途运营，所以货方找他的多，天天有货运，年净收入在 3 万元以上。在吴云松的影响和带动下，村里跑长途运输的人多了起来。1995 年运输市场基本饱和，运输行业竞争激烈，这时，已开了 13 年车的吴云松觉得自己已不适合开车的年龄，便毅然决定退出运输行业。

吴云松停止跑运输后，没有休闲的念头，相反，却有进一步另创大业的想法。他觉得路总要往前走，而且要坚持走在别人的前面，走出新路。在十几年的走南闯北运输生涯中，他觉得最大的收获是增长了见识，扩大了交际，提高了素质。他结识了黄陂一位叫喻西高的朋友，这位朋友常年从事水暖器材经营，在刚起步的 1990 年，只有 1 万元用来创业，4 年时间，资产滚到 100 多万元。吴云松想到自己起步比他早，起初投资差不多，但效益的差距却无法相比。这可说是促使吴云松转行的最主要原因。他跑遍国内十多个城市，寻求适应于他的新的致富之路。

三

吴云松在上述创业过程中，最后选择的也是最成功的，那就是创办预制涵管厂。他在从事汽车货运时，常给别人运送涵管，经过对涵管制作、生产销售的多年留心观察，基本上熟悉整个生产技术，也掌握了大量的销售渠道，加之他深入考察了云梦黄湖办场的可能性，便产生了办涵管厂的念头。他顾虑村里不支持，便到村委会进行试探性的咨询。村干部知道情况后立即表态，全力支持他办厂，并给他提供资金、场地、销售一条龙服务。当时村里的驾驶员多，村委会决定把它作为驾驶员转型的旗帜树起来，这使他坚定了在本村创建预制涵管厂的决心。

20 世纪 90 年代，云梦还没有一家正规的涵管厂，但云梦的城区改造、房地产开发、交通设施等都需要大量的涵管，当时要在外地购买，价格贵，运输成本高，而在黄湖办起涵管厂正好适应这种需求。另外黄湖村所在地还有云梦水泥厂、云梦水厂、云梦航运站、云梦火车站、黄湖沙石场，这些都为他创办涵管厂提供了丰富的资源。

吴云松办厂具备了天时、地利，但要真正办起来也并不是一件容易的事情。他首先遇到的困难就是资金不足，当时手中资金只有 9 万元（其中贷款 5 万元，自筹 4 万元），怎么办？他经过反复考察权衡，决定到湖北新州一家企业购回一套简易旧离心式制管机设备，经过自己加工改造后投入生产。但在生产中消耗大，抗压强度不够，容易破损，产品质量不高，特别是在交通公路的受压道路下不能使用。同时在生产时，工人劳动强度大，当地人都不愿干，只有雇用河南人，但河南人流动性大，不断换人。在管理上只有采用计时工资，包吃包住，这样，生产成本高，生产效率也低。这种改制性设备在高温和低温天气时不能生产，雨天时也不行，成品生产周期长，型号单一，因而造成生产废品多，成品积压多，一年后便亏损 5 万元。

初创的失败，他的思想受到很大冲击和波动，不办吧，债务缠身，骑虎难以下背。但气馁服输不是他的性格，再干下去又担心再失败。经过一周时间的激烈思想斗争，最后他决定将旧设备当废铁卖掉，再筹资金换新设备，亏损只当交学费。这时村领导班子也进行鼓励和扶持，将村里的场地无偿提供给他发展，帮他到处筹借资金；妻子家人也鼓励他办下去，帮他到亲戚家借了不少的钱。从而他下定决心，坚持办下去，一定成功，决不失败。

当然，要重头再干，则必须搞清过去失败的原因。他认为以前的办厂方向是对的，走的路子也是不错的，那么为什么会失败呢？这时，村干部帮他进行分析，并提出他的"水货产品水货价、夫妻儿子齐上马"的观念要变，小农经济的思想要变，小作坊的方式要变，要有企业家的素质和思路，变小生产者为市场经营者，要用规模、质量、效益、信誉来促进发展。他听了村干部的意见后很受教育和启发，便到南昌、上海、北京、郑州、广州、成都再次考察学习。考查回家后，便确定筹资 20 万元购买比较先进的碾压式制管机，并配齐了相应生产设备，使用调速电动机，同时根据自己的考察学习所得进行了技术改造。自此，生产效率提高了 3 倍，生产周期缩短了 2/3，特别是工人劳动强度减轻了 80%，生产损耗低，产品型号达 10 多个，涵管的抗压性能和质量大为提高。

为了再上一个新台阶，吴云松又采取一系列新举措：一是向村委会再申请 5 亩地进行扩建；二是到全县各村和相邻县市张贴广告；三是联系用户、签订供货合同协议；四是招收本村年轻有文化的村民扩充工人队伍，并选送外出学习，经过培训合格后再录用上岗。在管理上也由原来的计时工资制改为计件工资制。

吴云松处处节俭，坚持少花钱多办事。他进出货不请专用车，而是搭顺便车或同他人合伙用车；出外联系工作，不住旅社睡车站，不进餐馆而吃自带的干粮。经过不断的艰苦努力，他的涵管厂终于兴旺起来。七年来，他积累固定资产 600 万元，年产值逐年翻番，现在年产值已达到 60 万元，年纯收入 10 万元。那么，他成功的奥秘在哪里呢？

（1）坚持质量第一的理念。吴云松讲质量主要是严守"三个服从"，即在任何时候、任何情况下，产量服从于质量，效益服从于质量，速度服从于质量。他视质量为企业的生命，在奖励机制上实行"质量与工资挂钩"。他对客户许诺：如果产品在装卸运输、施工、安装及使用过程中出现断裂、粉碎、漏孔等质量问题，将加倍赔偿一切损失。近几年来始终保持着与客户之间零纠纷，产品合格率100%，客户满意率100%，旧客户能始终留住，新客户每年有增加。

（2）成功的企业实为成功的管理。黄湖涵管厂虽然不算大，但管理制度健全。在严格执行国家有关部门制定的管理法规的前提下，结合自己本厂的实际情况，相应制定了一系列健全的责任目标和管理制度，从而确保正常生产，确保产品质量，确保生产安全。其主要制度有考勤制度，安全管理制度，质量管理制度，财物管理制度等。在考勤上，要求生产人员做到不迟到、不早退、不无故旷工，有特殊私事应提前请假，以批为准，对出全勤的给予奖励，对违纪的视其情节予以处罚，直至解聘用工合同，从而有效地克服了农民工的随意性。在安全管理上，要求全体人员在工作和生产时严禁饮酒，如有人违禁，责令其停工。上班时要严格遵循操作规程，不得违规蛮干，要戴好安全帽、手套，严禁穿拖鞋。在质量管理上，全体人员要严把质量关，严格按规定的科学质量标准配备原料，严格按规定流程操作生产，杜绝只讲数量忽视质量问题的发生，如有违反规定出现质量问题，追究责任人责任，确保废品为零。在财物管理上，要求财经账目日清月结，大小财物现金均要立账，生产工具设备要正确使用，保持完好无损，生产场地要保持整洁有序，产品要摆放合理。

（3）不断创新、不断改进是成功的最大秘诀。涵管厂初创时，工人的劳动强度达到80%以上，但经过不断更新设备，不断改造，自动化程度明显提高，现在工人的劳动强度下降到10%以内，基本实现了工人由体力劳动转向脑力劳动，由苦力转向智力，由简单生产转向技术生产。他不仅加强自身学习，还分期分批指派表现好的工人到外地参观访问和培训学习，请专家来厂讲课指导、传经送宝，请县技术监督局专业人员定期检验质量，指导和改进质量技术管理。

（4）诚信经营，拓展市场。吴云松的涵管产品销售到哪里，他的名片就发到哪里，产品信誉合同就签到哪里。他坚守承诺，热情待人，周到服务，产品价廉质优，客户只要来购一次货，便成为常客，并给他引荐新客户，形成了市场的良性互动。他的名字在云梦及周边县市比较有名，形成了一段顺口溜：买涵管，到云梦，去黄湖，找云松。目前，他的产品包销云梦，畅销安陆、应城、孝感，远销武汉。

（5）村委会的鼎力支持和倾心扶助。吴云松起步创业时经济困难，村里无偿提供村办公楼的后院给他办厂；他筹资困难时，村里出面帮他贷款；他遭遇失败时，村里帮他分析原因，出谋划策，并借给他两万元资金，提供5亩土地，大量沙石料，支持他再干。产品出来后，镇里、村里包用他一家的涵管，村干部并承担起帮他包销产品、包收货款的任务，其销售额在20万元以上。吴云松经常感叹地说：办厂没有难，只要村支援。

吴云松作为黄湖土生土长的农民，能够创出今天的一番事业应该说是极不容易的，成功的关键在于他有不断进取、敢于开拓、勇于创新的精神。同时，亲朋好友的支持帮助，村委会的大力支持和提供的良好环境，是他能取得成功的重要条件。

第二节　一位个体餐饮业主的人生历程

改革开放，使社会生活发生了巨大的变化，给普通劳动者改善人生境遇提供了可能。每一个劳动者的生活、工作、思想都留下了时代进步的烙印，那些适应时代变化，主动抓住历史机遇的人，都先于一般人富裕起来，过上了小康生活，吴发明就是反映这一变化过程的典型人物。

吴发明，男，1948 年出生，小学文化，黄湖村第 4 组人。其妻邓清平，1952 出生，四川江油市人，1975 年经吴发明的嫂子（四川江油人，与邓清平一个公社）介绍来黄湖与吴发明结婚。据村民介绍，吴发明家庭成分高，土改时被划为富农，在"文化大革命"期间，找对象比较困难，他只好与来自较穷地方的四川姑娘结婚。吴发明本是一名普通社员，1979 年经人介绍到云梦县粮食局当临时工，在食堂当炊事员，干了两年后因同事务长关系不和，于 1981 年 5 月回家。

从粮食局回家时，黄湖还没有实行联产承包责任制，但当时的政策环境已逐步宽松，即"改革的春风已吹到了黄湖"，村干部与群众的思想观念开始出现了一些变化。回家后的吴发明，不愿重新回到土地上从事农业生产，便开始谋求新的出路。吴发明说，他从小就比较要强，读小学时当班长，经常受老师表扬，也做过不少学雷锋的好事，培养了他干什么都不愿落在别人后面的心理，这种心理一直支配着他。因在粮食局食堂当过炊事员，吴发明自然就想到了利用自己掌握的技术做点事。但是家里成分高，尽管 1979 年已不再讲阶级成分，但长期的心理习惯，吴发明还是小心谨慎行事。当时村里的书记是黄兴旺，主任是徐克安，吴发明向他们两位村干部提出在路边搭建一个棚子做小生意的要求，两位村干部同意了。于是吴发明与全家人商量，决定兄弟 4 人，加上老父亲共 5 人，第二天就开始营业，每天有两人值班。主要业务是做卤菜、炸油条、炸卷子，并由具有农村厨师手艺的父亲做一些简单的炒菜。吴发明的饮食店经营一年后，经过核算，共赚纯利 2600

多元，全家人都觉得经营不起眼的小棚子比种田划算多了，从而坚定了吴发明经营下去的决心。

吴发明的生意一天天红火起来，这使得村里有些人想跟着他一起经营。在此情况下，书记与主任提出扩大规模，增加人员，以吴发明为主，用村里的房子联合经营。包括村干部在内共8人合伙，吴发明的家人全部退出。因地处城郊且只此一家，其经营效益不错，生意红火。但5个月后，吴发明感到明显是吃大锅饭，不论干多干少，责任大小，赚了钱后8人平分，这怎能把餐馆开得好？于是吴发明与邱发明决定退出，后来村里请一位在纱厂退修的师傅来主持，但还是没坚持多久就搞不下去了。

退出后的吴发明回到家里，利用自家房屋靠公路边的优势，开起餐馆来。这时国家允许个人经营的政策气候已经广泛宣传，吴发明个人经营的胆子也更大了，他对家人说："不管赚不赚钱、先搞起来再说"。他在自家后院搭起一间简易厢房，门口挂上"铁西西大路餐馆"的招牌。因为价格适中，又是第一家，经此来往做生意与赶集的人都来进餐。他妻子是四川人，会做四川风味菜，这就更加吸引了顾客，周围邱叶村、铁西派出所、几家厂矿都慕名而来，餐馆生意火暴，吴发明逐渐发了起来。1987年，吴发明花了1万多元，最早在黄湖村路边盖起了楼房，铺了地板砖，装修了墙群，并安装了空调、电话、电视。

富了的吴发明，名声也一天天大了起来。1998年铁西工商所成立，将吴发明吸收为个体协会的会员并推举为协会主任。吴发明说这个主任只是一个空名，实际工作是整天帮工商所管市场收费，而又没有任何报酬，"吃了无钱的饭，却误了有钱的工"，家里的生意反倒请人帮忙，自己却没有时间照看餐馆的事，这岂不是荒废了自己的经营？于是他在1990年放弃了主任职务和工商所的工作，还是回家又经营起自己的餐馆来。

这期间，非公有制经济发展很快，同时竞争也开始出现了。在吴发明开餐馆的影响下，黄湖开餐馆的人也多了起来，最多的时候达到14家，这对于吴发明来说，是很大的威胁。各家为争客户，除了降价外，还采取了给大客户送红包、赊欠、改善餐馆环境等方式，这便使经营餐馆的成本加大，利润率下降。另外，到了90年代初中期，周围几家厂矿企业经营不景气，进餐馆的客户也大量减少，并且很多欠账成了死账收不回来，吴发明感到危机出现了。

吴发明说,村里的餐馆竞争激烈对他来说是好事,他起步最早,经验与资金实力比别人强,竞争正好可淘汰那些经营能力不强的业主。但他受制于家庭环境,他所具有的条件并不是那么优越。起初几年赚了些钱,他的家属便开始挥霍起来,除了添置各种必要设备、建房装修、购置各种家用电器外,还到外地如北京旅游,到四川娘家走动也勤了,每次都要花费几千元,还购买了部分首饰,这样累积起来花掉几万元钱,这些花费把他压倒了。尤其是吴发明的妻子邓清平不懂经营之道,吴发明说做生意讲究和气生财,开餐馆主要是吸引回头客,对顾客要特别热情,要讲究优质服务,可是邓清平恰恰做不到,常与顾客发生争吵,使得生意没法维持,最终不得不于1995年全家离开黄湖,搬迁到云梦县城。

吴发明因为资金缺乏,无本钱开餐馆,只好开小吃店。小吃店以经营早点为主,没有赊欠,所需资金不多。但开小吃店的竞争也很激烈,税收、房租都不低,营业时间长,人很辛苦,利润却很低。吴发明说,房子月租金330元,年交税费6000多元,夫妻二人年仅赚1万元,只够维持家用,并无节余和积累。这期间吴发明儿子读中学、上大学,这些年的积累都用完了。

吴发明的儿子2000年毕业于中南财经大学,读的财经类专业,毕业后到福州市一家酒店打过工,也在云梦县义堂镇中学教过书,但因工资太低没干几个月就离开了。后经人介绍到武汉打工,也因待遇问题回了家。现已结婚生子,其生活费用全靠父母不行,小两口只好一起到外地打工去了,儿子在福州,儿媳在广州。吴发明还有一个女儿,初中毕业后就没读书,一直在外打零工。吴发明有了孙子后,便暂停了小吃店的生意,妻子邓清平回四川娘家待闲,只有他和小孙子在家。我们问吴发明能否请人经营,他说利润低,请人算不过账来,且爱人与一般人不易合得来,他要照看孙子,没有时间做生意。但城里租的房子吴发明没有退,还是希望有一天能恢复经营,"在自己能动的时候养活自己,减轻后人的负担。"他说自己的生活在村里算中上游。

吴发明回顾自己大半生,深有所感。

第一,家庭成分对其人生影响很大。他心中印象最深的有以下几件事:一是读小学时被选为班长,老师说"既要讲阶级成分,但又不能唯成分论",

这句话他一生都忘不了。二是年轻时想参军，体检合格但因政审没被批准，这对他的人生到路有很大影响。三是婚姻问题，他说之所以到 28 岁才结婚，是因为家庭成分高在本地找对象困难。四是刚开始做生意时，认为自己出身成分不好，担心政策变会使自己挨批斗。总的来说，家庭出身对他一生的影响真是太大了。

第二，家庭和睦团结很重要。他认为"妇女头发长，见识短，男人一生应该立志当好家"。开餐馆比经营小吃店赚钱，但"老婆就是和我想不到一块"。他还认为，"种坏田，一季穷，结错了老婆，一世穷"，当初若不离开黄湖，家里经济状况可能会更好。现在爱人与儿媳关系不和睦，一个回四川娘家，一个外出打工，孙子出生只有 4 个月，一家人分散在四个地方，本不该这样。

第三，人要敢想敢干，有文化。他说："我们年轻时，参加集体劳动，干多干少一个样，家里的成分高，总要比别人多干。后来邓小平搞改革开放，八仙过海，各显神通，把经济搞活了。家庭和个人要跟得上社会的变化，我这个人一直对生活有信心，也总想干点事，开餐馆后，我也带过很多贫困乡亲走致富路。""以前干事，靠胆量靠决心，现在光是这些还不行，还要有文化，有文化的人才能赚大钱，儿子大学毕业，国家再也不安排（工作）了，靠文化在福州能找个收入高的工作，现在的开放政策好。"

第四，做生意要脚踏实地，长期坚持。"世界上赚钱的门道多，选择做什么要从自己实际出发，长期坚持，逢悄不赶，逢滞不丢；不能这山望到那山高，不切实际。"黄湖有很多靠搞运输、养殖、加工致富的，吴发明认为他的特长就是开餐馆。他说："不能看着别人赚钱眼红，关键是要找准自己的路，政策放开了，就看你个人的本事，赚不到钱怨不得别人"。

第三节　一位长者的生活经历

2003 年 9 月 19 日这天，是星期日，时令虽已接近秋天，但"秋老虎"尚未退却，课题组由黄湖村党支部副书记罗大荣同志带路，冒着中天骄阳去访问该村中的一位古稀老人。我们走进一栋二层楼的村民住宅，只见一位须发花白、赤膊的老人，正坐在一张围坐满了儿孙的饭桌的正上方吃着午饭。

一位中年男子（大约是老人的儿子）知道我们的来意后，便立即放下碗筷，拿了两张椅子带我们到老人的卧室里等候。这是一间大约10平方米的卧室，朝南开着窗户，房间显得十分明亮。室内摆着一张床，两个老式衣柜，一把藤条椅，虽然有些陈旧，却正好印证了卧室主人的生活习俗和当前的生活水平。我们坐等了一杯茶的功夫，老人已吃完饭，仍光着上身，用汗巾擦着身上的汗水走进卧室，同我们漫谈起他一生的生活经历来。

这位老人叫黄子舜，癸亥（1923）年冬月生，据说是村内健在的16位80岁以上老人中生活经历最丰富至今口齿最清楚的人。他出生贫苦，父辈一共弟兄3人，只有3斗田地。其父排行第二，因家里贫穷，结婚很晚，母亲嫁到他家时已年过40岁。待到父辈分家时，父亲只能有1斗田地，因而父母只有起早贪黑地织布，以此养家糊口。父母生下他们弟兄妹3人，他也是排行第二，因哥哥取名子尧，他便被取名子舜，妹妹子娲，其意是父母希望他们兄妹都能成为对社会有用的贤良人才。

黄子舜3岁时，家中非常贫困，父母养活不了他们兄妹3人，当时叔父母没有生育，便将他过继给叔父母做儿子。但因叔父家里也穷，他6岁就学着参加劳动。叔父家里也只有1斗田，常年以织布为生，他学着做预制线一类比较简单的活。到了上学年龄，他只能望着有钱人家的孩子背着书包上学，而自己必须跟着叔父母一起劳动，挣钱维持生活。他刚刚15岁时，受生活所迫，不得不到离家十多里路的赵许岗一个姓许的地主家做长工。他不分日夜地给地主干活，一年也只能得到2石多谷子。有一次，东家要他到附近另一个地主家去换工，说是事先约定了的。可是待他起早到那地主家时，见他年纪小便要他回去。工没换成，他只好回东家告知此事，东家知道后大发脾气，骂他没有用，不给饭吃，要他像狗一样去吃屎。后来，他实在受不了地主家的虐待和折磨，勉强干满一年就回了家。可是回到家里仍无以为生计，只好另找到曾店一户殷富人家做月活。未干上几天，国民党来这里抓壮丁，他不得不又逃回家中。再无其他谋生之路，他只能跟着婶母学织布。那时，买回棉线织成一匹布（5丈长），卖出后可赚回3升米（相当于3公斤），他们全家人忙活一天，可织成一匹布，每天就只能靠着这3升米度日。

1938年底，日本鬼子侵入云梦县城，四处烧杀掳掠，强奸妇女，黄子舜的未婚妻为逃避劫难，便和他一起逃往偏远的湖区，直到第二年平静了一点时，两人才回到村里来，也就这样，他们算结了婚。他们和叔父母一共 4 口人，仍以织布为生。日本人投降后，形势好了起来，村里有人收购棉布到河南、陕西去贩卖，这时出售的价格很好，织一匹布可赚到 1 斗米，是原来利润的 3 倍，因此生活慢慢好过起来。可是太平没有多久，国民党又疯狂地发起内战，拉丁派款，没有人敢收购棉布出外贩卖，织布这条生路没了，家里穷得揭不开锅盖。随即叔父母在穷困潦倒中相继去世，他们小夫妻俩只好出外找货栈搬运东西。当时装运的工具是人力独轮车，他们没有钱买车，只好狠着心将住房典当给别人，用换来的 1 石麦子买了一辆独轮车，带着刚满 6 岁的孩子，来到府河的彭罗家码头起运货物。天下的穷人怜悯穷人，他们找到附近一个好心的人家借住下来，在那里以装运货物为生，就这样苦苦度过了 4 年。

1951 年秋末，开始土地改革，他们回到黄湖，自己搭了一个草棚，暂时住下。后来分到了 3 斗田，农忙时种田，农闲时织布，经过一年辛勤劳作，家里就有了剩余，将四年前典当出的房子赎回，从此才真正过上了安定自由的生活，也就在这年，他们有了第二个孩子。

1954 年，他和家人一起加入了初级农业合作社，从此，他则凭着入股的 3 斗田和夫妇二人参加集体劳动所得的工分取酬以解决全家人的生活。第二年，社里买回一台 "6 - 8" 柴油机，想加工稻谷，可是没有懂机械的人，他便自告奋勇地代集体请来他的懂机械的舅兄，帮助和指导安装使用这套机械，他从中学会了开机械的技术，便由他负责加工稻谷和麦子。1956 年由低级合作社转入高级合作社后，又增添了一台 12 匹马力的柴油机，他不仅掌握了碾米、磨面粉的技术，还学会了轧花的技术，这不仅解决了社内群众和周边群众的生活问题，也增加了集体收入的来源。他虽然按同等劳动力靠记工分，但一年 360 天，天天有工分。因为不论天晴天雨，终年都能出勤，他一年可得 3600 分，加上妻子一年可挣的 2000 分，一共 5600 分，年终结算分红，扣除一年所得物资折算的款项，尚可得红 200 多元。他说，他家的生活从那时起就是 "芝麻开花节节高"。

1958 年，成立人民公社，黄湖改为生产大队。随即正式成立了加工厂，扩大了原来的加工规模，机械由柴油机发展到电动机，由碾米机、磨粉机、轧花机增加到剥绒机、榨油机等 30 套加工器械。黄子舜平时注重学习机械修理和操作技术，这时他成了技术比较全面的机械操作员，加工厂办得非常红火，经济发展的形势很好。但不管黄子舜有多大技术和能力，也不管他对黄湖生产大队的经济发展有多少贡献，他仍然按同等劳动力计酬，不能多拿一分，劳动的积极性靠的是政治觉悟。他就凭着这种觉悟一直干到1978年。

1982年，大队实行家庭联产承包责任制后，随即将加工厂承包给个人，每年只交给集体200元钱。黄子舜便约黄桂命合伙承包，共同干了5年。就是这5年，使他成为村里的"万元户"，首先富起来的人。

2002年，80岁的老伴去世，他便和二儿子住在一起，吃住由儿子负责，穿衣和零花钱由两个女儿供给。他无忧无虑，忙时到田间帮忙干点活，闲时便进茶馆聊天或者去看皮影戏。他一生中，感觉日子过得最幸福的就是20世纪90年代以来的生活。他说，按照现在的身体状况来看，还想争取再活20年。

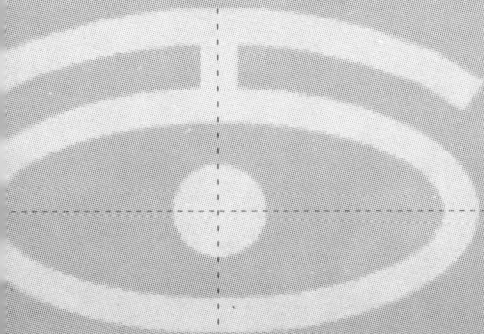

第三编

问卷调查分析

第十二章 家庭问卷调查分析

2002 年 5 月至 12 月，本课题组对黄湖村 351 户家庭进行了全数问卷调查，获得有效问卷样本 318 个，现将其进行多方位的统计分析。分析这些问卷的目的，是为了获得所反映的信息，从量上更加精确地认识黄湖的社会经济结构，发现黄湖人在当今社会变革中的观念意识和行为模式特征。我们这里获得的 318 个有效问卷样本，涉及黄湖 91% 的家庭，因此，对其所进行的分析，能够把这些问卷中透视出来的信息看做是整个黄湖的社会经济结构和观念意识及行为模式的反映。

第一节 人口与家庭

318 份户访问卷涉及的是 318 个家庭，所以在本节，我们将把 318 个家庭当做一个整体，根据从中所得到的信息，来概括描述这些家庭的基本情况，包括人口特征和家庭结构。

318 个家庭共有 1291 人，经过统计可以看出，他们具有如下特征。

（1）在性别结构上，男性有 663 人，女性有 628 人；男性占统计人口数的 51.3%，女性占 48.7%，性别比为 1.06，即男性高出 0.06。不过，在此要说明的是，黄湖村的在册登计农业人口为 1195 人，其中男性为 556 人，女性为 629 人，其性别比为 0.9：1，其女性比男性高出 0.1，这里形成反差的原因是因为我们调查的户卷所统计的 1291 人中，有非农业户口 205 人，而这 205 人大多是当年招工到国有企业而至今返乡回家的男性。

（2）在年龄结构上，1291 人中，最小的为 0 岁，最大的为 87 岁，这两端之间的年龄结构为表 12 - 1 所示。

表 12 – 1　问卷中人口年龄分组分布

年龄（岁）	0～6	7～15	16～19	20～29	30～39	40～49	50～59	60 以上	合计
人数（人）	51	235	107	184	227	198	158	131	1291
百分比（%）	4	18.2	8.3	14.3	17.6	15.3	12.2	10.1	100

从表 12 – 1 中所显示的年龄结构来看，15 岁以下和 60 岁以上的非劳动年龄人口共有 417 人，占被调查人口数的 32.3%，而 16～59 岁的劳动年龄人口共有 874 人，占 67.7%。这就是说，劳动年龄人口负担系数为 0.48，这个系数是比较高的。当然，这只是一种理论上的计算，据调查，黄湖实际上有不少 60 岁以上的人仍能参加劳动，并未完全退出劳动者行列，有的甚至是家庭中的重要劳动者，靠着自己的劳动所得养活自己。但是，仍然可以看出，黄湖即将进入老龄化社会，因为 60 岁以上的人口已达 9.5%。这里要说明的是，在第一编第一章第三节中谈到，黄湖的人口中 60 岁以上的已有 180 人，占全村总人口（1400 人）的 12.9%，这两个比例相差 3.4 个百分点，是因为有效户卷数与实际户数相差 33 户，109 人。如果根据黄湖的实际在册登记人口数计算，黄湖已进入老龄化社会。

（3）在接受文化教育方面，据 318 份户卷调查统计数字显示，除去 5 岁及其以下未到上学年龄的 38 人外（因该村 6 岁的孩子中已有 7 人上了学，所以此处，把 6 岁以上的人都划入应受教育者中），其余的 1253 人中，各人受教育的年限是不相同的，其具体情况见表 12 – 2。

表 12 – 2　受教育年限分组分布

年限（年）	0	1	2～3	4	5～6	7～9	10～12	13～16	合计
人数（人）	229	28	85	69	290	472	106	12	1291
百分比（%）	17.7	2.2	6.6	5.3	22.5	36.6	8.2	0.9	100.0

从表 12 – 2 中可以看到，黄湖人口的文化素质是比较高的，在所调查到的 1291 人中，未受教育者 229 人，如果除去其中未满学龄（不足 7 岁）的儿童 44 人外，实际文盲只有 185 人，占调查人口数的 14.3%；而受教育年限在 7～9 年（即初中文化程度）的占了最大比例，即 36.6%；进而计之，具有初中以上文化程度的则占 45.7%。

为了更精确地了解问卷中人口的受教育程度的基本特征，我们分别对性别、年龄和受教育年限进行了交叉统计，所显示的相关统计可见表 12 – 3 和表 12 – 4。

表 12 – 3　分性别受教育年限分组分布

单位：年，人

性别＼年限	0		1	2 ~ 3	4	5 ~ 6	7 ~ 9	10 ~ 12	13 ~ 16	合计
	6 岁	7 岁以上								
男	22	34	14	51	38	163	275	57	9	663
女	22	151	14	34	30	127	197	49	4	628
合计	44	185	28	85	68	290	472	106	13	1291

表 12 – 4　分年龄受教育年限分布

单位：年，人

年龄（岁）＼年限	0	1	2 ~ 3	4	5 ~ 6	7 ~ 9	10 ~ 12	13 ~ 16	合计
0 ~ 6	44	7	0	0	0	0	0	0	51
7 ~ 15	0	11	40	43	82	59	1	0	236
16 ~ 18	1	0	0	0	11	64	15	0	91
19 ~ 29	0	0	1	0	44	107	38	10	200
30 ~ 39	5	1	6	5	45	136	28	10	227
40 ~ 49	40	4	12	5	44	74	18	1	198
50 ~ 59	61	1	13	8	45	23	5	1	157
60 以上	78	4	13	7	19	9	1	0	131
合计	229	28	85	68	290	472	106	13	1291

从表 12 – 3 可以看到，男性的受教育程度比女性高。例如，在男性当中，受教育 7 年以上的有 341 人，占该性别被调查人口的 51.4%；而在女性当中，受教育 7 年以上的有 250 人，占该性别被调查人口的 39.8%，与前者相差 11.6 个百分点。受教育年限的性别差异突出地表现在 0 教育年限的性别分布上。绝对而言，受教育 0 年的男性，除去 6 岁以下的，仅有 34 人，而女性则有 151 人，比男性多 117 人，即多 34%；相对而言，受教育 0 年的男性在该性别中所占的比重为 5.1%，而女性的相应比重则达到 24%，比男性高出 18.9 个百分点。

表 12-4 显示，就 16 岁以上劳动年龄人口来讲，一个基本趋势是，以受教育年限表示的个人文化程度随着年龄的增长而降低。例如，在 16~18 岁的 91 人中，受过初中及以上教育的有 79 人，占本年龄段人数的 86.8%，而受过高中教育的有 15 人，占 16.5%，在各年龄段中都是最高的。在 19~39 岁这个年龄段的人口的文化素质也比较高，其中，受教育年限在 7 年及以上的共计 320 人，占本年龄段人口数的 74.9%；而在 10 年及以上的有 77 人，占本年龄段人口数的 18%，从而可以看出，文化程度最高的集中在 19~39 岁这个年龄段。年龄在 40 岁及以上的被调查人口的文化素质明显偏低，就未曾受过教育的方面来看，这个年龄段的人口中，有 179 人，占全部未受过教育的被调查人口的 78.2%；就受过 7 年及以上教育的这个方面来看，这个年龄段的人口中有 132 人，仅占本年龄段人口数的 27.2%，与以上两个年龄段相比，分别低 59.6 和 47.7 个百分点。尤其是在 60 岁及以上年龄的人口中，未受过正式教育的有 78 人，占未受教育的被调查人口的 34.1%，占本年龄段人口的 59.5%，也就是说，接近 60% 的人口是文盲。

以上讨论了户访问卷的基本人口特征，下面所要描述的是户访问卷所包含的家庭结构特征。关于家庭结构特征，问卷所提供的信息是比较齐全的，我们可以从中发现黄湖居民户家庭的基本模式。

第一，统计结果表明，在户访问卷所涉及的 318 户中，人口最多的户有 9 人，人口最少的户仅有 1 人，户均规模为 4.06 人，标准差为 1.31 人，这说明实际的家庭规模差别不是很大。表 12-5 是家庭人口规模的分布态势，从中可以看出，大多数家庭的人口规模在 3~5 口人之间，尤以 4 口人的居多，占被调查户数的 32.1%，其他都在该规模位次之下。

表 12-5 家庭人口规模分组分布

人口数	1	2	3	4	5	6	7	8	9	合计
频数（户）	1	36	71	102	68	28	8	3	1	318
百分比（%）	0.3	11.3	22.3	32.1	21.4	8.8	2.5	0.9	0.3	100

第二，黄湖村民家庭的类型以核心家庭为主，主干家庭也占有比较大的比重，而传统的扩大家庭类型则只占有 3.1% 的比重。令人注意的是，由于子女分家独立而形成的"夫妻家庭"（当今人们称之为"空巢家庭"），竟然

占到了 7.9% 的比例。我们入户访谈发现，一对夫妻有两个以上的儿子，并且这些儿子都已结婚的，一般子媳都已分出独立，从而形成这种"夫妻家庭"。据有关村民反映，这样可以避免很多矛盾，所以只要是有两个以上儿子结婚的，都会出现这样的家庭。但是，只有一个儿子的夫妻，其儿子结婚后，大多数并不分家，而是由上下两代两对夫妻形成一个主干家庭。由此可见，在计划生育的影响下，主干家庭将可能成为发展的上升趋势。家庭类型的具体分布见表 12－6。

表 12－6　家庭类型分布

家庭类型	核心家庭	主干家庭	单亲家庭	扩大家庭	夫妻家庭（无子女）	夫妻家庭子女分家	单身家庭	合计
频数（户）	210	58	8	10	6	25	1	318
百分比（%）	66	18.2	2.5	3	2	8	0.3	100

第三，与以上所述家庭规模和家庭类型特征相呼应，问卷中涉及的家庭的代数结构显示以两代人为主体结构（见表 12－7）。

表 12－7　家庭代数分布

代　数	1	2	3	4	合　计
频数（户）	32	196	86	4	318
百分比（%）	10.1	61.6	27	1.3	100

表 12－7 显示，由两代人组成的家庭占了近 62% 的比例，与此同时，三代人的家庭也比较多见，而四代人的家庭就很少很少了。

第四，从上述种种情况来看，则可以推断，存在于同一个家庭中的夫妻对数不会很多。我们从表 12－8 中可以看到，在 318 个被调查户中，76% 强的户只有一对夫妻，不足 1/5 的户有两对夫妻，而有 3 对夫妻的户只有 1.3%。

表 12－8　家庭夫妻对数分布

夫妻对数	0	1	2	3	合　计
频数（户）	9	242	63	4	318
百分比（%）	3	76	19.8	1.3	100

第二节 劳动与就业

我们的户访问卷设计了主业、主业从业方式、主要职务以及第一兼业等几个指标，以便深入了解黄湖村民的劳动与就业状况。我们将在本节根据这几个指标对被调查人口的劳动与就业状况进行统计分析。不过，在此首先要说明的是，318 份户访问卷并未提供每户的劳动就业的完全信息，因此，所有的统计分析都是针对有效数据进行的。

第一，从主业来看，有效数据有 1234 个，即问卷提供了 1234 人的劳动就业信息。统计分析表明，黄湖人的劳动就业结构呈现多样化的状态，如表 12 - 9。

表 12 - 9 被调查人口的主业分布

主 业	人数(人)	百分比(%)	主 业	人数(人)	百分比(%)
种 粮	3	0.2	服 务 业	117	9.5
经济作物种植	245	19.9	乡村管理	6	0.5
林 业	1	0.1	教育文化	11	0.9
牧 业	11	0.9	科技卫生	2	0.2
渔 业	12	0.9	在 校	266	21.6
工 业	131	10.6	家 务	47	3.8
建 筑 业	79	6.4	赋 闲	103	8.3
运 输 业	93	7.5	其 他	45	3.6
商 业	62	5.0	合 计	1234	100.0

从表 12 - 9 中可以看出，在 1234 人中，以广义农业（包括种粮、经济作物种植、林业、牧业、渔业）为主业的有 272 人，占 22%；以工业、建筑业、运输业、商业、服务业、乡村管理、教科文卫等非农业为主的有 501人，占 40.6%。这说明，在黄湖，非农就业的重要性已超过农业就业的重要性。不过，单独就行业来看，以经济作物种植为主业的人仍然是黄湖的一个最大的劳动人口群体，以工业与服务业为主的劳动人口群体次之，以运输业、建筑业为主业的劳动人口群体再次之，不过其数量也不算少，但是以种粮为主的劳动人口群体已是微乎其微了。

第二，就主业的从业方式而言，问卷提供了 818 人的有关信息。统计的结果表明，以个体经营为主业从业方式的有 259 人，占最重要的地位，为问卷提供人数的 31.7%；责任田承包，有 247 人，占 30.2%；国有单位 114 人，占 13.9%。另外，私营 54 人，占 6.6%；集体单位 39 人，占 4.8%；合作经营 15 人，占 1.8%；家庭规模承包 7 人，占 0.9%。这里所讲的从业方式，是指主业的经营性质。那么，从以上所述，说明黄湖人主业的经营性质也是多样化的，而且是非集体或非国有的经营性质占主导地位；在集体和国有单位工作的仅占 18.7%，也就是说不到 1/5（见表 12 – 11）。

第三，就主要就业领域的主要职务而言，问卷同样提供了 818 人的有关信息。统计显示，一般体力劳动者所占比重最大。就具体情况来讲，818 人的主要职务构成为：国家干部 5 人，占 0.6%；村干部 4 人，占 0.5%；企业主管 4 人，占 0.5%；教师 8 人，占 1%；技术人员 73 人，占 8.9%；一般劳动者 627 人，占 76.7%；一般管理人员 34 人，占 4.2%；个体手工匠 32 人，占 3.9%；会计 3 人，占 0.4%；其他 28 人，占 3.4%。如果在此把村干部、企业主管、教师、技术人员、会计、一般管理人员均视为乡村"白领"，而把一般体力劳动者和个体手工匠均视为乡村"蓝领"，则前者所占的比重仅为 15%，而后者所占比重达到 80.6%，后者是前者的 5.4 倍，从而可以看出，目前的黄湖尚未实现工业化的社会转型。

第四，就第一兼业而言，问卷提供了 106 人的信息。其具体情况为：以种粮为第一兼业的有 3 人，占 2.8%；经济作物种植 23 人，占 21.7%；牧业 18 人，占 17%；渔业 3 人，占 2.8%；工业 7 人，占 6.6%；建筑业 19 人，占 17.9%；运输业 8 人，占 7.5%；商业 10 人，占 9.4%；服务业 4 人，占 3.8%；赋闲 1 人，占 0.9%；其他 10 人，占 9.4%。从这组数据可以看出，黄湖人兼业的不多，只占从事主业人数的 8.6%，并且第一兼业为广义农业的则有 47 人，占第一兼业人数的 44.3%，从而显示黄湖的农业无论是在主业还是兼业方面都已不占主导地位。

人们把劳动就业看做是自己一生中最主要的行为选择。为了进一步理解黄湖人的劳动就业选择，我们则分别对其年龄、性别、受教育年限与劳动就业选择进行了交叉统计，并获得了丰富可观的成果。

一　关于被调查者的性别与其主业就业行为的关系

从表 12 – 10 中可以看到，就不同性别的劳动分工而言，除了"在校学生"不是劳动就业外，男性占优势的职业领域主要是工业、建筑业、运输业、乡村管理和教育文化；而妇女则在经济作物种植、家务等领域占有显著的优势，在商业领域也占有一定优势，但人数不算多。在服务业领域，男女的人数基本持平，而在家赋闲的主要是女性。这种分工表明，黄湖的男性主要是在现代的第二、三产业就业，而女性则主要是在传统的第一产业就业或者在家赋闲，造成这种分工格局的原因，既有传统的性别分工文化的因素，也有现代市场经济对高素质劳动力的选择偏好的影响。所谓劳动力素质目前主要是指劳动力的受教育程度和体力等因素。

表 12 – 10　分性别主要职业分布

单位：人

职业 \ 性别	男	女	合　计	职业 \ 性别	男	女	合　计
种　　粮	2	1	3	服 务 业	59	58	117
种经济作物	74	171	245	乡村管理	5	1	6
林　　业	0	1	1	教育文化	7	4	11
牧　　业	6	5	11	科技卫生	0	2	2
渔　　业	9	3	12	在　　校	151	115	266
工　　业	77	54	131	家　　务	4	43	47
建 筑 业	74	5	79	赋　　闲	30	73	103
运 输 业	80	13	93	其　　他	28	17	45
商　　业	30	32	62	合　　计	636	598	1234

　　表 12 – 11，表明了劳动力的性别与其经营方式的某种联系。妇女相对于男性而言，占明显优势的经营方式只有责任田承包。而在个体经营、合作经营、私营、国有单位和集体单位等几种经营方式中，男性相对于妇女占有绝对的优势，这种状况的存在，就某种意义而言，正是上述主业分工格局的结果。

　　表 12 – 12 进一步揭示了黄湖男女就业结构的差异，除了在一般体力劳动者这个职务范畴内男女相差不大外，在其他职务范畴中，女性都明显处于劣势，大多重要的职位都被男性优先占据着，而女性只是配角。

表 12 – 11　分性别经营方式分布

单位：人

方式 \ 性别	男	女	合 计	方式 \ 性别	男	女	合 计
责任田承包	7 5	172	247	国有单位	76	38	114
个体经营	172	87	259	集体单位	30	9	39
合作经营	9	6	15	其 他	53	30	83
家庭规模承包	3	4	7	合 计	451	367	818
私 营	33	21	54				

表 12 – 12　分性别主要职务分布

单位：人

职务 \ 性别	男	女	合 计	职务 \ 性别	男	女	合 计
国家干部	3	2	5	一般劳动者	317	310	627
村干部	3	1	4	一般管理人员	23	11	34
企业主管	3	1	4	个体手工匠	25	7	32
教 师	6	2	8	其 他	16	12	28
技术人员	54	19	73	合 计	451	367	818
会 计	1	2	3				

表 12 – 13，显示了当今黄湖人出村就业的比例很大，但就男女相对而言，男性出村就业的比例仍然大于女性出村就业的比例。如男性占本性别被调查人口的 68.3%；女性占本性别被调查人口的 41.1%，即男性出村就业的比例是女性出村就业比例的 1.7 倍，不过，这个比例已呈日益缩小的趋势。

表 12 – 13　分性别就业地点分布

单位：人

性别 \ 地点	本 村	本乡镇	本 县	本 省	外 省	合 计
男	143	42	174	29	63	451
女	216	28	61	11	51	367
合 计	359	70	235	40	114	818

二 关于被调查者的年龄与其主业就业行为的关系

表 12 - 14 中，呈现出黄湖劳动力的年龄越小，则越倾向于主要在非农业部门就业的现象，这也正好表明，在多种经济所有制和社会结构的情况下，人们的就业选择是随着年龄的降低而更多地偏向于现代经济部门和城市就业的。如黄湖的劳动力，在 49 岁及其以下者没有一个种粮的，在 201 个 19～29 岁的村民中，主要从事经济作物种植、林业、牧业、渔业的 7 人，占 3.5%；而主要从事非农产业的有 134 人，占 66.7%；后者几乎是前者的 19 倍强。在 227 个 30～39 岁的村民中，主要从事农业的有 43 人，占 18.9%；而主要从事非农产业的有 159 人，占 70%。在 197 个 40～49 岁的村民中，主要从事农业的有 72 人，占 36.5%；而主要从事非农业的有 105 人，占 53.3%。在 157 个 50～59 岁的村民中，主要从事农业的有 85 人，占 54%；

表 12 - 14　各年龄主要职业分布

单位：人

主业＼年龄（岁）	0～15	16～18	19～29	30～39	40～49	50～59	60以上	合　计
种　粮	0	0	0	0	0	1	2	3
种经济作物	1	1	3	35	66	79	60	245
林　业	0	0	0	1	0	0	0	1
牧　业	0	0	3	4	2	2	0	11
渔　业	0	0	1	3	4	3	1	12
工　业	0	12	48	37	15	13	6	131
建筑业	1	7	15	32	20	2	2	79
运输业	0	0	12	40	26	15	0	93
商　业	0	2	17	19	15	6	3	62
服务业	2	13	38	28	22	10	4	117
乡村管理	0	0	1	1	4	0	0	6
教育文化	0	0	2	2	2	2	3	11
科技卫生	0	0	1	0	1	0	0	2
在　校	224	34	8	0	0	0	0	266
家　务	1	4	10	10	11	7	4	47
赋　闲	5	22	26	7	4	11	28	103
其　他	0	3	16	8	5	6	7	45
合　计	234	98	201	227	197	157	120	1234

而主要从事非农业的有 48 人，占 30.6%。总之，年龄越大，主要从事农业的劳动力比例则越大，反之则越小，尤其是在 20 岁以下的，主要从事农业的劳动力极少极少。年龄越小的劳动力，则从事非农产业的比例越大，反之越小。这说明现代年轻劳动力普遍追求和向往现代经济部门和城市，他们不愿滞留在农村和农业领域。

表 12－15 表明，黄湖劳动力在主业经营方式与年龄的关系上，相对而言其基本趋势是劳动力的年龄越小，则以"承包责任田"为主要经营方式的人就越少。例如，在 38 个 16～18 岁的劳动力中，仅有两人以"承包责任田"为主要经营方式，占 5.3%；在 157 个 19～29 岁的劳动力中，有 3 人以此为主要经营方式，占 1.9%；在 210 个 30～39 岁的劳动力中，有 37 人以此为主要经营方式，占 17.6%；在 182 个 40～49 岁的劳动力中，有 62 人以此为主要经营方式，占 34%；在 139 个 50～59 岁的劳动力中，有 82 人以此为主要经营方式，占 59%。这种发展变化趋势表明，黄湖劳动力的年龄越轻，趋向市场的经济行为越强。另外，在非农产业领域，从事个体经营的，以 30～39 岁主要从事此种经营方式的人数为最多，有 96 人，占本年龄段人数的 45.7%；其次是 40～49 岁的，有 70 人，占本年龄段人数的 38.5%；再其次是 19～29 岁的，有 53 人，占本年龄段人数的 33.8%。这也就表明这个年龄段的青壮年趋向于市场的经济行为最强，因为这些人的经济意识最浓，经济行为最成熟，独立经营要求最迫切。

表 12－15　分年龄经营方式分布

单位：人

方式 ＼ 年龄（岁）	0～15	16～18	19～29	30～39	40～49	50～59	60 以上	合计
责任田承包	1	2	3	37	62	82	60	247
个体经营	0	6	53	96	70	27	7	259
合作经营	0	1	3	9	2	0	0	15
家庭规模承包	0	0	2	3	1	1	0	7
私　营	1	5	20	19	7	2	0	54
国有单位	0	6	41	26	18	14	9	114
集体单位	0	2	8	9	9	6	5	39
其　他	2	16	27	11	13	7	7	83
合　计	4	38	157	210	182	139	88	818

　　在社会主义市场经济的初级阶段，农村人口的就业模式与就业地点有一定的关联性。也可以说，村民的非农就业通常要通过流动来实现，即中国民工潮形成的一个基本原因。黄湖的乡村工业不多，村民非农就业的外出比例所占份额很大，在我们收到的830个就业人口的有效信息中，则有455人外出就业，占54.8%，即已超过一半的比重。同时，从对外出就业这样一种就业模式的选择来看，也往往与人们的年龄有着明显的相关关系。

　　表12-16显示，随着被调查者年龄的增加，其在本村就业的比例逐渐增加，而外出就业的比例逐渐减少；反之，随着被调查者年龄的缩小，其在本村就业的比例逐渐减少，而外出就业的比例逐渐增加。例如，从"16~18岁"、"19~29岁"、"30~39岁"、"40~49岁"、"50~59岁"、"60岁以上"这几个年龄段的被调查者在本村就业的比例分别为：5.1%、14.2%、39.1%、52.7%、70.4%、75%；而外出就业的比例则分别为：95%、85.8%、60.9%、47.3%、29.6%、25%。同时，我们也可看到，"19~29"、"30~39"这两个年龄段的人的主业就业地点在本省和外省（实指省内外大城市）的，要比其他年龄段的人多，即这两个年龄段的人的主业就业地点在本省的有24人，占全部以本省为主业就业地点的被调查者的58.5%；在外省的有74人，占以外省为主业就业地点的被调查的69.2%。综合地看，在148个以本省和外省大城市为主业就业地点的人数中，有98人属于这两个年龄段，占66.2%，其中尤以19~29岁这个年龄段的为最多，有65人，占43.9%。出现这种结构的原因大概是这两个年龄段的人是真正的青壮年，也是家庭经济收入的主要支柱，他们迫切需要，并且也有条件到大城市或外省去闯天下，以寻找更好的经济发展机会。

表12-16　分年龄主业就业地点分布

单位：人

地点＼年龄（岁）	7~15	16~18	19~29	30~39	40~49	50~59	60以上	合计
本　　村	2	2	23	79	97	100	72	375
本乡（镇）	0	3	10	19	23	11	5	71
本　　县	1	6	64	71	50	27	17	236
本　　省	0	5	14	10	8	2	2	41
外　　省	2	23	51	23	6	2	0	107
合　　计	5	39	162	202	184	142	96	830

三　关于被调查者受教育年限与其主业就业的关系

表 12 – 17　分主业受教育年限分布

单位：人

主业＼年龄（岁）	0	1	2 ~ 4	5 ~ 6	7 ~ 9	10 ~ 12	13 ~ 16	合计
种　　粮	1	0	1	1	0	0	0	3
经济作物	108	7	32	46	49	3	0	245
林　　业	0	1	0	0	0	0	0	1
牧　　业	2	0	0	4	5	0	0	11
渔　　业	1	0	0	3	7	1	0	12
工　　业	0	0	7	39	70	15	0	131
建筑业	2	0	4	21	44	8	0	79
运输业	8	0	3	23	49	10	0	93
商　　业	4	1	3	8	36	9	1	62
服务业	4	0	5	33	60	14	1	117
乡村管理	0	0	0	0	5	1	0	6
教育文化	0	0	0	1	4	4	2	11
科技卫生	0	0	0	0	0	2	0	2
家　　务	12	2	4	11	17	1	0	47
其　　他	2	1	4	9	18	9	2	45
合　　计	144	12	63	198	361	79	8	865

　　表 12 – 17 显示，从业者的受教育程度对其就业选择也有一定的影响。在第一产业领域（包括种粮、经济作物种植、牧业和渔业），受教育年限在6 年及以下的从业者所占比例很大，为 76.1%，.（其中未受教育的占 41.2%，受 1 ~ 4 年教育的占 15.1%，受 5 ~ 6 年教育的占 19.9%，也就是说达到高小文化程度的也只有近 20% 的比例）；受 7 ~ 9 年教育者的比例只有 22.4%；受 10 年以上教育者比例最小，仅为 1.5%。尤以经济作物种植领域为突出，其相应的 3 个比例分别为 78.8%、20%、1.2%，而且 75% 的未受教育者集中在这个领域。不过受 10 年以上教育者在这个领域的也有 3.8% 的人，据调查，这些人在这个领域也是暂时的，他们只是目前还没有找到其他合适的职业，一旦有机会，他们即将离开这个领域。以家务劳动为主业者的受教育年限略高于经济作物种植者，受 6 年及以下教育的占 61.7%，其中未受教育者

为 25.5％；受 7~9 年教育者占 36.2％；受教育 10 年以上的仅有 1 人，占 2.1％。在非农就业领域，从业者的受教育年限普遍高于农业领域的从业者，尤其以教育文化领域为最高，受教育年限在 10 年以上的达到 54.5％，其中 13 年（大专）以上的占 18.2％；科技卫生领域次之，受 10 年以上教育的虽然达到 100％，但其中没有受 13 年以上教育的，即没有大专以上文化程度者。主业就业者的这种文化构成格局，既是就业领域对就业者选择的结果，也是就业者对就业领域进行利益最大化选择的结果，这也正是下文将进一步对从业收入分布态势进行讨论的问题。在兼业方面，同样存在着性别与年龄等方面的差异。就性别差异而言，可见表 12－18。

表 12－18　分性别第一兼业分布

单位：人

兼业＼性别	男	女	合　计	兼业＼性别	男	女	合　计
种　粮	1	2	3	运输业	6	2	8
经济作物种植	10	13	23	商　业	2	8	10
牧　业	6	12	18	服务业	3	1	4
渔　业	3	0	3	赋　闲	0	1	1
工　业	5	2	7	其　他	6	4	10
建筑业	15	4	19	合　计	57	49	106

表 12－18 显示，在农业领域，男性除了兼业渔业占优势外，其他兼业都少于女性；而在非农业领域，除商业兼业外，其他兼业都多于女性。这种分工格局，从某种意义上讲，是与性别差异本身密切相关的。如经济作物种植，对黄湖来说，已不是主要的经济来源，或者说已不占主要地位，好多家庭将不多的责任田留给妇女耕种，收多少算多少，并不重要。而渔业既要有一定的技术，又要有强壮的体力，在生产经营中，风险也较大，故大多是男性。

表 12－19　分年龄第一兼业分布

单位：人，％

年龄（岁）	7~15	16~18	19~29	30~39	40~49	50~59	60 以上	合　计
兼业人数	—	—	9	17	32	32	16	106
百分比	—	—	8.5	16	30.2	30.2	15.1	100

从表 12 - 19 中可以看出，就黄湖人在从业中兼业的整体来讲，人数不多，主要集中在 40～49 岁、50～59 岁这两个年龄段，占兼业人数的 60.4%，60 岁以上兼业的也占 15.1%，而青壮年人数少，只占 24.5%。这从一个侧面反映了留在本村内的多是中老年人，因为只有在村内就业的人，才有可能兼业，而出村就业的多是青壮年人，他们在外就业不可能兼业。另外也反映了黄湖中老年人肩上的负担还比较重，同时还反映了村内的耕地少，收入小，不能不兼业，也有时间兼业。

第三节　从业收入与家庭收入

自改革开放以来，广大农村居民的收入和财富不仅具有空前的增加，而且收入的来源日益丰富多样，同时，收入和财富积累的差距也愈来愈大。黄湖的户访问卷也反映了同样存在于黄湖的这一社会经济变迁过程。在本节，我们将先以个人为单位考察黄湖劳动者从业收入状况，然后以家庭为单位考察家庭的收入分配格局。

我们从户访问卷中获得了黄湖的 818 个劳动者的从业收入信息，这些信息表明，黄湖人之间的从业收入的差别是很大的，其突出表现为，有的人从业收入极低，1 年也只有百来元，而有的人的从业收入却在 20 万元以上。据统计，2002 年，818 人的平均从业收入为 11463 元；中位数为 5000 元；标准差为 89709 元；最小值为 100 元，最大值为 254500 元。此处，标准差是平均值的 7.8 倍，从而说明，被调查者的收入之间的内部差距是特别大（见表 12 - 20）。

表 12 - 20　主业收入分组分布

收　入 （百元）	1～5	6～10	11～12	21～30	31～50	51～80	81～100	101～200	201～300	300 以上	合计
人数 （人）	32	66	112	82	162	160	65	73	31	35	818
百分比 （%）	3.9	8.1	13.7	10	19.8	19.6	7.9	8.9	3.8	4.3	100

表 12 - 20 显示了从业收入的分组分布特征，即较多从业者的从业收入

集中在 3100～5000 元和 5100～8000 元这两个收入组，共 322 人，占从业者人数的 40%弱一点。57.3%的从业者的从业收入在 2100～10000 元之间上下滑动。年收入超过 1 万元的中高收入者占 17%弱一点，而其中两万元以上的占 8%。但是 2000 元以下的也占 25.7%，甚至其中 1000 元以下的占 12%弱一点。同时还应当看到，17%的中高收入者的收入总额在 818 人中的总从业收入中所占的比重大大超过了 17%，而达到 69.2%左右。超过 3 万元的高收入者仅有 35 人，占从业者总数的 4.3%，而这 35 人的总收入却占从业总收入的 48.8%。25.7%的低收入者的收入总额所占相应比重仅在 2.9%。这就是说，低收入者的人数是高收入者的 6 倍，其收入总额却只有高收入者的 5.9%。

从表 12－21 中所显示的数字可以看出，兼业收入的分布态势与主业收入大致相同，但有一个显著的差异，即兼业收入普遍低于主业收入。具体来说，兼业收入者分布的众数从主业收入分布中的 3100～8000 元，下移到 1100～2000 元，收入在 5000 元以上的所占比例只有 13.2%。

表 12－21　第一兼业收入分组分布

收　入 （百元）	1～5	6～10	11～12	21～30	31～50	51～80	81～100	101～200	201～300	300 以上	合计
人数 （人）	10	11	29	14	15	5	1	2	2	2	91
百分比 （％）	11	12	32	15.4	16.5	5.5	1.1	2.2	2.2	2.2	100

在统计中，我们用性别、年龄和文化与从业收入进行交叉分析，以进一步探讨和研究收入差异的内部结构，又得到了一些有意义的结果。

一　性别的收入差异比较明显

表 12－22 显示男性从业者的年主业收入比较多地集中在 5100～8000 元这个收入组；女性从业者的年主业收入比较多地集中 1100～2000 元和 3100～5000 元这两个收入组。从业收入在 5000 元以下的，女性有 265 人，而男性只有 189 人，女性人数是男性的 1.6 倍。与此相反，在 5000 元以上的每一个收入分组中，男性人数都比女性多。具体而准确地说，在 367 个女

性被调查者中，有 265 人的从业收入在 5000 元这个界线以下，占女性人数的 72.2%，而男性的相应比例仅为 41.9%，女性比男性多 30 个百分点。而在 8000 元以上的中高收入组中，男性有 151 人，女性只有 53 人，男性所占比例是女性所占比例的约 2.3 倍；收入在 3 万元以上的，男性所占比例是女性所占比例的 3.3 倍。相对来说，进入中高收入组的男性比例为 33.5%，而女性的相应比例只有 14.4%，男性比女性多 19 个百分点。兼业收入的性别也同样存在差别，在此不必赘述。

表 12 – 22　分性别主业收入分组分布

单位：人

性别＼收入（百元）	1～5	6～10	11～20	21～30	31～50	51～80	81～100	101～200	201～300	300以上	合计
男	11	22	40	38	78	111	44	55	24	28	451
女	21	44	72	44	84	49	21	18	7	7	367
合计	32	66	112	82	162	160	65	73	31	35	818

二　主业收入的年龄差异也同样存在

表 12 – 23 显示，各年龄段从业者年主业收入，除 50～59 岁、60 岁以上这两个年龄段外，其他几个年龄段仍比较多地集中在 3100～5000 元和 5100～8000 元这两个收入组。从各年龄段的收入分布结构来看，除 15 岁以下者的收入状况不考虑外，在其他 6 个年龄组中，有两个年龄组，即 30～39 岁和 40～49 岁的主业收入相对较高，年主业收入超过 8000 元的，其比例分别为 43.3%、31.3%；而其他 4 个年龄段即 16～18 岁、19～29 岁、50～59 岁和 60 岁以上的年主业收入超过 8000 元的，其比例分别为 10.5%、19.7%、12.9%、3.4%。在 6 个年龄段中，前两个年龄段的主业收入低于 3000 元的，其比例相应较低，分别为 21%、32.4%；而其他 4 个年龄段的年主业收入低于 3000 元的，其比例除 19～29 岁这个年龄段外，其他 3 个年龄段，则相对较高，分别达到 31.6%、61.2%、71.6%。而中等收入即 3100～5000 元和 5100～8000 元这两个收入组，年龄段集中最多的是 19～29 岁，其比例分别达到 29.3%、33.8%，合计为 63.1%；而在 3000 元以下者

比例为 17.2% , 在 8000 元以上者比例为 19.7% 。这就显示了 19 ~ 29 岁这个年龄段的正在走向成熟，他们将是发展黄湖经济的主要力量。

表 12 – 23　分年龄主业收入分组分布

单位：人

收入（百元） 年龄（岁）	1 ~ 5	6 ~ 10	11 ~ 20	21 ~ 30	31 ~ 50	51 ~ 80	81 ~ 100	101 ~ 200	201 ~ 300	300 以上	合计
7 ~ 15	—	—	1	1	1	1	—	—	—	—	4
16 ~ 18	1	1	4	6	13	9	2	1	1	—	38
19 ~ 29	3	4	8	12	46	53	13	9	6	3	157
30 ~ 39	6	10	14	14	34	41	25	31	9	26	210
40 ~ 49	4	15	26	14	31	35	15	25	12	5	182
50 ~ 59	8	19	37	21	21	15	8	6	3	1	139
60 以上	10	17	22	14	16	6	2	1	—	—	88
合　计	32	66	112	82	162	160	65	73	31	35	818

三　从业者的主业收入与其受教育年限也有一定的相关关系

表 12 – 24 显示，年主业收入超过 8000 元的人数，比较多地集中在高小文化程度和初中文化程度这两个受教育年限组。受 5 ~ 6 年教育的，年主业收入超过 8000 元的，其比例为 41.9% ；受 7 ~ 9 年教育的其相应比例为 31.3% 。而受 4 年以下教育的相应比例为 12% ，受 10 年以上教育的为 16.5% 。这突出了当前阶段，即工业化初期阶段所呈现的收入分配特征，从而也说明了高小和初中文化程度者适应于当前农村经济发展的需要。初小以下文化程度已适应不了农村经济发展形势。表中已反映出，在初小及其以下文化程度范围内，受教育年限越少，收入越低，尤其是未受过教育者，年主业收入大多在 2000 元以下，而没有 1 人达到中高收入水平。另外受教育年限在 10 年以上者，年主业收入比较多地集中在 2100 ~ 3000 元和 3100 ~ 5000 元这两个收入组。受教育年限在 12 年以上的既没有 1000 元以下的极低收入组者，也没有 20000 元以上的高收入者，而处于中低收入水平这个位置上，这也就反映了高中及其以上文化程度者，还没有找到适应于自己文化才能的位置，或者是他们有种"高不成，低不就"的思想因素，或者是有文化而无专业技术所致。

表 12－24　分受教育年限主业收入分组分布

单位：人

年龄 （岁）＼收入（百元）	1～5	6～10	11～20	21～30	31～50	51～80	81～100	101～200	201～300	300以上	合计
0	15	28	42	1	1	1	—	—	—	—	88
1	2	1	2	6	13	9	2	1	1	—	37
2～4	2	8	15	12	46	53	13	9	6	3	167
5～6	5	13	19	14	34	41	25	31	9	26	217
7～9	6	14	25	14	31	35	15	25	12	5	182
10～12	2	6	8	21	21	15	8	6	3	1	87
12以上	—	—	1	14	16	6	2	1	—	—	40
合　计	32	66	112	82	162	160	65	73	31	35	818

四　主业及其经营方式与其收入之间也存在相互关系

从表 12－25 可以看出，不论哪一种产业，其收入的分组分布都有一种正态分布特征，不过产业之间的收入差异很大。第一产业的收入水平较低，多数集中在 1100～2000 元这个收入组，其比例为 30.9％；收入在 5000 元以下的有 243 人，其比例为 89.3％，而收入高于 8000 元的只有 21 人，占第一产业人数的 7.7％；在 5100～8000 元这个收入组的也只有 8 人，其比例为 2.9％。第二产业相对的比第一产业的收入要高得多，其多数人集中在 3100～5000 元和 5100～8000 元这两个收入组；收入在 2000 元以下的只有 18 人，其比例为 5.9％；在 5000 元以下的有 103 人，其比例为 34％；收入超过 8000 元的有 118 人，其比例为 38.9％；在 5100～8000 元这个收入组中多达 82 人，占第二产业人数的 27.1％，占本收入组人数的 53.9％。在第三产业中，多数人集中在 3100～5000 元和 5100～8000 元这两个收入组；收入在 2000 元以下的比第二产业人数更少，只有 10 人，其比例为 5.1％；但在 5000 元以下的却比第二产业的人数所占比例大，为 40.9％；收入超过 8000 元的又比第二产业的人数所占比例小，仅有 27.8％。这说明黄湖的第三产业还只处于起步阶段。就这三个产业相比，第二产业的收入相对最高，其次是第三产业，收入最低的是第一产业。

表 12 – 25　主业与主业收入分组分布

单位：人

主业＼收入（百元）	1～5	6～10	11～20	21～30	31～50	51～80	81～100	101～200	201～300	300以上	合计
第一产业	27	56	84	48	28	8	5	7	6	3	272
第二产业	—	5	13	21	64	82	30	47	17	24	303
第三产业	—	2	8	8	63	62	23	17	8	7	198
合　计	27	63	105	77	155	152	58	71	31	34	773

表 12 – 26 显示，经营方式与从业收入也相关。在本表中，收入的分布结构呈现最高态势的是"个体经营"，其从业人员的年主业收入大多集中在5000 元以上，占个体经营人数的 71.8%，尤其令人注目的是，在 8100～10000 元的占本收入组的 44.6%；10001～20000 元的占本收入组的 54.8%；20001～30000 元的占本收入组的 83.9%；30000 元以上的占本收入组的88.6%。而 2000 元以下的低收入者只占"个体经营"人数的 5.4%，本收入组人数的 6.7%；2100～3000 元的只占本收入组的 7.3%；3100～5000 元的占本收入组的 32.7%。从而看出，"个体经营"的收入越高，所占比例越大，收入越低，所占比例越小。其次是"私营"，其收入多数人集中在 5000元以上，其比例为 68.5%；收入在 8100～10000 元的占本收入组的 7.7%；10001～20000 元的占本收入组的 11%；20001～30000 元的占本收入组的3.2%；30000 元以上的占本收入组的 11.4%。而 2000 元以下的低收入者只占"私营"人数的 7.4%，占本收入组人数的 1.9%；2100～3000 元的占本收入组的 1.2%；3100～5000 元的占本收入组的 7.4%。第三是"合作经营"，其收入多数人集中在 5000 元以上，其比例为 66.7%；3000 元以下的仅占 13.3%；收入在 8100～10000 元的，占本收入组的 4.6%；10001～20000 元的占本收入组的 5.5%。第四是"国有单位"，其收入多数人集中在5000 元以上，占"国有单位"人数的 53.5%；8100～10000 元的占本收入组的 16.9%；10001～20000 元的占本收入组的 12.3%；20001～30000 元占本收入组的 3.2%。30000 元以上收入的没有。至于"集体单位"的收入多数人集中在 5000 元以下，其比例为 56.4%；而 5000 元以上的只有 43.6%，并且只有在 20000 元以下，没有 20000 元以上的高收入者。归纳起来说，收

入在 2000 元以下的"责任田承包"的比例为 66%；"集体单位"的比例为
7.7%；"国有单位"的比例为 10.5%；"私营"的比例为 7.4%；"个体经
营"的比例为 5.4%。而 5000 元以上的中高收入，其相应的比例为 4.5%、
43.6%、53.5%、68.5%、71.8%。"个体经营"的中高收入的比例是"责任
田承包"的 16 倍，"集体单位"的 1.6 倍，"国有单位"的 1.3 倍，"私营"
的 1.05 倍。从而看出经营方式与主业收入的关系是很大的。我们再从另一个
角度来看，也证明了这一点。例如，就人均年收入来看，"责任田承包"为
2072.87 元，"个体经营"为 24945.56 元，"合作经营"为 9173.33 元，"家庭
规模承包"为 18142.86 元，"私营"为 13901.85 元，"国有单位"为 6235.96
元，"集体单位"为 5761.54 元。从而可以看出人均年收入最高的是"个体经
营"，其次是"家庭规模承包"，再次是"私营"，最低的是"责任田承包"。

表 12 – 26　经营方式与主业收入分组分布

单位：人

收入（百元）经营方式	1~5	6~10	11~20	21~30	31~50	51~80	81~100	101~200	201~300	300以上	合计
责任田承包	27	54	82	47	26	8	1	2	—	—	247
个体经营	—	5	9	6	53	60	29	40	26	31	259
合作经营				2	3	3	3	4			15
家庭规模承包	—	—	1	—		—	1	2	3	—	7
私　营	—	1	3	1	12	19	5	8	1	4	54
国有单位	1	4	7	7	54	40	11	9	1	0	114
集体单位	2	0	1	4	15	8	6	3	—	—	39
其　他	2	2	9	15	19	22	9	5	—	—	83
合　计	32	66	112	82	162	160	65	73	31	35	818

五　主要职务也与主业收入相关

从表 12 – 27 中可以看出，不同的职务有不同的收入水平。除"会计"
没有显示有意义的收入相关性外，其他各种职务都有一定的收入分布结构。
其中国家干部和包括村干部、企业主管、教师、技术人员、会计和一般管理
人员的乡村"白领"的主业收入大多在 3000 元以上，只有技术人员、教师
和一般管理人员这 3 种职务身份的人中极少数人的主业收入在 3000 元以下，

其比例分别为 9.6%、12.5%、5.9%，合计占国家干部和乡村"白领"这两大从业群体人数的 7.6%。这两大从业群体中，收入在 3100~5000 元的，合计占 21.4%；收入在 5100~8000 元的，合计占 21.4%；而收入在 8000 元以上的，则合计占 49.6%。一般体力劳动者主业收入在 3000 元以下的，其比例最大，为 43.9%；"3100~5000 元"的，其比例为 19.6%，也是各主要职务中比例最大的，这就是说，这个从业群体的 63.5% 的主业收入水平处于低等和中下等。而在 5000 元以上的各主要职务的主业收入的比例都比"一般体力劳动者"的要大。个体工匠可以看作乡村"蓝领"中的上层，其收入态势甚至比"白领"中的技术人员还高，年主业收入在 3000 元以下的仅占 12.5%，在 3100~5000 元的占 18.8%，而在 5000 元以上的达到 68.8%。

表 12-27　主要职务与主业收入分组分布

单位：人

主要职务 ＼ 收入（百元）	1~5	6~10	11~20	21~30	31~50	51~80	81~100	101~200	201~300	300以上	合计
国家干部	0	0	0	0	1	2	1	1	0	0	5
村干部	0	0	0	0	0	2	2	0	0	0	4
企业主管	0	0	0	0	1	0	1	0	1	1	4
教　师	0	0	0	1	1	1	4	1	0	0	8
技术人员	1	1	1	4	19	12	7	14	6	8	73
会　计	0	0	0	0	1	2	0	0	0	0	3
一般体力劳动者	29	63	109	74	123	115	32	49	15	18	627
一般管理人员	0	1	0	1	5	9	7	3	2	6	34
个体工匠	0	0	2	2	6	11	6	4	1	0	32
其　他	2	1	0	0	5	6	5	1	6	2	28
合　计	32	66	112	82	162	160	65	73	31	35	818

上面我们对个人从业者进行了分析，下面则转为以家庭为单位对问卷进行统计分析。问卷提供了 318 个家庭在 2002 年的总收入信息，其中一户的总收入超过了 200 万元，为使统计结果偏差度不至于过大，我们在进行一般性统计分析时，便将其排除在外。统计结果显示，其余 317 户 2001 年的总收入合计为 746.98 万元，户平均收入约为 23564 元，这不难看出，家庭总收入的差别是很大的。从统计上看，317 户家庭的中位收入水平是 14600 元，

从而看出，有一半家庭的总收入不到户平均收入水平。另外，标准差也达到27825 元，比均值还要大，这也就同样充分说明被调查户的家庭总收入的内部差异很大。根据收入分组的信息，即表 12－28，20% 的最低收入户的收入和为 42.32 万元，仅占 317 户合计总收入的 5.7%；而 10% 的最高收入户的收入和为 278.16 万元，占 317 户合计总收入的 37.2%，后者是前者的 6.5倍。如果计入超过 200 万元户的收入，则 20% 最低收入户的收入和只占 318户合计总收入的 4.2%，而 10% 最高收入户的收入和所占的比例则要高达52.7%，后者是前者的 12.5 倍。具体情况见表 12－28。

表 12－28　家庭总收入分组分布

收入分组（百元）	户数（户）	百分比（%）	收入分组（百元）	户数（户）	百分比（%）
0～19	0	0.0	251～300	14	4.4
20～30	3	0.9	301～400	26	8.2
31～50	15	4.7	401～500	18	5.7
51～80	23	7.2	501～1000	15	4.7
81～100	33	10.4	1001～1500	6	1.9
101～125	46	14.5	1501～2000	1	0.3
126～150	46	14.5	2000 以上	3	0.9
151～200	52	16.4	合　计	318	100.0
201～250	17	5.3			

被调查的 318 个家庭收入的来源是多方面的，现归纳为如下几个主要的方面。

1. 从村集体统一经营所得到的收入

根据对问卷的统计，回答有此项收入的农户仅有 1 户，并只有 1000 元。但根据入户访谈及村委会存档的有关资料，农户每年从村集体统一经营得到的收入是不小的，即有 12 万余元没有直接分配到户，而是作为农户应上交的公粮、水费款由村集体代交给国家了。另外，每户每年交生活自来水用费100 元，其余不足部分全由村集体统一补付。以上这两笔费用皆应算作农户从村集体统一经营中得到的收入。

2. 从经济联合体得到的收入

这种经营形式在黄湖没有。

3. 家庭经营收入

家庭经营收入是黄湖居民收入最主要的来源。据318份问卷即318个家庭提供的有关家庭经营收入的信息，其中有一户收入超过200万元，为使统计分析结果避免过于偏畸，故在进行一般统计时，我们将这个超级大款户搁之在外。统计结果显示，这317户的家庭经营收入总计为491.89万元，户均收入为15517元。从而明显地看出，作为家庭总收入的主要构成部分的家庭经营收入，成为反映家庭总收入的巨大内部差异的主要部分。实际上，就317户而言，其家庭经营收入的中位水平只有5000元，仅及户均值的32%，收入分布的极差是，最小的为0元，最大的为255万元。当然，这只是反映了个别的极端情况，而要更为准确地反映收入内部差异的是标准差。统计显示，就317户的家庭经营收入分布而言，其标准差达到了31194元，是户均值的2倍还要强。再进一步统计分析，可见20%最低收入户的家庭经营收入之和为13200元（其中45户无家庭经营收入），仅占总量的0.3%弱；10%最高收入户的家庭经营收入和为267.66万元，占总量的54.4%，后者是前者的181倍。但如果计入收入最高的一户的经营收入，那么10%最高收入户的收入和将占到318户总收入的69.4%，是20%最小收入户的收入和的392.6倍。其收入的具体态势见表12－29。

表12－29　家庭经营收入分组分布

收入分组（百元）	户数（户）	百分比（％）	收入分组（百元）	户数（户）	百分比（％）
0	46	14.5	61～70	11	3.5
2～5	5	1.6	71～80	6	1.9
6～10	12	3.8	81～100	11	3.5
11～15	18	5.7	101～150	17	5.3
16～20	30	9.4	151～200	13	4.1
21～25	20	6.3	201～300	13	4.1
26～30	14	4.4	301～500	33	10.4
31～35	6	1.9	501～1000	13	4.1
36～40	16	5	1001～1500	6	1.9
41～45	1	0.3	1501～2000	1	0.3
46～50	15	4.7	2000以上	3	0.9
51～55	2	0.6	合　计	318	100.0
56～60	6	1.9			

家庭经营收入包括：农业经营收入、林业经营收入、牧业经营收入、渔业经营收入、工业经营收入、运输业经营收入、商业经营收入、建筑业经营收入及其他经营收入，显示出多样性的收入来源。为此，我们将进一步分别考察这些经营收入。

（1）家庭农业经营收入。表 12－30 显示，在 318 户中有 113 户无农业经营收入，而 205 户报告有此项收入。统计结果表明，这 205 户的农业经营总收入为 53.1 万元，户均近 2590 元。农业经营收入户的收入，多数人集中在 5000 元以下的几个收入组，以 1100～2000 元这个收入组的人数最多，在其内部有一定的差异，但不算大，5000 元以上的比例只有 5.9%。相对其他行业来讲，农业经营收入的户际差别是比较小的。如果不计入收入最大值的 1 户，那么 204 户的收入总计为 50.9 万元，户均为 2495 元，在其收入分布曲线上，中位水平达到了 2000 元，是户均值的 80%，两者比较接近；标准差为 2036 元，小于户均值。在 205 户的农业经营收入中，其极差的为最小 100 元，最大的为 22000 元。

表 12－30　家庭农业经营收入分组分布

收入分组 （百元）	2～5	6～10	11～20	21～30	31～50	51～80	81～100	101～200	200 以上	合计
户数 （户）	11	32	67	46	37	7	1	3	1	205
百分比 （%）	5.4	15.6	32.7	22.4	18	3.4	0.5	1.5	0.5	100

（2）家庭林业经营收入。在 318 户中没有林业经营收入户。

（3）家庭牧业经营收入。在 318 户中，只有 28 户报告有牧业经营收入。为了避免统计结果过于偏畸，则在进行一般统计时，除去超过 10 万元的最高收入 1 户，其余 27 户收入总计为 34.27 万元，户均 12693 元。牧业户际间的经营收入差异比较大，例如在 27 户的牧业收入分布曲线上，中位数仅为 2000 元，是户均值的 15.8%；其标准差为 21645 元左右，是户均职的 1.7 倍。在这 28 户中，极差为最小 200 元，最大 16 万元；众数在 1500 元左右。牧业经营收入的具体分布状态见表 12－31。

表 12 – 31　家庭牧业经营收入

收入 （百元）	2～5	6～10	11～ 20	21～ 30	31～ 50	51～ 80	81～ 100	101～ 300	301～ 500	501～ 1000	1000 以上	合计
频数（户）	2	2	11	1	2	2	1	2	1	3	1	28
百分比 （％）	7.1	7.1	39.3	3.6	7.1	7.1	3.6	7.1	3.6	10.7	3.6	100

（4）家庭渔业经营收入。据 318 份户卷统计，黄湖的养鱼专业户不多，仅有 10 个家庭，其总计收入为 27.35 万元，户均 27350 元。若不计入收入最高的 1 户，则其余 9 户的渔业经营收入为 22.85 万元，户均 25389 元。从而看出，渔业户际间的经营收入差距相对较小。例如在这 10 户的渔业经营收入分布线上，中位数为 28000 元，与户均值相近；标准差为 11006 元，是户均值的 40.2%；极差为最小 3000 元，最大 45000 元。其具体分布态势见表 12 – 32。

表 12 – 32　家庭渔业经营收入

收入分组（百元）	30	101～200	201～300	301～400	400 以上	合　计
频数（户）	1	1	6	1	1	10
百分比（％）	10	10	60	10	10	100

（5）家庭工业经营收入。在 318 户中，仅有 6 户工业经营收入，其经营收入总计为 41.2 万元，户均 68667 元。在进行统计分析时，若不计入收入最高的 1 户，那么其余 5 户的工业经营收入为 17.2 万元，户均 34400 元，其分布曲线上，中位数为 8000 元，是户均值的 23.3%；标准差达 58620 元，是户均值的 1.7 倍；极差为最小 4000 元，最大 24 万元，从而可见，工业户际间的收入差距是比较大的。

（6）家庭运输业经营收入。在被调查的 318 户中，有 52 户有运输业经营收入，其收入总计为 174.03 万元，户均 33467 元。总体来讲，运输业经营收入在每户中都是比较可观的，均在 6000 元以上。当然户际间的经营收入也存在一定的差异，但相对而言，其差异是比较小的，极差为最小6000元，最大10万元，后者是前者的16.7倍。如果除去这收入最高的1户，那么其余51户的运输经营收入为164.03万元，户均32163元；其分布线上的中位数为30000元，是户均值的93.3%；标准差为18862元，是户均值的58.6%，所以说其户际差异不大。52户的运输业经营收入的具体分布状态见表12－33。

表 12 – 33　家庭运输业经营收入分组分布

收入分组 （百元）	60～80	81～100	101～200	201～300	301～500	501～800	801～1000	合计
频数（户）	5	5	6	11	19	4	2	52
百分比（%）	9.6	9.6	11.5	21.2	36.5	7.7	3.8	100

（7）家庭建筑业经营收入。在被调查户中，只有6户有建筑业经营收入，其收入总计为7.38万元，户均为1.23万元。建筑业经营收入，其户际差异相对较小，最小值1000元，最大值3万元。如果不计入收入最高的1户，其余5户的建筑业经营收入总计为4.38万元，户均8760元，其分布线上的中位数为1万元，是户均值的1.14倍；标准差为9760.1元，是户均值的1.11倍，故相对来说，户际间的差异也是比较小的。具体来说，这6户的建筑业经营收入的分布为：1000元的1户；8000元的1户；1万元的两户；1.48万元的1户；3万元的1户。

（8）家庭商业、服务业经营收入。在被调查的318户中，只有59户报告有商业、服务业经营收入。统计结果显示，这59户的此项经营收入总计为125.93万元，户均2.13万元。商业服务业收入的户际差异比较大，即使不计入此项收入最高的1户，其余58户的收入总计为105.13万元，户均1.81万元；中位收入为1万元，是户均值的55.2%；标准差为2.6万元，是户均值的1.4倍。此项收入的极差值为最小1800元，最大20.8万元，后者是前者的115.6倍。其经营收入的具体分布态势见表12－34。

表 12 – 34　家庭商业、服务业经营收入分组分布

收入分组（百元）	11~20	21~30	31~50	51~80	81~100	101~300	301~500	501~800	1000以上	合计
频数（户）	1	5	14	8	5	16	5	1	4	59
百分比（%）	1.7	8.5	23.7	13.6	8.5	27	8.5	1.7	6.8	100

（9）其他经营收入。在 318 户中，报告有其他经营收入的有 20 户，其收入总计为 267.81 万元。相对来说，其他经营收入的户际差异最大，即使不计入收入最高的 1 户，其余 19 户的其他经营收入为 12.81 万元，户均 6742 元，其分布曲线上的中位收入为 3000 元，是户均值的 44.5%；标准差为 14356 元，是户均值的 2.1 倍。20 户的其他经营收入的极差值为最小 200 元，最大 255 万元，后者是前者的 12750 倍。其具体分布态势见表 12 – 35。

表 12 – 35　家庭其他经营收入分组分布

收入分组（百元）	1~5	6~10	11~20	21~30	31~50	51~80	101~200	501~800	2000以上	合计
频数（户）	1	2	4	3	5	2	1	1	1	20
百分比（%）	5	10	20	15	25	10	5	5	5	100

4. 劳务性工资收入

对一般的黄湖居民来说，劳务性工资收入是其收入的第二大来源。在收到的 318 份有效调查户卷中，有 92 户回答没有此项收入，而其余的 226 户有此项收入，占有效户卷数的 71%，这也说明劳务性工资收入已成为黄湖村居民收入的一个极其重要的来源。226 户的劳务性工资收入总计为 238.09 万元，户均 10535 元。相对来说，劳务性工资收入的户际差异是比较小的，其分布线上的中位收入为 9000 元，相当于户均值的 85.4%；标准差为 6323 元，是户均值的 60%。再从各户的劳务性工资收入来看，其收入水平都比较高，在 3000 元以下的户仅占 4.9%；3100~5000 元的户占 12.8%；5100~8000 元的户占 25.2%；而 8000 元以上的户达 57.1%；有 42.9% 户的此项收入在 1 万元以上。226 户的劳务性工资收入的具体分布状态见表 12 – 36。

表12-36 家庭劳务性收入

收入分组（百元）	11~20	21~30	31~50	51~80	81~100	101~150	151~200	201~300	301~400	合计
频数（户）	7	4	29	57	32	55	27	12	3	226
百分比（%）	3.1	1.8	12.8	25.2	14.2	24.3	12	5.3	1.3	100

5. 其他非生产经营性收入

在被调查的318户中，尚有42户有非生产经营性收入，总计为16.9万元，户均4024元。其分布线上的中位收入为3000元；标准差为3374元，皆与户均值相差不大。极差为最小100元，最大14200元。此项收入的具体分布状况见表12-37。

表12-37 家庭其他非生产经营性收入

收入分组（百元）	1~5	6~10	11~20	21~30	31~50	51~80	81~100	100以上	合计
频数（户）	5	3	7	7	10	5	2	3	42
百分比（%）	12	7	17	16	24	12	5	7	100

为了更准确地反映农户的家境，下面将统计分析家庭的纯收入。从318份有效调查户卷来看，318户都报告了家庭纯收入方面的信息，其中1户的家庭纯收入达到122万元。如果暂时不计入这个超级大户，则其余317户的纯收入总计为585.14万元，户均18458.68元。从317户家庭纯收入的分布来看，户际差异比家庭总收入的小得多，收入分布上的中位数为14000元，是户均值的75.8%；标准差22455.9元，是户均值的1.2倍。再进一步计算显示，其中20%的收入最低户的收入和为48.02万元，占总计收入的8.2%；10%的最高收入户的收入和为174.92万元，占总计收入的29.9%；后者是前者的3.6倍。而如将纯收入最高的那1户计入，则后者将是前者的5倍强。其家庭纯收入的具体分布态势见表12-38。

表12-38显示，318户的纯收入相对集中于10100~12500元、12600~15000元、15100~20000元这三个收入组，合计所占比重达到47.2%，接近半数。纯收入在5000元以下的约占6%，而超过20000元的却占到26.7%。

表 12 – 38　家庭纯收入分组分布（2001 年）

收入分组（百元）	户数（户）	百分比（%）	收入分组（百元）	户数（户）	百分比（%）
11 ~ 20	1	0.3	201 ~ 250	24	7.5
21 ~ 30	3	0.9	251 ~ 300	18	5.7
31 ~ 50	15	4.7	301 ~ 400	25	7.9
51 ~ 80	25	7.9	401 ~ 500	7	2.2
81 ~ 100	39	12.3	501 ~ 1000	9	2.8
101 ~ 125	49	15.4	3580	1	0.3
126 ~ 150	43	13.5	12200	1	0.3
151 ~ 200	58	18.2	合　计	318	100.0

第四节　家庭财富及其分布

家庭财富是农户收入的一种积累，对家庭财富的统计分析也可反映家庭收入的状况。在此，我们把家庭财富视作家庭动产与不动产之和。动产包括农户的存款，各种生产资料及各种耐用生活用品（以耐用消费品为主）；不动产主要是农户住房。

在入户调查中，我们试图询问储蓄款、债券等余额情况，但被调查户一般不愿回答。据从侧面得知，菜农 WJM 家有储蓄款 13 万元，另据村干部掌握的信息，全村居民户中，户储蓄款达 20 万元的占 30%，家庭或个人储蓄是保密的，当地银行、储蓄所也不会给我们透露，对于此项财富，我们不做具体分析。

作为农户主要财富组成部分的是生产资料，户访问卷问及了诸如汽车、拖拉机、加工机械、机动三轮车、畜力板车、麻木、电脑等价值较大的生产资料。作为动产农户拥有这样的生产资料的状况，大体上能够反映农户的家庭财富的多寡。统计表明，家庭这类财富的差距也是很大的。具体统计结果见表 12 – 39、表 12 – 40。

表 12 – 39 和表 12 – 40 显示，有 80 户拥有一些比较有价值的生产资料，其现值总计为 239.54 万元，户均 29943 元。就生产资料现值的分布来看，户际差异是比较大的，20% 的生产资料现值最少的户的现值合计仅有 21056

元，占现值总计的 0.9%；而 10% 的生产资料现值最高户的现值合计达 70 万元，占现值总计的 29.2%，后者是前者的 32.4 倍。这种差异也从一个重要方面解释了农户收入上的巨大差异。

表 12 – 39　生产资料拥有量

品　　　名	数量（辆）	户数（户）	现值合计（万元）	户均现值（万元）
小　汽　车	2	2	25	12.5
农用汽车	39	38	175.5	4.62
大中型拖拉机	1	1	4.45	4.45
小型拖拉机	8	2	4.36	2.18
机动三轮车	10	10	3.62	0.36
加工机械	18	10	21.5	2.15
麻　　木	1	1	0.46	0.46
畜力板车	12	12	1.50	0.13
电脑（台）	4	4	3.15	0.79

表 12 – 40　生产资料现值分组分布

现值分组（百元）	户数（户）	百分比（%）	现值分组（百元）	户数（户）	百分比（%）
6 ~ 10	1	1.2	151 ~ 200	2	2.4
11 ~ 20	11	13.4	201 ~ 300	8	9.8
21 ~ 30	4	4.9	301 ~ 500	29	35.4
31 ~ 50	9	11.0	501 ~ 800	6	7.3
51 ~ 80	2	2.4	801 ~ 1000	4	4.9
81 ~ 100	1	1.2	1000 以上	2	2.4
101 ~ 150	3	3.7	合　计	82	100.0

　　下面，我们可以再从拥有生活资料尤其是耐用消费品的占有情况来看农户富有程度的状况。户访问卷着重考察了农户耐用消费品的拥有情况。据 318 份户卷即 318 个家庭的统计显示，共有手表 273 块，户均 0.86 块（此项实际数量远远不只这些，因有些户觉得手表已不算上什么重要物品，有些户便没填此项）；自行车 503 辆，户均 1.58 辆；收音机 100 台，每百户 31.4 台；黑白电视机 118 台，每百户 37.1 台；彩电 260 台，每百户 81.8 台（每户 0.82 台）；洗衣机 142 台，每百户 44.7 台；电冰箱 126 台，每百户 39.6

台；照相机 13 架，每百户 4 架；录像机 6 架，每百户 1.9 架；电子琴 4 台，每百户 1.3 台；电话 170 部，每百户 53.5 部；移动电话 93 部，每百户 29.2 部；组合音响 58 套，每百户 18.2 套；空调 22 台，每百户 6.9 台；摩托车 34 辆，每百户 10.7 辆；微波炉 1 个，每百户 0.3 个；热水器 7 个，每百户 2.2 个；组合家具 86 套，每百户 27 套；抽油烟机 45 台，每百户 14.2 台。此外，105 户拥有贵重首饰，83 户拥有高档服装，49 户拥有其他耐用消费品。

在户访中，我们发现这些耐用消费品基本都是国货，在此，就不做具体分析。

耐用消费品的现值，在某种程度上比其数量更能反映农户家庭财富的实际。关于各种耐用消费品的购置时间与数量，问卷进行了调查，其统计结果见表 12 - 41。

表 12 - 41　生活耐用消费品的购置时间与数量分组分布

品名 \ 时间	购置时间（年代）					合计（户数）	数量							合计
	1960	1970	1980	1990	2000以后		1	2	3	4	5	6	7	
座钟、挂钟	0	3	54	138	35	230	230	0	0	0	0	0	0	230（座）
手　表	1	3	28	68	47	147	69	49	16	9	3	0	1	273（块）
自行车	1	4	28	150	89	272	113	105	37	16	1	0	0	503（辆）
收音机	0	3	18	39	23	83	70	12	0	0	0	1	0	100（台）
黑白电视机	0	3	68	44	0	115	112	3	0	0	0	0	0	118（台）
彩　电	0	1	17	152	65	235	213	20	1	1	0	0	0	260（台）
洗衣机	0	1	19	92	26	138	134	4	0	0	0	0	0	142（台）
电冰箱	0	0	12	73	35	120	114	6	0	0	0	0	0	126（台）
照相机	0	0	1	9	2	12	11	1	0	0	0	0	0	13（架）
录像机	0	0	1	4	1	6	6	0	0	0	0	0	0	6（架）
电子琴	0	0	0	3	0	3	2	1	0	0	0	0	0	4（台）
电　话	0	0	4	97	64	165	160	5	0	0	0	0	0	170（部）
手　机	0	0	0	36	52	88	83	5	0	0	0	0	0	93（部）
组合音响	0	0	2	32	24	58	58	0	0	0	0	0	0	58（套）
空　调	0	0	0	6	14	20	18	2	0	0	0	0	0	22（台）
摩托车	0	0	1	14	19	30	26	4	0	0	0	0	0	34（辆）
微波炉	0	0	0	1	0	1	1	0	0	0	0	0	0	1（个）
热水器	0	0	0	0	7	7	7	0	0	0	0	0	0	7（个）
组合家具	0	0	0	26	60	86	86	0	0	0	0	0	0	86（套）
抽油烟机	0	0	0	16	29	45	45	0	0	0	0	0	0	45（台）

表 12 - 41 显示，黄湖居民生活耐用消费品的数量和档次是随着家庭经济的发展和社会的进步逐渐增加和提高，并日益走向现代化的。如 20 世纪 60 年代只 1 户购置有手表，1 户有自行车，而 90 年代则有 138 户购置了座钟，68 户购置了手表，150 户购置了自行车。现在，自行车已基本普及，并有 34 户购置了摩托车。购置彩电的在 70 年代只有 1 户，而在 90 年代购置彩电的则有 152 户，2000 年后的两年中就有 65 户新购置了彩电。而电冰箱、照相机、录像机、电话、组合音响等都是进入 20 世纪 80 年代后才开始走进农户家庭的。尤其是程控电话和移动电话现在分别有 165 户和 88 户已购置和安装，通信网络已在黄湖形成。

表 12 - 42 各户耐用消费品现值统计

单位：百元

品　名	现值合计	户　均	最 小 值	最 大 值
座钟、挂钟	218.50	0.95	0.35	1.25
手　表	308.49	2.10	0.90	9.50
自 行 车	1614.63	5.94	1.65	16.30
收 音 机	105.00	1.27	0.36	3.50
黑白电视机	460.00	4.00	3.10	6.40
彩　电	6110.00	26.00	16.00	75.00
洗 衣 机	1320.60	16.71	7.80	37.00
电 冰 箱	2305.80	19.22	15.00	38.00
照 相 机	49.65	4.14	1.25	8.60
录 像 机	126.00	21.00	17.00	26.00
电 子 琴	132.00	44.00	28.00	65.00
电　话	3740.00	22.67	19.00	35.00
手　机	3022.50	34.35	24.00	65.00
组合音响	531.28	9.16	23.00	70.00
空　调	772.20	38.61	36.00	110.00
摩 托 车	2084.88	69.50	40.00	90.00
热 水 器	80.50	11.50	8.00	17.00
抽油烟机	139.50	3.10	2.50	4.60
高档服装	326.25	13.05	12.50	74.00
组合家具	756.00	13.50	11.00	125.00
贵重首饰	736.00	24.53	8.00	113.00
其　他	500.48	15.64	5.49	43.56

但从另一方面看，能购置高档生活耐用消费品的，如组合音响、空调、微波炉、热水器、贵重首饰等，这样的户并不多，甚至是极少的户，这也就反映了家庭财富的户际差距是比较大的。综合地看，在318份户卷中，有292户拥有各种不同的耐用消费品，其现值总计为254.40万元，户均8712.4元。但从实际分布来看，户际差异比较大，耐用消费品现值最小的20%的户的现值之和只占现值总计的2.6%还弱；现值最大的10%的户的现值之和为98.3万元，占现值总计数额的38.6%，后者是前者的近15倍。这292户耐用消费品的现值统计和现值分布见表12-42、表12-43。

表 12-43　居民户耐用消费品现值分组分布

现值分组（百元）	户数（户）	百分比（%）	现值分组（百元）	户数（户）	百分比（%）
1~5	9	3.1	101~125	24	8.2
6~10	19	6.5	126~150	20	6.8
11~20	23	8.0	151~200	16	5.5
21~25	24	8.2	201~300	12	4.1
26~30	33	11.3	301~500	6	2.1
31~50	34	11.6	501~800	3	1.0
51~80	34	11.6	800 以上	2	0.7
81~1000	33	11.3	合　计	292	100.0

由于农户是承包的集体土地，只有使用权，而没有占有权，故家庭的不动产主要是房屋。户卷对黄湖居民户的房屋及其变动情况作了比较细致的考察，我们将根据问卷进行统计分析。

一　关于居民户现用房屋的建造情况

据统计，在318户中，有315户提供了其现用房屋建造年份的有效信息。315户现房建造年份的具体分布如表12-44所示。

从表12-44中可以看出，居民现居住的房屋建造时间大多在1985~1989年、1990~1994年和1995~1999年这三个阶段。分别占现居住房总数量的29.5%、26.7%和23.8%，合计为80%。也就是说，截至2002年，在315户中，现房属于1984年12月底以前建造的有41户，占13%；1984年

12 月底以后建造的有 274 户，占 87%。这充分反映了黄湖村在改革开放以后居民居住条件得到迅速改观的现实。同时，我们还发现，有 39 户，即 12.4% 的农户原房是在 1984 年后建造的，这说明他们在改革开放以后是第二次翻盖自己的房屋了。

表 12 - 44　现住房屋建造年份分布

年份分段	频数(户)	百分比(%)	年份分段	频数(户)	百分比(%)
1973 ~ 1974	18	5.7	1990 ~ 1994	84	26.7
1975 ~ 1979	10	3.2	1995 ~ 1999	75	23.8
1980 ~ 1984	13	4.1	2000 ~ 2002	22	7
1985 ~ 1989	93	29.5	合　计	315	100.0

那么，这些农户急于翻盖房屋的原因或动机是什么呢？问卷中对此作了询问，有 299 户报告了有关信息，从中可以看出，现房翻盖的最基本原因首先是原房破损，其次是式样翻新，再次是村里流行和扩大面积，最后是收入宽裕和结婚。其具体分布见表 12 - 45。

表 12 - 45　现房翻盖的原因

原　因	收入宽裕	村里流行	原房破损	结　婚	式样翻新	扩大面积	其　他	合　计
频数(户)	20	37	123	13	41	36	29	299
百分比(%)	7	12	41	4	14	12	10	100

从表 12 - 45 中可以看出，现房翻盖的原因：原房破损所占比例虽然最大，但也只有 41.1%，也就是说仅为了改善居住条件而翻盖新房的也不到半数的家庭；为追求新的式样和宽敞舒适、追赶新潮流而翻盖新房的已达到 38.1%。此外，还有因收入宽裕而翻盖新的占 6.7%，这就深刻地反映了黄湖居民的经济收入日益富足，居住环境日益舒适，体现了大多数农民对美好生活的向往。这种景象是黄湖历史空前未有过的，如在 318 份户卷统计中，村民原有房屋的翻盖没有不是只是为了满足基本生活需要的。

下面我们再来看看现用房屋的类型。

表 12 - 46 显示，78.4% 的村民户住的是两层以上的楼房，其中 2.2% 的

家庭住上了 3 层以上的楼房，而土房与竹木结构的低矮房屋只有 2.2%，即使是砖木结构的瓦房也只占 19.4%。这些足以表明黄湖村居民生活质量的大大提高。黄湖居民户的原用住房是什么样的类型呢？请看表 12－47，可形成一个鲜明的对比。

表 12－46　现用房屋类型分布

房屋类型	土　房	竹木结构	砖木结构	2～3 层楼	3 层以上	合　计
频数（户）	5	2	61	240	7	315
百分比（%）	1.6	0.6	19.4	76.2	2.2	100

表 12－47　原用房屋类型分布

房屋类型	草房	土房	竹木结构	砖木结构	2～3 层楼	合计
频数（户）	1	35	2	162	14	214
百分比（%）	0.5	16.4	0.9	75.8	6.5	100

此外，房屋面积大小在一定程度上也可作为家庭财富多少的一个指标。在 318 份问卷中，有 315 份提供了现房面积的信息。据统计结果显示，这 315 户现房面积总计 52280 平方米，户均 166 平方米。各户的现用房面积也存在比较大的差异，其分布线上，中位数为 144 平方米，相当于户均值的 87%；标准差为 278.9 平方米，相当于户均值的 1.68 倍。315 户的现房面积的具体分布见表 12－48。

表 12－48　现房面积分组分布

面积（平方米）	59	60～69	70～79	80～89	90～99	100～129	130～149	150～199	200 以上	合计
户　数	6	5	13	13	2	64	62	87	63	315
百分比（%）	1.9	1.6	4.1	4.1	0.6	20.3	19.3	27.3	20	100

表 12－48 显示，黄湖居民现用房面积在 59 平方米以下的仅占 1.9%，因为小面积的房屋建筑已完全不合乎黄湖的建房时宜，即使是 99 平方米以下的也只有 39 户，占 12.4% 还弱，而在 100 平方米及其以上的已达 87.6%，

其中 130 平方米及其以上的达 67.3%，200 平方米及其以上的也达 20%，这表明追求房屋宽敞已成为黄湖居民户建房的时尚。如果同原房比较，这种追求时尚更为鲜明（见表 12 - 49）。

表 12 - 49　原房面积分组分布

面积（平方米）	59	60～69	70～79	80～89	90～99	100～129	130～149	150～199	200以上	合计
户数（户）	8	21	26	41	22	77	5	11	4	215
百分比（%）	3.7	9.8	12.1	19.1	10.2	35.8	2.3	5.1	1.9	100

从表 12 - 49 可以看出，原房面积在 59 平方米以下的占 3.7%，99 平方米以下的占 54.9%。而 100 平方米及其以上的只占 45.1%，其中 130 平方米及其以上的占 9.3%，200 平方米及其以上的则只有 1.9%。另外，原房面积的户际差也要比现房面积的户际差小得多。据统计，就提供了相关信息的 215 户来计算，其原房总面积为 20450 平方米，户均 95.12 平方米，中位数 90 平方米，标准差为 38.59 平方米，从而看出，原用房面积的户际差异很小。

二　关于被调查户的房屋居住情况

平常，农户的房屋并不是全部用作居住的。统计表明，反映此项信息的 315 户，其现房总居住面积有 20433 平方米，是现房总面积的 39.1%；户均居住面积 64.9 平方米，是户均现房面积的 39.1%。居住面积的户际差异比现房面积的户际差异小得多，其分布线上的中位数为 60 平方米，是户均值的 92.4%；标准差 34.2 平方米，是户均值的 52.7%。这 315 户现房居住面积的具体分布状态（见表 12 - 50）。

表 12 - 50　现房居住面积分组分布

面积（平方米）	59以下	60～69	70～79	80～89	90～99	100～129	130～149	150～199	200以上	合计
户数（户）	124	68	29	31	24	30	3	4	2	315
百分比（%）	39.4	21.6	9.2	9.8	7.6	9.5	1	1.3	0.6	100

表 12 - 50 显示，大多数农户的居住面积在 59 平方米和 60 ~ 69 平方米这两个组，而居住面积达 100 平方米以上的农户只占 12.4%，从而看出，现房面积在 100 平方米以上的农户中，大多数房屋移作他用了，如作生产用房、营业、也有空闲或出租的。但是，与原用房居住面积相比，现用房居住面积仍然扩大了许多，如表 12 - 51 所示。

表 12 - 51　原房居住面积分组分布

面积(平方米)	59 以下	60 ~ 69	70 ~ 79	80 ~ 89	90 ~ 99	100 ~ 129	180	合计
户数(户)	130	58	10	9	1	6	1	215
百分比(%)	60.5	27	4.7	4	0.5	2.8	0.5	100

三　关于被调查户现用房屋的现值

衡量家庭财富的一个基本方式，是将居民户的现用房屋现值货币化。在 318 个被调查户中，有 315 户对其现用房屋的价值作了估算。其统计结果是，现用房屋的现值总价为 1432.2 万元，户均 45470 元。相对面积之类的指标而言，现用房屋现值的户际差异要大得多，如现值分布线上的中位数为 35000 元，是户均值的 77%；标准差 60882 元，比户均值大 33.9%。有个别农户的现用房陈旧、低矮、潮湿，被夹于高大楼房之间，几乎终年享受不到阳光，这样的破烂不堪的房屋，几乎一文不值；而有的居民户的现用房价值在 5 万元以上。再进一步分析表明，现用房屋现值最低的 20% 户的现值合计 44200 元，占现值总计的 0.3%；而最高 10% 户的现值合计为 56.3 万元，占现值总计的 3.9%，后者是前者的 13 倍。这 315 户现用房现值的具体分布状态见表 12 - 52。

表 12 - 52　现用房现值分组分布

现值分组(百元)	50 以下	60 ~ 99	100 ~ 159	160 ~ 199	200 ~ 249	250 ~ 299	300 ~ 499	1000 以上	合计
户数(户)	33	260	9	2	3	1	6	1	315
百分比(%)	10.5	82.5	2.9	1.6	1	0.3	1.9	0.3	100.0

表 12－52 显示，房屋现值分布在 6000～9900 元的是众数，占 82.5%。
这里要说明的是，此表是回答数，但据我们入户调查时的现值估算，众数应
在 10000～15900 元和 16000～19900 元这两个组，回答者之所以报得低，一
是根据造房时的价值所报，二是不愿意实报。但即使是这样，我们看看 208
户所提供的原用房屋的现值分布状况（表 12－53），仍然能反映出现用房屋
的现值的普遍升高。

表 12－53　原用房屋现值分组分布

现值分组(百元)	10 以下	11～20	21～50	80	100	合　计
户数(户)	169	13	21	4	1	208
百分比(%)	81.3	6.3	10	1.9	0.5	100

表 12－53 中显示，原用房屋现值众数分布在 1000 元以下的占 81.3%，
而现用房屋现值众数分布在 6000～9900 元，前后所占比例正好相当，但现
值翻了 6～10 倍。原房现值达 1 万元的只有 1 户，占 0.5%，而现房现价值
达 1 万元及其以上的有 22 户，达 7%。

当然，房屋现值的增加，则意味着盖房投入的增加。那么，被调查户对
这种投入的增加，其结果是否负债，对这种负债的反应如何呢？据统计，这
315 户都做了对此项的报告，即 170 户没有负债，占 54%；145 户负债，占
46%。据负债户反映，既然敢于翻盖新房，则有能力偿还，只是作为一两年
时间的挪借暂缓，如果没有偿还能力，则不会借债盖房了。

另外，黄湖的住宅基地都有一个特点，即宅基地面积较大，一般的房舍
门前都留着 30 平方米左右的宽敞活动场地，有的则修建了一个小庭院，很
有小康之家的气息。据村民们反映，以后要建造的楼房，其环境布局大都会
这样。

第五节　支出与借贷

支出与借贷是我们对黄湖居民户社会经济行为进行调查分析的一个重要
方面。这里所说的支出，包括生产性支出和生活消费支出。生产性支出包括
生产经营性支出和购置生产性固定资产的支出。据统计结果，318 户都提供

了生产性支出情况。但是，在做出了此项报告的318户中，只有248户有生产经营性支出，其支出总计为383.86万元，户均15478元。如果不计入超过200万元的最高支出户，其余247户的生产经营性支出总计为170.66万元，户均6909元。那么，在这247户中，有74.5%的户生产经营性支出在100～2000元（具体地说，生产经营性支出在100～500元的占59.1%；600～1000元的占9.7%；1100～2000元的占5.7%）；2100～3000元的占2%；3100～5000元的占6.1%；超过5000元的仅占17.4%。248户生产经营性支出的具体分布状态见表12－54。

表 12 - 54　2001 年生产经营性支出分组分布

支出分组(百元)	频数(户)	百分比(%)	支出分组(百元)	频数(户)	百分比(%)
0	70	22.0	101～150	6	1.9
1～5	146	45.9	151～200	6	1.9
6～10	24	7.5	201～300	8	2.5
11～20	14	4.4	301～500	6	1.9
21～30	5	1.6	501～800	2	0.6
31～50	15	4.7	21000 以上	1	0.3
51～80	12	3.8	合　计	318	100.0
81～100	3	0.9			

另外，在318个被调查户中，2001年有24户购置了生产性固定资产，总计支出14.93万元，户均6221元，极差为最小100元，最大3.9万元。

在生产经营性支出中，有202户报告有农业经营支出，其经营费用支出总计为62.9万元，占全部生产性支出的16.4%，户均3114元；极差为最小100元，最大14万元。农业经营费用的具体分布态势见表12－55。

表 12 - 55　农业经营费用分组分布

支出分组(百元)	频数(户)	百分比(%)	支出分组(百元)	频数(户)	百分比(%)
1～5	155	76.9	51～100	1	0.5
6～10	19	9.4	101～150	2	1.0
11～20	11	5.4	151～200	1	0.5
21～30	1	0.5	200 以上	9	4.5
31～50	3	1.5	合　计	202	100.0

我们认为，家庭生产性支出的差异，是家庭收入不平等的主要原因。同时，作为一种统计证据，我们还考察了被调查农户的生产性支出与其纯收入的交互关系，所得结果如表 12 - 56 所示。

表 12 -56　生产性支出与家庭纯收入交互分布

单位：户

支出（百元）＼纯收入（百元）	21 ~ 30	31 ~ 50	51 ~ 80	81 ~ 100	101 ~ 150	151 ~ 200	201 ~ 300	300 以上	合计
1 ~ 5	1	10	15	22	49	22	13	7	139
6 ~ 10	1	1	0	2	8	8	4	0	24
11 ~ 20	0	0	0	3	7	2	1	1	14
21 ~ 30	0	0	0	1	1	1	1	1	5
31 ~ 50	0	0	2	0	2	2	5	4	15
51 ~ 80	0	0	0	1	1	3	7		12
81 ~ 100	0	0	0	0	0	0	2	1	3
101 ~ 150	0	0	0	0	0	0	0	6	6
151 ~ 200	0	0	0	0	1	0	3	2	6
201 ~ 300	0	0	0	0	0	3	3		8
300 以上	0	0	0	1	1	2	1	11	15
合　计	2	11	17	29	70	41	38	40	248

关于缴纳税款、集体提留和上交、其他社会负担，是居民户在支出中与生产经营有一定关系的支出。318 个被调查户 2001 年在这几个方面的支出合计为 54.27 万元，户均 1707 元。但是，居民户间这些支出的差异是比较大的，支出分布线上的中位数为 0 元；标准差 3772 元，是户均值的 2.2 倍；极差为最小 0 元，最大 2.4 万元。可以说，农户负担的不平等状况，正好反映了居民户之间的生产规模与收入水平的不平等，因为以上三项的支出是按照收入的多少比例计算的。就总体而言，大多数居民户的负担在 500 元以下（其中负担为 0 元的户占 69.5%；100 ~ 500 元的户占 2.8%，两者合计占 72.3%）；600 ~ 1000 元的户占 5%；1100 ~ 3000 元的户占 5.7%；超过 3000 元的户占 16.9%。其具体分布状态见表 12 - 57。

表 12 -57　农户负担状况分组分布

支 出 （百元）	0	1～5	6～10	11～ 20	21～ 30	31～ 50	51～ 80	81～ 100	101～ 150	151～ 200	201 以上	合计
频数（户）	221	9	16	12	6	15	6	21	9	2	1	318
百分比 （%）	69.5	2.8	5.0	3.8	1.9	4.7	1.9	6.6	2.8	0.6	0.3	100

前文已经提到过，农户的公粮水费是不用自己交的，而是由村集体缴纳；提留上交，一般农户没有此项负担，只有少数企业租赁户有此项负担，上交不过 2.57 万元；其他社会负担更轻，总计也只有 8600 元。所以，大多数居民户基本上不知道有什么税负或者认为他们没有税负。在全部被调查户中，只有 91 户认为自己纳了税，尤其是搞运输的人，认为税负有些重。这 91 户在 2001 年，纳税 50.84 万元，户均 5587 元。其实，税负总是与生产规模和收入水平相联系的，所以大多数纳税人也没有认为不公平的。在这 91 户中，纳税的户际差异不算很大，其分布线上的中位数为 4000 元，是户均值的 75.1%；标准差 4693 元，是户均值的 88.2%，两者比较接近。极差为最小 100 元，最大也只有 2.4 万元。

下面，我们转而考察被调查户的生活消费支出。据统计，318 份户卷都提供了他们在 2001 年的生活消费支出的信息，其支出总计为 419.97 万元，户均 13207 元。相对来说，生活消费支出的户际差异略微小一些，但存在的差异也很明显。在生活消费支出的实际分布线上，中位数为 10250 元，是户均值的 77.6%；标准差为 14794 元，是户均值的 1.12 倍；极差为最小 2400 元，最大 20.84 万元。再进一步分析表明，20% 生活消费支出最低户的支出和为 31.2 万元，占生活消费支出总计的 7.4%；而 10% 生活消费支出最高户的支出和为 125.9 万元，占生活消费支出总计的 30%，后者是前者的 4.1 倍。其具体分布状态见表 12 -58。

生活消费支出的差异，在很大程度上反映了家庭收入的不平等，如表 12 -59 所示。

从表 12 -59 中可以看出，被调查居民户的生活消费支出与其家庭纯收入有着非常直接的线性相关关系。收入在 3000 元以下的，其消费支出微弱，而在 8000 元以上的，其消费比例则逐渐增大。用消减误差比例的方法进行检验，其相关程度为 0.159。

表 12 – 58 生活消费支出分组分布

支出分组(百元)	频数(户)	百分比(%)	支出分组(百元)	频数(户)	百分比(%)
11～20	1	0.3	201～300	29	9.2
21～30	7	2.2	301～500	6	1.9
31～50	25	7.9	501～800	2	0.6
51～80	67	21.3	801～1000	1	0.3
81～100	52	16.5	1001～2000	2	0.6
101～125	56	17.8	2000 以上	1	0.3
126～150	32	10.2	合　计	318	100.0
151～200	37	11.7			

表 12 – 59 家庭纯收入与生活消费支出的交互分布

单位：户

支出(百元) ＼ 纯收入(百元)	11～20	21～30	31～50	51～80	81～100	101～125	126～150	151～200	201～300	300以上	合计
11～20	0	0	0	0	1	0	0	0	0	0	1
21～30	1	2	2	2	0	0	0	0	0	0	7
31～50	0	0	12	6	4	2	0	1	0	0	25
51～80	0	1	1	17	20	13	10	5	0	0	67
81～100	0	0	0	0	8	19	11	8	5	1	52
101～125	0	0	0	0	4	10	14	12	11	5	56
126～150	0	0	0	0	2	1	4	10	7	8	32
151～200	0	0	0	0	0	2	3	13	9	10	37
201～300	0	0	0	0	0	1	0	8	7	13	29
300 以上	0	0	0	0	0	1	1	1	3	6	12
合　计	1	3	15	25	39	49	43	58	42	43	318

生活消费支出包括食品、衣着、耐用消费品、建房、交通、医疗、教育、娱乐、人情往来及其他生活支出等 10 项，下面将这些项目逐一进行具体描述和分析。

1. 食品支出

318 份户卷都提供了食品支出的信息，总计为 166.72 万元，户均 5243 元。相对而言，食品支出的户际差异是比较小的，因为此项支出的收入弹性终究有限。具体来说，在 318 户食品支出的分布线上，中位数为 4800 元，是户均值的 91.6% ；标准差 2792 元，是户均值的 53.3%。各户食品支出的具体分布见表 12-60。

表 12-60　食品支出分组分布

支出（百元）	1~5	6~10	11~20	21~30	31~50	51~80	81~100	101~125	126~150	151~200	201以上	合计
频数（户）	1	1	19	33	143	91	13	8	3	5	1	318
百分比（%）	0.3	0.3	6.0	10.4	45.0	28.6	4.1	2.5	0.9	1.6	0.3	100

表 12-60 显示，食品支出分布的众数在 3100~5000 元这个组，占 45%；其次是 5100~8000 元，占 28.6%，二者合计为 73.6%。关于食品，此处还需要考察的一个指标，是人们常讲的恩格尔系数，也就是食品支出占生活消费支出的比重。统计结果，黄湖 318 户 2001 年的总恩格尔系数为 39.7%，这意味着截至 2001 年，黄湖人在总体上已处于小康水平。但具体来讲，这 318 户的生活水平是不一致的，故而各户的恩格尔系数也大小不一，甚至差异很大，可见表 12-61。

表 12-61　恩格尔系数分组分布

恩格尔系数（%）	户数（户）	百分比（%）	恩格尔系数（%）	户数（户）	百分比（%）
100~91	0	0	40~31	44	13.8
90~81	11	3.5	30~21	27	8.5
80~71	26	8.2	20~11	9	2.8
70~61	39	12.3	10 以下	37	11.6
60~51	58	18.3	合计	318	100.0
50~41	67	21.3			

表 12-61 显示，在 318 户中，有 76 户的恩格尔系数在 60% 以上，这就是说，就此指标而言，还有 23.9% 的户处在贫困线以下。处于温饱水平的户占 18.2%（恩格尔系数为 51%~60%），达到小康水平的户占 21.1%（恩格尔系数为 41%~50%），达到富裕水平的户占 36.8%（恩格尔系数在 40%以下）。

表 12 - 62　家庭纯收入与食品支出的交互分布

单位：户

纯收入（百元） 支出（百元）	11 ~ 20	21 ~ 30	31 ~ 50	51 ~ 80	81 ~ 100	101 ~ 125	126 ~ 150	151 ~ 200	201 ~ 300	300 以上	合计
1 ~ 5	1	0	0	0	0	0	0	0	0	0	1
6 ~ 10	0	1	0	0	0	0	0	0	0	0	1
11 ~ 20	1	2	6	4	0	4	1	0	0	1	19
21 ~ 30	0	0	7	4	8	5	6	2	1	0	33
31 ~ 50	0	1	2	16	26	23	23	27	17	8	143
51 ~ 80	0	0	0	1	5	17	12	24	14	18	91
81 ~ 100	0	0	0	0	0	0	0	4	4	5	13
101 ~ 125	0	0	0	0	0	0	1	2	4	4	8
126 ~ 150	0	0	0	0	0	0	0	0	1	2	3
151 ~ 200	0	0	0	0	0	0	0	0	0	4	5
201 ~ 300	0	0	0	0	0	0	0	0	1	0	1
合　计	2	4	15	25	39	49	43	58	41	42	318

表 12 - 62 中的数据显示，食品支出与家庭纯收入相关，用消减误差比例的方法可以得知，其相关程度为 0.28。

2. 衣着支出

318 份问卷，有 290 户回答了衣着支出的信息。其支出总计为 28.94 万元，户均 998 元。衣着支出的户际差异相对来讲不算很大，如在各户实际支出的分布线上，中位数为 900 元，标准差 955 元，最小值为 100 元，最大值为 8000 元。其具体分布状态见表 12 - 63。

表 12 - 63　衣着支出分组分布

支出分组（百元）	1 ~ 5	6 ~ 10	11 ~ 20	21 ~ 30	31 ~ 50	51 ~ 80	合　计
户数（户）	124	86	57	15	7	1	290
百分比（%）	42.8	29.7	19.7	5.2	2.4	0.3	100

衣着支出的差异同样反映的主要是家庭收入的不平等。可以说，在一定范围内，家庭纯收入越高，家庭衣着支出越高。反之，其纯收入越低，衣着

支出越低，甚至有部分低收入户就没有衣着支出。如在考察中，有 28 户没有提供衣着支出信息，其实是他们没有此项支出，并且都是在 3000 元以下的低收入户。也就是说可能没有钱进行这项支出。根据表 12 - 64，对衣着支出与家庭纯收入的相关分析，其相关程度为 0.29。具体情况见表 12 - 64。

表 12 - 64　家庭纯收入与衣着支出的交互分布

单位：户

支出 (百元) ＼ 纯收入(百元)	21 ~ 30	31 ~ 50	51 ~ 80	81 ~ 100	101 ~ 125	126 ~ 150	151 ~ 200	201 ~ 300	300 以上	合计
1 ~ 5	1	10	16	22	22	17	18	10	8	124
6 ~ 10	0	0	2	9	17	16	18	16	8	86
11 ~ 20	0	0	0	0	6	9	15	12	15	57
21 ~ 30	0	0	0	0	1	1	5	1	7	15
31 ~ 50	0	0	0	0	0	0	1	2	4	7
51 ~ 80	0	0	0	0	0	0	0	0	1	1
合　计	1	10	18	31	46	43	57	41	43	290

3. 耐用消费品

318 份问卷中有 79 户提供了 2001 年购置耐用消费品支出的信息，总计 12.97 万元，户均 1642 元。耐用消费品支出与食品支出和衣着支出有所不同，其户际差异比较大。在各户支出的具体分布线上，中位数为 1000 元，是户均值的 60.9%；标准差 2090 元，是户均值的 1.3 倍；极差为最小 100 元，最大 1.3 万元。但如果统计时舍去最大值 1.3 万元，则户均支出减少到 1496 元，标准差也显著下降到 1652 元。不过在这里要说明的是，在尚有 238 份没有提供此项信息的户卷中，有一部分是因为收入低而无钱购置，这也说明户际收入差异影响消费差异。

4. 建房支出

在 318 份户卷中，有 21 户提供了建房支出的信息，其支出总计为 40.32 万元，户均 19200 元。建房支出的户际差异也比较大，其实际分布线上的中位数为 1200 元，是户均值的 6.3%；标准差为 41429 元，是户均值的 2.2 倍；极差为最小 100 元，最大 18 万元。

5. 交通支出

在 318 份问卷中，有 155 户回答了对此项的询问，其交通支出的总计数额为 8.46 万元, 户均 546 元, 其户际差异比较小, 如在实际分布线上的中位数为 400 元, 是户均值的 73.3%; 标准差 498 元, 是户均值的 91.2%; 极差为最小 100 元, 最大 3000 元。

6. 医疗支出

在被调查的 318 户中, 有 253 户报告了 2001 年的医疗支出, 其总计为 36.76 万元, 户均 1453 元。医疗支出的户际差异相对来是也是很大的, 实际支出分布, 其中位数为 500 元, 是户均值的 34.4%; 标准差为 4492 元, 是户均值的 3.1 倍。

7. 娱乐支出

有 50 户回答了他们在 2001 年的娱乐支出的情况, 其总计为 2.73 万元, 户均 546 元。在实际支出的分布线上, 中位数为 200 元, 是户均值的 36.6%; 标准差 676 元, 是户均值的 1.2 倍。

以上所描述的耐用消费品、建房、交通、娱乐四项支出虽与其家庭收入有一定的关系, 但在被调查户中, 报告有这几项支出的信息是少数。有医疗支出的虽是多数, 但这主要是与家庭是否有人生病有关, 而与收入无多大关系。因此, 这里就不对这几项支出与家庭收入作相关分析。

8. 教育支出

在 318 份问卷中, 有 207 户提供了教育支出的信息, 其支出总计为 50.12 万元, 户均 2421 元。教育支出的户际差异相对而言也是比较小的, 在其实际分布线上, 中位数为 2000 元, 是户均值的 82.6%; 标准差为 2179 元, 是户均值的 90%。207 户的教育支出的具体分布状况见表 12 - 65。

表 12 - 65　教育支出分组分布

支出(元)	11～20	21～30	31～50	51～80	81～100	101～200	200 以上	合　计
频数(户)	126	43	22	11	3	1	1	207
百分比(%)	61	21	10.6	5	1.4	0.5	0.5	100

根据表 12 - 66 提供的收入与支出的相交两项数据来看, 教育支出与家庭收入水平之间也确实存在一定的相关关系, 用消减误差比例的方法检验,

其相关程度为 0.08。但影响居民户教育支出的，并不完全是家庭收入，还有教育制度，家庭人口结构等其他因素。此处对这些因素没有可应用的资料进行相应的统计分析。

表 12 - 66　家庭纯收入与教育支出的交互分布

单位：元，户

支出 （百元） ＼ 纯收入（百元）	31～50	51～80	81～100	101～125	126～150	151～200	201～300	300 以上	合 计
11～20	4	6	18	23	23	16	23	13	126
21～30	0	2	5	7	4	13	5	7	43
31～50	0	1	1	1	2	4	2	11	22
51～80	0	0	0	0	0	3	5	3	11
81～100	0	0	0	0	0	1	1	1	3
101～125	0	0	0	0	0	0	0	0	0
126～150	0	0	0	0	0	0	0	0	0
151～200	0	0	0	0	0	0	0	0	0
200 以上	0	0	0	0	0	1	0	1	2
合 计	4	9	24	31	29	38	36	36	207

9. 人情往来支出

人情往来反映了人们的相互关系，这项支出在黄湖比较普遍。在被调查户中，有 287 户报告了此项支出的信息，占被调查户的 90%，这就是说，无论家中有钱没钱，亲朋若有大事，就得要赶情送礼，只是根据家庭的经济状况，来决定送多送少罢了。然而，这也就反映出人情往来支出的户际差异也是存在的。不过相对来说，其差异不算很大，最大值也没有超过 8000 元的。287 户的人情往来支出总计为 30.58 万元，户均 1066 元。其分布线上的中位数 1000 元，标准差 919 元，皆与户均值相差不大。极差为最小 100 元，最大 7600 元。其具体分布状况见表 12 - 67。

表 12 - 67　人情往来支出分组分布

支出分组 （百元）	1～5	6～10	11～20	21～30	31～50	51～80	合 计
频数（户）	105	109	55	11	5	2	287
百分比（%）	36.6	38	19	4	1.7	0.7	100

表 12 - 67 显示，人情往来支出的众数集中地分布在 100 ~ 500 元和 600 ~ 1000 元两个组，合计占 74.6%；在 3000 元以上的只占 2.4%。另外，为了证实人情往来支出与家庭收入的一定相关关系，可见表 12 - 68。

表 12 - 68　家庭纯收入与人情往来支出的交互分布

单位：户

支出（百元）＼纯收入（百元）	21 ~ 30	31 ~ 50	51 ~ 80	81 ~ 100	101 ~ 125	126 ~ 150	151 ~ 200	201 ~ 300	300 以上	合计
1 ~ 5	1	8	11	17	21	13	16	10	8	105
6 ~ 10	0	1	8	15	16	21	14	17	17	109
11 ~ 20	0	0	1	3	7	6	16	8	14	55
21 ~ 30	0	0	0	0	0	1	5	5	1	12
31 ~ 50	0	0	0	1	0	0	2	0	1	4
51 ~ 80	0	0	0	0	0	0	0	1	1	2
合　计	1	9	20	36	44	41	53	41	42	287

根据表 12 - 68 中的数据用消减误差比例的方法可以得知，其相关程度为 0.205。从而表明，在一定程度上，家庭收入高，经济宽裕，其人情往来支出相应也多一些。

10. 其他生活支出

在 318 份户卷中，有 277 户提供了其他生活支出的信息，其支出总计为 42.37 万元，户均 1530 元，极差为最小 100 元，最大 3.69 万元。具体地说，100 ~ 500 元的有 111 户，占 40.1%；600 ~ 1000 元的有 56 户，占 20.2%；1100 ~ 2000 元的有 68 户，占 24.5%；2100 ~ 3000 元的有 17 户，占 6.1%；超过 3000 元的有 25 户，占 9%。这里所说的其他生活支出，是指烟、酒、牙刷、牙膏、毛巾、梳妆打扮等日用品及其他不常用物品的支出，这些支出的户际差异较大，其分布线上的中位数为 800 元，是户均值的 52.3%；标准差 2889 元，是户均值的 1.9 倍。

在被调查居民户中，一部分家庭收入大于支出，另一部分家庭支出却大于收入。不过入不敷出的是极少数，大约在 5%，其主要原因大概有三个，一是翻盖新房；二是结婚；三是生病或工伤事故住院。这都是一种生活常态，在此不做具体统计分析。

第六节 观念与行为

户访问卷考察了以问卷回答人为代表的被调查居民户的观念与行为，我们将在本节对这一方面的考察结果进行统计分析。

一 关于被调查的家庭观念问题

这主要指生育观念及其对子女在学习和工作等方面的期望。

生育观念表现的首要方面是生育目的，它决定着人们的生育行为的动机。户访问卷中设拟了四种目的，让回答者选择，并要求只选择其中一个作为主要答案，即养子女防老，增加生活乐趣，维系家庭感情，传宗接代。另外，对于"不明目的"的则设拟一个"说不清"。在318份问卷回答者中，有317人作了选择。

从表12-69中可以看出，养子女防老，这一生育目的所占比例仍然最大，其次是传宗接代，这两种选择合计占66.3%，也就是说，人们对这两种既现实又传统的选择，仍然是主要的。但是也从为了"增加生活乐趣"和"维系家庭感情"这两种选择的统计结果，即23.7%的比例，可以看出黄湖人生育观念的变化，从而反映出人们生活水平的提高和社会的进步。

表 12-69 生育目的选择

目的	养子女防老	增加生活乐趣	维系家庭感情	传宗接代	说不清	合计
频数（人）	134	46	29	76	32	317
百分比（%）	42.3	14.5	9.1	24	10.1	100

生育观念表现在第二个方面的是子女性别偏好。为了探测回答者的这种偏好状况，问卷设置了"一对夫妇没有男孩行不行"的询问，要求被调查者做真实的回答。

结果318个被调查者都做了回答，其中有201人说"行"，占63.2%；有97人说"不行"，占30.5%；20人回答"说不清楚"，占6.3%。从而可以看出，持肯定态度的人占了多数，但并不是绝对多数，因为持否定态度的人所占的比例仍有30%强，同时，回答所谓"说不清楚"的，其实内心也是持否定态度的，只不过是不肯言表罢了。所以说，还是有不少人认为没有男孩是不行的。为了进一步探究影响回答者回答上述问题的因素，现根据回答者的个人特征进行交叉统计，具体情况见表12-70、表12-71、表12-72。

表 12-70　分性别没有男孩行不行的回答的交叉分布

性别＼回答（人）	行	不 行	说不清	合 计
男	89	39	14	142
女	112	58	6	176
合计	201	97	20	318

表 12-71　分年龄没有男孩行不行的回答的交叉分布

年龄（岁）＼回答（人）	行	不 行	说不清	合 计
16～19	0	0	0	0
20～29	14	3	1	18
30～39	53	23	8	84
40～49	57	33	2	92
50～59	43	21	6	70
60	34	17	3	54
合 计	201	97	20	318

表 12-72　分受教育年限没有男孩行不行的回答的交叉分布

年限（岁）＼回答（人）	行	不 行	说不清	合 计
0	49	27	2	78
1～4	23	10	4	37
5～6	34	29	4	67
7～9	80	29	8	117
10～12	15	1	2	18
13～16	0	1	0	1
合 计	201	97	20	318

子女生下来以后，一个极其重要的问题就是教育。这里所说的教育是专指学校教育。在"科学技术是第一生产力"的当代社会，对子女所必须进行的学校教育，是一个最重要的方面。子女能够上多少年的学，达到什么文化程度，在一定程度上要取决于父母对子女受教育程度的期望。在户访问卷中，有310人表达了自己对子女受教育程度的期望。

从表12－73中可以看到，接近一半的问卷回答者都希望子女能受到大学及以上程度的教育，而不满足于高中教育，尤其是认为只受到初中及其以下教育，在现代社会决不可行。不过有32.9%的回答者认为，如果在农村，能有高中或中专文化程度就可以了。

表 12－73　对子女受教育程度的期望

期　望	小学毕业	初中毕业	高中或中专毕业	大学毕业	硕士毕业	博士毕业	合　计
频数（人）	2	57	102	142	1	6	310
百分比（%）	0.6	18.4	32.9	45.8	0.3	1.9	100

子女成年后，则要面临就业问题。户访问卷设拟了"您希望子女在哪里工作"这一询问。这个询问不仅包含的是就业地点的信息，还包含有希望子女从事农业还是非农业，是否愿意让子女远离自己到外地去寻找工作和发展等方面的信息。在318份有效问卷的回答者中，有317人做了选择性的回答，其回答的具体分布状态见表12－74。

表 12－74　对子女工作地点的期望

期　望	本地农村	本地城镇	外地城镇	无所谓	合　计
频数（人）	8	103	69	137	317
百分比（%）	2.5	32.5	21.8	43.2	100

从表12－74中可以看出，"对子女工作地点的期望"持无所谓态度的频率最高，占回答者人数的43.2%。持这种态度的或许反映回答者让子女自己选择的意向，或许是反映回答者感到难以预期或干预子女自己选择的无可奈

何，或许是经过改革开放后，认为不论到哪里都行。但另一方面，他们中的大多数人还是希望子女能在城镇工作，并且，期望在本地城镇工作的占多数，在外地城镇工作的占少数，前者为 32.5%，后者为 21.8%。这就是说，今天仍然有很大一部分人不愿让子女远离家庭而去找工作，但也不要留在本地农村。在此，顺便指出的是，经过交叉统计和相关分析，也难以根据回答者的个人特征及其家境来理解其所做出的这种选择。

二　关于被调查者自身的生活目的和行为特征

问卷中设拟了一个最基本的问题，即回答者"干活挣钱的目的是为了什么"，并要求回答者根据自己意向的轻重考虑做三次选择。其统计结果见表 12－75。

表 12－75　村民挣钱的目的

选择	挣钱目的	吃饱穿暖	吃好穿好	多买几件高档商品	翻盖新房	为子女上学	为子女结婚	扩大生产经营	合　计
第一	频数（人）	143	21	1	12	94	21	7	299
	百分比（%）	48	7	0.3	4	31	7	2	100
第二	频数（人）	51	62	15	27	80	44	12	291
	百分比（%）	18	21.3	5.2	9	27.5	15	4	100
第三	频数（人）	23	36	41	41	33	55	42	271
	百分比（%）	8.5	13.3	15	15	12	20.2	16	100

很明显，表 12－75 所显示的是：吃饱穿暖是多数人挣钱的首要目的，这是一个最现实的问题；其次是"为子女上学"，这是当今农村社会进步的表现；第三是"为子女结婚"。如果将三个选择看做是一种具有时间顺序意义的安排，则"为子女结婚"的重要性更加明显。同时，翻盖新房，扩大生产经营，多买几件高档商品的重要性也在随之增加，而吃穿的重要性呈逐步下降趋势。

三　关于被调查者的政治经济意识和基本的政治行为

主要指对社会阶层的划分及其看法，对干部的评判和干群关系的判断，对村民会议的评判，对集体经济重要性的评价和村民经济状况的评判，以及村政参与，组织参与行为等。

1. 对社会阶层的划分与评判

经过一段时期的改革开放，尤其是农村实行家庭联产承包责任制和允许一部分人先富起来的政策后，农村的经济结构，产业结构、生活消费结构等都发生了巨大的变化，随之人们的社会地位、经济地位、政治地位也发生了变化，为了检测人们对这些变化的认识和态度，问卷中设拟了一些有关的询问。

关于"您认为您的村子里可以划分哪些阶层或阶级"和"您认为您属于哪个阶层或阶级"的询问。在被调查者中，有很多人对此不知怎么回答，他们只知村子里贫富有差距，说可以划分上、中、下三个等级；2/3 强的人，把自己划列中等或中下等，有近 1/4 的人把自己划列为下等，只有极少的人把自己划列为中上等，1 人把自己划列为上等。

表 12 - 76 对本村阶层或阶级之间最大差别的判断

差别方面 \ 差别程度	最大的方面		第二大方面		第三大方面	
	频数（人）	百分比（%）	频数（人）	百分比（%）	频数（人）	百分比（%）
金钱/财富	177	64.6	28	10.6	19	7.4
社会地位	18	6.6	66	24.9	28	10.9
权　力	13	4.7	27	10.2	23	9.0
教育水平	14	5.1	42	15.8	19	7.4
家庭出身	5	1.8	1	0.4	6	2.3
职　业	19	6.9	34	12.8	32	12.5
生活方式	5	1.8	26	9.8	35	13.7
消费水平	13	4.7	23	8.7	59	23.0
住　房	4	1.5	13	4.9	25	9.8
道德修养	4	1.5	3	1.1	9	3.5
其　他	2	0.7	2	0.8	1	0.4
合　计	274	100.0	265	100.0	256	100.0

关于"您认为阶层或阶级之间最大的差别在哪些方面"的询问。问卷设拟了 11 个答案，供被调查者按大小顺序选择三个。

从表 12-76 中可以看出，认为阶层或阶级之间差别最大的方面是金钱与财富，所占比例达 64.6%；其次是社会地位，所占比例为 24.9%；再其次是消费水平，所占比例为 23%。此外，职业、教育水平、消费水平也有一定的差别，而家庭出身的差别已大大缩小。

关于"您认为阶层或阶级之间是否存在利益冲突"的询问。在被调查者中，有 270 人做了回答："认为所有的阶层或阶级之间都有利益冲突"的只有 24 人，占 8.9%；认为"部分阶层或阶级之间有利益冲突"的有 101 人，占 37.4%；认为"所有阶层或阶级之间都没有利益冲突"的有 145 人，达 53.7%。这说明大多数人对于村内出现的新的社会阶层及其富裕差别的心态是平衡的，认为凭个人能力富起来是合法的，从而反映了"一部分人先富起来的政策"已深入人心。但也有极少数人的心理不够平衡，我们对此不可忽视，尤其是 37.4% 的人认为"部分阶层或阶级之间有利益冲突"，这个比例不算小。它警示我们必须防止贫富差距拉大的趋势。

关于"如果把人归成几类，您认为您属于哪一类"的询问。在被调查者中，有 317 人做了回答。表 12-77 中显示，在 317 个回答者中，最多的还是农民，占 45.4%；其次是个体经营者，占 16.7%；再其次是农民工和工人，各为 11.4%，这四类合计 84.9%，其中农村蓝领占 68.2%。这反映了黄湖以前的单一农民已开始分化，并且农民所占的比例在逐渐缩小，已小于半数。

表 12-77　对本人属于哪一类的判断

判断	党政干部	经理人员	专技人员	办事人员	私企主	个体经营者	工人	农民	农民工	乡村管理者	失业无业者	其他	合计
频数（人）	5	1	11	2	4	53	36	144	36	2	19	4	317
百分比（%）	2	0.3	3.5	0.6	1.3	17	11	45	11	1	6	1.3	100

关于"如果将社会划分为五个阶层，您认为自己属于哪一个"的询问。在被调查者中有 312 人做了回答。表 12-78 显示，有近 41% 的人，认为自己属于中层，但从我们在入户访谈中发现，有部分户判断的等级与实际状况有些不相符合，那就是报告的等级低了些，实际是中等的大约占 50%；中下

等的大约占 25%；下等的占 15%；中上等的占 8%；上等的占 2%。为什么会出现这种差异呢？因为有部分人有所顾忌，认为露富了不太好。

表 12 - 78　对本人属于哪一阶层的判断

判　断	上	中　上	中	中　下	下	合　计
频数（人）	1	16	127	93	75	312
百分比（%）	0.3	5	40.7	30	24	100

关于"您认为在当前的中国社会中，哪三种人最容易获得高收入"的询问。在被调查者中，有 311 人做了回答。表 12 - 79 显示，认为最易获得高收入的是有文化、有学历的人，占 31.5%；其次是当官的人，占 28.2%；再其次是有技术专长的人，占 13.1%。但也可以看出，认为当官的最易获得高收入的人会越来越少，而认为有资产者、有技术专长者、胆大敢干者和吃苦者最易获得高收入的人会越来越多。

表 12 - 79　对当前最易获得高收入的三种人的判断

判断等级　判断	第　一		第　二		第　三	
	频数（人）	百分比（%）	频数（人）	百分比（%）	频数（人）	百分比（%）
有文化/有学历者	98	31.5	21	6.8	19	6.2
当 官 者	88	28.2	61	19.7	19	6.2
有资产者	23	7.4	51	16.3	40	13.0
有社会关系者	10	3.2	27	8.7	31	10.1
脑子聪明者	23	7.4	41	13.2	29	9.4
有技术专长者	41	13.1	56	18.1	67	21.8
家庭背景硬者	8	2.6	12	3.9	21	6.8
胆大敢干者	11	3.5	18	5.8	44	14.3
吃苦耐劳者	6	1.9	21	6.8	38	12.3
其 他	3	1.0	2	0.6	0	0.0
合 计	311	100.0	310	100.0	308	100.0

2. 对村行政干部的评判

在当代中国的农村，行政干部必须具备多方面的能适应新时期发展需要的素质，这关系着村落的政治、文化、经济和社会发展，关系着干群关系，关系着党在农村的执政基础。问卷针对这一重要问题设拟了关于村干部的收入、办事能力、处理问题的公正性、享有的威信等问题，在被调查者中进行了测询。

关于"您认为您村的主要干部收入怎样"的询问，在问卷中对此设拟了5个答案让被调查者选择回答，有316人做了回答，其统计结果见表12－80。

表 12－80 对本村干部主要收入的判断

判　断	很　高	较　高	与村民差别不大	低于村民水平	说不清	合　计
频数（人）	14	87	41	6	168	316
百分比（％）	4.4	27.5	13.0	1.9	53.2	100

从表12－80中可以看出，有53.2％的人选择了"说不清"，只有27.5％的人回答"较高"。回答"说不清"者有两种可能，一种可能是确实不大清楚，另一种可能是有意回避。据我们观测，干部的主要收入算中上等水平，只有个别的收入较高。

关于"您认为您村的主要干部办事能力怎样"的询问，在被调查者中有317人做了回答，其统计结果见表12－81。

表 12－81 对本村干部办事能力的判断

判　断	很　高	较　高	一　般	较　低	说不清	合　计
频数（人）	21	140	57	5	94	317
百分比（％）	7	44	18	2	29	100

表12－81显示，回答者对主要干部的办事能力基本是持肯定的态度，如认为较高和很高的占50.8％，认为一般的占18％，认为较低的只有1.6％。另外，回答"说不清"的占有29.4％，这个比例不算小，作如此回答的也可能有两个原因，一是很少和干部接触，确实不知情的；二是可能有意回避不愿谈及此事的。

关于"你认为你村的主要干部威信怎样?"的询问。在被调查者中,有314人做了回答,其统计结果见表12-82。

表12-82 对主要村干部威信的判断

判 断	有很高威信	有威信	一般	威信不高	没有威信	说不清	合 计
频数(人)	22	164	42	9	11	66	314
百分比(%)	7	52	13	3	4	21	100

表12-82显示,回答者有59.2%的人对主要村干部的威信持肯定态度,只有3.5%的人持否定态度,不过回答说不清的也占了1/5强。

3. 对于获得较高社会地位和经济收入的评判

对于本村"具有什么样能力的人获得了较高的社会地位和经济收入"的询问,在被调查者中有309人做了回答。表12-83显示,对于村内获得较高社会地位和经济收入的人,回答者认为是勤奋努力的人,所占比例最大,为26.5%;其次是有资产的人,占22%;如果再加上有文化有学历的人所占7.1%的比例,那么这三者合计占55.6%,这说明大多数人认识到在当今市场经济条件下,有资产、有文化、有学历加上勤奋努力的重要性,而家庭背景、社会关系将逐步走向弱势。但当干部在人们心目中仍占有一定的重要地位。回答"说不清"的所占比例也不小,为19.4%,这反映有一定数量的村民对于社会地位和经济收入无多大追求,或者说,在改革大潮中尚处于茫然的状态。为慎重起见,我们还将回答者的个人特征与判断做了交叉统计,所得结果见表12-84、表12-85、表12-86。

表12-83 关于获得较高社会地位和经济收入的判断分布

判 断	有文化有学历	当干部者	有资产者	社会关系广者	家庭背景硬者	勤奋努力者	其他	说不清	合计
频数(人)	22	35	68	23	12	82	6	61	309
百分比(%)	7.1	11.3	22	7.4	4	26.5	2	19.7	100

表 12 - 84 分年龄与判断的交互分布

单位：人，岁

年龄＼判断	有文化有学历	当干部者	有资产者	社会关系者	家庭背景者	勤奋努力者	其他	说不清	合计
16 ~ 19	0	0	0	0	0	0	0	0	0
20 ~ 29	2	1	3	3	1	4	1	4	19
30 ~ 39	8	11	21	8	4	15	0	14	81
40 ~ 49	4	6	24	7	4	25	3	19	92
50 ~ 59	3	10	14	3	2	20	2	14	68
60 以上	5	7	6	2	1	18	0	10	49
合计	22	35	68	23	12	82	6	61	309

表 12 - 85 分性别与判断的交互分布

单位：人

性别＼判断	有文化有学历	当干部者	有资产者	社会关系者	家庭背景者	勤奋努力者	其他	说不清	合计
男	12	13	30	9	2	40	3	29	138
女	10	22	38	14	10	42	3	32	171
合计	22	35	68	23	12	82	6	61	309

表 12 - 86 分受教育年限与判断的交互分布

单位：人，年

年限＼判断	有文化有学历	当干部者	有资产者	社会关系者	家庭背景者	勤奋努力者	其他	说不清	合计
0	6	10	10	9	2	21	2	15	75
1 ~ 4	1	3	8	1	0	15	1	6	35
5 ~ 6	4	5	13	2	5	22	0	14	65
7 ~ 9	10	15	30	10	2	21	3	24	115
10 ~ 12	1	2	7	1	2	3	0	2	18
12 ~ 16	0	0	0	0	1	0	0	0	1
合计	22	35	68	23	12	82	6	61	309

4. 村政参与

所谓村政参与，主要是指被调查者对村民委员会选举的参与，对于一些重要村民会议的参加及各种组织的参与。其参与是否积极主动，是衡量村民的村政参与意识，衡量村民政治成熟程度的重要指标。据 318 份户访问卷统计，314 人提供了有关信息，其中有 207 人参加了最近一次村委会选举，占

65.9%；107 人未参加，占 34.1%。虽然有六成半的人参加了最近一次的选举，但未参加的人，其比例也不算小。那么，是什么原因会有这么多人没参加呢？见表 12 - 87。

表 12 - 87   村民未参加选举原因

原　因	不感兴趣	不在家	不知道	其　他	合　计
频数(人)	8	23	35	22	88
百分比(%)	9	26	40	25	100

表 12 - 87 显示，对未参加选举的原因做出解释的有 88 人，而尚有 19 人未做解释。仅就做出解释的人进行统计，有 65.9% 的人是由于"客观"上的原因，即不在家或不知道。尤其值得注意的是，在未参加最近一次选举的人中，尚有 9.1% 的人对此"不感兴趣"。

那么，村民参加选举会议，大多数人是以什么方式参加选举的呢？对此，我们做了问卷调查统计，有 214 人提供了此项信息。其具体情况见表12 - 88。

表 12 - 88   参加村委会选举的形式

形　式	举手或唱和	到会画选票	在家画选票	在村民小组画选票	托人带话	投票箱	其他	合计
频数(人)	14	152	3	5	4	33	3	214
百分比(%)	6.5	71	1.4	2.3	2	15.4	1.4	100

表 12 - 88 显示，黄湖村民参加村委会选举，到会划选票的、在村民小组划选票的和在投票箱投票的等三种形式合计占 88.8%，也就是说近 89% 的村民对村委会的选举是非常慎重的，只有近 8% 的村民不大重视，从而也反映出黄湖的村委会选举是民主的。

关于村民出席村民会议的情况，我们也做了调查统计，在 318 份户卷中，有 296 人提供了有关信息。表 12 - 89 中显示，村民出席村民会议的积极性不太高，参加了大部分和每次都参加的人仅占 30.7%，而从未参加的却占了 52%。

表 12－89 村民出席村民会议情况

出席程度	每次都参加	参加了大部分	参加了少部分	从未参加	合 计
频数(人)	56	35	51	154	296
百分比(%)	19	12	17	52	100

那么，村民对村民代表会议的认识如何呢？对此，我们也做了调查统计，具体情况见表 12－90。在 311 个回答者中，完全持肯定态度的占 24.8%，认为作用一般的占 26.7%，两者合计达到半数多一点。而持否定态度的占 11.6%，尤其是所谓"说不清"的占 37%。

表 12－90 对村民代表会议的看法

看 法	作用大	一 般	作用不大	说不清	合 计
频数(人)	77	83	36	115	311
百分比(%)	24.8	26.7	11.6	37	100

关于村民对村里的事有意见或建议的反映所通过的渠道，有 314 人提供了有关信息，具体情况见表 12－91。

表 12－91 关于意见或建议反映的渠道

渠 道	村民小组	村民大会	村委会领导	党支部	村以上领导机关	报社电台	背后议论	不反映	合计
频数(人)	26	5	105	9	8	1	17	143	314
百分比(%)	8.3	1.6	33.4	3	2.5	0.3	5.4	45.5	100

从表 12－91 中可以看出，村民对村里的事有意见或建议，直接通过村委会领导这个渠道来反映的占 33.4%，通过其他渠道反映的占 15.6%，合计 49%，也就是说通过正规渠道反映的不到半数，而背后议论与不反映的超过半数，其中"不反映"所占比例最大，为 45.5%。那么，为什么有意见或建议而不反映呢？或许是对村里的事不大关心？或许是认为反映了没有多大作用？或许是忙于个人的事而没有时间？总之，这种现象不利于村里的发

展和治理，实在值得注意。

关于"对村里的财务开支情况你是否知情"的询问。被调查者中有316人做了回答，其中知情的占6.6%，知道一部分的占14.6%，而不知情的却占了78.8%。出现这种现象的原因，可能是回答者中大多不是户主，很少参与或不大关心村里的财务，而户主出外劳动或打工不在家，我们未能调查到这些知情的人。

关于对村里"最急需解决的大事是什么？"的询问。在被调查者中，有290人做了回答，其具体情况见表12-92。

表 12 - 92　村民对村里急需解决大事的看法

看　法	频数(人)	百分比(%)	活动项目	频数(人)	百分比(%)
选支部书记	5	1.7	学校教育	19	6.6
决定土地承包	5	1.7	发展村办企业	100	34.5
划拨宅基地	2	0.7	加强农业基础设施	52	17.9
计划生育	5	1.7	完善社会福利	31	10.7
村务公开	10	3.4	环境保护	52	17.9
社会治安	9	3.1	合　计	290	100.0

表12-92显示，村民认为村里最急需解决的大事，占比例最大的是发展村办企业，其次是加强农业基础设施和环境保护，这三项合计占70.3%。这反映了大多数村民的要求，也表明了他们是希望村集体经济发展的。

人民公社解体以后，农民组织化的程度大大降低。但在社会主义市场经济条件下，农民需要有服务于自身利益的新的组织，因而重新组织化已成为他们的普遍需要。那么，黄湖村民的重新组织化的状况如何呢？表12-93显示，黄湖村民参加某种合法组织的人并不多。即使参加了组织的人，绝大多数也只是参加一个组织（不包括村集体组织）而已，除党组织里有几个人担任主要负责人职务外，其他组织的人员基本上是一般办事人员或一般成员。同时，我们还可以看出，在认为自己参加了某种合法组织的50个回答者中，74%的人参加的是政治性的共产党和共青团组织，而只有13人参加了第二组织。

表 12 - 93　问卷回答者的组织参与

参加组织	频数(人)	百分比(%)	担 任 职 务	频数(人)	百分比(%)
中国共产党	19	38	主要负责人	6	12.8
共 青 团	18	36	一般管理或办事人员	6	12.8
民主党派	0	0	合作经济组织	1	2
一般成员	35	74.5	技术协会	9	18
宗教组织	0	0	其他社会组织	3	6
合　计	72	121.5	合　计	25	51.6

5. 对村经济的评价

这里所谓的村经济主要是指村居民经济和村集体经济。那么被调查者对个体经济和集体经济的看法与活动行为是怎样的呢？我们对此做了调查统计。

关于"你认为你村居民收入差距大不大"的询问。有 317 人做了回答，其统计结果见表 12 - 94，表中可以看出，有 62.1% 的回答者认为，村内居民收入的差距较大，7.6% 的认为过分悬殊，两者合计达 69.7%。

表 12 - 94　回答者对居民收入差距的评判

评 判	过分悬殊	差距较大	差距不大	说不清	合 计
频数(人)	24	197	60	36	317
百分比(%)	7.6	62	19	11.4	100

关于"你认为集体经济是否重要"的询问。在被调查者中有 315 人做了回答，其统计结果见表 12 - 95。

表 12 - 95　对集体经济是否重要的评判

判 断	完全没必要	不重要	可有可无	重要	很重要	说不清	合 计
频数(人)	2	7	22	198	20	66	315
百分比(%)	0.6	2	7	63	6.3	21	100

从表 12 - 95 中可以看出，有接近 70% 的回答者认为集体经济重要或很重要，只有极少数的人认为没必要或不重要，这表明黄湖人是非常看重集体经济的。

关于"你是否参加了经济合作组织"的询问。有 263 人提供了信息，其统计结果是 245 人没有参加，占回答者的 93.2%；而参加了的仅占 6.8%。这表明黄湖人对社会经济组织还缺乏一定的了解和认识。同时，据统计，在参加了经济合作组织的 18 户中，有 10 户提供了所参加的经济组织的类型，其中参加村委会的有 5 户，占 1/2；镇政府及有关部门办的有两户，占 1/5；地区性民间组织办的仅一户，占 1/10。至于所参加的这些组织属哪种领域，有 9 户提供了有关信息：属劳动环节的有两户，占 22.2%；属技术指导的有 5 户，占 55.6%；属信息领域的有两户，占 22.2%。这就是说，黄湖人参加经济组织的主要目的，在于索取技术指导和有关信息。

关于"目前影响你提高收入的主要原因是什么?"的询问。在被调查者中，有 304 人提供了有关信息，其统计结果见表 12 - 96。

表 12 - 96　影响村民提高收入的主要原因

原　因	没关系门路	没资金	没技能	家庭负担重	其他	合计
频数(人)	74	77	86	30	37	304
百分比(%)	24.3	25.3	28.3	10	12	100

表 12 - 96 显示，影响村民收入的主要原因是没技能、没资金、没门路，三项合计占 77.9%，因此，村级组织今后的主要工作要在这个方面加大力度。

表 12 - 97 显示，有 303 人提供了有关出村天数的信息，其中人数最多的是在 30 天以内，即不足 1 个月的，占 64.7%；其余是 1 ~ 3 个月的，占 15.5%；3 个月以上至 6 个月的占 19.8%。表中的数据反映了黄湖村民出村的这样几个特点：第一，以走亲访友为目的的出村人数最多，但绝大多数在 1 个月以内，最多的不超过 3 个月；第二，以出村天数为最多的是务工经商的人，也就是说务工经商的人大多在 3 个月以上，占务工经商组人数的 60.1%，而不超过 1 个月的只有 19%；第三，赶集购物的大多在 1 个月以内，占本组人数的 59.7%，也有少数人有 3 ~ 6 个月的，占 13.4%；第四，以旅游为目的的一般在 1 个月以内，也有个别超过 1 个月的。出外旅游的人数虽然比例很小，只约占 3%，但作为农村的居民来说，能有 3% 的人出村

旅游是很不错的，并有人竟然超过了 1 个月的时间，这反映了黄湖村民的生活方式已在向城市市民的生活方式靠近。

表 12 - 97　村民近一年中出村的天数

单位：天，人

类型 ＼ 天数	30以下	31 ~ 60	61 ~ 90	91 ~ 120	121 ~ 150	151 ~ 180	合计
赶集购物	40	12	6	3	1	5	67
走亲访友	132	5	1	0	0	0	138
务工经商	15	7	10	2	9	36	79
旅　游	8	1	0	0	0	0	9
其　他	1	4	1	1	3	0	10
合　计	196	29	18	6	13	41	303

关于"你目前最关心的是什么？"的询问。在被调查者中，有 303 人做了回答，其统计结果如表 12 - 98 所示。

表 12 - 98　村民目前最关心的事情

事　项	增加收入	提高社会地位	子女教育	养老	其他	合计
频数（人）	152	3	116	30	2	303
百分比（％）	50	1	38.3	10	0.7	100

从表 12 - 98 中可以看出，村民目前最关心的是增加收入，其比例为 50.2%；其次是子女教育，占 38.3%，这两者是当前村民最现实最重要的问题。至于其他方面，在村民看来，暂时都不是很重要的。不过，养老也占有一定的比例，接近 10%，并有发展的趋势，它将会成为村民担心的一个社会问题，要引起重视。

关于"你这几年最满意的是哪些事"和"最不满意的是哪些事"的询问。我们也做了粗略的统计，大约 80% 的回答者最满意的事是社会发展快，生活水平有了很大的提高。近 50% 的回答者最不满意的事是居住的卫生环境差，25% 的认为税收重。

第十三章 个人问卷调查分析

为了进一步了解黄湖人在当今社会变革中的观念意识和行为模式特征，尤其是在各个年龄段的人群在观念意识和行为模式上的差异变化，以便更好地了解黄湖在政治、经济、文化和社会生活的发展趋势，我们在户访问卷调查的基础上特意拟制了 1000 份个人访谈问卷，对 16 岁以上的黄湖村居民普遍进行了个人调查访谈。我们是在 2003 年 1 月开始 4 月份结束的，因为这个时段，即春节期间及其前后容易找人。最后将所得问卷经过清理，获得有效问卷 590 份，涉及黄湖村 16 岁以上居民的 60% 的人，对此所进行的有关方面的分析，基本上能反映出黄湖人观念意识和行为模式特征。

第一节 回答者的基本情况

要通过调查了解被调查者的观念意识与行为模式特征，则首先需要了解被调查者的基本情况。所谓基本情况，主要是指被调查者的性别、年龄、婚姻状况、文化程度、职业、就业地点、政治面貌及收入等。

1. 性别与婚否

在被调查者中，有 590 人报告了性别、婚否的信息，统计结果如表 13－1 所示。

表 13－1 性别与婚否分组分布

统计量 \ 项目	性别			婚否		
	合 计	男	女	合 计	婚	未 婚
频数（人）	590	389	201	590	418	172
百分比（%）	100	66	34	100	71	29

因本次调查，问卷一般由被调查者填写，也就是说，问卷多是由有一定文化的人回答的，而女性中有许多人没有文化，所以填写此卷者男性比女性多。

2. 年龄

第一章中的户卷调查回答者大多是家庭的男女户主，年龄偏大一些，所反映的观念意识和行为模式特征大多代表的是 40 岁以上的年龄段的人。而本次个人问卷调查，从表 13 − 2 中可以看出，回答者在 40 岁以下的占了66.1%，尤其是 16 ~ 19 岁的则有 17.5%，这个年龄段的大多是在读的初高中学生，这在户卷回答者中是没有的。因此，本次问卷所得到的关于黄湖人的观念意识和行为模式特征的信息要比户卷中涉及的面广泛得多。

表 13 − 2　年龄分组分布

年　龄	16 ~ 19	20 ~ 23	24 ~ 30	31 ~ 40	41 ~ 50	51 ~ 60	61 ~ 70	70 以上	合计
频数(人)	103	46	108	133	75	84	29	12	590
百分比(%)	17.5	8	18.3	22.5	12.7	14	5	2	100

3. 文化程度

表 13 − 3 中显示，被调查者有 590 人报告了自身的文化程度，其中初中文化程度所占比例最大，为 41.5%，其次是高中和中专，占 31.5%，两者合计占 73%，而专科及其以上文化程度的占 1.2%，可见被调查者的文化程度是不算低的。

表 13 − 3　文化程度分组分布

文化程度	文盲	小学	初中	高中、中专	专科	本科	合计
频数(人)	42	110	245	186	3	4	590
百分比(%)	7.1	18.6	41.5	31.5	0.5	0.7	100

4. 职业

在被调查者中，有 581 人提供了自身的职业信息，从表 13 − 4 中可以看出，回答者所从事的职业分布是比较广泛的，突现了家庭联产承包责任制以后引起原来单一职业结构分化的特点。不过就目前来讲，除了学生不是职业以外，从事农业的比例还是最大，占 23.1%；其次是商业，占 18.4%；再次是运输业，占 17.4%；其他行业所占比例都不大。

表 13 - 4　主要职业分组分布

职　业	人数(人)	百分比(%)	职　业	人数(人)	百分比(%)	职　业	人数(人)	百分比(%)
农　业	134	23.1	运输业	101	17.4	学　生	94	16.2
工　业	37	6.4	教　育	6	1.0	行　政	4	0.7
商　业	107	18.4	卫　生	1	0.2	保　安	1	0.2
服务业	10	1.7	打　工	44	7.6	无　业	17	2.9
建筑业	23	4.0	搬　运	2	0.3	合　计	581	100.0

5. 就业地点

从表 13 - 5 中可以看出，在 479 名回答者中，在本县县城就业的比例最大，占 42.8%；其次是在本村，占 39%；而在外省就业的比例又比在本省就业的比例大。这就是说，人们在选择就业地点时，如果就近一点的话，则选择本县内，但不在本镇内；如果要到离家远一些的地方，那就干脆到外省去。

表 13 - 5　就业地点分组分布

就业地点	本　村	本乡镇	本县城	本　省	外　省	合　计
频数(人)	187	37	205	14	36	479
百分比(%)	39	7.7	42.8	2.9	7.5	100

6. 政治面貌

表 13 - 6 显示，提供是否是党员信息的 567 人中，是党员的约占 5%；提供是否是团员信息的 581 人中，是团员的约占 19%。

表 13 - 6　政治面貌分组分布

统计量＼政治面貌	党　员			团　员		
	合计	是	否	合计	是	否
频数(人)	567	26	541	581	109	472
百分比(%)	100	5	95	100	19	81

7. 最近一年中的从业时间

黄湖人在 1 年中从事主业的时间有多长呢？我们在个人问卷中设拟了此题，结果回答者中有 431 人提供了有关信息，其统计结果见表 13 - 7。

表 13 - 7　2002 年从事主业的时间分组分布

时间(天)	120 ~ 150	151 ~ 180	181 ~ 210	210 以上	合　计
频数(人)	5	15	31	380	431
百分比(%)	1.2	3.5	7.2	88.2	100

从表 13 - 7 中可以看出，从事主业劳动的时间，绝大多数在 7 个月以上，占回答者的 88.2%；而在半年以下的仅占 4.7%。从而说明回答者在 1 年中从事主业的时间基本上是正常的，工作量是比较适宜的。至于有部分人工作量不足的可以兼业，对此我们也做了调查和统计，见表 13 - 8。

表 13 - 8　2002 年从事兼业的时间分组分布

时间(天)	30 以下	31 ~ 60	61 ~ 90	91 ~ 120	121 ~ 150	合　计
频数(人)	43	9	28	15	7	102
百分比(%)	42.2	8.8	27.5	14.7	6.9	100

提供兼业信息的有 102 人，其中兼业时间在 3 个月以下的占 78.5%；在 3 个月以上 5 个月以下的占 21.6%。也就是说，从事兼业的时间大多在 3 个月以内，最长的时间不超过 5 个月。

8. 个人收入

表 13 - 9 显示，据有收入的 468 人报告的信息，收入在 3000 元以下的低收入者接近 30%；收入在 5000 元以上的占 53%；超过 1 万元的占 23.3%。其众数分布在 3000 元以下，其次是 5100 ~ 9000 元，再次是 10100 ~ 19900 元。个人间的收入有一定的差异，但不是很大，在其分布上，均值为 7991.96 元，中位数为 6000 元，是人均值的 75%；标准差为 7169.55 元，是人均值的 89.7%；众数为 2000 元；极差为最小 250 元，最大 7 万元。

表 13 – 9　2002 年个人收入分组分布

收入(百元)	30 以下	31～40	41～50	51～90	91～100	101～199	200～299	300～399	400	合计
频数(人)	140	36	44	104	35	78	15	15	1	468
百分比(%)	29.9	7.7	9.4	22.2	7.5	16.7	3.2	3.2	0.2	100

第二节　思想观念与政治态度

在本节，我们将着重考察黄湖人的思想观念、社会意识、干群关系、人际关系和政治态度，并从多方位做一些研究分析。

1. 对国家、省、县、乡镇四级主要领导人的了解情况

在个人问卷中，设拟了国家和地方各级"主要领导人是哪些人"的测试，590 个被调查者都做了回答，我们对此做了整理和统计，其回答显示正确的人数，分别见表 13 – 10、表 13 – 11、表 13 – 12、表 13 – 13。

表 13 – 10　对党和国家主要领导人的了解情况

统计量＼领导人	主　席	总　理	委员长	政协主席
频数(人)	512	467	360	298
百分比(%)	87	79	61	51

表 13 – 11　对湖北省主要领导人的了解情况

统计量＼领导人	省委书记	省　长	人大常委会主任	政协主席
频数(人)	312	280	184	144
百分比(%)	53	47	31	24

表 13 – 12　对云梦县主要领导人的了解情况

统计量＼领导人	县委书记	县　长	人大常委会主任	政协主席
频数(人)	368	323	155	135
百分比(%)	62	55	26	23

表 13 - 13　对城关镇主要领导人的了解情况

统计量＼领导人	镇委书记	镇　长	人大常委会主任	政协组长
频数（人）	176	180	95	75
百分比（％）	30	31	16	13

表 13 - 10、表 13 - 11、表 13 - 12、表 13 - 13，显示了这样两大特点。

第一，在回答者中知道党和国家主要领导人的比例最大，均在半数以上，尤其是知道党的总书记、国家主席是谁的人数最多，占被调查人的86.8％，而最基层的城关镇可常与村民打交道的主要领导人是哪些人，村民反而知道的最少，所占比例几乎均在30％以下。

第二，除了知道镇委书记和镇长是谁的比例相当外，其他各级都是知道党组织的主要领导人是谁的，其比例要比知道政府的主要领导人是谁的比例大，知道政府领导人是谁的又比人大主要领导人是谁的比例大，而知道政协主要领导人是谁的比例最小。为了进一步探讨研究，我们将回答者的个人特征与回答进行了交叉统计和相关分析。

从表 13 - 14、表 13 - 15、表 13 - 16、表 13 - 17 中可以看出：就性别而言，男性对国家、省、县、乡镇各级主要领导人的了解比例比女性的比例大；就年龄而言，16～19 岁年龄段的青年对国家、省的主要领导人的了解比例最大，而对县、镇两级主要领导人了解的比例较小，这大概是因为这个年龄段的人大多是在校学生，对县、镇主要领导人不大了解，而对县镇主要领导人了解比例最大的是 30～39 岁和 40～49 岁这两个年龄段的人；就文化程度而言，对各级主要领导人了解的比例最大的主要在高中和专科这两个学历段的人。从而看出，对各级主要领导人的了解与回答者的性别、年龄、文化程度都有一定的相关关系。

2. 对村务活动的参与与评判

从以上统计分析中可以看出，黄湖人对党和国家主要领导人和省、县主要领导人是很关心的，也就是说，他们关心国家大事，有一定的政治意识。那么，他们对村务活动和行政参与的态度如何呢？我们在个人问卷中设拟了有关事项，并进行了调查统计和分析。

表 13 – 14 分性别、年龄、文化程度对国家主要领导人了解的交互分布

类别	回答		主 席		总 理		委员长		政协主席	
			人数（人）	百分比（％）	人数（人）	百分比（％）	人数（人）	百分比（％）	人数（人）	百分比（％）
性别	男	389	356	91.5	331	85.1	274	70.4	213	54.8
	女	201	156	77.6	136	67.7	86	42.8	85	42.3
	合计	590	512	86.8	467	79.2	360	61	298	50.5
年龄（岁）	16～19	103	102	99	101	98.1	91	8.3	89	86.4
	20～29	135	124	91.9	111	82.2	86	63.7	69	51.1
	30～39	108	94	87	84	77.8	56	51.9	51	47.2
	40～49	104	84	80.8	82	78.8	62	59.6	57	54.8
	50～59	94	76	80.9	70	74.5	57	60.6	23	24.5
	60 以上	46	32	69.6	19	41.3	8	17.4	9	19.6
	合计	590	512	86.8	467	79.2	360	61	298	50.5
文化程度	文盲	42	21	50	12	57.1	4	9.5	5	11.9
	小学	110	91	82.7	69	62.7	38	34.5	24	21.8
	初中	245	215	87.8	203	82.9	150	61.2	130	53.1
	高中	186	178	95.7	176	94.6	162	87.1	136	73.1
	专科	3	3	100	3	100	3	100	1	33.3
	本科	4	4	100	4	100	3	75	2	50
	合计	590	512	86.8	467	79.2	360	61	298	50.5

表 13 – 15 分性别、年龄、文化程度对省主要领导人了解的交互分布

类别	回答		书 记		省 长		人大常委会主任		政协主席	
			人数（人）	百分比（％）	人数（人）	百分比（％）	人数（人）	百分比（％）	人数（人）	百分比（％）
性别	男	389	237	60.9	216	55.5	138	35.5	114	29.3
	女	201	75	37.3	64	31.8	46	22.9	30	14.9
	合计	590	312	52.9	280	47.5	184	31.2	144	24.4
年龄（岁）	16～19	103	93	90.3	88	85.4	53	51.5	40	38.8
	20～29	135	57	42.2	47	34.8	38	28.1	26	19.3
	30～39	108	55	50.9	49	45.4	38	35.2	32	29.6
	40～49	104	57	54.8	49	47.1	48	46.2	42	40.4
	50～59	94	41	43.6	41	43.6	4	4.3	2	2.1
	60 以上	46	9	19.6	6	13	3	6.5	2	4.3
	合计	590	312	52.9	280	47.5	184	31.2	144	24.4
文化程度	文盲	42	4	9.5	5	11.9	4	9.5	0	0
	小学	110	21	23.1	18	19.8	9	8.1	5	5.5
	初中	245	144	67	127	59.1	63	25.7	38	17.7
	高中	186	138	77.5	127	71.3	106	57	99	55.6
	专科	3	2	66.7	2	66.7	2	66.7	2	66.7
	本科	4	3	75	1	25	0	0	0	0
	合计	590	312	52.9	280	47.5	184	31.2	144	24.4

表 13 – 16　分性别、年龄、文化程度对县主要领导人了解的交互分布

类别	回答		书　记		县　长		人大常委会主任		政协主席	
	别		人数（人）	百分比（%）	人数（人）	百分比（%）	人数（人）	百分比（%）	人数（人）	百分比（%）
性别	男	389	264	67.9	230	59.1	118	33.3	104	26.7
	女	201	104	51.7	93	46.3	37	18.4	31	15.4
	合计	590	368	62.4	323	54.7	155	26.3	135	22.9
年龄（岁）	16～19	103	94	91.3	93	90.3	43	41.7	36	35
	20～29	135	89	65.9	85	63	17	12.6	17	12.6
	30～39	108	77	71.3	52	48.1	35	32.4	31	28.7
	40～49	104	68	65.4	57	54.8	48	46.2	40	38.5
	50～59	94	23	24.5	29	30.9	9	9.6	9	9.6
	60 以上	46	17	37	7	15.2	3	6.5	2	4.3
	合计	590	368	62.4	323	54.7	155	26.3	135	22.9
文化程度	文盲	42	11	26.2	5	11.9	2	4.8	1	2.4
	小学	110	44	48.4	33	36.3	15	16.5	13	14.3
	初中	245	143	66.5	119	55.3	34	15.8	21	9.8
	高中	186	165	92.7	162	91	102	57.3	98	55.1
	专科	3	3	100	2	66.7	2	66.7	2	66.7
	本科	4	2	50	2	50	0	0	0	0
	合计	590	368	62.4	323	54.7	155	26.3	135	22.9

表 13 – 17　分性别、年龄、文化程度对镇主要领导人了解的交互分布

类别	回答		书　记		镇　长		人大常委会主任		政协组长	
	别		人数（人）	百分比（%）	人数（人）	百分比（%）	人数（人）	百分比（%）	人数（人）	百分比（%）
性别	男	389	142	36.5	138	35.5	79	20.3	70	18
	女	201	34	16.9	48	23.9	16	8	5	2.5
	合计	590	176	29.8	180	30.5	95	16.1	75	12.7
年龄（岁）	16～19	103	20	19.4	35	34	7	6.8	6	5.8
	20～29	135	63	46.7	58	43	15	11.1	5	3.7
	30～39	108	39	36.1	35	32.4	33	30.6	31	28.7
	40～49	104	44	42.3	45	43.3	36	34.6	33	31.7
	50～59	94	8	8.5	7	7.4	4	4.3	0	0
	60 以上	46	2	4.3	0	0	0	0	0	0
	合计	590	176	29.8	180	30.5	95	16.1	75	12.7
文化程度	文盲	42	3	7.1	3	2.9	2	.9	0	0
	小学	110	8	8.8	2	2.2	3	3.3	0	0
	初中	245	54	25.1	46	21.4	18	8.4	8	3.7
	高中	186	107	60.1	125	70.2	70	39.3	65	36.5
	专科	3	2	66.7	2	66.7	2	66.7	2	66.7
	本科	4	2	50	2	50	0	0	0	0
	合计	590	176	29.8	180	30.5	95	16.1	75	12.7

（1）关于村民是否想当干部的问题。本来，我们想了解被调查者自身是否怀有当干部的心理和追求，但考虑到回答者可能会有顾虑，不愿直接回答这个问题，所以便在问卷中设拟了"你周围的人是否想当干部"的这个询问托词，以了解回答者对干部是否有追求的心理，结果有 589 人提供了有关信息。其具体情况是，有 164 人认为自身周围的人想当干部，占 27.8%；而 345 人认为不想当干部，占 58.6%；回答不知道的有 80 人，占 13.6%。这就是说，多数人是不想当干部的，但是想当干部的人所占比例也并不算小。至于想当干部的原因，我们也要求回答者在问卷中说明，结果是大多数人认为当干部有权力，好办事；也有一部分人说当了干部则能为村里做些事。

（2）对村干部处理重大事务的评判。表 13 - 18 中显示，有 589 人对村干部处理重大事务是否民主的询问做了回答，其中认为民主和比较民主的达 86.2%，只有 2.2% 的人认为不民主。这表明，村民对村干部处理重大事务是持肯定态度的，村干部的民主作风在群众中的影响是很好的。但持"说不清"态度的人的比例占有 11.5%，这部分人或许是对干部不大了解，或许是不愿参与评说。

表 13 - 18　村干部处理重大事务是否民主的统计

评　判	民　　主	比较民主	不民主	说不清	合　计
频数（人）	377	131	13	68	589
百分比（%）	64	22	2	12	100

（3）对选什么样的人进村委会的看法。从表 13 - 19 中可以看出，回答者对进村委会的人的选择摆在第一位的是公道正派的人，占 34.3%；其次是文化水平高的人，占 22.6%；再次是有能力的人，占 21%；再就是率先致富的人，占 9.4%，这四者合计占 97.2%。而对同宗族和大姓大族的选择只占 2.8%，这表明黄湖人的政治思想意识已有了极大的提高，封建意识早已消除，而看重的是文化水平、能力、公道正派等。尤其是就排在第一、第二、第三这 3 个位次的整体来看，回答者突出的选择是有能力的人，这就是说，看文化水平、公道正派、率先致富，都要体现在实际能力上，不能看表面、看样子，人们是讲求实际的。

表 13 – 19　选什么样的人进村委会的统计

条件 \ 位次	第一位		第二位		第三位	
	人数(人)	百分比(%)	人数(人)	百分比(%)	人数(人)	百分比(%)
同宗族	7	1.2	2	0.4	7	1.3
大姓大族	9	1.6	3	0.5	3	0.6
文化水平高	127	22.6	47	8.6	151	28.4
有能力	118	21.0	307	56.1	100	18.8
率先致富	109	19.4	152	27.8	149	28.1
公道正派	193	34.3	36	6.6	121	22.8
其 他	0	0	0	0	0	0
合 计	563	100.0	547	100.0	531	100.0

（4）关于村民参与村政活动的情况。表 13 – 20 显示，在回答者中，有 290 人提供了有关信息：参加了两次投票活动的占多数，达 60.7%；参加了 3 次以上的只有 2%。这就是说，最近 1 年里举行了 6 次投票活动，而只有两次大多数人参加了，而参加人数的比例最大的 1 次是选举村干部，至于其他次的投票活动，就没多少人参加了。

表 13 – 20　最近一年参加村民投票活动的次数

投票次数	1	2	3	4	5	6	合 计
频数(人)	108	176	2	1	1	2	290
百分比(%)	37.2	60.7	0.7	0.3	0.3	0.7	100

（5）对村干部处理重大问题或纠纷的评判。表 13 – 21 显示，被调查者中有 585 人提供了对村干部处理重大问题或纠纷的评判的信息，其中占六成强的人认为是公正的，接近一成的人认为有时公正，有时不公正，只有 1.2% 的人认为不公正，但是接近三成的人回答为"说不清"，其原因或许是不了解，或许是不愿参与评判。

表 13 – 21　对村干部处理重大问题或纠纷的评判

评 判	公 正	有时公正、有时不公正	不公正	说不清	合 计
频数(人)	354	58	7	166	585
百分比(%)	61	10	1	28	100

（6）对村财务公开的评判。从表 13 - 22 中可以看出，有 583 人对村财务公开的账目的可信度提供了信息，表示可信的占 55.4%，只有 2.1% 的人表示不可信，从而表明村内财务是比较清楚的，大多数人是知情的。但是也不能忽视，有接近 30% 的人表示"说不清"，甚至有 13.4% 的人表示"半信半疑"，这两者的合计比例达到 42.6%，也就是说有超出四成的人对村财务的账目是不甚了解的，这个比例较大。

表 13 - 22　财务公开的账目可信度

评　判	可　信	半信半疑	不可信	说不清	合　计
频数（人）	323	78	12	170	583
百分比（%）	55.4	13.4	2	29.2	100

3. 关于党员能否起先锋模范作用的问题

表 13 - 23 显示，有 570 人提供了对村内党员能否起先锋模范作用的信息，统计结果表明，认为大多数党员能起先锋模范作用的占 45.8%，半数党员能起先锋模范作用的占 13.9%，二者合计占 59.7%，接近六成的比例；而认为没有党员能起先锋模范作用的不到 2%，这表明村内党员在村民中的形象是比较好的。但也有一小部分人表明"说不清"，这可能是他们对党员的兴趣不大或不甚了解所致。

表 13 - 23　村内党员能起先锋模范作用的统计

评　判	大多数人	半数人	少数人	个别人	没有人	说不清	合　计
频数（人）	261	79	115	14	11	90	570
百分比（%）	46	14	20	2.5	1.9	15.8	100

4. 关于村民获得国家方针政策的渠道

表 13 - 24 显示，在 590 个被调查者中，获得国家方针政策信息的渠道大多是电视，达 81%；其次是报纸，占 23.7%；而通过村委会传达的只有 13.2%。这表明，村民对获取国家方针政策的信息是主动的，他们自己通过看报纸，看电视来获取信息，而被动形式少，很少由村委会传达。

表 13－24　获得国家方针政策信息的渠道

渠　道	村委会传达	传　闻	报　纸	电　视	广　播	其　他
频数（人）	78	14	140	478	9	42
百分比（%）	13.2	2.4	23.7	81	1.5	7.1

5. 对发家致富条件的看法

从表 13－25 中可以看出，回答者对发家致富所要靠的条件，绝大多数人都有非常正确的看法，如排在第一位的、比例最大的是资金，占 46.4％；其次是技术，占 24.2％；再次是智慧，占 13.8％；然后是勤劳，占 12.1％，这四者合计达 96.5％。而只有 3.4％ 的人认为要靠权力和社会关系。就 3 个位次的整体而言，占比例最大的认为靠资金，其次是靠技术，再次是靠勤劳，最后加上智慧。这是比较合乎市场经济发展需要的因素和特点的。

表 13－25　发家致富最重要的是靠什么的统计

条件 ＼ 位次	第一位		第二位		第三位	
	频数（人）	百分比（%）	频数（人）	百分比（%）	频数（人）	百分比（%）
资　　金	272	46.4	118	20.7	40	7.9
技　　术	142	24.2	234	41.1	44	8.7
权　　力	14	2.4	26	4.6	22	4.3
社会关系	6	1.0	30	5.3	89	17.6
勤　　劳	71	12.1	125	21.9	132	26.1
智　　慧	81	13.8	37	6.5	179	35.4
合　　计	586	100.0	570	100.0	506	100.0

6. 关于村民收入的差距问题

黄湖经过改革开放，村内居民收入结构发生了巨大变化。那么，村民是如何认识和评判这些变化的呢？对此，我们在个人问卷中设拟了对有关问题的判断或询问。

（1）对回答者本人收入情况的看法。表 13－26 显示，回答者中有 582 人对本人收入划分了等次，其中 57.4％ 的人认为自己处于中等水平；而处于上等和中上等水平的占 16.5％；处于中下等和下等水平的占 26.1％。根据我们的实际访谈和多方面的了解，大多数人对本人收入等级的划分基本上是符合实际的，只是有少数人对本人收入等级的划分偏低了一些，如处于上等水平的，实际大约占 4%；处于中等水平的，大约占 55%；处于下等水平的占 10.4%。

表 13 - 26　回答者本人收入差异程度的统计

判　断	上　等	中上等	中　等	中下等	下　等	合　计
频数(人)	2	94	334	84	68	582
百分比(%)	0.3	16.2	57.4	14.4	11.7	100

（2）对 5 个层次之间是否存在利益矛盾和冲突的看法。表 13 - 27 显示，在回答者中，有 546 人提供了有关信息，其中 54.4% 的人认为，在以上 5 个层次之间不存在利益矛盾和冲突；24.2% 的人认为有矛盾和冲突；21.4% 的人回答"说不清"。尽管超过半数的人认为不存在矛盾和冲突，但认为存在矛盾和冲突的人所占比例也不算小。这就是说，因贫富差距而存在的矛盾和冲突，我们不可忽视，要防止差距的继续扩大，以控制矛盾和冲突的发展。

表 13 - 27　是否存在利益矛盾和冲突的统计

判　断	存　在	不存在	说不清	合　计
频数(人)	132	297	117	546
百分比(%)	24.2	54.4	21.4	100

第三节　志愿和要求

在社会主义市场经济大潮中，面对农村产业结构、经济结构、消费结构的演变和农村经济的迅速发展，农民们想干些什么呢？将选择什么样的职业呢？如何寻求发家致富的途径呢？对村集体、政府、亲朋邻里会有哪些要求呢？为此，我们做了有关调查，将在本节进行具体统计和分析。

1. 村民对职业的追求和选择

表13-28显示，在第一位上，有580人做了回答，想经商的人所占比例最大，为30%；其次是种田，为22.1%；再次是当企业老板，为13.4%；然后是打工与当教师，均占7.8%。至于想从事其他行业的，比例就更小了。在第二位上，有418人做了回答，仍然是想经商的所占比例最大，为26.8%；其次是当企业老板，为24.9%；再次是打工，为15.8%；然后是当司机，为12.4%。至于想从事其他行业的，比例就更小了。在第三位次上，有297人做了回答，想当企业老板的所占比例最大，为24.9%；其次是想当军人的，占17.8%；再次是经商的，占12.1%；然后是想当干部的，占11.1%。至于想从事其他行业的所占比例就更小了。如果从3个位次的总体来看，比例最大的是经商和当老板，而想种田的虽然目前还占有一定比例，但它的趋势会越来越少。看来，经过多年来的农村改革和市场经济的发展，农民的求职意识已发生了巨大变化，农民的职业身份也正在发生巨大变化。

表13-28　村民想干什么事的统计

事项 \ 位次	第一位		第二位		第三位	
	人数(人)	百分比(%)	人数(人)	百分比(%)	人数(人)	百分比(%)
种　　田	128	22.1	20	4.8	27	9.1
打　　工	45	7.8	66	15.8	28	9.4
经　　商	174	30.0	112	26.8	36	12.1
当　干　部	43	7.4	15	3.6	33	11.1
当　工　人	21	3.6	20	4.8	53	17.8
当　教　师	45	7.8	22	5.3	12	4.0
当企业老板	78	13.4	104	24.9	74	24.9
当　司　机	16	2.8	52	12.4	24	8.1
其　　他	30	5.2	7	1.7	10	3.4
合　　计	580	100.0	418	100.0	297	100.0

那么，村民认为当前最好的职业是什么呢？对此我们在个人问卷中设拟了对这个问题的询问，并要求回答者按本身考虑的轻重次序排列3个职业，结果分别有583人、496人、401人做了回答，其具体情况见表13-29。

表 13 - 29　村民认为最好的职业

职 业 \ 位 次	第一位		第二位		第三位	
	人数(人)	百分比(%)	人数(人)	百分比(%)	人数(人)	百分比(%)
种　田	25	4.3	10	2	10	2.5
打　工	12	2.1	23	4.6	9	2.2
做生意	181	31.0	82	16.5	70	17.5
教　书	62	10.6	65	13.1	43	10.7
当　兵	19	3.3	8	1.6	39	9.7
当医生	109	18.7	71	14.3	46	11.5
当干部	64	11.0	95	19.2	68	17.0
当老板	99	17.0	107	21.6	80	20.0
当司机	11	1.9	35	7.1	33	8.2
其　他	1	0.2	0	0	3	0.7
合　计	583	100.0	496	100.0	401	100.0

　　表 13 - 29 中显示，回答者认为最好的职业，排在第一位的，首先是做生意，其次是当医生，再次是当老板。另外认为当干部和当老师也不错的，均占 11%。排在第二位的，首先是当老板，其次是当干部，再次是做生意。然后是当医生和教师，分别占 14.3% 和 13.1%。排在第三位的首先是当老板，其次是做生意，再次是当干部。然后是当医生和教师，分别占 11.5% 和10.7%。如果从 3 个位次的总体来看，认为最好的职业是做生意的人数占比例最大，其次是当老板，再次是当干部。而比例最小的是种田和打工，从而表明村民最向往的是经商赚钱。

　　2. 关于土地使用权的问题

　　表 13 - 30 显示，提供有关信息的有 571 人，其中 60% 的人认为在土地使用权方面，交给规模耕种专业户为好，而主张平均分到户的只接近 40%。从而表明在经过了一段时间的个体承包经营的基础上，已有大多数的村民认识到，土地使用权的问题要进一步改革，组建发展耕种专业户，即实行规模经营，以求得农业的增产和发展，否则农业生产将会停滞不前。

表 13 - 30　对土地使用权的看法

回　答	平均分到户	规模耕种专业户	说不清	合　计
频数(人)	225	343	3	571
百分比(%)	39	60	1	100

3. 关于影响发家致富的条件问题

表 13 – 31 显示，回答者认为影响本人发家致富的主要原因，排在第一位的，资金所占比例最大，为 57.8%；其次是技术，为 12.2%。排在第二位的，技术所占比例最大，为 35%；其次是资金，占 22.8%。排在第三位的，机遇所占比例最大，为 26.5%；其次是经营能力，占 16.5%。如果从 3 个位次的总体来看，排在第一位的是资金，第二位的是技术，第三位的是机遇。从而表明村民们懂得了市场经济的特点，认识到资金、技术和机遇的重要性。

表 13 – 31　认为影响回答者本人发家致富的主要原因

原因＼位次	第一位		第二位		第三位	
	人数（人）	百分比（%）	人数（人）	百分比（%）	人数（人）	百分比（%）
资　金	336	57.8	126	22.8	40	8
技　术	71	12.2	193	35.0	46	9.3
关系门路	27	4.6	58	10.5	64	12.9
胆　略	9	1.5	57	10.3	58	11.6
身体状况	51	8.8	13	2.4	29	5.8
家　庭	12	2.1	5	0.9	15	3.0
机　遇	34	5.9	55	10	132	26.5
经营能力	39	6.7	44	8	82	16.5
其　他	2	0.3	1	0.2	32	6.4
合　计	581	100.0	552	100.0	498	100.0

4. 关于本村已解决的具体问题

表 13 – 32 显示，在 590 名回答者中，认为村集体为本村解决的具体问题，绝大多数人认为解决了公粮水费问题，不需农户缴纳。同时大多数人认为解决了水电。据村民反映，农户一年交 100 元水费，则可以满足用水，其余不足费用部分皆由村集体包缴。另外，关于道路、交通、通讯等问题，只有少部分人认为解决了，这说明，在这几个方面还不够完善，需要干群共同努力。

表 13 – 32　村集体为本村已解决的具体问题

项　目	水	电	道　路	交　通	通　讯	公粮水费
频数（人）	378	366	154	186	110	550
百分比（%）	64	62	26	32	19	93

5. 关于当前农户迫切需要解决的问题

表 13 – 33 显示，在 590 个回答者中，认为自家当前迫切需要解决的问题首先是资金，其比例为 58.5%；其次是升学和科学技术问题，分别占 11% 左右，而其他方面问题所占比例都很小。所以，当前农村干部要做的工作，其中心是要帮助村民寻找致富门路，努力发展经济。

表 13 – 33　当前迫切需要解决的问题

问　题	资金	科学技术	社会地位	文化知识	治病	孩子就业	本人或子女升学	其他
频数(人)	345	62	15	29	32	34	65	14
百分比(%)	58.5	10.5	2.5	4.9	5.4	5.8	11	2.4

6. 关于村居民在社会关系网络中的人际行为特征

在个人问卷中，我们提出了 8 种可能出现的生产生活难题的情境和 8 种选择的求助对象，并让回答者可按其重要性的次级选择 3 项。现在我们将对其所做出的综合描述与分析陈述如下。

表 13 – 34 的数据，是我们按照求助对象的综合排序的计算方式统计出来的，其统计结果显示了如下几个特征。

表 13 – 34　求助对象的综合排序

难题 \ 求助对象	家庭成员	亲戚	乡邻朋友	民间组织	所在单位	村级组织	乡镇以上政府	其他
生产经营	1	2	3	5	6	4	7	8
结　婚	1	2	3	8	6	4	5	7
伤病护理	2	1	3	7	4	5	6	8
家庭纠纷	2	1	3	5	6	4	7	8
与他人纠纷	3	2	5	8	4	1	6	7
丧　事	3	1	2	4	7	6	8	5
升　学	1	2	3	8	7	4	5	6
就业或找活干	2	1	3	6	5	4	8	7

第一，亲戚是在被调查者中占半数人可能遇到难题时的首要求助对象。如在 8 种设想遇到的问题和困难的情境下，其综合得分排在第一位的境况有 4 种，占 50%；排在第二位的境况有 4 种，占 50%，这在各种求助对象中，

位次比例最高。

第二，家庭成员的重要性仅次于亲戚。在 8 种设想遇到的问题和困难的情境中，家庭成员得到第一位，第二位的选择的情境分别有 3 种，各占 37.5%；排在第三位选择的有两种，占 25%。

第三，乡邻、朋友的重要性排在亲戚和家庭成员之后。在 8 种设想遇到的问题和困难的境况下，乡邻、朋友得到第二位选择的情境仅有 1 种，占 12.5%；得到第三位选择的情境有 6 种，达 75%；但在与他人纠纷问题上，乡邻、朋友的作用就不大重要，在综合排序中则只能位居第五了。

第四，村级组织的重要性又排在乡邻朋友之后。在 8 种设想遇到的问题和困难的情境下，村级组织得到第一位选择的情境，那就是与他人纠纷 1 种，占 12.5%。可以说，解决这一难题，村民就只有靠村级组织，至于其他对象是无可取代的。但是在其他方面，就显得好像不是那么很重要了，如得到第二位、第三位选择的情境没有，得到第四位选择的情境有 5 种，占 62.5%；而在伤病护理与丧事两个方面的作用就更低了，只能分别排在第五位和第六位。

第五，所在单位在回答者的求助对象中在某些方面还有一定的重要性。在 8 种设想遇到的问题和困难的情境中，所在单位得到第四位选择的情境还有两种，即伤病护理和与他人纠纷，占 25%；得到第五位选择的情境就只有就业或找活干这一种，占 12.5%。至于其他方面的位次就更低了。

第六，问卷中所提供的其他求助对象，在问卷回答者的人际网络中，绝大多数情况下都不是很重要。从总体来看，问题所设拟的各种情境中，绝大多数是家庭难题，主要需要的自然是以个体力量解决，因此，亲戚、家庭成员、乡邻朋友等的作用和重要性要超过其他可能的求助对象。但是，在涉及重大社会性关系的难题时，还是村民的自治组织村委会显得日益重要。

为了进一步说明村民在遇到各种问题和难题时可能求助的各种对象在人际关系网络中所显示重要性的相对差异，我们还是用各种求助对象的加权相对频次来进行测量。可供求助的 8 种对象和 8 种可能遇到的难题中获得的加权相对频次，见表 13 - 35。

表 13 – 35　求助对象的加权相对频次

难题＼求助对象	家庭成员	亲戚	乡邻朋友	民间组织	所在单位	村级组织	乡镇以上政府	其他
生产经营	31.0	28.8	23.7	3.8	0.3	12.1	0.2	0.02
结　婚	36.9	33.9	24.4	0.0	0.6	3.4	0.7	0.09
伤病护理	34.9	38.1	24.3	0.06	2.2	0.2	0.2	0.0
家庭纠纷	27.2	30.2	20.2	6.6	3.1	12.5	0.3	0.0
与他人纠纷	17.4	19.1	11.3	0.2	12.9	28.9	9.4	0.9
丧　事	28.2	35.8	29.3	3.3	0.3	1.2	0.2	1.7
升　学	36.1	34.2	26.6	0.04	0.15	2.2	0.6	0.2
就业或找活干	24.0	32.7	20.9	2.1	7.6	11.9	0.3	0.5

　　表 13 – 35 显示了这样 3 个特征：第一个特征是在所设拟的 8 个可能遇到的难题中，排在前三位，尤其是第一位的可能求助对象所得到的加权相对频次，远远高于其他位次上的求助对象的加权相对频次，从而可以认为，他们是个人问卷回答者的人际行为网络中真正重要的结点；第二个特征是村级组织、所在单位、乡镇以上政府，在回答者可能遇到的每一个难题中，都有少数人成为求助对象的尤其是村级组织成为问卷回答者求助对象的，在某些方面的比例还比较大，并有上升的发展趋势；第三个特征是，民间组织和其他方面很少，甚至有的很难成为回答者的求助对象。通过对个人人际行为选择模式的调查统计，进一步表明了黄湖村居民在解决个人难题上，同家庭、亲戚、邻里朋友发生的关系最为密切，同村委会的关系也在逐渐密切，而与政府部门、所在单位、民间组织等，其关系一般，显得不那么重要。

第四节　文化教育与业余活动

　　所受文化教育的程度及对文化教育程度的追求，是反映村居民素质的一个极为重要的方面，因此，在本节我们将对问卷回答者的文化观念意识、要求、行为及其对子女的有关期望进行具体的描述和分析。

1. 对文化教育的认识

　　从表 13 – 36 中可以看出，回答中有 580 人提供了有关信息，其中绝大多数人认为农民起码应该具有初、高中文化程度，甚至有 0.8% 的人认为应该有专科以上文化程度，这说明在当今社会主义市场经济条件下的农村，在科学技术迅速发展的当今社会，农民认识到了文化教育的重要性，农村要发展，文化教育则要跟上。

表 13 - 36　当代农民起码应具有的文化程度

文化程度	小 学	初 中	高中或中专	专 科	本 科	硕 士	合 计
频数（人）	24	296	255	2	2	1	580
百分比（%）	4.1	51	44	0.3	0.3	0.2	100

以上描述的是关于回答者对当农民所应具有的文化程度的看法，那么，回答者对本人子女在文化教育方面有什么期望呢？对此我们做了有关调查和统计。

表 13 - 37 显示，被调查者中有 546 人提供了有关信息，其中 76.4% 的人期望子女应有本科及以上文化程度，在高中及其以下的只占 18.5%，而没有一个人只让子女读到小学毕业的。从而可以预见，黄湖的文化教育会有很大的发展，人们都期待着下一代的素质应有很大的提高。

表 13 - 37　期望子女应有的文化程度

文化程度	初 中	高 中	专 科	本 科	硕士以上	合 计
频数（人）	7	94	28	237	180	546
百分比（%）	1.3	17.2	5.1	43.4	33	100

在了解回答者对子女应有文化程度期望的同时，我们也调查统计了回答者对本人应达到什么样的文化程度希望的情况，其结果见表 13 - 38。

表 13 - 38　本人希望达到的文化程度

文化程度	初 中	高中或中专	专 科	本科以上	合 计
频数（人）	92	203	119	131	545
百分比（%）	17	37	22	24	100

表 13 - 38 显示，有 545 人回答了本人所希望达到的文化程度，其中有 45.8% 的人希望自己达到专科及以上文化程度；希望达到高中或中专文化程

度的比例也不小，达到 37.2%；只有近 17% 的人希望达到初中文化程度。为了进一步了解影响回答者希望本人所达到文化程度的因素，根据回答者的个人特征进行了交叉统计，其结果见表 13 – 39、表 13 – 40、表 13 – 41、表 13 – 42。

表 13 – 39　分性别本人希望达到的文化程度的交互分布

性别＼希望	初　中		高中或中专		专　科		本科以上		合　计	
	人数（人）	百分比（%）	人数（人）	百分比（%）	人数（人）	百分比（%）	人数（人）	百分比（%）	人数（人）	百分比（%）
男	51	14.4	110	31.0	103	29.0	91	25.6	355	100
女	41	21.7	93	49.2	16	8.5	39	20.6	189	100
合计	92	16.9	203	37.3	119	21.9	130	23.9	544	100

表 13 – 40　分年龄本人希望达到的文化程度的交互分布

年龄＼希望	初　中		高中或中专		专　科		本科以上		合　计	
	人数（人）	百分比（%）	人数（人）	百分比（%）	人数（人）	百分比（%）	人数（人）	百分比（%）	人数（人）	百分比（%）
16 ~ 19	1	1.0	19	18.4	26	25.2	57	55.3	103	100
20 ~ 23	3	6.5	27	58.7	5	10.9	11	23.9	46	100
24 ~ 30	10	9.3	50	46.3	14	13.0	34	31.5	108	100
31 ~ 40	11	8.4	48	36.6	64	48.9	8	6.1	131	100
41 ~ 50	21	8.8	33	45.2	8	11.0	11	15.1	73	100
51 ~ 60	23	45.1	20	39.2	2	3.9	6	11.8	51	100
60 以上	23	71.9	6	18.8	0	0.0	3	9.4	32	100
合计	92	16.9	203	37.3	119	21.9	130	23.9	544	100

表 13 – 41　分文化程度本人希望达到的文化程度的交互分布

文化＼希望	初　中		高中或中专		专　科		本科以上		合　计	
	人数（人）	百分比（%）	人数（人）	百分比（%）	人数（人）	百分比（%）	人数（人）	百分比（%）	人数（人）	百分比（%）
文盲	22	71.0	7	22.6	1	3.2	1	3.2	31	100
小学	40	38.1	53	48.6	2	1.9	10	11.4	105	100
初中	25	11.5	125	57.3	41	18.8	27	12.4	218	100
高中	5	2.7	17	9.3	75	41.0	86	47.0	183	100
专科	0	0.0	1	33.3	0	0.0	2	66.7	3	100
本科	0	0.0	0	0.0	0	0.0	4	100.0	4	100
合计	92	16.9	203	37.3	119	21.9	130	23.9	544	100

表 13 – 42　分职业本人希望达到的文化程度的交互分布

职　　业＼希望	初　中		高中或中专		专　科		本科以上		合　计	
	人数（人）	百分比（%）	人数（人）	百分比（%）	人数（人）	百分比（%）	人数（人）	百分比（%）	人数（人）	百分比（%）
农　业	39	41.5	45	47.9	3	3.2	7	7.4	94	100
工　业	6	16.2	26	70.3	0	0.0	5	13.5	37	100
商　业	11	10.4	53	50.0	12	11.3	30	28.3	106	100
服务业	1	11.1	5	55.6	1	11.1	2	22.2	9	100
建筑业	7	0.4	13	56.5	1	4.3	2	8.7	23	100
运输业	6	6.0	22	22.2	66	65.7	6	6.1	99	100
教　育	0	0.0	0	0.0	2	33.3	4	66.7	6	100
卫　生	1	100.0	0	0.0	0	0.0	0	0.0	1	100
打　工	4	9.8	22	53.7	7	17.1	8	19.5	41	100
搬　运	1	50.0	0	0.0	0	0.0	1	50.0	2	100
学　生	0	0.0	10	10.6	25	26.6	59	62.8	94	100
行　政	0	0.0	0	0.0	1	25.0	3	75.0	4	100
保　安	6	35.3	7	41.2	2	11.8	2	11.8	17	100
无　业	10	90.9	0	0.0	0	0.0	1	9.1	11	100
合　计	92	16.9	203	37.3	119	21.9	130	23.9	544	100

　　从表 13 – 39、表 13 – 40、表 13 – 41、表 13 – 42 中可以看出本人希望达到的文化程度与性别、年龄、文化程度、职业都有一定的相关关系。就性别而言，男性希望达到专科以上文化程度的占 54.6%，而女性只有 29.1%，女性希望达到高中文化程度的比例最大，占 49.2%。就年龄而言，希望能够达到专科以上文化程度的，16～19 岁年龄段的比例最大，有 80.5%，其次是 31～40 岁年龄段的，有 55%；希望达到本科以上文化程度的，仍是 16～19 岁年龄段的比例最大，为 55.3%，而其次是 24～30 岁年龄段的，为 31.5%，其他年龄段的比例都很小。就文化程度而言，希望达到专科以上文化程度的，本科生比例最大，为 100%；希望达到高中文化程度的，初中生比例最大，为 57.3%。从而可以看出，回答者的文化程度越高，希望达到的文化程度也就越高。就职业而言，从事农、工、商、服务、建筑、打工、保安等行业的，大多只希望达到高中文化程度，无业只希望达到初中文化程度，而从事运输、教育、行政的和在校学生希望达到专科以上文化程度的，比例都在 70% 以上，有的甚至达到 100%。

2. 对村居民的思想素质和道德水平的评判

村民的思想素质和道德水平，是关系着黄湖的经济发展和社会进步的重要因素，为此，我们在个人问卷中设拟了"您认为您村的多数村民的思想素质和道德水平如何"的询问，据统计，有587人做了判断性的回答，具体情况见表13－43。

表 13 － 43　村民思想素质和道德水平状况

判　断	高	比较高	一　般	比较低	低	合　计
频数（人）	19	186	337	31	14	587
百分比（％）	3.2	31.7	57.4	5.3	2.4	100

表13－43显示，认为村民思想素质和道德水平高和比较高的人占34.9%；而认为比较低和低的占7.7%；认为一般的所占比例最大，达57.4%。但从整体来看，回答者对本村村民的思想素质和道德水平的评判是不错的，基本上是持肯定的态度。

3. 对村教育事业发展的评判

教育事业的发展是关系着黄湖经济发展和社会进步的又一个重要因素，同样，我们以调查询问的方式，通过了解村民们的看法和反映来进行测试，结果获得588人提供的有关信息，具体情况见表13－44。

表 13 － 44　对本村教育事业发展情况的评判

判　断	先　进	一　般	落　后	说不清	合　计
频数（人）	77	473	19	19	588
百分比（％）	13.2	80.4	3.2	3.2	100

表13－44显示，大多数回答者对本村教育事业的发展境况认为是不尽如人意的，有80.4%的人认为只是一般，说明村民对本村的教育事业是关心的，是寄予很大希望的。

4. 对村内文化生活的评判

表13－45显示，有586人对本村的文化生活进行了评判，其中认为只是一般的人占了大多数，但也有一定比例的回答者认为是活跃的。那么，村民们主要开展或参加哪些文化活动呢？对此我们设拟了有关询问并进行了调查统计。

表 13 - 45　本村文化生活状况

判　　断	活　　跃	一　　般	不活跃	合　　计
频数（人）	124	372	90	586
百分比（%）	21.2	63.4	15.4	100

从表 13 - 46 中可以看出，590 个被调查者都回答参加了文化业余活动的情况，而且活动内容是多方面的，比较丰富的。其中参加打篮球和乒乓球的人数所占比例最大，其次是打麻将或扑克，前者以青年人为最多，后者以中老年人为最多。我们在村内访谈时，就发现有家个体开设的小麻将馆，主要是些老年人在活动，中年人一般是在劳动之余几个人相约到其中一个人的家中去打麻将。再次就是唱歌跳舞，占 11.4%。高雅一些的则是画画、书法、玩乐器、讲故事，不过这些活动所占比例都很小。为了进一步探究影响回答者参加文化业余活动的因素，我们根据其个人特征进行了交叉统计分析，具体情况见表 13 - 47、表 13 - 48、表 13 - 49。

表 13 - 46　回答者所参加的文化业余活动

活动项目	人数（人）	百分比（%）	活动项目	人数（人）	百分比（%）
唱歌跳舞	67	11.4	打麻将或扑克	157	26.6
打篮球或乒乓球	211	35.8	讲故事	12	2.0
书法或画画	34	5.8	其　他	101	17.0
玩乐器	8	1.4	合　计	590	100

表 13 - 47　分年龄参加文化业余活动的分组分布

单位：人

年龄＼项目	歌舞	篮球乒乓球	书画	乐器	麻将扑克	讲故事	其他	合计
16~19	27	53	7	0	1	1	14	103
20~29	24	65	7	1	23	4	11	135
30~39	4	37	4	0	47	2	14	108
40~49	5	38	7	6	35	2	11	104
50~59	5	10	1	0	40	0	38	94
60 以上	2	8	8	1	11	3	13	46
合　计	67	211	34	8	157	12	101	590

表 13 – 48　分文化程度参加文化业余活动的分组分布

单位：人

文化程度　　项目	歌舞	篮球乒乓球	书画	乐器	麻将扑克	讲故事	其他	合计
文　盲	0	0	0	0	15	12	7	34
小　学	9	10	3	0	56	3	28	109
初　中	38	73	12	0	68	7	45	243
高　中	19	114	14	4	17	0	21	189
专　科	1	0	5	0	1	0	0	7
本　科	0	4	0	0	0	0	0	4
合　计	67	211	34	8	157	12	101	590

表 13 – 49　分性别参加文化业余活动的分组分布

单位：人

性别　　项目	歌舞	篮球乒乓球	书画	乐器	麻将扑克	讲故事	其他	合计
男	26	168	16	2	104	5	68	389
女	41	43	18	6	53	7	33	201
合计	67	211	34	8	157	12	101	590

5. 平常所喜爱阅读的书籍报刊

表 13 – 50 显示，有 499 人提供了所喜爱阅读书籍的信息，其中所占比例最大的是科技，其次是小说，再次是经济。关于经济和科技，则反映了部分回答者对发展经济的有关知识和技术的追求，两者占 47.3%；喜爱阅读小说和文艺作品的则反映了部分回答者对文化生活的兴趣和追求，两者合计占 39%。这正好显示了普通农民的共同特点，那就是：一要发展个体经济，增强自身的创造能力；二要丰富生活内容，提高生活质量，至于政治和其他方面都不太关注。回答者所喜欢的报刊，我们没有拟出指定式的答案让其选择，而是让他们做自由式回答，实事求是地报告所喜欢看的报刊名称。其统计结果是有 380 人提供了有关信息，其中看《楚天都市报》和《科技报》的最多。

表 13 - 50 回答者所喜爱阅读的书籍

书 籍	政 治	经 济	科 技	小 说	文艺作品	其 他	合 计
频数(人)	18	107	129	124	71	50	499
百分比(%)	3	22	26	25	14	10	100

6. 回答者休闲的时间与活动

表 13 - 51 显示，有 510 个回答者提供了休闲时间的信息，其中休闲天数达到两个月的人数所占比例最大；在两个月以内不超过两个月的人数占 73.5%；而超过 3 个月的人数达 17%。从这组比例来看，我们认为是符合实际的，也是正常的，因为学生、教师、工人、商业服务业人员、建筑人员、运输人员、打工人员等休闲的时间比较短，不会超过两个月，这些人占大多数。而留在村内的务农者，耕种的面积小，农活不多，一年之中就是忙那么三四个月，所以他们的休闲时间多。另外，还有一小部分无业人员，休闲超过 3 个月的就占有一定比例的了。那么这些人在休闲时从事一些什么活动呢？关于这个问题只有 122 人提供了有关信息（见表 13 - 52），但也反映出黄湖人从事休闲活动的特点，即以打麻将的居多，占 68%，而从事读书、旅游活动的仅占 26.2%。打麻将好像已成为当今农村社会的一种主要活动，这是值得我们关注的，因为打麻将者多少要带一点"彩"，如果村领导班子控制不好，容易导致一些不良社会现象的发生，如家庭矛盾、人际纠纷、社会治安等，所以必须对其加以引导和控制。当然，利用休闲读书、旅游的人也占有一定的比例，并反映了部分人的积极休闲和对知识、对社会了解的追求，但比例较小，我们应该对此加以推崇和表彰。

表 13 - 51 回答者最近一年休闲的时间

天 数	10 以下	30	60	90	120	180	190 以上	合 计
频数(人)	93	137	145	49	39	17	30	510
百分比(%)	18	27	28	10	8	3	6	100

表 13 - 52 回答者休闲时所从事的活动

项 目	读 书	旅 游	打麻将	读书打麻将	读书旅游打麻将	合 计
频数(人)	27	5	83	6	1	122
百分比(%)	22	4	68	5	1	100

第五节 婚姻和生育

随着改革开放的深入和发展，农民的婚姻生育观念及其行为特征是否也会发生变化呢？现今具有哪些重大变化呢？对此，我们在个人问卷中设拟了一些有关问题的询问。

1. 关于配偶选择对象的住址

表13－53显示，有555人回答了有关信息，大多数人认为在县内选择对象最好，而在本乡镇尤其是在本村选择对象认为最好的人已很少很少，认为在外县选择对象最好的比例也很小，这就是说，黄湖人当前认为在本镇本村选择对象距离太近，而在外县又嫌太远。但不论怎么讲，在配偶选择的地域范围方面，打破了以前在本村、本乡镇选择配偶的狭小婚姻圈，扩大到了本县范围及其以外，这可说是有了一定的进步。

表 13 – 53　选择配偶最好选择哪里人的统计

回　　答	本　村	本乡镇	本县内	外　县	无所谓	合　计
频数(人)	10	66	425	23	31	555
百分比(％)	2	12	77	4	5	100

2. 关于配偶选择的标准

对"村民选择配偶的标准是什么"的调查，我们在个人问卷中设拟了6个答案，要求回答者按位次顺序选择3个，统计结果，分别有549人、524人、477人做了回答。

从表13－54中可以看出，村民对选择配偶的标准，排在第一位的，首先是品德，占65.4％；其次是相貌，占22％；再次是才干，占8.7％。排在第二位的，首先是才干，占64.1％；其次是品德，占25％；再次是相貌，占7.4％。排在第三位的，首先是相貌，占45.7％；其次是才干，占23.9％；再次是财产，占15.3％。至于其他标准，所占比例都非常小。从三个位次的总体统计量来看，所占比例最大的，第一位是品德，第二位是才干，第三位是相貌，这3条是当前黄湖人选择配偶的最主要的标准。当然，关于财产和地位这两条标准在一部分人的心目中，至今仍然占有一定的地位，但已呈现下降趋势。

表 13－54 选择配偶标准的统计

位次 标准	第一位		第二位		第三位	
	人数（人）	百分比（%）	人数（人）	百分比（%）	人数（人）	百分比（%）
相 貌	121	22.0	39	7.4	218	45.7
品 德	359	65.4	131	25.0	16	3.4
才 干	48	8.7	336	64.1	114	23.9
财 产	15	2.7	8	1.5	73	15.3
地 位	1	0.2	9	1.7	50	10.5
其 他	5	0.9	1	0.2	6	1.3
合 计	549	100.0	524	100.0	477	100.0

为了进一步探究影响回答者对选择配偶标准的因素，我们根据回答者的性别和年龄特征进行了交叉统计，其具体情况见表 13－55、表 13－56。

表 13－55 分性别对选择配偶标准的回答的交叉分析

单位：人

位次 标准	第一位			第二位			第三位		
	合计	男	女	合计	男	女	合计	男	女
相 貌	121	74	47	39	19	20	218	160	58
品 德	360	252	108	131	72	59	16	10	6
才 干	48	19	29	336	256	80	114	70	44
财 产	15	11	4	8	3	5	73	37	36
地 位	1	1	0	9	0	9	50	38	12
其 他	4	1	3	1	0	1	6	2	4
合 计	549	358	191	524	350	174	477	317	160

表 13－56 分年龄对选择配偶标准的回答的交叉分析

单位：人

位次 标准	第一位				第二位				第三位			
	合计	16～ 23岁	24～ 39岁	40岁 以上	合计	16～ 23岁	24～ 39岁	40岁 以上	合计	16～ 23岁	24～ 39岁	40岁 以上
相 貌	121	29	61	31	39	10	13	16	218	59	80	79
品 德	360	77	112	171	131	31	65	35	16	3	6	7
才 干	48	20	14	14	336	66	104	166	114	29	58	27
财 产	15	0	0	15	8	0	2	6	73	18	21	34
地 位	1	0	1	0	9	5	1	3	50	1	8	41
其 他	4	0	3	1	1	0	0	1	6	1	1	4
合 计	549	126	191	232	524	112	185	227	477	111	174	192

3. 关于结婚的方式

表 13 – 57 显示，对最喜欢的结婚方式，有 549 人做了回答，其中 52.6% 的人最喜欢的结婚方式是婚宴庆典，所占比例最大；其次是旅行结婚，占 23%。关于既要设婚宴庆典又要实行旅行结婚的比例也不算小，占 17.1%。只发糖果香烟的这种盛行于 20 世纪 70 年代的方式已成为历史，设婚宴庆典的这种传统的文化方式的气氛愈来愈浓，范围愈来愈广，即使经济拮据的人，也愿借债进行设宴庆典。为了进一步探究影响回答者对结婚方式选择的因素，我们同样根据回答者个人特征进行了交叉统计。

表 13 – 57　回答者最喜欢的结婚方式的统计

结婚方式	设婚宴庆典	旅行结婚	发糖果香烟	婚宴庆典与旅行	其 他	合 计
频数（人）	289	126	37	94	3	549
百分比（%）	52.6	23	6.7	17.1	0.5	100

根据表 13 – 58、表 13 – 59、表 13 – 60 所提供的数据，用回答者的个人特征分别估计其最喜欢的结婚方式的消减误差比例，性别为 0.008、年龄为 0.177、文化程度为 0.064。从而可以看出与回答者的性别、年龄、文化程度都有一定的相关关系，其相关程度最大的是年龄，其余的相关性都很小。

表 13 – 58　分性别最喜欢的结婚方式的交叉分布

单位：人

性别 \ 方式	婚宴庆典	旅行结婚	发糖果与香烟	婚宴庆典旅行	其他	合计
男	204	74	23	55	2	358
女	85	52	14	39	1	191
合计	289	126	37	94	3	549

从表 13 – 61 中可以看出，在 483 个回答者中，设婚宴庆典的所占比例，接近 90%，如果我们将表 13 – 61 与表 13 – 57 对照起来看，设婚宴庆典的方式，实际采用的比"最喜欢"的比例要大 37 个百分点，从而说明"设婚宴庆典"成为农村结婚的主要方式，不管你喜欢与否，这已成为当今结婚方式

表 13 - 59　分年龄最喜欢的结婚方式的交叉分布

单位：人

年龄＼方式	婚宴庆典	旅行结婚	发糖果与香烟	婚宴庆典旅行	其他	合计
16 ~ 19	5	15	4	52	0	76
20 ~ 23	4	24	3	13	0	44
24 ~ 29	32	54	8	13	3	110
30 ~ 39	94	23	6	3	0	126
40 ~ 49	43	9	8	12	0	72
50 ~ 59	75	1	5	1	0	82
60 以上	36	0	3	0	0	39
合　计	289	126	37	94	3	549

表 13 - 60　分文化程度最喜欢的结婚方式的交叉分布

单位：人

文化程度＼方式	婚宴庆典	旅行结婚	发糖果与香烟	婚宴庆典旅行	其他	合计
文　盲	39	1	0	0	0	40
小　学	69	9	9	18	2	107
初　中	101	73	18	34	1	227
高中(中专)	78	41	8	42	0	169
专　科	2	1	0	0	0	3
本　科	0	1	2	0	0	3
合　计	289	126	37	94	3	549

的主潮流。尽管喜欢旅行结婚方式的，但实际采用旅行结婚方式的只有2.8%，比喜欢这种方式的少了20个百分点。关于发糖果香烟的方式，实际的也比喜欢的少了4.7个百分点。从而看出采用结婚方式的社会潮流，对个人所采用的结婚方式影响是很大的。

表 13 - 61　回答者结婚时所采用的方式

结婚方式	设婚宴庆典	旅行结婚	发糖果香烟	婚宴庆典与旅行	其他	合计
频数(人)	433	12	10	27	1	483
百分比(%)	89.6	2.8	2	5.6	0.2	100

4. 关于婚后是上男家还是女家的问题

实行多年的计划生育后，当前结婚的青年男女，大多是独生子女，因此，也就出现了结婚后是男方上女家还是女方上男家的矛盾，这涉及一个古老的传统观念问题，为此，我们在个人问卷中设拟了婚后是上男家还是女家的询问，其统计结果见表 13 - 62。

表 13 - 62　婚后上男家还是女家的统计

回　　答	上男家	上女家	无所谓	合　　计
频数（人）	396	33	107	536
百分比（%）	74	6	20	100

表 13 - 62 显示，有 536 人做了回答，其中提出结婚后上男家的占 73.9%，而上女家的只有 6.2%，前者是后者的近 12 倍，这说明上男家的传统观念仍然占据统治地位。但是也应看到，提出上女家的毕竟也有 6.2%，而且持无所谓态度的也占有 20%，这说明黄湖人的观念开始在转变。为了进一步了解影响回答者做出上男家还是女家的回答的因素，我们根据回答者的个人特征进行了交叉统计，其结果见表 13 - 63、表 13 - 64、表 13 - 65。

根据表 13 - 63、表 13 - 64、表 13 - 65 的数据，以回答者的几个特征分别估计其婚后是上男家还是上女家的消减误差比例，性别为 0.066、年龄为

表 13 - 63　分年龄对婚后是上男家还是女家的交叉分布

单位：人

年龄＼回答	上男家	上女家	无所谓	合　　计
16 ~ 19	28	0	29	57
20 ~ 23	31	1	14	46
24 ~ 29	93	3	11	107
30 ~ 39	84	28	18	130
40 ~ 49	56	0	18	74
50 ~ 59	69	1	12	82
60 以上	35	0	5	40
合计	396	33	107	536

表 13 - 64　分性别对婚后是上男家还是女家好的交叉分布

单位：人

性别＼回答	上男家	上女家	无所谓	合　　计
男	252	30	58	340
女	144	3	49	196
合计	396	33	107	536

表 13 - 65　分文化程度对婚后是上男家还是女家的交叉分布

单位：人

文化程度＼回答	上男家	上女家	无所谓	合　计
文　盲	36	0	5	41
小　学	88	1	19	108
初　中	169	2	41	212
高　中	99	30	39	168
专　科	2	0	1	3
本　科	2	0	2	4
合　计	396	33	107	536

0.093、文化程度为 0.047，从而可以看出其相关性都不很大，相对来说，相关程度最大的是年龄。

5. 关于婚后的居住方式问题

从表 13 - 66 中可以看出，经过改革开放后的农户，其家庭结构开始发生着变化，传统的婚后跟随父母而不单立门户的观念在逐渐被打破，希望离开父母而单独立门户的已达 53%。

表 13 - 66　婚后随父母居住还是独立门户好的统计

回　答	跟随父母	独立门户	无所谓	合　计
频数（人）	207	242	8	457
百分比（%）	45	53	2	100

6. 关于选择对象（配偶）的方式

表 13 - 67 中显示，在 562 个回答者中，绝大多数人认为选择配偶时最好的方式是由自己选择，而认为由父母包办好的是极少极少的人。至于托媒介绍或托亲朋介绍的占有一定比例，为 12.1%，这可能是个人无能力或无机会的人才托人的，不然，他们也会由自己选择。

表 13 - 67　认为选择配偶时最好的方式

方　式	自己选择	父母包办	托媒介绍	托亲朋介绍	合　计
频数（人）	479	15	33	35	562
百分比（%）	85	3	6	6	100

7. 配偶的所在地域范围

从表 13-68 中可以看出，有 476 人提供了关于配偶所在地域范围的信息，其中配偶在本县范围以内的达到 97.2%，尤其是在本村内的也有 6.5%，而属县外，省外的仅有 2.7%，这表明黄湖人的婚姻圈是比较小的。

表 13-68   回答者的配偶所在地域范围分布

回　　答	本　村	本乡镇	本　县	本　省	外　省	合　计
频数(人)	31	120	312	11	2	476
百分比(%)	6.5	25.2	65.5	2.3	0.4	100

8. 关于订婚方式

现实存在的订婚方式，能反映人们一定的婚姻观念和社会风俗，表 13-69 则反映了黄湖在婚姻问题上的社会风俗和观念意识。表中有 511 人提供了有关信息，沿袭传统的由男方向女方送聘礼的订婚方式接近半数人，甚至还有双方写帖的，比例占 8.2%，这种封建性的订婚俗套似乎还占主导地位。不过采用文明的新式的互送信物，或双方口头承诺则行的订婚方式，已达到 42.5%，从而表明黄湖人的订婚方式在更新，在随着社会进步而日益进步。

表 13-69   回答者所采用的订婚方式分布

方　　式	互送信物	男方送聘礼	双方口头承诺	双方写字帖	其　他	合　计
频数(人)	152	251	65	42	1	511
百分比(%)	30	49	13	8	0.2	100

第六节　迷信与科学

人们对封建迷信危害的认识，对科学文化的信仰和追求，是关系农村经济发展的又一重要因素。因此，我们在个人问卷中设拟了对有关问题的询问，并进行了统计和分析。

1. 对封建迷信活动的态度

首先，我们设拟了"世上有无神灵"的询问，有 583 人对此做了回答。

表 13 - 70 显示，回答者中绝大多数人不相信世上有神灵，而认为有或说不清（实际还是相信有）的仍占 14.1%。这一方面说明黄湖人的科学文化思想基本上是进步的，但另一方面也说明该村在破除迷信倡导科学文化方面仍有一定的工作要做，不然，将会阻碍该村的经济发展和社会文明的进步。

表 13 - 70　对世上有无神灵的回答

回　　答	有	没　　有	说不清	合　　计
频数（人）	7	501	75	583
百分比（%）	1.2	85.9	12.9	100

同时，我们设拟了"您是否参加过求神拜佛活动"和"您是否找过算命先生拆字算命"的询问。据统计，对这两个问题分别有 580 人和 585 人做了回答，其具体结果见表 13 - 71 和表 13 - 72。

表 13 - 71　是否参加过求神拜佛活动的统计

回　　答	是	否	合　　计
频数（人）	35	545	580
百分比（%）	6	94	100

表 13 - 72　是否找过算命先生拆字算命的统计

回　　答	是	否	合　　计
频数（人）	73	512	585
百分比（%）	12.5	87.5	100

从表 13 - 70、表 13 - 71、表 13 - 72 的对照中可以看出，实际参加过求神拜佛活动的人数所占比例，远远大于认为世上有神灵的人数所占的比例；而找过算命先生拆字算命的人数所占比例又远远大于认为拆字算命灵验的人数所占比例。从而说明，参加过求神拜佛活动的人并不一定都是相信有神灵的，找过算命先生拆字算命的也并不都是认为拆字算命是灵验的，其中一部分人可能是出于好奇和好玩。我们还可以从回答者对下面一个询问的回答得到验证，如表 13 - 73。

表 13 - 73　求神拜佛与拆字算命是否灵验的统计

回　　答	是	否	合　　计
频数(人)	7	575	582
百分比(％)	1.2	98.8	100

　　我们将表 13 - 73 与表 13 - 70 对照起来看，感到很有意思。认为世上有神灵的（见表 13 - 70）和认为求神拜佛与拆字算命灵验的（见表 13 - 73）同占 1.2％；而认为"不灵验"的所占比例大于认为无神灵的，那就是说，那些原来认为"说不清"的也认识到"不灵验"了。所以该村真正信奉神灵的人是极少极少的。

　　2. 对科学文化的信仰和追求

　　针对黄湖人对科学文化的认识信仰程度、追求问题，我们在个人问卷中也设拟了对"科技、文体、卫生、法制""四进"社区活动看法的询问。

　　表 13 - 74 显示，在 586 个回答者中，其中认为"四进"社区活动重要的达 97.1％，而认为不重要或说不清的只有近 3％ 的人。这表明黄湖人是非常信仰科学文化理论，崇尚科学技术的。那么，他们是如何追求有关知识理论和科学技术的呢？可见表 13 - 75。

表 13 - 74　对"四进"社区活动看法的统计

回　　答	重　　要	不重要	说不清	合　　计
频数(人)	569	2	15	586
百分比(％)	97.1	0.3	2.6	100

表 13 - 75　"四进"社区活动应采取的方式分布

回　　答	组成宣传队进入家庭宣传	办夜校	其　　他	合　　计
频数(人)	411	146	12	569
百分比(％)	72.3	25.7	2	100

　　表 13 - 75 显示，在新的历史条件下，大多数人希望有宣传队人员进入家庭宣传科技、文体、卫生、法制等方面的知识，而不再是传统的办夜校的方式。

历 史 文 献

司马迁,《史记》,中华书局,1982。

刘向集录,《战国策》,上海古籍出版社,1985。

杨伯峻编著《春秋左传注》,中华书局,1981。

《吕氏春秋集释》,中国书店,1985。

胡绳主编《中国共产党的七十年》,中共党史出版社,1991。

薄一波:《若干重大决策与事件的回顾》(上卷),中共中央党校出版社,1993。

《中国统计年鉴1995》,中国统计出版社,1995。

《中国统计年鉴1999》,中国统计出版社,1999。

《中国统计年鉴2003》,中国统计出版社,2003。

《中华人民共和国行政区划简册2004》,中国地图出版社,2004。

《中国乡镇统计资料2003》,中国统计出版社,2004。

《云梦县志》,生活·读书·新知三联书店,1994。

参 考 书 目

陆学艺主编《内发的村庄》，社会科学文献出版社，2001。

陆学艺：《当代中国农村与当代中国农民》，知识出版社，1991。

王振耀等主编《乡镇政权与村委会建设》，中国社会出版社，1996。

何包钢等著《寻找民主与权威的平衡》，华中师范大学出版社，2002。

肖唐镖主编《宗族、乡村权力与选举》，西北大学出版社，2002。

折晓叶：《村庄的再造——一个"超级村庄"的社会变迁》，中国社会科学出版社，1997。

毛丹：《一个村落共同体的变迁——关于尖山下村的单位化的观察与阐释》，学林出版社，2000。

吴毅：《村治变迁中的权威与秩序——20世纪川东双村的表达》，中国社会科学出版社，2002。

陈吉元、胡必亮主编《当代中国的村庄经济与村落文化》，山西经济出版社，1996。

张厚安等著《中国农村村级治理——22村的调查与比较》，华中师范大学出版社，2000。

吴毅、吴淼：《村民自治在乡土社会的遭遇——以白村为个案》，华中师范大学出版社，2003。

马戎主编《中国乡镇组织变迁研究》，华夏出版社，2000。

徐安琪、业文振：《中国婚姻研究报告》，中国社会科学出版社，2002。

林爱冰等主编《社会变革与妇女问题》，中国社会科学出版社，2001。

后　　记

　　2001 年 5 月，我们接到"中国百村经济社会调查"总课题组关于子课题"黄湖村经济社会调查"申报的批文，自此开始了紧张而有序的工作。

　　在中国社会科学院副秘书长、研究员何秉孟先生和总课题组负责人、中国社会科学院社会研究所所长陆学艺先生的关怀和指导下，在总课题组成员、中共孝感市委党校水延凯教授的直接辅导下，在中共孝感市委党校党委和中共云梦县委、云梦县政府的关心和支持下，在云梦县委党校、城关镇委、黄湖村委会的大力协助下，课题组的同志们经过 5 年的艰苦工作，终于完成了这本 30 余万字的书稿。本书稿形成后，我们不禁回忆起几个令人难忘的过程。

　　首先是选点。选点起初不是黄湖，而是另一个村子。经过初步的考察与分析，我们认为初选的那个村子缺乏一定的代表性和个性，于是和云梦县委商量重新选点。县委对此非常重视，非常热忱，对县内村落进行认真分析和比较，最后定点为黄湖。黄湖是一个具有 600 年历史的村落，村西头汉江的支流府河（涢水）的常年不断的流水叙说着该村落的沧桑。黄湖位于云梦县城的城乡结合部地区，既有城镇经济生活的影响，又有农村仪俗的传统气息，由此，我们将本书名定名为"古泽云梦的城边村"。

　　接着是学习。调查点确定以后，为了让课题组人员在这个极其难得的研究空间开展积极有效的活动，以在预期时间内结出丰硕之果，我们用半年的时间组织课题组人员阅读了大量的有关文献资料和著作，从而取得了理论指导，扩大了视野，更广泛地了解到中国村落的发展变化，对我们进行本课题研究起了非常重要的启发和参考作用。

　　接着是宣传。主要是对调查点黄湖干群的宣传，向他们讲明此次调查工作的重大而深远的意义，以求得他们对这次调研活动的配合和支持，结果我们的意图和工作在黄湖成为家喻户晓。5年多来，课题组成员同黄湖村民结成了深厚友谊，无论是到他们的家中或劳动工作基地，他们都是立即放下手中的活，热情地接待我们，同我们亲切交谈，直至让我们满载而归。

再接着是调查。这是一项非常重要而极其繁琐的工作。此次调查活动是以户访问卷和个人访谈问卷两种形式进行的，因村民出村打工的多，流动性大，大多只能在晚间、雨天或节假日入户进行；有在县城进行经营的，我们还得进县城走街穿巷地寻访；有长期出外打工的，要等到春节期间他们回家后才能进行。因此入户调查这项工作前后用了1年多时间，功夫不负有心人，终于共获取有效问卷908份，而且质量很高。在整个调查期间，以徐金汉书记为首的村干部和广大村民给予了极大的支持和热情帮助，几任村干部多次为我们介绍和讲述村里的历史和现状，非常信任地让我们查阅村里的所有档案资料。尤其令我们感动的是副书记罗大荣同志，他自始至终地引领我们串户走访调查，夏天顶着炎炎酷暑，冬天冒着凛凛严寒，从不退缩或回避。每进入一户，他都首先讲明此举的重大意义，要求调查对象认真说实话。罗大荣同志办事细心，每调查完一户，都要在他的笔记本上记录下来，以免重复。他平易近人，热忱精明，与村民关系亲密，对家家户户的情况都非常熟悉，村民非常亲近他，尊敬他，这对我们入户调查得以顺利进行，并能获得对村民生活的真实感受，起了极其重要的作用。

最后是编写和审改。在近两年的写作过程中，编写人员多次入村进行专访和调查，反复核实数据、分析研究所取得的材料，工作十分细致辛苦。初稿形成后，送与村、镇、县三级主要领导人审阅，征求意见，进行过多次修改，并请云梦县委书记刘义明同志为本书写作了前言。最后经总课题组编委陈光金先生审阅并提出宝贵的修改意见后，我们再次进行了认真修改，直至形成今日之书稿。

以上所述，在于说明本课题的顺利完成，得益于地方各级领导的重视和协调，得益于社会各方面的关心和支持，得益于黄湖广大群众的积极配合和参与，得益于课题组顾问水延凯先生的全程指导，从而促使课题组人员细心劳作，勤奋耕耘，终使此项科研活动和编写工作得以如期完成。为此，借本书出版的机会，谨向云梦县委县政府、县委党校、城关镇镇委镇政府、黄湖党支部村委会、广大村民以及为本课题组提供过支持的所有同仁表示诚挚的谢意，并表示做好将应做工作的决心，以报答大家对我们赋予的资助和厚爱。本书能按时出版，得到社会科学文献出版社社长谢寿光的大力支持和关注，同时中国社会科学院社会学所马福伦先生对本课题给予积极关注……在此，深表谢意！

在本课题的调研过程中，王先洪同志受课题组组长胡顺延同志的委托，负责本课题全程的设计、执行、核实、部分撰写等工作，并负责全书的统稿、修改、改写等工作。最后，全书由两位主编审定。

本书的导论第一节由水延凯、柳祥珍撰写，第二节由王先洪撰写。

第一编的调查总报告是在各类调查资料汇集的基础上撰写成的。第一章，第五章，第六章第一、二、三节，第七章第一、二节，第九章第四节由王先洪撰写。第二章由李圣桥撰写。第三章，第六章第二节，第八章由高静撰写。第四章第一、二、三节，第七章第三、四节，第九章第一、二、三节由熊主武撰写。第四章第四节由鲁以雄撰写。

第二编第十章专题调查报告第一、二、三篇由苏格清撰写，第四篇由蔡跃进撰写，第五篇由李圣桥撰写。第十一章个人访谈第一篇由蔡跃进撰写，第二篇由熊主武撰写，第三篇由王先洪撰写。

第三编户访问卷和个人访谈问卷共 908 份，其数据由王莉、吴军和曾恺军录入电脑，然后由王莉分类统计，最后由王先洪进行处理分析，并编写成两章，各六节。

胡顺延

2005 年 12 月 31 日

图书在版编目（CIP）数据

古泽云梦的城边村/胡顺延,王先洪主编. - 北京:社会科学文献
出版社,2007.1
（中国百村调查丛书·黄湖村）
ISBN 978 - 7 - 80230 - 449 - 9

Ⅰ.古... Ⅱ.①胡...②王... Ⅲ.乡村 - 社会调查 - 云梦县
Ⅳ.D668

中国版本图书馆 CIP 数据核字（2006）第 160651 号

古泽云梦的城边村　·中国百村调查丛书·黄湖村·

主　　编／胡顺延　王先洪

出 版 人／谢寿光
出 版 者／社会科学文献出版社
地　　址／北京市东城区先晓胡同 10 号
邮政编码／100005　网址／http：//www.ssap.com.cn
网站支持／（010）65269967
责任部门／皮书出版中心　（010）85117872
电子信箱／pishubu@ssap.cn
项目负责人／范广伟
责任编辑／丁　凡
责任印制／盖永东

总 经 销／社会科学文献出版社发行部
　　　　　（010）65139961　65139963
经　　销／各地书店
读者服务／市场部（010）65285539
法律顾问／北京建元律师事务所
整体设计／孙元明
排　　版／北京中文天地文化艺术有限公司
印　　刷／北京智力达印刷有限公司

开　　本／787×1092 毫米　1/16 开
印　　张／25　插图印张／0.25
字　　数／376 千字
版　　次／2007 年 1 月第 1 版　印次／2007 年 1 月第 1 次印刷

书　　号／ISBN 978 - 7 - 80230 - 449 - 9/D·104
定　　价／49.00 元